교육중심사회의 탄생과 미래

교육은 어떻게
사회를 지배하는가

David P. Baker 저 | 장덕호 외 4인 역

The Schooled Society

The educational transformation of global culture

이 저서는 2017년 대한민국 교육부와 한국연구재단의 지원을 받아 수행된 연구임(NRF-2017S1A5A2A01023317).

서 문

역사를 통틀어 사회 속 인간이 이토록 많은 시간과 에너지, 그리고 자원들을 교육을 받는 데 바친 적은 결코 없었다. 사회과학자들이 말하는 이른바 '교육혁명'으로 인해 세계사에 유례가 없을 정도로 엄청나게 많은 수의 사람들이 학교에 다니게 되었다. 새로운 세대가 교육의 전면에 등장함에 따라 교육의 양과 졸업장이 요구하는 질적 수준은 나선으로 뻗어가며 상승해 나갔고, 이에 따라 우리 할아버지, 할머니 세대가 받은 통상적 교육normal education 수준은 이제 더 이상 충분치 않음이 판명되었다. 약 4세대가 지나온 150년 만에 형식교육formal education은 소수를 위한 특별한 경험에서 다수의 대중을 위한 보통의 경험으로 바뀌었다. 오늘날 아동·청소년들이 최저 13년에서 최고 17년의 긴 시간을 교실에서 '교육'이라는 지적 과업의 수행을 위해 보내고 있는 것을 볼 때, 이는 분명 감탄할만한 인류학적 변화임이 분명하다.

세계가 점점 더 많은 교육을 받고 있다는 사실은 분명하지만 이것이 인간 사회에 어떠한 대변혁을 일으킬지는 예상하기 어렵다. 교육혁명이라는 큰 그림을 말할 때, 우리는 자주 이를 평가절하해온 경향이 있다. 대부분의 지식인들의 일반적인 견해는 교육의 성장이 사회 변화에 따라 불가피하였고, 무엇보다 복잡하고 세련된 사회를 살아가기 위해 교육이 더 "필요"했기 때문이라고 설명한다. 반면 부정적 관점에서 교육은 대부분 일종의 신화에 불과하고, 세상을 자기들 입맛대로 재생산하려는 권력자들의 이익에 봉사하는 것으로 본다. 그러나 이 두 가지 견해는 교육혁명에 내재한 본질적 측면을 놓치고 있다. 어디서나 가능한 대중 교육의 성장과 확산은 우리가 살고 있는 이 세상을 교육중심사회schooled society—교육의 모든 국면들이 거의 모든 인간의 삶의 일상에 미침과 동시에 인간의 삶 그 자체를 변화시키는 새로운 사회—로 변혁시켜 왔다. 유아교육에서 시작하여 대학교육을 거쳐 평생교육으로 이어지는 형식교육은 그 논리와 규범이 사회에 엄청난 영향을 미칠 정도로 사회 형성의 토대가 되어 왔다. 사실, 거대 규모의 자본주의와 대의민주주의와 함께 '교육혁명'은 오늘날 현대 및 후기 자본주의의 핵심기반을 형성한 일종의 사회 혁명으로 평가받아야 한다.

불행히도 인간사회의 변화와 발전, 그리고 성장에 관한 학술적 논의들은 어떻게 이렇게 많은 사람들이 교육을 받을 수 있게 되었고, 그 영향이 어떠한 효과를 낳았는지에 대해서 침묵해왔다. 이러한 침묵에 종지부를 찍기 위해 40여 년에 걸친 사회과학자들의 연구는 어떻게 교육이 인간의 일상사를 변화시켜 왔는지에 관한 폭넓은 이해를 촉발하면서 교육이 사회에 미치는 영향에 대해 새로운 관점을 내놓게 되었다. 혁신적인 이론인 신제도주의neo-institutionalism에 힘입어 이 조용하고 혁명적인 사회변화에 대해 새로운 평가가 등장하고 있으며, 그 자체로서 대단한 위업인 교육은 개인을 근본적으로 변화시킬 뿐만 아니라 교육을 통한 광범위한 문화 형성이 가능해지고, 결국은 이러한 교육중심의 새로운 문화는 사람들의 의식, 지식, 전문가들, 정치, 그리고 종교를 합법적으로 구성할 수 있는 힘이 된다. 이러한 교육중심의 새로운 문화 형성은 개인의 성공과 실패를 판가름하며, 소득의 창출, 일의 본질, 그리고 일터를 새롭게 개념 짓고, 사회적 이동을 발생시키며, 인간 능력의 범위를 권위적으로 새롭게 설정하기도 한다. 동시에 과거의 모든 강력한 사회적, 도덕적 질서들이 그러했듯이 새롭게 등장하는 교육중심사회는 누구나 교육을 둘러싼 게임을 전개할 수 있고, 또한 그러한 게임은 패배가 곧 평판의 타격으로 연결되는 열린 경쟁의 장이다. 이렇듯 교육중심사회는 그동안 우리가 지녀온 삶에 관한 오래된 전통적 이해를 몰아내고 있으며, 그 결과 한때 삶에서 중요하게 평가받던 일들이 사라지기도 한다. 그리고 동일한 일반적인 형태의 교육이 거의 모든 곳에서 나타나기 때문에 문화적 변화와 교육혁명의 요구는 전 지구적인 현상이 되었다. 싫든 좋든, 교육혁명은 전 지구적 문화에 대한 중요한 이해와 의미를 구성하고 유지한다.

새롭게 등장하고 있는 교육중심사회에 관한 이해를 위해서는 교육과 사회에 관한 보편적 관점들을 살펴볼 필요가 있다. 흔히, 역설적으로 교육은 구세주 또는 문제아로 간주된다. 구세주라는 뜻은 교육을 통해 보다 나은 인간과 사회가 실현될 수 있다는 기대가 자리 잡고 있다는 의미이고, 그만큼 교육은 인간과 사회문제에 대한 근본적 해결책으로 인정되어 왔다는 의미이다. 전 세계 거의 모든 정부들이 교육에 가장 많은 정부 예산을 배분하고 있는 것처럼 저소득 국가들과 국제원조기관들 역시 인적자원 개발에 엄청난 투자를 하고 있다. 학부모들도 자녀들의 학업과 지역 학교들이 당면한 과제들과 해결책에 관해서 끊임없이 토론하고 있다. 오랜 역사와 문화적 전통을 가진 선진국들 역시 자신들의 교육시스템이 세계 정상급 수준에 미치지 못한다고 판단되면 가차없이 자신들의 미래를 비판한다. 수준 이하 대학들은 다가온 지식사회와 새로운 세계경제의 흐름 속에서 국가를 도태시키는 주범으로 지목받기도 한다.

후기산업사회로 들어선 지금, 어떤 면에서는 교육과 그 역할에 대한 불편함이 동시에 존재한다. 교육은 늘 충분하지 못하였고, 불확실한 과거의 영광에 비해 쇠락한 것처럼 보인다. 교육은 진화하는 세상의 요구를 충분히 만족시키지 못하는 존재가 되었으며, 한편으로 너무 많은 사람들을 필요 이상으로 과잉교육 시키고 있고, 반대로 양질의 기초 교육을 받는 것조차 쉽지 않다는 비판도 많다. 대학은 공동선의 실현을 위해 필수적인 핵심지식을 충분히 제공하지 못하고 있다고 비난 받는다. 비즈니스 리더들은 잘못 훈련된 인력들에 대해 늘 불평하고 있고, 공공분야 전문가들은 교육문제로 인해 우리 미래가 위태롭다고 말한다.

교육이 과연 구세주인지 아니면 희생양인지, 도저히 양립할 수 없는 이러한 관념들이 주목받는 동안 교육이 사회와 맺는 관계에 대해서도 비슷한 유추를 해 볼 수 있다. 교육이 사회변화를 무심코 따르면서 개인을 사회의 특정 지위에 앉히도록 훈련주입하고 있다는 점이다. 그러나 이러한 가정만으로는 나날이 증가하는 일련의 교육적 현상과 그 영향력을 제대로 이해할 수가 없다. 본서는 이러한 기존의 가정을 뒤집어 다음과 같이 주장한다. 교육이 형성하는 가치들, 아이디어들, 그리고 규범들은 더욱 교육을 강력한 중추적 사회 제도로 이끌고 있다. 이제 교육은 사회에 대해 수동적으로 반응하는 기존 역할에서 벗어나 오히려 사회를 만드는 적극적 역할로 전환되고 있다. 믿을 수 있는 구세주가 되었든, 아니면 희생양이 되었든, 어쨌든 교육이 그러한 문화를 형성하게 된 것은 교육이 이루어낸 성취라고 할 수 있다. 비록 현실적이지는 않지만 교육에 대한 대중적이고 세속적인 신념과 담대한 기대는 미약한 파생적 제도들로부터 나오지 않고, 오히려 교육이 그러한 신념과 기대를 형성하고 있는 것이다.

이 책의 이론적 관점은 어떻게 주요 사회제도들이 사회를 구성하는가, 그리고 어떻게 사회제도들이 인간의 행동과 감정들을 움직여나가고 사회의 의식적 경험에 영향을 미치는가에 관한 것이다. 기능주의functionalism로 대표되는 구제도주의original institutional theory가 쇠락한 이후, 지난 십수 년 동안 사회의 기원과 그 구조의 지속성에 대한 마르크스적 설명에 대한 유력한 대안이론으로 신제도주의neo-institutionalism가 등장하였다. 비록 교육이 사회에 대해 어떤 영향을 미치는지에 관한 생산적인 연구 주제들을 형성하는 데는 어느 정도 성과가 있었지만 이론으로서 신제도주의는 대체로 해당분야 연구자들만의 관심사에 그쳤고, 다른 사회과학자들 또는 교육 연구자들에게까지는 그 관심이 미치지 못했다. 이 책의 주요한 목표는 포괄적인 방법으로서 신제도주의를 토대 이론으로 삼아 교육혁명education revolution의 발생과 그 결과를 설명하고 때로는 비판하는 것이다.

이렇게 중추적·보편적 제도로서의 교육을 설명하는 데 있어서 유의할 점은 이러한 평범한 일상에 대하여 역사적으로 특이한 점들을 이해하기 위한 방법을 찾아내는 것이다. 이 방법은 두 부분으로 구분된다. 하나는 이 책의 전반부로서 교육혁명의 차원들을 기술하고 있고, 특히 왜 교육이 오늘날 이렇게 강력한 제도로 성장하였는가 하는 점이다. 전반부의 각 장들은 교육중심사회의 뿌리가 대학의 역사적 발전에 있음을 논하고, 특히, 서구화된 모습으로서의 대학의 독특한 사회적 사명과 역할과 기능들이 있음을 밝히고 있다. 교육혁명의 과정에서 교육과 사회는 대체로 지식 생산과 대학의 교육적 역할이라는 명제 앞으로 이끌려왔다. 오늘날 거대 지식 생산 복합체로서 대학은 얼마나 새로운 지식을 생산하고 있는지, 그리고 대학의 새로운 지식 형성과 그러한 지식을 합당하게 취득하여 일상의 국면에서 실행할 사람들을 잘 가려내고 있는지를 검증하고자 한다. 특히, 지난 50년간 이 과정은 대학의 모습을 연구중심대학과 대중고등교육기관이라는 형태로 심화시켜 왔다. 이는 결국 대학이 만들어내는 세 가지 연구분야들 —자연과학, 사회과학, 그리고 경영 및 공식 조직들— 에 대한 분석, 학위, 그리고 이와 수반하는 직업을 통해 예시할 수 있다. 결론적으로 대학은 800년 이상의 제도적 특성의 발현을 통해 아마 후기산업사회에서 가장 역동적인 문화적 이해를 창조한 존재라고 할 수 있다.

제2부는 만약 교육이 사회의 기초 제도라고 했을 때, 그것에 영향을 받는 비교육적 제도들의 존재를 입증하는 증거가 있을 것이라는 주장을 살펴본다. 그러한 여섯 가지 제도들에 대한 교육적 영향을 두고 보았을 때 교육중심사회는 많은 거대 사회 트렌드어떤 것들은 긍정적으로, 어떤 것들은 부정적으로 여겨지는의 토대가 되기도 하고, 개중에는 매우 아이러니한 결과를 초래하기도 한다. 자주 회자되는 지식사회, 신경제, 그리고 많은 직업들과 산업현장에서의 전문직업주의professionalism의 성장은 바로 교육혁명의 결과물인 것이다. 정치에서 논쟁이 더욱 늘어나고, 일상사가 점점 더 정치화

되는 것도 마찬가지이다. 대량의 공식조직들과 기업들의 수가 팽창하는 오늘날의 세계 역시 교육받은 개인들의 능력과 정서, 그리고 교육이라는 문화에 의해 육성된 아이디어에 의존한다. 종교에 있어서도 교육중심사회가 광범위한 세속화secularization를 낳았다기 보다는 오히려 대중의 종교적 신념과 실천을 위한 역량을 창조해냈다. 개인적 성공과 실패에 대한 이해와 함께 자아에 대한 관념들은 더욱더 교육적 논리에 따라 규정되며, 이는 또한 정상적인 삶을 보장하는 메커니즘이라고 할 수 있다. 인간이 사회에서 어떤 자리를 찾을 때 택하는 모든 종류의 전통적 방식들은 학위의 이면에 깔린 논리에 의해 대체되어 왔다. 이상의 것들과 다른 주요 트렌드들은 모두 교육중심사회의 결과물들로서 우리에게 심대한 영향을 미쳐 왔다.

나는 Johns Hopkins 대학의 대학원생 시절 이래로 이 책에 담긴 주제들에 대해 천착해 왔다. 결코 짧지 않은 지난 세월 동안 무수히 많은 협력자들과 동료들이 나의 주장들을 발전시키는 데 도움을 주었고 그들 모두에게 감사를 표하는 바이다. 지난 10여 년간 나의 교육사회학 수업 세미나를 들은 대학원생들은 다듬어지지 않은 나의 소박한 주장을 독자로서 지켜보는 불운을 겪어야 했다. 이 자리를 빌어 그들의 인내와 관대하면서도 건설적인 지적에 대해 감사를 표하는 바이다. 무엇보다 유익한 평을 준 다음 분들에게 감사의 뜻을 전한다. Stacey Bielick, David Bills, David Brown, Henry Brzycki, Claudia Buchmann, Regina Deil—Amen, Roger Finke, David Frank, Saamira Halabi, Floyd Hammack, Gillian Hampden—Thomas, Michael Hout, David Kamens, Hugh Lauder, Gero Lenhardt, John Meyer, Justin Powell, Alan Sadovnik, Daniel Salinas, Maryellen Schaub, Evan Schofer, Thomas Smith, William Smith, Manfred Stock, Armend Tahirsylaj, Kate Wahl, Alex Wiseman, 그리고 Michael Young. 특히, 이 책의 전체 편집 작업을 위해 애써준 Emily Anderson, 참고문헌을 정리해 준 Adrienne Henck와 전하람, 그리고 직업 명성 분석occupational prestige analysis을 완성시켜 준 Emily Smith Greenaway에게 감사를 표한다. 마지막으로 이 책의 제6장과 제7장 부분은 Journal of Education and WorkBaker 2009와 Research in Social Stratification and MobilityBaker 2011 저널에 각각 발표된 논문에서 가져왔음을 밝히는 바이다.

한국어 서문

어느 나라보다 높은 형식교육의 수준을 확보하고 있고, 무엇보다 교육중심사회라는 글로벌 격랑 속에서 선봉을 차지해온 한국은 고도로 조직화된 새로운 형태의 사회가 빚어내는 온갖 종류의 축복과 도전을 동시에 경험하고 있습니다. 형식교육이라는 사회제도가 더욱 강력해질수록 한국은 미래의 세계 모습을 앞당겨 우리에게 보여주고 있습니다. 이런 맥락에서 나의 책이 한국의 독자들을 위해 한국어로 번역된 점은 그 시의성 측면에서 긍정적이라고 생각합니다. 특히, 이렇게 역량있는 연구자들이 한 팀을 이루어 번역하게 된 점은 큰 행운이라고 생각합니다. 장덕호 교수, 변수용 교수, 전하람 박사, 교육부 김혜림 과장, 최승복 국장의 노력으로 이 영광스러움을 가질 수 있게 되었습니다. 이들은 모두 수년에 걸쳐 '교육은 어떻게 사회를 지배하는가: 교육중심사회의 탄생과 미래'의 한국어 버전에 대한 이해를 이끌어준 고마운 동료들입니다.

조교수 시절, 나는 한국과 다른 아시아 국가들의 과외열풍을 미국 독자들에게 소개한 첫 번째 학자였고, 그 현상을 "그림자교육shadow education"이라고 명명한 바 있습니다. 당시 미국인들에게 이 용어는 아시아 문화 내면에서 솟아나는 어떤 것으로서, 한마디로 이국적이었고, 심지어는 이상한 관습으로 비추어졌습니다. 그들은 십수 년 뒤에 그림자교육이 문화와 상관없이 세계 교육시스템의 주요한 특징으로 자리 잡고, 한국과 미국을 비롯한 많은 나라들에서 정치적, 학문적으로 주요한 논쟁 중 하나가 될 지 전혀 예측하지 못했습니다. 이것은 내가 처음으로 교육중심사회의 복잡한 맛을 처음으로 느끼게 된 계기가 되었으며, 도대체 어떤 일들이 생겨나고 있는지 깊이 고민하게 만들었습니다. 내가 생각한 것 이상으로 한국 교육에 대한 성찰은 이 책의 집필을 시작하는 데 큰 도움을 주었습니다.

'교육은 어떻게 사회를 지배하는가: 교육중심사회의 탄생과 미래'는 통상적 형태로의 형식교육, 유아교육에서 대학교육에 이르기까지, 그리고 형식교육과 사회의 관계에 대하여 도전하는 책입니다. 종래의 많은 연구들은 교육은 2차적 제도로서 주로 사회적 "필요"를 위해 개인을 준비시켜주고, 따라서 사회가 가는 곳에 교육이 반드시 따라 가야만 하는 것으로 여겨 왔습니다. 물론 이는 어느 정도 사실이지만 지난 약 150년 동안 교육은 지배적인 사회 제도로 자리 잡게 되었고, 오늘날 교육은 자신의 이미지와 논리를 스스로 형성하고, 사회의 많은 이해와 규범들을 형성해내고 있으며, 낡은 시대의 방향과는 반대 방향으로 학교와 사회에 많은 영향을 주고 있습니다. 이러한 변화에 대한 이해 없이는 최근의 많은 변화 동향들을 제대로 간파할 수 없습니다. 팽창하는 대학등록률에서부터 그림자교육을 위해 필요한 정책에 대한 정치적 논쟁, 그리고 번성하는 지식경제와 새로운 직업의 등장에 이르기까지 더 많은 교육을 받은 사람들은 더욱 많은 분야에 걸쳐 근본적인 영향을 주고 있을 뿐만 아니라 점점 더 성장하는 '교육' 문화는 사람들의 기본적인 사고방식, 행동방식, 그리고 세계에 대한 느낌마저도 변화시키고 있습니다.

　바라건대 이 책을 통해 한국 독자들이 이 책에서 언급하는 용어대로 "교육혁명"이 초래하는 변화들을 고려해 새로운 생각을 전달받기를 바랍니다. 교육의 팽창은 많은 나라들에서 공통적인 현상이지만 학자들과 정책결정자들은 모두 그 결과를 평가절하하기도 합니다. 분명히 교육중심사회는 완벽한 사회를 만들어내지 않고 있고, 또 그렇지도 않을 것이지만, 교육중심사회가 초래하는 결과는 더 많은 형식교육으로 인해 학력과 특권을 훨씬 넘어서서 많은 사람들과 집단에게 도움이 될 것입니다. 여기에 적은 스토리는 또한 "과잉교육"의 이슈가 하나의 관점으로 자리 잡는 데 도움을 줄 것입니다. 첫째, 교육이 노동시장에서의 경쟁 목적이 아니라 인간능력의 개발을 포함하여 더욱 다양한 목적을 위해 팽창한다는 사실을 지속시킬 것입니다. 둘째, 반드시 완벽하게 들어맞지는 않지만 교육이 더욱더 직업과 일을 변화시킬수록 교육받은 근로자들이 더 많이 서로 다른 직업과 경제영역으로 옮겨갈 것입니다. 교육은 높은 위상의 시민사회를 만들고, 양질의 건강상태를 제공할 것이며, 통제된 인구구조 변화를 유도하고, 그리고 더욱 사회를 세련되게 만들어 결과적으로 사회를 유익하게 할 것입니다.

　동시에 많은 도전도 있을 것입니다. 사실 이 책의 저술을 끝낸 직후부터 나는 교육혁명이 가져다 줄 각각의 유익함에 상응하는 도전들에 대해 생각하고 있습니다. 예를 들어, 교육은 더욱 건강하고 장수하는 삶을 결정하는 주된 요인이지만 노령화된 인구는 값비싼 의료서비스를 필요로 하고, 은퇴 후 수십 년을 더 산다는 것은 더 많은 사회복지와 함께 노인세대에 대한 더욱 많은 사회적 책임을 요구합니다. 한국의 젊은 세대와 마찬가지로 교육중심사회의 젊은 세대 역시 그들이 살고 있는 경제와 사회에서 더욱 잘해내기 위해 자신들의 교육을 지속해야 하는 엄청난 압박감을 경험하고 있습니다. 모든 종래의 질서들과 같이, 날로 강조되는 규범이 되어버린 '더 많은 교육'이라는 생각 속에는 어느 정도의 억압적 요소도 포함되어 있을 것입니다. 앞으로 한국 사회에서 발생하는 일들은 세계인들에게 교육중심사회의 성장이 가져다줄 장점과 단점을 동시에 생각하게 하는 중요한 단초를 제공할 것입니다. 교육혁명이 가져다 줄 혜택이 과연 그 도전을 보상해줄 것인지, 그렇지 못할 것인지는 우리 앞에 놓인 숙제입니다. 다만 나는 우리가 좀 더 계몽된 견해를 가질 수 있도록 도와주는 일을 할 뿐입니다.

교육중심사회는 교육혁명이 어디서 나왔고, 왜 그것이 전 세계를 휩쓸게 되었으며, 그리고 미래에 어디로 갈 것인지에 대한 통찰을 제공합니다. 이 책에서 나는 문화적 힘으로서 교육이 일에서부터 종교에 이르기까지 어떻게 주요한 사회제도들을 변화시켰는지를 설명하고자 노력하였습니다. 나의 결론은 통상적 가정들과는 정반대로 흐릅니다. 그리고 우리가 교육과 사회에 대해 생각할 새로운 방법이 필요하다는 것을 제안하는 연구들도 서술했습니다. 많은 사회과학자들의 연구로 나의 이러한 주장이 자리 잡는 데 도움이 되었고, 다만 나는 그들의 저작들을 충실히 해석했을 뿐입니다.

작금의 한국은 교육기회의 균등을 실현한 탐나는 모델을 통해 어떻게 교육을 통한 인적 자본의 축적이 극히 짧은 세대와 기간 동안에 높은 삶의 수준을 도출할 수 있는지를 세계에 보여주었습니다. 그러나 교육중심사회는 역동적인, 현재 한국의 성공 이야기의 끝이 아닐 것입니다. 한국은 고도의 교육중심사회로부터 파생되는 많은 모순들로 인해 진통을 겪고 있습니다. 우리는 한국이 내딛는 앞으로의 행보로부터 많은 것을 배울 것입니다. 이 책이 교육에 대한 사상과 실천들로 생동하면서 다가오는 새로운 세계에 대해 넓은 통찰력을 제시하길 바랍니다.

2018년 7월
데이비드 베이커

차 례

서 론

조용한 혁명

교육혁명은 산업혁명과 민주화혁명만큼이나 중요하다.

　　　　　　　탈콧 파슨스(Talcott Parsons), 현대 사회 시스템, 1971년.

교육시스템은 그 자체가 바로 이데올로기이다. 교육시스템은 자연에 대해 성스럽
고 원시적인 설명을 하거나 현대 사회에서의 인력 및 지식의 조직을 현대적 용어
로 합리화하기도 하고, 아예 없애 버리기도 한다.

　　　　　　　존 마이어(John Mayer), 미국사회학회지, 1977년.

　　교육혁명은 지난 150년에 걸쳐 인간사회를 철저히 변화시켜 왔다. 대규모 자본
주의와 대의민주주의와 같은 다른 몇몇의 중요한 지구적 현상과 함께 전 인류에게
오랫동안 실시된 학교교육은 개인과 사회의 핵심적인 제도들을 변화시켰다. 오늘날
까지도 심화되고 있는 "교육혁명"은 물질적으로, 또한 정치적으로 영향을 미치고
있지만, 실은 그 이상이라고 할 만큼 문화적인 현상이다.

　　교육혁명의 중심에는 서로 연관된 두 가지의 강력한 힘이 자리 잡고 있다. 하나
는 아주 분명하지만 잘못 해석되어온 것이고, 다른 하나는 평가절하되어 온 것이다.
첫 번째는 공교육이 소수를 위한 특권교육에서부터 모든 이들을 위한 의무로 발전
해 왔다는 사실이다. 알려진 대로 전방위에 걸친 교육 또는 "대중 교육"은 전 세계
모든 사람들에게 확산되었고, 교육적 성과 달성의 기준들은 새로운 세대의 등장과

함께 용틀임을 치면서 꾸준히 상향되었다. 지속적으로 세계 도처에 확산된 공교육의 팽창은 최근에 온·오프라인을 통해, 어지러울 정도로 수많은 학위들을 따기 위해, 때로는 상당한 빚을 떠안고 성인으로서의 삶adult life을 연장할 수밖에 없는, 청소년들의 대학 진학 현상에서 분명히 확인할 수 있다. 불과 150년이라는 기간 동안에 문맹이었던 대부분의 사람들 중 80%가 자신의 삶에 관하여 짧은 글을 쓰거나 읽을 수 있을 정도로 교육을 받는 상황으로 변했다는 것은 정말 놀라운 일이다. 이는 분명 50년 전에는 결코 불가능하다고 생각했던, 새로운 전 지구적인 현상이라고 본다 UNESCO 2002.

세계인구의 공교육으로의 편입은 인간 삶의 모든 국면에 영향을 미치는 광범위하면서도 강력한 교육 문화culture of education의 탄생을 가져왔다. 이 두 번째 강력한 힘은 모든 개인들의 능력을 계발하는 최선의 방법이 바로 교육이라는 그동안의 믿음을 정당화하고 심화한다. 사실 이러한 생각은 어떻게 아이들을 기를 것인가, 종업원들을 생산적으로 만들 것인가, 그리고 효과적인 시민으로 창조할 것인가에 관한 교육과 상관없이 수세기에 걸쳐 형성된 관념을 초월하는 것이다. 이러한 교육의 강력하고도 문화적인 힘을 사회학자 존 마이어는 교육 이데올로기라고 이 장의 앞 표제문에서 일갈한 바 있다. 예를 들어, 교육 문화의 결과로서 공교육은 "하기에 옳은 일"이라는 상당한 공익적 신념을 유지하면서 인간 생애의 양 끝단영·유아기와 노년기-역자 주으로까지 확대되고 있다. 전 세계적으로 보편적인 유치원 이전 교육pre-K schooling이 힘을 얻고 있는 상황에서도 지난 수십 년간 미국의 유치원들은 더욱 학문지향적으로 변했다. 성인교육과 평생교육 개념 역시 성인기의 어른들이 학습을 위해 학교로 가는 것을 당연히 여기도록 만들고 있으며, 현재 미국 노동인구의 3분의 1은 자신들의 고용을 위해 계속 교육에 등록해야만 한다예, Jacobs and Stoner-Eby 1998.

영·유아교육에서 대학원 교육, 그리고 성인교육에 이르기까지 후기산업사회에서의 교육의 광범위한 개방은 깊이 내재된 사고와 가치들에 의해 뒷받침되면서 사회를 교육의 문화에 녹아들게 만든다. 취업을 위한 단순한 훈련을 넘어서 교육혁명은 교육이 독립적인 사회 제도가 되는 세상을 만들어 냈고, 그러한 교육은 사회 내에 존재하는 모든 다른 핵심 제도들의 중심부로 파고든다. 교육에 의해 사회제도의 대변혁이 이루어진 사례들은 너무나 많고, 그 중 여러 사례들을 이 책에서 논의하고자 한다. 교육혁명은 한편으로는 어떤 일정한 유형의 인지적 인간 능력이 갖는 사회적 가치를 집중적으로 강조하면서도 또 다른 인간 능력에 대해서는 완전히 홀대하기도 한다. 일종의 교육을 받은 정치조직체educated polity는 정치적 동원과 시민적 행동의 의미를 바꿔버리기도 하며, 교육받은 평신도들은 신의 본질적 이미지를 바꾸는 등 종교의 의미마저도 새롭게 전환시켜버린다. 영향력 있는 거대 공식 조직들과 이윤추구 조직들의 전반적인 성장은 조직 역량의 향상과 교육받은 사람들의 정념sentiments의 결과이다. 이러한 변화는 긍정과 부정이라는 엇갈린 평가를 받지만 이와 상관없이 결국 실질적인 사회 변혁으로 볼 수 있다.

교육혁명이 개인에게 미치는 영향 역시 이에 견줄 정도로 엄청나다. 과거와는 달리 학업 성취의 형식으로서 공교육의 결과물과 수여받은 학위는 주관적·객관적으로 개인의 성공과 실패를 규정한다. 평균 이하의 교육을 받은 개인들은 자아실현에 실패한 자신들의 삶을 보면서 점점 더 자신의 삶을 실패로 규정하는 반면, 더 많은 교육적 성취를 이룬 사람들은 자신들의 삶을 성공적이라고 여긴다. 이와 동시에 직업의 수가 증가하는 가운데 직업을 얻기 위해 요구되는 자격은 공교육이 창조해 낸 용어와 그 의미에 의해 규정되며, 그만큼 교육은 후기산업사회에서 개인의 사회적 신분상승이라는 핵심 통로를 지배하고 있는 것이다. 수십년 전부터 청·장년층들 사이에서 교육적 성취는 자녀의 미래를 결정하는 데 있어 부모의 영향력을 줄이거나 아예 없애는 중요한 기제가 되어 왔다.

그러나 대중 교육이 가진 사회적 영향이 엄청났음에도 불구하고 교육혁명은 여러 가지 측면에서 평가절하된 "조용한 혁명"이었다. 달리 표현하자면, 다른 거대한 사회적 힘들과 비교할 때, 교육혁명의 사회적 효과는 거의 학자들의 관심을 받지 못했다. 교육은 교수teaching, 교육과정, 학습이 그러한 것처럼 평범한 일상의 일부이기도 하였지만 오늘은 어디에서나 논박되고 있을 정도로 거대한 지적 산업large intellectual enterprise이 되었다. 그러나 교육혁명이 가진 엄청난 힘, 즉 전통사회에서 현대사회로, 다시 후기산업사회로 전환되는 과정의 이면에 자리 잡은 토대로서의 중대한 역할은 좀처럼 평가받지 못하고 있다. 오히려 산업생산, 기술, 과학과 의학, 자본주의, 국민국가의 형성 및 민주정치의 성장, 대규모의 전쟁, 종교적 권위의 쇠퇴, 개인주의 문화, 가족 본질의 변화, 그리고 합리적 관료제의 성장 등과 같이 인간사회를 형성하는 다른 사회적 이슈들이 내포한 지적 중요성만이 인정될 뿐이다. 전 세계 인구를 대상으로 한 공교육의 확산의 문제가 아니라 바로 이러한 이슈들이 학문 연구의 가장 큰 몫을 차지하고 있다.

만약 대중 교육이 주요한 사회적 힘으로 간주된다면 이는 자주 "불필요한" 교육으로 학력 인플레이션을 초래한 일종의 집합적인 실수로 취급된다. 이 관점에서 교육혁명은 기껏 해봐야 잊혀져버린 사소한 사건에 불과한 것이고, 더 심하게 표현하면 사람들의 시간과 에너지를 소비하고 교육 인플레이션을 야기한 주범이 된다. 예를 들어 1960년대 후반에 과잉교육overeducation이라는 문제너무나 많은 학생들이 과도한 교육을 받았음에도 자신들의 학력에 걸맞는 적당한 직업을 갖지 못함으로써 좌절하고 소외되는 현상가 뜨거운 이슈가 되었는데, 실제 거의 기술을 요하지 않는 일자리가 필요한 사람들보다는 교육을 많이 받은 사람들에게 돌아가는 상황이 벌어졌다. 경제학자, 교육학자, 사회학자를 포함한 많은 전문가들은 공통적으로 교육혁명이 사회문제를 더 악화시키고 키운다고 보았다.

그러나 이러한 부정적 결과들은 아직 나타나지 않았다. 후술하겠지만, 세계 도처 어디에서도 교육 팽창에 역행하는 움직임은 없었다. 사실 다양한 문화적 배경을 가진 사람들과 다양한 정치적 스펙트럼을 가진 국가들은 공히 공교육을 개인의 성공과 사회의 공동선을 위한 것임을 강조한다. 40년 전 과잉교육에 관한 논쟁이 불붙은 이래로 곧 터질듯 했던 교육 거품은 아직 터지지 않았다. 오히려 '교육 문화'에 관한 견고한 연구는 사회에 대한 생각을 바꿔 버렸다. 전반적으로 교육이 팽창함에 따라 경제와 사회는 어느 한 지점에 고착되기보다는 유동적으로 변화하게 되었다. 이 책에서 주장하는 바와 같이 교육과 사회는 상호간에 '호혜적이고 역동적인 수용성'mutual and dynamic accommodation이라는 독특한 친밀성을 발전시켜 왔다. 팽창성inflation이 아닌 공생성symbiosis이 교육혁명의 효과를 가늠하는 최선의 방법인 것이다. 그러나 이러한 공생성은 사회제도로서의 교육이 일반적으로 예견하는 것보다 훨씬 더 강력하고 사회적으로 독립된 실체임을 시사하고 있음에도 불구하고, 이를 어떻게 입증할 것인가에 관한 논의는 끝내 교육의 예정된 실패에 관한 끝없는 논쟁에 묻혀 버리고 말았다.

이 지점에서 사회 속 교육의 역할이 가지고 있는 통상적 이미지에 대한 역설이 생겨난다. 한편으로 우리는 공교육을 통해 실로 엄청난 권력을 행사하고 있다. 아이들이 책을 읽고, 수학과 과학의 원리를 이해하고, 미술작품을 만들고 즐기며 국가의 역사적 발전 과정을 외우는 등 시간과 공간을 가로질러 인간 사회의 발전을 가르치는 행위들은 공교육이 갖는 엄청난 권력의 소산이다. 이렇게 어린 학생을 번듯한 성인으로 길러내는 일이 곧 학교의 역할임은 주지의 사실이다. 그러나 실제로 이러한 행위들은 아직 거대한 이야기의 한 컷에 불과할 뿐이다. 다른 한편으로는 현대 사회에서 초·중등 교육과 대학에서의 직업훈련이 총체적으로 실패한 것으로 자주 묘사되고 있다. 이러한 역설은 바로 교육혁명을 제대로 평가하지 못한 데서 비롯된 것이다.

왜 이러한 역설이 존재하는가? 첫째, 대다수의 사람들은 큰 그림, 즉 대중 교육이 사회를 변화시키는 구도를 제대로 보지 못하기 때문이다. 공교육은 너무나 흔한 일이고, 도처 어디에서나 널려 있는 일이어서 복잡하고, 기술적이며, 글로벌한 사회에서의 자연스러운 결과물로 여겨진다는 점이다. 또한 많은 사람들이, 심지어는 전문교육자들과 교육학자들마저도 공교육시스템의 특정한 부분에만 집착한 나머지, 공교육이 갖는 가공할만한 총체적 영향력을 보지 못한다는 점이다. 즉, 숲 속의 나무들만 관찰하면서 숲의 모양을 짚어내지 못한다. 이들은 최근까지 교육이 어떻게 실질적으로 변화해 왔는지를 보지 못한 채, 교육이 가진 광범위한 효과를 집중적으로 살펴보지 못한다. 마지막으로 더욱 심각한 문제는 이에 대한 지적 논의가 매우 제한되어, 오늘날의 학교와 대학들이 그저 학생들이 사회에 적응할 수 있도록 사회화시키거나 훈련_{비판자들은 억압하는}시키는 "조력적" 기관에 불과하다는 식의 논의가 전개되고 있다는 점이다.

어떻게 하면 공교육을 보다 효과적으로 만들 것인가에 관한 논의도 중요하지만, 제도로서 공교육 그 자체와 공교육의 사회적 영향이 내포하고 있는 충분한 사회학적 고려가 여전히 부족한 상태이다. 따라서 어떻게 하면 보다 나은 교육을 제공할 것인가에 대한 관심은 적어도 이 책에서만큼은 부차적일 수밖에 없다. 이 책의 목적은 어렵더라도 큰 그림을 그리는 데 있다. 즉, 사회변화의 과정에서 하나의 혁명적 행위로서 모든 사람들을 대상으로 한 공교육의 실현이 과연 어느 정도로 사회를 변화시켰는가에 관심의 초점이 있는 것이다. 공교육은 실패했다는 낡은 비명 소리를 제쳐 두고 이제 유치원부터 대학에 이르기까지 교육은 여전히 계속해서 시대를 가로지른 성공 스토리임이 분명하다. 교육은 우리가 누구이고, 무엇을 할 수 있으며, 그리고 우리가 믿는 것이 과연 진실인지를 통렬히 알려주고 있다.

과소평가되고 있는
교육받은 현대인

　새로운 교육은 과연 우리에게 무엇을 제공하였을까? 교육은 개인에게 훈련, 자격, 사회적 지위 등과 같이 많은 것들을 제공한다. 그러나 교육이 어떻게 인간을 심층적으로 변화시키는지는 교육혁명의 총체적 영향을 규명함에 있어서 매우 중요한 질문이다. 오늘날에는 고교 중퇴자마저도 적지 않은 교육을 받기 때문에 과연 얼마나 많은 사람들이 자신들이 받은 공교육에 의해 변화될 수 있는지를 판단하기란 쉽지 않다. 많은 사람들이 교육의 효과에 둘러싸여 있기 때문에 마치 교육의 효과를 잘 느끼지 못하는 것이다. 그러나 이는 완전히 사실이 아니다.

　약 50년 전 교육혁명이 많은 나라들에서 사회과학자들이 처음으로 대중 교육을 창조해나갔을 때 어느 정도 해답을 갖고 있었다. 그러나 불행히도 이러한 연구의 결과와 종국적으로 관련된 질문들조차도 명맥을 잇지 못했고, 현대 및 후기산업사회의 발전에 관한 고찰에서 교육혁명의 진가에 관련된 논의는 생략됐다. 이러한 지적 무지의 주된 결과물들은 과연 무엇이 개인을 현대인으로 만드는 것인지에 대한 연구들에서 잘 나타나 있다. 이러한 연구들은 많은 아이들이 학교를 다님으로써 얻어낸 사회적 결과들이 풍부한 증거들을 확보하고 있음에도 이를 예외적으로 무시했다.

　1960년대 후반, 하버드 대학 연구자들은 교육과 경제적 수준이 낮은 여섯 개의 저개발국들에서 청년들의 삶에 관한 광범위한 정보를 수집한 바 있다. 그 당시에 이러한 문화횡단적 데이터들은 대단히 혁신적이었고 매우 희귀하였다. 인구학적 배경요인들 뿐만 아니라 인간의 태도, 가치, 신념 등을 측정하는 조사였다 Inkeles and Smith 1974. 이 데이터들은 각 국가별 소수 남성들이 보유하고 있는 문해력, 산술능력과 같은 기능적 기술, 새로운 경험에 대한 개방성, 전통적 권위로부터의 독립성, 과학과 현대의학의 효용에 관한 신념, 운명론의 포기, 삶의 합리적인 계획에 관한 관심, 시민적 의제와 국가 및 국제적 사건에 대한 관심 등 현대적 태도와 선호를 포괄하고 있었다. 이 모든 정보들은 이 책의 후속 장에서 논의되는 바와 같이 제도로서 교육이 어떻게 현대 사회를 변화시켰는지를 알려준다.

　이 데이터를 활용하여 당시 청년들이 어떠한 현대적 태도, 가치, 신념들을 갖고 있는지 분석하였을 때, 연구자들은 교육적 성취 여부가 현대적인 개인이 되는 가장 중요한 요인임을 발견하였다. 초등교육 정도만 마쳤어도 공교육에 노출되는 것은 현장에서 작업하는 것보다 50% 이상 더욱 강력하게 공업형농업형과 비교됨 일자리를 변화시키는 것으로 나타났다. 그러나 연구자가 자신들의 연구결과를 논의하는 과정에서 대중 교육보다는 산업화의 영향이 더욱 크다고 해석하는 것은 자가당착적 연구가 되어 이를 읽어 내리는 것은 무척 당황스러운 일이 된다. 보다 많은 공교육을 받은 젊은이가 더욱 근대적 인간성을 잘 드러낸다는 사실이 "학교가 공교육의 형식으로 학생들에게 전일적full time 통제를 가하고 있기 때문에 [왜] 공장들보다는 당연히 더 많은 영향을 미쳐야 하는 것 아닌가"라는 이상한 주장에 묻혀버리는 결과가 나타났던 것이다Inkeles 1969, 139. 따라서 이 데이터에서 교육 효과가 가장 크기 때문에 그것을 무시할 수는 없지 않은가? 더욱이 공장 근로 역시 오랜 시간에 걸쳐 통제가 가능하다고 보았을 때, 충실히 그들의 연구결과를 따라가면 그 함의는 오히려 정반대가 되어야 한다. 왜 산업화 사회의 근로는 대중 교육만큼 개인적 근대성individual modernity을 산출하지 못하는가? 그러나 아쉽게도 이 질문은 단 한 번도 제기된 적이 없었고, 이 프로젝트의 책임 있는 연구자조차도 "우리 프로젝트의 구호는 '공장도 현대화를 위한 학교'가 될 수 있다"였음을Inkeles 1996 대담하게 밝힐 정도로 단순히 교육의 효과를 축소하고자 하였다. 그렇다고 심리학적 근대화에 학교교육이 갖는 명확하고도 강력한 영향력을 무시할 수 있을까?

근대화 되기Becoming Modern라고 이름 붙여진 이 연구저서의 제목은 사회학에서 폭넓게 읽히는 고전이 되었고, 산업화의 영향에 관하여 우호적인 기술-기능주의자들 뿐만 아니라 비판적인 마르크스주의자들로부터도 많은 논쟁을 자아냈다. 그러나 교육의 효과에 관한 압도적인 증거들은 완전히 묻혀버렸다. 지난 세기 중반부터 등장한 새로운 세상에 대한 과학적으로 세련된 관찰에 토대를 둔 이러한 조사 연구들은 전 세계적 교육혁명이 가져온 총체적 영향들을 밀어내거나 무시하였고, 또한 평가절하하였다.

이 책의 의도는 책 한권이나 일부 사회학자들을 비판하고자 하는 것이 아니다. 보다 공정한 관점에서 알렉스 잉켈레스Alex Inkeles의 의견처럼 근대적 태도를 함양하는 데 있어 교육의 인과적 중요성을 염두에 두자는 것이다Inkeles 1974, 1996. 보다 거시적 측면에서 전 세계가 점점 더 교육중심사회의 한가운데로 돌입하는 상황에서도 사회학 내부의 사고방식과 관련된 연구분야들은 여전히 교육혁명이 매우 중대한 사회학적인 이슈임에도 불구하고, 이를 도외시 한 채 후기산업사회의 정치적·경제적 함의만을 학술적으로 쫓아왔다.

심지어 교육이 사회를 변화시킨다는 상당한 경험적 증거가 있음에도 불구하고 후기산업사회 관점은 교육이 대중적 제도mass institution로서 자리 잡고 있는 상황에서조차 19세기 서구 사회의 구조들을 단순히 후방거울로 되돌아보는 데 그쳤을 정도였다. 오늘날 지식인들이 급속히 확대되어 온 중등학교에 다녔고, 그들 중 다수가 더욱 힘차게 팽창하는 대학에서 생계를 위한 교수직을 수행하고 있는 상황에서, 코앞에 벌어지고 있는 이 거대한 교육의 대변혁 과정을 놓쳤다는 사실은 굉장한 아이러니가 아닐 수 없다. 아직도 여러 곳에서 기존의 관점은 오늘도 지속되고 있다. 따라서 교육에 관한 최근 40여 년간의 연구결과물과 새로운 이론적 관점에 기반하여 설익어 버려진 교육혁명을 지적 쓰레기 더미에서 되살려야 한다. 이 교육혁명이야말로 후기산업사회에 심대한 영향을 끼친 유력한 독립변수라는 새로운 가설을 검증할 때가 된 것이다.

조용한 혁명에
대한 평가

앞에서 살펴본 것처럼, 교육과 사회에 관한 기존 주류 연구들은 교육이 사회의 변화를 무심코 따라가는 것으로 보고 있다. 그렇게 함으로써 이미 결정된 사회적 역할, 직업, 그리고 경험들에 대해 사람들을 미리미리 대비케 하는 것이 곧 교육의 역할임을 강조한다. 교육에 관한 이러한 일반적 관점은 교육을 2차적 제도, 즉 다른 제도로부터 파생한 제도로 보는 것으로서 이 관점에서 교육의 역할은 결국 경제와 국가와 같은 지배적인 제도들을 지원하는 것으로 국한된다. 이에 대해 대안적 주장을 펼치고자 한다. 즉, 교육혁명은 독자적으로 후기산업사회의 문화를 교육중심사회로 변모시켜 왔다. 교육중심사회는 오롯이 새로운 사회질서라고 할 수 있는데, 이러한 질서에서는 교육의 차원이 확장되어 삶의 모든 국면에 깊숙이 침투하는 등 그야말로 교육은 중심적이면서도 근원적인 제도라고 할 수 있다. 이는 교육중심사회

를 앞당겨 실현해온 선진국가들에서 익히 확인할 수 있는 사실이며, 그 밖의 국가
들에서도 동일한 경향성이 발생하고 있으며, 따라서 교육혁명은 앞으로도 세계 곳
곳에서 더욱 강화될 것이다.

1960년대 후반에 이미 저명한 사회학자인 탈콧 파슨스가 앞의 표제문에서와 같이 지적
한 것처럼, 일부 지식인들은 선진국들에서 고등교육의 도약과 세계 도처의 연구중심
대학에서 "거대 과학"과 "지식 재벌"의 성장을 관찰하면서 교육중심사회의 도래를
예견한 바 있다. 당시 대중 교육은 후기산업사회에서 중심적 제도가 될 것으로 예견
되었다.

또한 비록 이러한 변화가 몰고 올 결과들에 대한 추측들 중에서 다소 과장된 것
들도 있었지만에, 완벽히 합리적이고, 기술적으로 완성된, 협소한 전문가 중심의 사회와 같은, 전반적인
생각은 예측 면에서는 들어맞았다. 그러나 대체로 교육혁명이 앞선 근대성advanced
modernity을 가져오는 원동력이 될 것이라는 주장은 지난 수십년 간에 걸쳐 교육이
단순히 자본주의 사회의 시녀 또는 기술중심사회의 "당연한" 성과물에 불과하다는
주장의 소용돌이 속에서 그만 힘을 잃어버리고 말았고, 독자적인 사회학적 영향력
마저 상실해버렸다. 그러나 이제 충분한 경험적 증거들이 속속 나오면서 과연 무
엇이 인간사회를 형성시킨 주된 독립변수인지에 관한 논의를 통해 교육혁명이 제
대로 된 대접을 받을 수 있는 상황이 되었다. 그러나 연구 그 자체로만 이러한 숙
제를 완벽히 해결할 수는 없다. 보다 혁신적인 이론적 관점, 즉 "신제도주의neo-
institutionalism" 이론을 통하여 비로소 교육과 사회적 역할에 관한 관점을 탄생시킬 수
있게 되었다.

사회에서 형식교육의 역할에 관한 사람들의 "전통적" 관념은 교육이 주로 사회
경제적 복잡성을 창출하는 데 보조적 역할을 수행한다는 것이다. 따라서 교육이라
는 것은 대부분 *사회의 재생산자*라는 것이다.[1] [그림 1-1]에서 보는 바와 같이 힘
의 화살표는 사회로부터 교육으로 흐르고 있고, 교육은 단지 사람들을 사회에 적합
하도록 훈련시키고 자격으로 가려내고 있을 뿐이다.

---

1 기본제도와 2차적 제도의 구분은 면대면 조직 대 공식적으로 형성된 조직이라는 구식의 사회학적 구분
  이 아닌, 사회를 형성해나가는 과정에서 기관들의 역할이 무엇인지에 따라 구분된다.

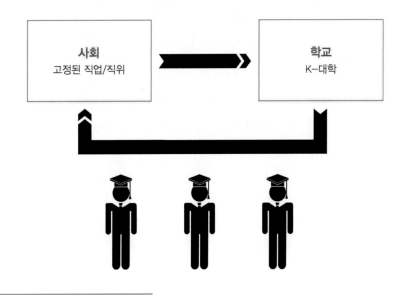

그림 1-1 교육과 사회의 관계에 대한 전통적 관점

또한 교육 자격을 기준으로 성인들에게 부여된 사회경제적 지위 역시 대체로 사회, 즉 교육제도가 아닌 다른 사회제도들에 의해 고정되어 있다. 이런 구도 아래에서 교육은 사람들이 사회에서 지위를 얻을 수 있도록 그들을 교육시킴으로써 보다 큰 사회적 요구에 봉사할 뿐이고, 따라서 교육은 다음 세대에 사회를 재생산하게 된다.

　　지식인들 사이에서 전통적 관점이 이렇게 인기를 끌게 된 주된 이유는 사회에서 교육의 기능에 관한 두 가지 주장이 비록 상충되기는 하지만 교육이 사회의 궤적을 따라가고 있다는 가정에 근거하고 있기 때문이다. 인적자본이론Human capital theory은 교육이 대체로 경제에 의해 설정된 작업 기술을 제공해 주는 것으로 가정한다. 반면에 마르크스 이론Marxist theory은 교육은 주로 근로자들에게 자본가 생산 조건과 사회-계급적 불평등을 주입시킨다고 본다. 그러나 비록 형식교육이 노동시장에 필요한 훈련을 담당하고, 사회적 지위가 결정되는 중요한 장場임에는 분명하지만, 이들 이론은 교육이 가진 진정한 본 모습을 평가절하하고 있으며, 교육이 갖는 사회에 대한 총체적인 영향력을 간과하고 있다. 전통적 관점에서 한 발짝 뒤로 물러나서 어떻게 보통의 형식교육이 성인기에 이르기까지 펼쳐지고 있고, 거의 모든 사람들의 삶에 한 부분을 지배하고 있는지를 생각한다면 오늘날 교육이 가진 광범위한 모습이 드러나게 된다.

이와 대조적으로 신제도주의 이론neo-institutional theory은 교육이 독자적이고 지속적인 사회제도로까지 성장하였으며, 따라서 교육혁명은 단순히 사회를 재생산하는 것이 아닌 현대 사회 문화의 중대한 부분을 사회적으로 구성하고socially constructs 있음을 강조한다. 교육을 통해 사람들이 훈련을 받고 자격을 얻을 뿐만 아니라 교육이라는 제도 그 자체로서 다른 사회제도들과 함께 전체 사회의 문화를 변화시키고 있다고 본다. [그림 1-2]에서 보는 바와 같이, 본서의 이른바 "교육중심사회schooled society" 관점에서는 주된 영향력의 화살표가 교육으로부터 사회로 흐르고 있으며, 이러한 흐름은 사회경제적 지위들의 변화와 팽창뿐만 아니라 새로운 생각과 새로운 인간 능력들의 탄생을 동시에 가져오고 있다.

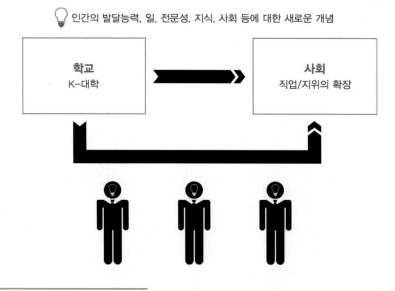

그림 1-2 교육과 사회의 관계에 대한 교육중심사회(신제도주의)의 관점

신제도주의 이론은 학생과 교사, 그리고 행정가들에 이르기까지 교육에 종사하는 사람들이 이러한 사회적 변화 전부를 창조해냈다고 말하지 않는다. 이는 대규모 자본주의가 경제에 미친 영향 또는 대의 민주주의가 정치체제에 미친 강력하면서도 변혁적인 영향과 마찬가지로, 제도로서 교육은 고유한 제도적 영역, 즉 교육 그 자

체의 문제에 초점을 맞춘다Luhmann 2012. 그러나 교육혁명과 더불어 인구의 다수를 공식적으로 교육하는 이러한 상대적으로 새로운 인류학적 활동즉, 교육 활동-역자 주이 사회의 중대 국면들에 상당한 파급효과를 일으켰다고 본다. 신제도주의 이론을 굳이 빌린다면 교육혁명의 실질적 진수는 사회의 사회적 구성social construction of society에 상당한 영향을 일으킬 수 있는 조건들을 창출하면서 형식교육이 지속적으로 점점 더 제도화institutionalized 되어 왔다는 뜻이다.

많은 사회학 이론들은 제도화 과정에 수반되는 제도 그 자체의 개념에 기반한다.[2] 제도는 시간과 공간에 관계없이 존재하는 인간 사회의 토대이다. 사회 내에 존재하는 개별 인간들의 영향으로 사회제도는 물리적인 현상이라기보다는 때론 물리적 결과를 갖기도 하지만 개념적이고 인식적이다. 또한 제도는 인간이 존재하는 모든 영역에 걸쳐 공유된 의미shared meaning의 생산을 통해 인간행동의 통제를 이끌어낼 정도로 강력하다. 어떤 의미에서 제도는 일상 세계에서 인간이 어떻게 생각하고, 느끼고, 감정을 드러내고, 행동하는가에 관한 문화적 의미와 가치cultural meaning and values의 집합체이다예, Berger and Luckmann 1966. 개인과 집단―그들이 인간들의 공식적 조직이든 비공식 조직이든 상관없이― 문화적 의미를 통해 현실을 경험한다예, DiMaggio 1997. 이러한 의미에서 교육은 현대 의학과 가족이 사회 제도인 것과 마찬가지로 제도이며, 결국 특정한 삶의 영역에서 사람들이 어떻게 행동하고, 느끼고, 그리고 생각할 것인지에 관한 인지지도의 세트sets of cognitive maps이다.

이론으로서 신제도주의는 본질적으로 제도가 어떻게 광범위하게 공유되는 문화적 의미를 생산하는지에 그 초점을 맞춤으로써 사회제도에 관한 종래의 개념을 새롭게 보려는 시도이다. 이는 고도로 처방되고 구조화되어버린 사회적 역할과 규범에 초점을 둔 구제도주의original institutionalism를 대체하려는 것이다Meyer and Jepperson 2000.[3] 구제도주의적 관점은 사회와 문화에 관한 기능주의 이론의 개념적 토대를 형성하였다. 제도는 우리가 현실에 대한 집합적 관념을 느끼기 위해 사용하는 스크립

---

2 여기서 "제도(institution)"라는 말은 "성모병원이 하나의 기관(Mercy Hospital is an institution)이다"라는 말에서의 기관, 즉 벽돌과 몰타르로 만들어진 특정 건물을 지칭하는 것이 아니다. 이와 반대로 사회학에서는 사회를 특정 삶의 영역에서의 행동 규칙과 사회적 역할을 결집, 배분, 통제하는 사회적 제도로 이해한다.

3 본래적 의미에서의 제도이론적 관점은 사회와 문화에 관한 기능주의 이론의 개념적 뼈대를 형성시켰다.

트, 시나리오, 스키마타와 같은 것으로서, 이것들은 일상 세계에 대한 파지와 모형들로 구성되는 일상적 지식으로서 한 사회의 문화를 형성하고 확산시켜 나간다 Eslinger 1998. 제도의 기초적 산출로서 문화는 사람들의 의미있는 행동과 동기, 그리고 감정들을 이끌어내는 인지적 모형들로 만들어진다Meyer and Jepperson 2000. 신제도주의 이론에서 사회변화의 정수는 바로 제도적으로 변화할 수 있으며, 특정한 문화적 의미 체계의 크고 작은 제도화는 바로 인식된 현실에 대한 크고 작은 영향인 것이다 예, Berger, Berger, and Kellner 1974. 그리고 교육혁명의 과정에 걸쳐 나타난 것처럼 특정한 삶의 영역에서 발생한 큰 제도화의 과정은 바로 특정한 제도에 의해 주도된 행동, 동기, 감정들의 의미 강화의 과정이라고 볼 수 있다.

형식교육을 기초적 제도로 이해하는 것은 마치 에셔M. C. Escher, 네덜란드 현대화가-역자 주가 그린 그림에서 새가 물고기로 변화하는 이미지의 혼합에서 보이는 강조와 재강조 노력과 같은 것이다. 그의 그림에서 처음에는 보통의 이미지로 보이던 것들이 새로운 시각에 의해서 놀랍도록 새로운 역상counter image으로 드러난다. 교육의 사회적 역할을 어떻게 바라볼 지에 관하여 교육중심사회 모형을 염두에 두는 것도 마찬가지이다. 개인에 대한 학교교육의 즉각적인 영향과 같은 제한된 사고 틀에서 벗어나 교육이라는 제도가 어떻게 영향력 있는 아이디어들, 사회적 지위 그리고 새로운 인간 능력을 형성시키고 있는지와 어떻게 이러한 것들이 후기산업사회에서 중요한 현실이 되고 있는지를 재조명하자는 것이다.

제도는 시간과 공간에 걸쳐 그 영향을 달리할 수 있으며, 교육혁명의 기원의 배후에 있는 중요한 지사학geohistorical, 지구의 지질학적 역사와 발달의 법칙을 연구하는 학문-역자 주적 경향들을 후술하는 장들에서 살펴볼 것이다. 그러나 공교육기관들이 국가에 따라 서로 다르게 나타나거나 또는 한 국가와 지역에 따라 서로 다른 모습을 보이더라도, 적어도 세계교육의 표현형식에 관한 심층적 수준이 학교가 어떤 기관이어야 하고, 그것이 어떻게 작동되어야 하는지에 관한 사상에는 강한 공통점을 갖고 있다. 따라서 형식교육의 제도화가 진행됨에 따라 개별학교들과 대학들은 지역적, 국가적 맥락에 영향을 받기도 하지만 학교 교육에 관한 기본적 관념들이 전 지구적으로 동일한 방식으로 규정되고, 최근까지도 공통된 방향으로 오히려 더 강화되고 있다 Baker and LeTendre 2005. 결과적으로 국가교육체제의 형성은 이제 국내의 정책결정자들, 정치인들, 그리고 교육자들의 통제를 벗어나 초국가적 힘에 영향을 더 많이 받게 되었다. 그렇다고 이러한 현상을 몇몇 국제기구 또는 강력한 다국적 조직들이 드러내놓고 국가적인 교육에 관해 사고와 행동을 강요한다는 것을 의미한다고 볼 수는 없다. 오히려 전 지구화된 제도화 과정은 더 광범위하다. 교육은 일차적 문화형성제도로서 전 지구적 세계를 만드는 다른 강력한 제도들과 함께 하는데, 이는 "기존의 사고체계 안에 존재하는 가치와 규범들보다 더욱 정당성을 확보하는 생각들의 복합체라고 할 수 있으며, 이는 다시 사회 세계에서 구체화되는 영역들이 어떻게 서로 부합되고, 기능을 하며, 그리고 지적인 지위를 갖는가에 관한 고려"라고 할 수 있다 Meyer 1981, 897.

사실, 이 점이 바로 어떻게 교육이 제도로서 사회를 구성해나가는지를 생각해내는 한 방법으로서 신제도주의 이론이 갖는 장점이다. 각 초·중·고교와 대학 내부에서 생겨나는 생각, 의미, 그리고 학생들, 교사들, 교수들, 학자들, 행정가들, 그리고 정책결정자들이 취하는 일상 속의 모든 행동들을 정당화하는 데서 시작하여, 폭넓은 문화적 이해들이 형성되어 급기야 다른 제도들에까지 확산되었고, 이제는 완전한 교육중심사회에 존재하는 사회 모든 일원들이 유사한 사고를 하게끔 만들어버렸다. 교육혁명은 단순히 개인을 가르치는 데서 벗어나 사회의 문화를 형성할 만큼 경탄스러울 정도로 풍부하고 지대한 영향을 미치는 사상들을 용이하게 수용하는 결과를 가져왔다. 후기산업사회에 교육제도가 지배적인 힘이 되었다는 점을 생각해 본다면 이 모든 것은 부드럽고, 거의 감지할 수 없을 정도로 자연스럽게 진행되었다.

교육혁명의 차원과
기원의 검증

제1부의 다섯 개 장들은 교육혁명이 갖는 상호공생적이며, 인구학적, 그리고 문화적 힘과 그 기원을 검증한다. 제1장은 형식교육이 어떻게 개인과 모든 대중들의 시간과 에너지를 동시에 삼켜버렸는지 그 역사적인 과정과 함께, 이 모든 변화가 어떻게 그토록 짧은 시간 내에 이루어졌는지도 추적한다. 이 장에서는 우선 교육이라는 제도가 촉진하는 핵심적 사상들을 기술하면서 교육제도가 가하는 문화적 영향

에 주목하고자 한다. 그러한 영향이란 교육적 혜택의 보편화, 공동의 이익으로서 개인의 교육적 발전, 주된 성취로서 학업성취, 학문으로부터 파생된 지식에 대한 믿음, 그리고 핵심적 인간능력으로서의 인지라고 할 수 있다. 제2장은 이러한 요인들이 어떻게 서로 결합하여 교육중심사회의 심장부에 자리 잡은 강력한 문화적 가정들을 형성할 수 있었는지, 그리고 그 과정에서 교육이 미친 광범위한 영향력은 어떠한지를 설명한다. 다음과 같이 세 가지 대표적인 가정들을 검토한다. 첫째, "학문적 지능"academic intelligence이 바로 고등 인간능력이라는 점, 둘째, 형식교육은 하나의 인권이라는 점, 셋째, 형식교육이 후기산업사회에서 사회적 이동과 차별적 직위를 가장 합리적이고 사회적으로 정의로운 방법으로 조직한다는 점이다.

상당수의 연구들은 초반에는 지난 150년에 걸쳐 성장해온 초등교육과 중등교육 취학에 관한 분석을 활용하여 교육혁명을 살펴왔다예, Fuller and Rubinson 1992. 물론 분명하고 생산적인 접근이기는 하였지만, 이는 교육분야가 사회에 미쳐온 영향력의 확장에 관한 독자적인 연구를 무력화시킨 채, 마치 교육혁명이 이전의 발전과는 상관없는 허공에서 나온 것과 같은 허점을 남겼다. 그러나 최근 연구들에서는 교육혁명의 기원이 서구 대학Western university의 오랜 역사적 성장을 통해 형성되었음을 알려주고 있다. 따라서 이러한 연구에 기반하여 제1부의 마지막 세 개 장들은 이례적인 제도적 특징을 지닌 대학을 교육중심사회 내에서의 교육문화 창조 및 심화 과정 논의에 중심에 두고자 한다. 이러한 나의 주장과 그 연장선상의 논의는 교육혁명에 관한 종래의 고찰에서 부족했던 점을 드러내면서 차별화된 스토리를 명확히 제공해준다.

제3장에서 제5장에 걸친 논의는 지식의 생산, 관련 학위의 산출, 그러한 통제와 생산, 그리고 사회전반에 걸친 지식의 활용에 있어서 개인을 훈련시키고 자격을 부여해온 대학이 갖는 복잡한 위상이 어떻게 역사적 발전을 거치면서 형성되어 온 것인지에 초점을 맞추고 있다. 대학은 교육혁명이라는 문화적 가치가 탄생되고, 그 정당성을 인정받고, 다시 확산되는 과정을 통해 현대 사회의 중추적인 문화적 제도로서 자리 잡게 되었다. 더욱이 대학이 보편화된 지식과 대량으로 수여된 학위들의 타당성을 높이고, 다시 자기강화적 역동성을 낳으면서 이상의 기능들이 어떻게 역동적인 모습으로 상호작용하는지를 살펴보고자 한다. 이러한 역동적 위상이 낳은 결과는 사회 내 지배적 의미들을 만들어낸다. 이러한 지배적 의미는 현대 사회를

구성하는 사람들로서 대학교육과 학위를 받고, 이를 토대로 대학이 창조한 지식의 정당성을 영속화시키는 수많은 전문가들에 의해서 강화된다. 전 세계 슈퍼 연구중심대학 그룹이 날로 증가하는 가운데, 이러한 고가의 거대 지식기업을 역사적 우연의 소산이나 흔치 않은 이벤트로 볼 수는 없다. 오히려 그것은 교육에 대한 굳건한 믿음으로 교육중심사회의 성공에서 비롯되었다. 그것은 교육혁명이라는 세계사적 흐름의 당연한 결과라고 할 수 있으며, 이미 이러한 생각은 수세기 전 서구형 대학의 성장과정에서 시작되었다.

교육혁명의
사회적 결과

이러한 교육혁명의 출발과 새로운 문화를 만들어온 능력에 관한 설명이 이론적 값어치를 지니려면 교육에 현대 사회의 주요한 사회제도들이 끼친 심대한 영향에 관한 증거가 있어야 할 것이다. 이 책 제2부의 여섯 개 장들은 몇 가지 제도들에 관한 설명을 다룬다. 존 마이어1977가 이러한 맥락에서 교육과 사회 간의 본질적인 관계를 재구조화할 때까지 누구도 이러한 관점을 내다보지 못했다. 그리고 전통적 관점이 지식인들이 가장 선호하는 것으로 자리 잡은 이후, 그리고 현재까지도 교육이 다른 사회제도에 미치는 영향은 그렇게 뚜렷한 연구 주제가 아니었다. 이 여섯 개 장들은 아무도 다가서지 못한 영역을 탐색할 것이다. 교육중심사회 관점으로부터 파생된 몇몇 유용한 연구들이 있기는 하지만, 다른 연구들로부터 적절한 증거를 찾아 이를 다시 정리해야 한다. 물론 이러한 연구들이 교육과 후기산업사회 사이에 존재하는 관계에 관해 취하는 가정들로 때로는 모호하고, 이 분야에 대한 문외한적 관점에서 쓰인 경우도 있다. 지난 수십 년 동안에 걸친 교육과 사회에 관한 전통적 이론화의 잔재를 직시해야 하고, 실로 수많은 신화들, 반쪽 진실들, 그리고 간과된 역설들이 반짝 그럴듯한 연구물로 등장했다가 다시 없어지기도 했다. 각 장에 등장하는 사회제도에 관하여 어떻게 교육혁명이 이를 변화시켜 왔는가에 덧붙여 각 장의 논의는 과거 이론과 연구를 비판하고, 그동안 있어 왔던 실증적 발견들에 대해 새로운 해석을 곁들인다. 각 사회제도들의 교육적 변형에 대한 보다 광범위한 검증이 있어야 하지만 아직 각 장들은 출발점만을 제공한다. 검증을 거쳐야 할 많은 제도들이 있지만 문화 내에 존재하는 상당한 "제도적 힘"을 가진 주요 사회제도들이야말로 충분한 검증이 필요한 영역이다.[4]

교육에 관한 전통적 관점의 핵심은 제도로서의 경제가 공식적 교육의 형태와 본질을 규정하고 있다는 점이다. 따라서 우선 제2부의 처음 두 개 장은 이러한 낡은 주장을 넘어서 일자리의 구조화, 직업적 자격, 그리고 실용적 기술을 포함하여 고도 자본주의 경제에서 직업의 교육적인 변형에 대하여 기술한다. 제6장은 교육이 단순히 일자리 수요를 따른다거나 가히 과잉교육의 대유행이라고 할 수 있을 정도로 통제 불능의 상태에 진입한 교육의 양적 팽창이라는 두 가지 궤적을 다루고 있다. 그 다음에 최근 노동경제학, 기업과 조직, 그리고 교육에 관한 신제도주의 분석에 관한 많은 연구들을 탐색하면서 이 장에서는 교육혁명이 일, 근로자, 그리고 근로현장의 작업의 질과 사고, 그리고 기대를 변화시키고 있음을 살펴본다. 이러한 점은 직업이 갖는 인지적 복잡성, 관리적 요청, 그리고 전문직업화의 증가에서 확인할 수 있고, 특히 대규모 조직 내에서 이러한 특성 내 근거한 채용분야의 증가에서 찾을 수 있다.

교육혁명이 일을 변화시키듯이, 그것은 학위와 직업적 배치 사이의 결합의 본질을 변화시켰다. 교육이 직업과 깊은 연관을 맺고 있는 동안 교육 팽창의 속도와 그 문화적 영향은 그 결합의 강도와 현저성을 엄청나게 증가시켰다. 제7장은 먼저 날로 증가하는 교육중심사회의 강도가 어떻게 직업을 영위하기 위해 학력 얻기 경쟁을 유발시키는지, 그리고 현대 경제에서 학력이 갖는 의미와 가치를 심화시키는지 살펴본다. 직업을 영위하기 위해 학위를 필요로 하는 현상이 본격적으로 등장하게 된 것은 두 가지 측면에서 교육혁명의 집약된 결과라고 할 수 있다. 교육 그 자체에 의한 요청이 하나요, 다른 하나는 학위가 낡고, 교육에 의하지 아니한 유사 학위 형태들을 몰아내면서 더욱 그 정당성을 얻고 지배적인 흐름으로 자리 잡게 된 것이다.

---

4 교육이 제도적 힘(파워)을 갖게 된 이면에는 교육의 세계적 확산과 급격한 세계화를 향한 경향성이 자리잡고 있기 때문에, 교육혁명의 결과물에 대한 탐색은 세계 도처에서 수집되는 증거들을 살펴보는 시도에서 출발해야 한다. 그러나 미국 내 사례들에 관한 상당한 분량의 연구들이 있음에도 불구하고 이러한 세계적 차원의 탐색에는 제한적이다(제3장–제5장에 제시된 미국적 연구중심대학의 성공 사례가 특히 그러하다). 그러나 이러한 제한점은 여러 면에서 미국이 교육중심사회의 진보된 형태를 대표하며 세계에 걸쳐 교육중심사회의 미래를 예견할 수 있다는 사실을 고려하면 다소나마 상쇄된다.

교육과 직업, 그리고 일에 관한 새로운 학술적 발견들을 종합하면 학위의 수여, 그리고 남발되는 학위의 현상에 대해 일반인이 갖는 부정적 관념은 교육중심사회가 경험하는 트렌드와는 잘 부합되지 않는다. 둘째, 후기산업사회에서 광범위하게 떠받들어지고 있는 교육의 기능으로서 이 장에서는 학위수여가 지속적으로 직업 구조에 깊이 통합되는 네 가지 제도적 과정을 경험적 관찰과 분석을 통해 기술하고 실례를 들어 나타내보고자 한다.

제8장은 지식사회가 기본적으로 교육중심사회에 근거하고 있다는 주장을 펼쳐 보인다. 이 장에서는 교육혁명이 지식의 본질을 어떻게 변화 시켰는지, 그리고 새로운 지식을 검증하는 가설을 검토하고, 어떻게 전 세계적으로 권위있는 지식의 생산을 기하급수적으로 증가시키는지를 살펴본다. 이러한 지식사회의 기반은 영·유아 단계에서 성인교육 단계에 이르기까지 모든 생애단계에 확산되어 있고, 과학, 합리화된 질문, 이론, 그리고 경험적 방법들로 구성되어 있다. 이 모든 것들은 모든 인간들에게 적용이 가능한 학문적 지성의 압도적인 이해에 의해 영향을 받고 또한 강화된다. 교육적으로 산출된 지성의 문화, 과학화, 그리고 지식의 보편적 속성은 교육혁명이 성숙기로 들어가기 이전에 공식적 교육을 이끌어가는 지도원리로서 인정된 직업교육에 대한 낡은 가설뿐만 아니라 긴 세월 동안 축복받은 고전주의의 종말을 낳게 된다.

경제와 지식생산은 교육혁명의 영향을 추적하는 명확한 두 가지 선택지이다. 그러나 교육혁명의 제도적 확장을 설명하기 위해서 남은 3개 장들은 교육에 의해 심각하게 영향을 받는 것으로 간주되지 아니한 삶의 영역들을 살펴보고자 한다. 제9장에서는 성공과 실패에 관한 사적, 공적 정체성의 형성을 통해 교육혁명이 자아에 미친 영향을 검증한다. 특히, 학교 중도탈락이라는 보편적 현상과 다시 교육중심사회로 회귀하는 방법으로서 특별한 교육절차예, 고졸학력 인증서의 사용증가를 보여주면서 이를 집중 논의하고자 한다. 중도탈락 현상은 결코 가볍게 볼 사안도 아니고 언론이 만들어낸 일도 아니다. 이는 교육중심사회에서 교육 문화가 개인의 자아상으로 확장될 때 발생하는 깊이를 말해준다.

민주주의와 시민사회가 후기산업사회에서의 제도적 장치로 자주 인정되어 왔으므로, 제10장에서는 대중 민주주의와 현재의 복잡한 정치환경을 형성하는 과정에서 교육이 담당해온 역할을 탐색한다. 최근의 신제도주의 연구를 활용하여 이 장에서는 현대 미국정치에서 벌어지는 역설들, 예를 들어 구식 정당정치의 쇠퇴, 구시대적 민족주의, 기술관료적 이슈 정치, 그리고 일부 시민들의 쇠퇴 등을 살핀다. 이들은 실제 고등교육의 팽창과 교육중심사회라는 지배적 문화 확산의 결과물들이다. 명백한 민족주의가 새롭게 교육받은 세대들 사이에서 쇠퇴함에 따라 교육혁명으로 인해 많은 나라의 젊은 세대들 사이에서 세계화 된 정치체제를 형성하는 다양하고 역동적인 시민문화가 탄생하게 되었다.

교육혁명이 낳은 결과에 관한 마지막 제11장은 어떻게 교육이 전 세계적으로는 대중종교의 번성을 가져오게 되었는가를 다룬다. 제도로서의 교육과 종교는 서로 상반된 개념으로 널리 간주되어 왔다. 교육의 문화는 신념을 바꾸고 50년 전에는 감히 예상하지 못했던 방식으로 종교를 조직화한다. 많은 사회이론가들은 대중 교육을 더욱 세속적이고 심지어는 비종교적인 사회를 만들 것으로 가정한 바 있다. 그러나 종교는 여전히 번성하고 있다. 개인적, 집단적, 문화적 차원에서 교육과 종교에 관한 새로운 연구들에 기반하여 제11장에서는 교육혁명이 비록 종교적 권위에 도전을 하였지만 때때로 조직화된 종교와 개인적 영성과 매우 단단한 공생적 관계를 맺을 수 있음을 주장한다. 대중 교육이 종교를 쇠퇴시키기 보다는 오히려 대중 교육이 그 자체로 종교를 변화시키고 심지어 강화하는 역할을 수행한다.

이상의 모든 증거들을 바탕으로 결론에서는 앞에서 언급한 주요한 이슈들로 돌아간다. 교육중심사회라는 개념이 얼마나 교육혁명이라는 현상과 그 결과들을 설명할 수 있는지 평가한다. 결론은 그동안 진행되어온 조용한 혁명이 후기산업사회의 주요한 변화 요인들을 설명하는 리스트 속에 명백히 존재한다는 것이다. 교육이라는 지배적 교육 문화의 결과들을 고려하지 못한다면 많은 사회현상들은 잘못 해석되는 것이다. 교육중심사회의 미래를 고려하고 교육혁명에 대한 부정적이고 긍정적인 영향을 짧게나마 예상하면서 논의의 끝을 맺는다.

01

교육중심사회의 탄생과 그 양상

CHAPTER 1

교육혁명에서 교육중심사회로

교육혁명에서 교육중심사회로

부모님은 내가 죽는 한이 있더라도 학교에 계속 가야 한다고 말씀하셨다. 나에게 산성 테러를 가한 사람들은 여성이 교육 받기를 원하지 않았다. 그들은 우리가 우매하길 바랐다.

아프가니스탄에서 학교에 다니지 못하도록 산성 테러를 받아
얼굴에 흉이 생겼음에도 불구하고, 계속 학교에 다닌 17세
삼시아 후세니(Shamsia Husseini), 뉴욕타임즈, 2009년 8월 17일.

아이들이 학교에 수년간 다니는 것을 인구학적으로 이해하면 이것은 아이들의 행동 양식에 있어 새롭고도 대규모적인 변화이다. 이러한 변화를 가져온 힘은 교육이 모든 사람에게 필요한 것이라는 믿음이다. 교육혁명이 진행되는 동안 이러한 믿음은 세계 모든 나라에서 형식교육formal education에 대한 참여를 크게 증가시켰다. 이에 따라 학교를 다니는데 용기가 필요했던 삼시아 후세니의 예에서 보는 바와 같이, 교육에 대한 믿음은 시간이 지남에 따라 더욱 단단해졌고 한 개인의 미래에 더 큰 영향력을 발휘하게 되었다.

19세기에 강화되었던 산업화와 도시화, 그리고 정치적 국가 통합이라는 심대한 변화가 있기 전인 전근대 사회에서는 대중 교육mass education은 존재하지 않았다. 특히 기초적인 문해 교육 이상의 형식교육은 소수에 한정되었다. 약 150년 전, 다수의 어린이와 청소년을 대상으로 한 교육이 시작되면서 대중 교육은 전 세계로 빠르게

확산되었다. 대중 교육이 채택된 정치적·문화적 맥락은 지역과 국가마다 다르지만, 교육혁명의 기본적인 패턴은 전 세계적으로 비슷하다.

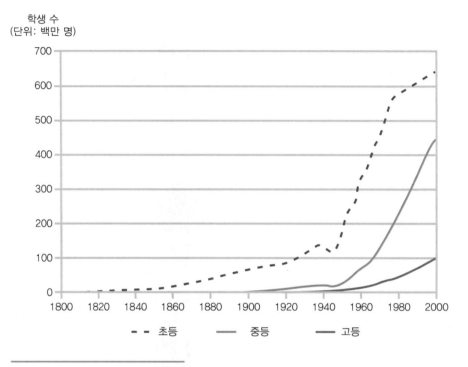

학생 수
(단위: 백만 명)

그림 1-1 세계의 초등·중등·고등 교육 학생 수
출처: Schofer and Meyer(2005).

지난 몇십 년 동안 교육혁명은 초기에는 초등 교육으로부터 시작하여 중등 교육으로 이어졌고, 마지막에는 고등 교육이 팽창하는 식으로 단계적으로 이루어졌다. 다시 말해, 초창기 상위 단계의 교육은 이전 단계의 교육이 발전함에 따라 확대되게 된 것이다. 이러한 교육 발전은 선진국에서 먼저 시작되었다. 그리고 20세기 중반 이후에는 교육 팽창이 가속화하며 각 단계별 교육 발전 사이의 시간이 점차 줄어들었고, 이러한 교육 팽창과 발전은 전 세계적으로 확대되었다예, Benavot and Riddle 1988; Fuller and Rubinson 1992; Dorius 2013. 여기서 주목할 점은 각 교육 단계별 접근은 천천히 이루어졌지만, 팽창은 급격히 이루어졌다는 것이다. 각 학교급에 대한 전 세계의 학생 등록 현황 통계가 보여주듯[그림 1-1], 19세기와 20세기 초반에 걸쳐 증가한 초등학교 학생 수는 1940년대에 이르러 기하급수적으로 늘어나게 된다. 그로부터 20년 후, 초등학교 학생 수가 크게 늘어남에 따라 중등학교 학생 수가 1960년대에 이르러 급격히 증가하였다. 또한 1970년대 초 대학교 학생 수가 비슷한 증가 양상을 보이기 시작하였다. 오늘날 많은 선진국에서 인구의 70% 이상이 고등학교 졸업장을 취득하였고, 25~34세 인구의 약 3분의 1이 고등 교육을 받고 있다OECD, 2009a. 교육혁명의 가장 최근 결과는 학부와 대학원 단계에서의 교육 팽창이다. 19세기에 접어들 무렵 대학 교육을 받는 인구는 전 세계적으로 대학 학령인구의 1%도 되지 않았다. 그러나 오늘날 대학 학령인구의 20%약 1억 명 정도가 대학 교육을 받고 있으며, 많은 나라에서 석사 이상의 학위를 취득한 인구가 꾸준히 증가하고 있다Schofer and Meyer 2005.

　이러한 급격한 교육 팽창은 인구 증가로만 설명되지 않는다. 교육 인구학자들이 "총 등록률Gross enrollment"―학령기에 있는 어린이와 청소년이 학교에 다니는 비율―이라 일컫는 수치는 이 시기에 꾸준히 증가되어 왔으며, 그 수치는 극심한 사회적·정치적 변동을 겪은 몇몇 나라에서만 다소 주춤했을 뿐이다Baker, Köhler, and Stock 2007. 이와 유사하게 한 개인이 학교에 다니는 평균 기간도 전 세계적으로 꾸준히 증가하였다. 잘사는 나라의 전 인구의 평균 교육 연수years of schooling는 12년이 넘었으며, 못사는 나라의 상당수도 평균 교육 년수가 9년이 넘을 것으로 예상되고 있다UNESCO 2001. 뿐만 아니라 비록 완전하게 실행되기에는 여러 어려움이 있으나, 전 세계 모든 어린이들에게 기초 교육을 제공하려는 다자간 캠페인이 폭넓은 정치적 지원을 받으며 계속 진행되고 있다Lewin 2009. 세계의 평균 교육 연수를 보여주는 [그림 1-2]에서와 같이, 세계는 빠르게 교육중심사회schooled society로 변화되고 있다.[1]

　교육혁명은 하루아침에 일어나지 않았다. 그러나 다른 대부분의 인류 제도들이 발전하고 정착하는 데 얼마나 많은 시간이 걸렸는지를 생각해 보면, 교육혁명의 속도는 매우 놀랍다. 교육혁명은 19세기 중반 서유럽과 북유럽, 그리고 이들의 식민지 가운데 부유한 나라에서 시작된 혁명으로, 19세기 말에는 서유럽 국가들과 오스트레일리아, 캐나다, 미국에서 5세에서 14세에 이르는 어린이들의 50-70%가 교

---

[1] 교육 팽창은 공평한 교육의 질을 의미하지는 않는다. 교육 팽창에도 불구하고 국가 간 또는 국가 내에서의 사회적 집단 간의 학교 경험은 매우 다르다.

평균 기대교육연한

데이터 없음 5년 이하 5~7년 7~9년 9~11년 11년 이상

그림 1-2 어린이들은 얼마나 오랫동안 학교교육을 받을 수 있을까?
2001년 기준 국가별 초중등교육 기대 교육연한
출처: UNESCO 통계연구소(Institute of Statistics)(2004).

육의 혜택을 받게 되었다Benavot and Riddle 1988. 물론 19세기 이전에 아시아나 북아프
리카, 그리고 마야, 아즈텍, 잉카 문명에서 엘리트 자녀들을 대상으로 종교적 교화
를 위한 옛날 방식의 교육이 존재하였다. 그러나 평화로운 방식이든 강압적인 식민
화 방식이든 서구의 영향을 받음에 따라 이들 지역에 존재했던 토착적 교육 제도는
서구의 대중 교육으로 대체되었다Craig 1981.

　형식교육에 대한 사람들의 태도와 행동에 있어 급격한 변화를 가져온 주요한 요
인은 학교 교육이 모든 어린이들이 받아야 할 만큼 '유용한 것, 적절한 것, 그리고
가치 있다'고 하는 생각이었다. 교육에 대한 이러한 생각은 내 아이가 다른 사람의
아이들과 마찬가지로 교육을 받는 것이 좋은 것이라고 믿게 만들었다. 특히 이제부
터 살펴볼 미국에서 일어난 교육혁명 사례는 이러한 문화적 믿음이 한 나라의 교육
을 얼마만큼 빠르게 팽창시키는지 잘 보여준다.

미국 교육혁명

　미국은 대중 교육을 발전시키는데 매우 중요한 역할을 해왔다. 20세기 초만 하더라도 미국은 학령기 아동 가운데 절반만이 학교에 다녔다. 그러나 이후 40년 동안 학교 교육을 받는 아동의 비율은 75%에 이르렀으며, 그 후로 20년 동안 거의 90%에 육박하였다U.S. Department of Education, NCES 1993. 물론 오늘날 대중 교육은 전 세계 어느 곳에서나 목도할 수 있기 때문에, 소수의 학령기 아동만이 교육을 받을 수 있었던 20세기 초 당시의 상황을 상상하는 것은 쉽지 않다. 그러나 그 당시만 하더라도 학교를 다닌다는 것은 아이들을 양육하고 청소년으로 성장하게끔 돕는 데 있어 매우 급진적이고 새로운 방식이었다. 따라서 한 사회에서 불과 40년 만에 학교에 다니는 아동의 비율이 50%에 이르고 따라서 20년 내에 100%에 이른다는 것은, 모든 아이들이 학교 교육을 받아야 한다는 믿음이 짧은 기간에 얼마나 빠르고 널리 퍼졌는지 보여주는 매우 놀라운 위업이다.[2]

　북미에서 대중 교육이 발전하는 패턴을 살펴보면 여러 세대에 걸쳐 학교 교육이 팽창하게 되는 기제를 파악할 수 있다. 각 학교급이 발전하는 패턴을 살펴보면, 그것은 다음 단계의 학교 교육의 발달과 순차적인 팽창을 촉진한다. 새로운 세대의 부모들은 더 많은 교육을 받게 되었고, 이에 따라 그들 자녀는 부모 세대보다 더 많은 교육을 받아야 한다고 생각하게 되었다. 이로 인해 교육에 대한 수요가 창출되고 증가된 수요에 대한 교육의 공급이 이루어지게 되었다. 19세기 말과 20세기 초 미국은 초등 학교 수준의 공교육을 빠르게 확립하였다. 그리하여 2차 세계 대전이 시작될 무렵 미국 성인들의 평균 교육 수준은 8학년 정도에 이르렀고, 이후 불과 30년 만에 미국 성인들은 평균적으로 고등학교를 졸업하는 정도의 교육을 마치게 되었다U.S. Department of Education, NCES 1993. 초등 교육을 받은 학생들이 점점 늘어남에 따라 중등 교육이 확립되었으며, 중등 교육을 받은 학생들이 점점 늘어남에 따라

---

2 미국 교육 제도가 초·중등 단계에서 보편 교육을 언제 달성하였는지에 관하여 미국의 학생 등록률은 다소 오해의 소지가 있을 수 있다. 이는 미국의 고등학교 중도 탈락률이 매우 높기 때문인데, 시골이나 도시의 취학 지역의 경우 네 명 중 한 명이 중도 탈락을 하는 것으로 알려져 있다. 그러나 이를 보완하고자 고졸 학력 인증서(genderal education development[GED])나 고등학교 중도 탈락자들을 돕기 위한 많은 프로그램이 있다. 이로 인해 미국은 전 세계에서 24세 이하 인구 가운데 고등학교 졸업률이 가장 높은 나라 중 하나이다. 비전통적인 교육 루트에 대해서는 제9장을 참조하라.

고등 교육을 받는 학생들도 자연스럽게 늘어나게 되었다. 이로 인해 미국인들의 각 세대별 평균 교육 수준은 이전 세대를 훨씬 뛰어넘게 되었다.

예를 들어, 2차 세계 대전 직전 25세 이상의 미국 성인 열 명 가운데 한 명은 약간의 교육만을 받거나 혹은 전혀 교육을 받지 못하였다. 그리고 열 명 중 다섯 명은 초등학교만 다녔으며, 세 명은 고등학교를, 한 명은 대학 교육을 각각 받았을 뿐이다그리고 대학을 다닌 두 명 가운데 한 명만이 대학 졸업장이나 대학원 학위를 취득하였다. 그러나 30년 후, 베이비 부머들의 대부분이 고등학교를 다니게 되었다. 이와는 대조적으로, 저학력의 고령 인구가 줄어들게 됨에 따라 미국은 성인 열 명 가운데 기껏 한 명 정도만이 약간의 교육을 받거나 혹은 전혀 교육을 받지 못하였고 성인 열 명 가운데 두 명은 초등학교를 다녔으며, 다섯 명은 고등학교를, 두 명은 대학교육을 받았으며, 이들 가운데 한 명이 대학 졸업장이나 그 이상의 학위를 취득하는 구조로 바뀌었다. 그 후로 다시 30년 후, 즉 21세기가 시작될 무렵, 미국 성인들의 교육 수준은 이전 세대와는 놀라울 정도로 다른 모습을 보여주었다. 구체적으로, 거의 모든 성인들이 초등 교육을 받았으며, 단지 한 명만이 고등학교로 진학하지 못하였으며, 네 명이 고등학교를 다녔다. 그리고 다섯 명은 대학 교육을 받게 되었으며, 이들 가운데 두 명은 대학 졸업장이나 그 이상의 학위를 취득하였다. 그 결과, 시애틀, 샌프란시스코, 워싱턴과 같은 미국 주요 도시들은 거주자의 절반 이상이 대학 학위나 그 이상의 학력을 가진 사람들로 구성되었다. 대학 등록 학생 수는 2010년 기준 2천 6십만 명으로 역사상 가장 높은 수치를 기록하였으며, 2019년까지 14%가 더 증가할 것으로 예상된다Hussar and Bailey 2011.

미국 사회가 교육중심사회로 탈바꿈하게 되는 모습을 가장 극명하게 보여주는 것은 아마도 사회 경제적으로 불리한 계층의 자녀들이 교육을 받게 된 비율의 변화일 것이다. 구체적으로, 19세기와 20세기 초 노예 제도, 짐 크로우 인종분리법, 그리고 백인 중심 사회의 다른 억압적인 조치들로 인해 미국 흑인 어린이들의 학교 등록 수는 백인 어린이들의 학교 등록수에 비해 훨씬 적었다. 그러나 이러한 공식·비공식적인 인종차별적 사회 환경 속에서도 흑인들의 학교 등록수는 1910년 이후 백인들과 비슷한 속도로 증가하였다U.S. Department of Education, NCES 1993. 또한 교육기회 균등에 중점을 둔 미국 시민권 운동의 성공으로 1950년 이후 학교 교육을 받는 흑인의 수가 크게 증가했다예, Rury and Hill 2011. 이러한 변화의 교육적 결과는 참으로 놀라운 것이었다. 기껏해야 초등학교 교육만을 받을 수 있었던 평균 미국 흑인들은 불과 한 세대 내에 그들의 자녀들이 고등학교를 졸업하게 되는 것을 목도하게 되었다1940년에서 1970년까지 고등학교 졸업률이 10-70% 증가. 또한 그들 손자들의 경우 백인들과 마찬가지로 대학에 진학하는 모습도 볼 수 있게 되었다.

이러한 변화는 1880년 이후 미국으로 이주한 남유럽, 중앙유럽, 동유럽 이민자들의 자녀들한테서도 확인되었다. 즉, 초기 이민자 자녀들이 교육을 받는 비율은 매우 낮았다. 예를 들어, 20세기 초 이탈리아 이민자 자녀들이 학교에 다니는 비율은 북부 도시들에 사는 흑인 자녀들에 비해 오히려 낮았다Lieberson 1980. 이들 이민자 자녀들은 가난과 사회적 편견으로 교육의 기회를 제대로 누릴 수가 없었다. 그러나 흑인 자녀들과 같이, 이민자 자녀들의 학교 등록률은 상대적으로 짧은 시간에 백인 자녀들과 비슷해지기 시작하였다. 이러한 변화가 가능하게 된 것은 이들 가정이 대부분 가톨릭이었고, 미국 가톨릭 교회가 공교육과 비슷한 대규모 사립학교 제도를 구축할 수 있었기 때문이다. 거의 대부분의 미국 가톨릭 교육은 공교육 제도와 같이 발전하게 되는데, 이는 모든 어린이들에게 학교 교육을 제공해야 한다는 논리가 가장 중요하게 받아들여졌기 때문이다Baker 1999. 역사적으로 불리한 이 두 집단을 위한 교육과 관련하여 특히 주목해야 할 점은 모든 가난과 억압에 대한 투쟁을 통해 새로운 형태의 교육혁명이 이들에게도 일어났다는 것이다.

모든 어린이들이 형식교육을 받아야 한다는 생각은 어린이와 청소년을 학교가 품어야 한다는 의미뿐만 아니라, 학교 교육에 대한 대규모 사회적 약속과 투자를 의미한다. 미국의 경우, 인구 증가는 곧 대규모 학교 제도의 발전과 재정 지원을 의미하는 것이었다. 초·중등 공교육 제도는 지난 한 세기 반 동안 학생 수 측면에서 600% 증가하였다. 구체적으로, 미국 독립 전쟁 직후 7백 6십만 명이었던 학생 수는 2004－2005년 4천 8백 8십만 명으로 증가하였다U.S. Department of Education, NCES 2006. 이러한 증가로 학교 교육은 점차 강화됐다. 예를 들어, 미국 학교 교육의 연간 수업 일수는 20세기 초에 약 6개월 반 정도에 지나지 않았으나, 현재는 9개월로 3분의 1이 증가하였다U.S. Department of Education, NCES 1993. 또한 평균 학생/교사 비율이 점차 감소함에 따라, 교육의 자원과 강도도 증가하였다. 구체적으로, 평균 학생/교사 비율은 19세기 말부터 차츰 감소하여 2007년에는 공립학교의 교사당 학생 수가 15.4명에 불과하다U.S. Department of Education, NCES 2008. 물가 상승을 고려한 공립학교 학생당 평균 교육 지출비는 1919년 355달러에서 2004년 기준 9,518달러로 상승하였다 U.S. Department of Education, NCES 2006.

교육혁명은 누가 학교에 갈 수 있고 가야 하는지에 대한 생각을 확대하였고, 형식교육은 모든 연령대의 사람들이 받아야 한다는 사고를 확산시켰다. 예를 들면, 고등 교육을 받는 학생의 3분의 1이 24세 또는 그 이상이다. 또한, 최근 자료에 따르면, 미국 성인의 40%가 직장 일을 위해 형식교육을 받고 있는데 특히 개인계발을 위한 목적으로 형식교육을 받고 있는 것으로 나타났다Hussar and Bailey 2011; U.S. Department of Education, NCES 2003. 마지막으로, 고등 교육은 2년제 대학과 4년제 대학, 그리고 이제 대학원에 이르기까지 과거에 경험하지 못한 속도로 계속 팽창하고 있다.

교육 팽창의 속도는 나라마다 다를 수 있고 빈곤과 정치적 혼란이 그 과정을 늦출 수는 있지만, 교육혁명은 전 세계적인 현상이다. 교육혁명은 북미와 서유럽보다는 다소 늦었지만 유라시아, 아프리카, 중동, 남미, 동남아시아에서도 일어나고 있다. 교육을 받은 인구는 점점 늘어간다. 그러나 아직 분명하지 않은 것은 교육을 받은 인구가 인류 사회에 있어 얼마나 새로운 문화를 구성했는가 하는 점이다. 교육을 받은 인구수의 변화가 문화적 변화에 어떠한 영향을 미쳤는지를 보다 심도 있게 살펴보는 것은 그 새로운 문화적 구성이 무엇인지를 잘 보여줄 것이다.

교육중심사회의
문화

문화가 사회적 세계를 구성하는 데 핵심이지만, 그것의 실제적인 구성요소를 밝히고 기술하는 것은 쉽지 않다. 신제도주의 사회학자인 피알라Robert Fiala는 국가 교육 제도의 목적이 포함된 문서들의 분석을 통해 교육혁명 저변의 생각을 이해하고자 하였다. 그리하여 그와 그의 동료는 먼저 1955년에서 1965년까지 여러 나라의 국가 차원의 교육 목적의 변화를 살펴보았다Fiala and Lansford 1987. 그리고 최근 피알라는 1985년에서 2000년까지 교육 목적의 변화를 추가로 살펴보았다. 그 결과, 많은 부유국들이 더 많은 청소년들에게 중등 교육을 확대하기 시작한 교육혁명의 초기부터 형식교육이 전 세계로 퍼지게 된 오늘날에 이르기까지 몇몇 흥미로운 발전들이 있었음을 발견하였다.

구체적으로, 1955-65년에서 1980-2000년까지 교육중심사회를 만들어 내는 핵심적 가치가 역사적으로 강조되는 것을 보여주는 세 가지 중요한 변화가 있었다. 첫째, 오늘날 대부분의 나라들은 개인의 인성적·감성적·인지적 발달을 교육 제도의 중요한 목적으로 명시하고 있다. 개인 발달은 초창기에도 교육의 주요 목적이었지만, 개인의 다면적인 측면을 포함하는 방식으로 계속적으로 정교화 된 것은 대중 교육의 강화를 보여주는 분명한 지표라 할 수 있다. 둘째, 소수를 위한 엘리트 교육과 학문적인 재능이 부족한 사람들을 위한 직업교육 두 가지 모두에 변화가 있었다. 교육혁명 초기에 이러한 교육 목적은 존재하였지만, 모든 학생들을 위한 일반적인 취업 능력general employability, 역량 개발development, 높은 수준의 수학적·과학적·언어적 지식에 대한 보다 새롭고 넓은 개념으로 교육목적이 확대되었다. 마지막으로, 대부분의 나라에서 모든 정치적·인종적·종교적·사회적 집단을 위한 평등과 민주주의와 관련한 교육의 목적들이 점차 강조되었다Dreeben 1968 참조.

피알라가 기술한 교육 목적들은 교육중심사회의 보다 깊은 세계적·문화적 측면, 사회학적으로 이야기하면 이른바 교육의 *제도적 가치*institutional values를 보여주는 것이다. 만약 교육혁명이 단순히 개인을 교육시키는 역할을 뛰어 넘는 사회적 제도가 된다면, 이러한 가치들은 그 영향력에 있어 교육을 뛰어 넘는 보다 명확하고 폭넓은 힘을 가지게 되고, 매우 높은 정당성을 가지게 된다. 정확히 얼마나 많은 제도적 가치가 교육의 세계적인 문화의 핵심을 이루는지에 대해서는 여전히 논란이 있다. 그러나 지금까지의 학문적 논의를 종합해 보면 대체로 네 가지의 가치로 요약될 수 있다. 이 네 가지 가치들이 교육중심사회에 어떠한 영향을 미쳤는지에 대해서는 다음 장에서 논의될 것이다. 모든 제도적 가치가 그렇듯 이 네 가지 제도적 가치는 추상적이며, 교육과 사회에 대한 일반적인 이미지와 다소 거리가 있다.

*인권으로서의 교육*education as a human right은 교육중심사회의 문화에 깊게 내재된 가치이다. 인권으로서의 교육은 단순히 기술 훈련이라는 의미를 넘어, 학교가 개인의 완전한 계발에 있어 필수적인 요소라는 주장을 포함하는 보다 폭넓고 분명한 의미를 지니고 있다. 이러한 가치는 대중 교육의 핵심에 있어 모든 어린이를 위한 교육의 논리에 커다란 신뢰성을 부여하였다. 그리고 이러한 가치는 각 교육 단계의 팽창의 근거가 되었다. 교육이 인권으로 여겨짐으로써 이를 부정하거나 또는 이를

외적으로 제한하는 것은 커다란 사회적 문제로 받아들여지게 되었다.

*교육적 성취의 보편화*universalism of educational merit는 교육 기회의 평등성을 사회적 정의와 동일시하게 한다. 대중 교육에서 고등 교육에 이르기까지 교육 기회의 평등성에 관한 생각은 상대적으로 새로운 측면의 사회적 정의를 만들어냈다. 이는 주로 교육 기회를 중심으로 하여 "성취할 수 있는 기회"에 대한 접근성에 기반한 것이다 Kett 2013. 모든 사람들이 교육을 받을 수 있다는 생각은 모든 사람에게 주어지고 반드시 따라야 할 근대적 지위로서 "학생"이 등장함에 따라 생기게 되었다Meyer 1977. 모든 사람을 교육시키기 위해 노력하는 대중 교육은 적어도 형식적으로는 성, 인종, 종교, 부, 집안 등과 같은 개인의 교육 외적인 사회적 지위를 인정하지 않는다. 한때 매우 높은 의미로 받아들여졌던 신분들identities은 개인의 미래 발전의 기회를 제한하는데 사용될 수 있기 때문에, 교육 기관 내에서 과거에 가졌던 권위를 상실하게 되었다예, Ramirez, Suarez, and Meyer 2006. 다시 말해, 교육 외적인 특성들이 교육의 기회와 연관되어 있을 때, 이를 사회적 부당함의 한 형태로 차츰 인식하게 되었다. 교육 제도가 기회에 대한 접근의 주요 중재자가 됨에 따라 교육 성취가 직업적 기회나 일반적인 사회 지위에 대한 주요 통로로 작용할 수 있고 작용해야 한다는 사회적 규범은 쉽게 확장된다. 순수한 교육적 가치에 대한 문화—다시 말해, 교육 외적인 사회적 요소들의 영향이 없는 학교 성취와 학위 획득— 은 결코 완전히 실현될 수 없지만, 상당 부분 실현될 수 있다고 생각하게 되고, 이것이 존재할 수 있고 사회적으로 바람직한 것으로 믿게 되었다Billls 2004.

*집합재로서 근대적 개인주의의 계발*development of modern individualism as a collective good 은 개인의 발달을 사회 발전에 맞추어 인류 사회의 새로운 공생적 과정으로 만드는 핵심적인 교육 가치이다. 이는 인간을 기본적인 사회 단위로 보는 근대적 관념에서 오는 것이며, 또한 이러한 생각을 강화시킨다Meyer and Jepperson 2000. 모든 사람을 교육시킬 수 있을 뿐만 아니라, 교육을 받은 개인의 집합으로서 교육 받은 사람들이 사회의 집합적인 경제적·사회적 선을 위해 핵심적이라는 생각이 널리 받아들여지게 되었다. 이러한 핵심 가치는 교육을 개인 투자로 합리화하는 인적자본이론의 모습에서부터, 교육을 시민성 형성으로 보는 정치발전이론political development theory에 이르기까지 다양한 형태로 존재한다예, Wiseman, Astiz, Fabrega, and Baker 2011. 그리하여 인력 계획이나 교육 기회의 차별화에 대한 이전의 생각들은 공통적이고 종합적인 학문적

경험을 통한 모든 개인들에 대한 능력 계발로 대체된다Baker and Lenhardt 2008; Baker, Kohler, and Stock 2007. 가족과 같은 전통적인 사회화 기관을 뛰어 넘는 형식교육은 개인을 인간으로 계발하는 핵심적인 기관으로 인식되며, 그리하여 공공재common good에 가장 큰 공헌을 할 수 있는 것으로 정의된다. 그러므로 이러한 생각이 보다 제도화되면 교육은 단순히 직업적 기술에만 밀접히 관련되어 있는 개념을 넘어 일반화되게 된다. 또한 교육은 개인과 사회의 모든 측면에 영향을 미치는 개인 계발의 가장 적절하고 효과적인 무대로 인식된다예, Meyer 1977. 그리하여 교육 결과는 인적자원 개발과 자아실현 쪽으로 진행하는 과정을 객관화하고 성문화하게 된다. 후기 산업 사회에서 엘리트 선발을 포함한 사회 계층화는 여전히 교육의 주요 임무이지만, 모든 사람을 교육시켜야 한다는 더 큰 논리에는 교육이 모든 사람들에게 가져다 줄 다양한 이익이 있다는 점이다. 이러한 생각은 대학이 발전하는 과정 동안 발생되어 강화되어 왔다. 이는 또한 전 세계적으로 시민과 국가, 다자간 기구들이 보다 많은 형식교육을 제공하고자 하는 이유를 설명하는 핵심적인 생각이다.

*고차원적 인지 능력을 통해 만들어지는 보편적 지식*universal knowledge enacted through higher-order cognitive skills은 학교 발전을 위한 필요조건을 뛰어 넘는 가치이다. 교육혁명은 학문적 기술을 일반적 인지 능력과 동일시하게 하였고, 인지적 수행에 보다 높은 가치를 두는 핵심적인 인간 능력으로 특화하였다. 동시에 교육 외적인 자원으로부터 얻게 되는 노하우는 덜 정당한 것으로 인식된다. 보편적 지식에 관한 가치는 지식의 중재자와 생산자로서 대학이 가지는 제도적 우월과 지식과 연결되어 있는 학위를 수여하는 것에서 유래한다Meyer 1977; Meyer, Ramirez, Frank, and Schofer 2007; Collins 1979. 학위의 위계를 통해 표현되는 제도화된 교육적 권위는 전문화되고 학문적으로 파생된 지식을 적용하는 데 자격을 위임받은 전문가들을 범주화 시킨다. 학위는 많은 직업을 수행하는 데 필요할 뿐만 아니라, 교육중심사회에 있어 스스로 할 수 있다는 능력을 보여주는 합법화된 상징이 된다. 형식교육은 종양을 제거하거나, 학생을 가르치거나, 건물을 디자인하거나, 경제를 예측하는 것과 같은 권위적 지식을 만들어 내는 자격을 통제한다. 획득한 학위를 통해 사회적으로 만들어지고 교육을 통해 얻어진 지식은 점차 직업적 능력을 위한 잠재력으로 동일시되어 가치 있게 여겨지게 된다. 그 이유는 학위와 전문 지식 간에 매우 밀접한 관계가 있기 때문이다. 동시에 전 세계적으로 학교 교육 과정은 지난 세기 동안 비슷한 모델로 수렴되고

있다. 교육 과정은 고차원적인 인지적 능력을 위한 필요 요건으로 인식되며, 이러한 교육 과정을 이수한 사람들은 교육을 받고나면 어떠한 업적을 이루기 전이라도 "똑똑하고 기량이 뛰어난" 사람으로 인식된다에, Benavot, Cha, Kamens, Meyer, and Wong 1991; Schaub 2010. 교육 성취는 개인의 인지적 능력과 동일시되고, 이는 교육을 받은 후의 삶에 매우 중요하다고 인식되는 일반화된 능력으로 받아들여진다.

이러한 교육의 제도적 가치들은 지난 150년 동안 강화되었고, 보다 세밀한 문화적 의미로 완성되었다. 이에 따라 교육의 제도적 가치들은 공통적 이해, 목적, 목표, 심지어 유치원에서 대학원에 이르는 학교 조직에 영향을 미치게 되었다. [그림 1-3]은 이러한 제도적 가치의 교차 산물cross-product을 보여준다. 예를 들면, *인권으로서의 교육*과 *집합재로서의 근대적 개인주의 계발*의 핵심 가치들이 합쳐져 교육투자가 사회 발전을 위한 주요 논리가 되고, 이는 억제할 수 없는 교육 팽창을 가져온다. 교육 팽창은 한 단계에서 포화 상태에 이르면, 다음 단계에서 다시 시작된다.

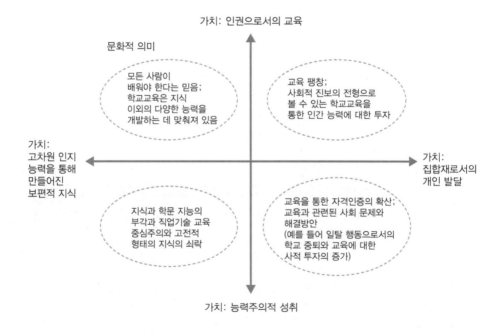

그림 1-3 제도로서 교육의 핵심 가치가 파생시키는 문화적 의미의 예시
출처: 국가교육통계센터(National Center for Education Statistics), "교육통계 다이제스트".

교육 문화의 주요 특징들을 만들어 내는 제도적 가치들의 또 다른 예는 *고차원적인 인지 능력을 통해 만들어지는 보편적 지식과 교육적 성과주의의 보편화*이다. 이른 바 "학문 지능academic intelligence"다음 장 참조이라는 강력한 개념은 어린 초등학생들이 오랫동안 매우 복잡한 사고를 연습하게 하고, 모든 교육 단계의 교육 과정에서 활발한 학습을 하게 했으며, 마치 학생이 학자와 같은 행동을 하게끔 만들었다. 제8장에서 살펴보는 바와 같이, 특히 고차원 능력으로 부를 수 있는 인지적 능력을 가르치는 것은 역사적으로 증가되어 왔다. 제도적 가치들의 이러한 교차점들은 교실 안에서 일어나는 것을 근본적으로 바꿀 뿐만 아니라, 다른 여러 가지 사회적 제도를 바꾸게 된다.

마지막 예는 *교육적 성과주의의 보편화와 집합재로서의 근대적 개인주의의 계발*의 핵심 가치 사이의 교차점은 어떠한 비용을 치르더라도 학업 성취를 이루고자 하는 문화와 학교와 대학 교육의 질에 대한 수요자들의 관심 증대에서 확인하는 바와 같이 ─학력의 광범위한 사용과 교육적으로 정의된 사회적 지위와 더불어─ 교육에 대한 전대미문의 개인 투자를 어떻게 만들어 내고 있는가에 있다. 이러한 문화적 산물은 훌륭한 육아법과 정서적으로 안정된 아이에 대한 개념이 변하는 데 있어 교육이 어떠한 영향을 미치고 있는지 살펴봄으로써 이해할 수 있다Schaub 2010. 또한 이러한 이미지는 학위에 대한 높은 보편성을 제공하며, 전통적인 다시 말해 교육 외적인 형태의 사회적 지위를 금기시 하는 논리를 제공한다. 이는 전통적인 형태의 사회적 지위가 사회적으로 불공정한 것으로 간주되고, 교육적으로 결정된 지위가 합법적인 사회적 위계로 받아들여지기 때문이다.

이러한 교육의 제도적 가치와 교차 산물들은 다소 추상적이지만 이것들이 만들어내는 의미는 관찰 가능하고, 일상적이지만 강력한 교육의 특성들을 만들어낸다. 이와 관련한 구체적 세 가지 예는 다음 장에서 살펴보자.

소수를 위한 교육에서
모두를 위한 교육으로

교육혁명이 문화적으로, 인구학적으로 어떠한 변화를 가져왔는지 평가하는 것은 결코 쉬운 일이 아니다. 그 이유는 교육이 내용, 의도, 목표에 있어서의 변화 없이 그저 양적으로 팽창했다는 일반적인 가정 때문이다. 오늘날 보다 많은 사람들이 교육을 받는다는 것은 자명한 사실이다. 그러나 교육의 근본적인 속성에 있어 보다 깊고 미묘한 변화는 잘 알려지지 않았다. 변화가 분명할 때는 "예전 형태의 교육"이 더 낫다는 식으로 섣불리 도덕적 판단을 내리려 하기 때문에 변화 자체를 분명하게 이해하기 어렵다. 서구의 형식교육의 오랜 역사에 관한 일반적인 생각은 초기 고대 그리스 교육과 밀접하게 관련되어 있다. 과거 문명 가운데 성공적이었던 문명들은 형식교육의 일정한 형태를 가지고 있었고, 교육 받은 사람에 대한 이상을 가지고 있었다. 이를 근거로 근대 교육은 과거 시대 교육의 자연스런 확장으로 종종 이해된다. 그러나 일부 극소수 예외를 제외한다면, 이는 사실과 다르다. 비록 교육혁명의 기원을 중세 시대 서구 대학의 발전에서 찾을 수 있지만, 이 독특한 제도에서 발생한 문화적 생각과 관행들은 모든 단계의 교육에 있어 많은 변화를 가져왔다. 이러한 영향은 오늘날 세계 도처에서 찾아 볼 수 있으므로 약간의 역사적인 맥락을 살펴보는 것이 필요하다.

고대에서 근대까지 형식교육이 지속되고 있다는 생각은 고대에 기댄 교육자들이 만들어낸 신화에 가깝다. 대신, 19세기 초에 시작된 형식교육에 대한 일련의 급진적인 생각 — 앞서 설명한 문화적 가치의 선구자 — 들은 모든 것을 질적으로 변화시켰으며, 매우 다른 종류의 교육을 탄생시켰다. 이러한 차이는 교육혁명 이전 시대에 교육을 받는다는 것이 어떤 의미였는지 살펴봄으로써 보다 분명하게 알 수 있다. 가령 후기 로마 시대의 교육을 생각해 보자. 후기 고대 시대 역사학자 피터 브라운Peter Brown은 기원전 4세기 고대 교육의 목적으로 가톨릭 철학자인그리고 장차 성인이 되는 아우구스티누스Augustine of Hippo와 같이 청중과 함께 재치와 즐거움으로 논쟁을 할 수 있는 웅변가를 배출하는 것을 묘사하고 있다. 교육중심사회에서 교육의 이상으로 받아들여지는 전문적인 기술, 문제 해결력, 분석적 전략 등은 고대 시대에 교육을 받은 사람들이 갖춰야 할 덕목이 아니었다. 학문적으로 의사소통하는 유일한 방법은 학위를 취득하는 것이 아니라, 누가 사회에서 중요한지를 확립하는 것이다. 그리하여 지중해 로마에서 북아프리카 내륙 지역까지 이르는 약 400마일에 걸쳐 아우구스티누스와 같이 교육을 받은 사람은,

> 오래 전의 전통에 따라 아주 잘 만들어진 환경에서 매우 정밀한 책략을 쓸 수 있어야 한다. 그러한 사람은 로마 제국의 다른 끝에 있는 학식 있는 라틴 사람에게 단순히 고대 인물을 언급하거나 고대시를 반절 정도 인용하는 것으로써 그의 메시지를 전달할 수 있었다(Brown 2000, 24).

교육의 목적은 "완벽함에 대한 매우 엄격하게 정의된 전통적인 기준"으로 의사소통할 수 있는 소수의 개인들을 훈련시키는 데 있었다. 그리고 이러한 교육을 받은 소수는 중화 제국에서 전통적으로 교육을 받은 고위 관료와 같이, 로마 제국에 봉사함으로써 성공적인 계층이 되었다Marrou 1956. 이러한 전통적인 방식은 이후 2,000년 동안 지속되었다Suen and Yu 2006.

교육중심사회의 이념을 역사적 관점에서 이해하기 위해 16세기 초, 토마스 모어Thomas More의 교육을 살펴보자. "사계절의 사나이"라는 별명을 지닌 모어는 엘리트지만 소수의 귀족 집안에서 헨리 8세의 대법관오늘날 참모총장, 법무장관, 국무장관을 모두 겸한 직으로서 영국 왕국의 정점에 오른 인물이다. 모어가 그러한 지위까지 오를 수 있었던 것은 성 안토니오 학교와 옥스퍼드 대학을 다녔기 때문이다Ackroyd 1999. 가톨릭교회에 귀의하기 전에 모어는 봉건 교육이 탄생시킨 최고 성취였으며, 그의 교육적 경험은 오늘날 교육이 전통사회의 교육과 얼마나 다른지를 잘 보여준다.

학교와 대학에서 모어는 개인의 박식함을 보여주고 엘리트 문화의 입문으로 여겨지는 일련의 의사소통 방식을 배웠다. 이러한 방식은 아우구스티누스 시대인 1,200년 전에도 사용되었던 것이다. 또한 엘리트만이 할 수 있는 공적 담론public discourse은 주로 구두와 라틴어—식자들의 일반적인 언어—로 이루어졌고, 종종 시 형태로 이루어지기도 하였다. 심지어 글쓰기도 이러한 구어적, 수사적 형태를 띠었으며, 모어와 동료들은 수업 시간에 반복과 대중 앞에서의 연습을 통해 배운 삼단논법, 속담, 격언과 같은 수사적 담론들을 암기하여야만 했다Ackroyd 1999. 국가 문제에 대한 논쟁의 형식도 매우 의례적이었고 형식적이었다. 학식 있는 다른 사람들과

마찬가지로 모어는 대법관으로서 수준 높은 구술적, 서면에 근거한 의사소통에 사용되는 논증법, 반박, 논박, 대화를 숙달하였다.

모어 교육의 핵심에는 지식의 총량이궁극적으로 진리에 대한 절대적 권위로서 신에 의해 고정되어 있다는 것과, 교육을 받는다는 것은 봉건적 사고방식의 근간으로 사용될 수 있는 진리의 위계적 분류학으로서 고정된 지식을 숙달하는 것이다Ackroyd 1999. 이 시기의 교육과정은 3학문법, 수사학, 변증법으로 시작하여 4학기하학, 수리학, 천문학, 음악, 그리고 교회법과 더불어 기독교 신학에 이르기까지 고정된 생각들에 기초한 것이었다Durkheim 1938, 1977; Aries 1962. 오늘날 연구라 할 수 있는 것은 거의 이루어지지 않았으며, 학문도 성서에 대한 주해로 제한되었다. 이 시기의 지식은서양과 동양 모두에서 고대 시대 때처럼 몇몇 소수만을 위해 비밀처럼 여겨지거나 보호되어져야 하는 것으로 여겨지지 않았다. 그러나 지식은 누구에게나 그리고 사회의 모든 구성원을 위한 것이라 여겨지지도 않았다Marrou 1956. 교육을 받은 소수에게 기독교 신학은 모든 것을 지배하였고, 학습은 대부분 청중들을 대상으로 구두로 행하여졌다. 개인이 진리에 대해 맞설 수 있는 공간이 없었으며, 지식은 갇혀진 체제였고 교육도 그러하였다. 이것은 교육을 받은 소수의 사람들이 똑똑하지 않거나 하찮다는 것을 의미하지는 않았다. 그들은 오늘날 식자들처럼 국가와 교회 문제에 있어 그들이 가진 지식을 사용하였다. 그러나 그들은 안정성의 세계관, 유일한 진리, 그리고 최고의 교육 목적으로 고대의 인간상을 모방하고자 했던 사회적 질서를 강화하려는 당대 교육적 제도가 만든 이념의 산물이었다. 이러한 지식의 체계와 표현을 변화시키거나 더하는 것은 사회를 혼란하게 만들고 위험하게 만드는 것으로 여겨졌다.

이러한 봉건적 엘리트 교육은 교육혁명 과정에서 발전되고 근대 문화에 철저히 스며든 교육 이념과 큰 대조를 이룬다. 이후의 장에서 살펴보겠지만, 교육이란 무엇이고, 무엇을 해야 하는가에 대한 근대의 가정은 봉건 시대와 서양과 동양의 고대 시대의 교육 이념과 정반대이다. 예를 들어, 서구 대학의 놀라운 성공으로 인해 교육중심사회의 지식은 개방적이고, 인간에 의해 발견될 수 있으며, 예측불가능하며, 고정된 분류학을 잠재적으로 거부한다. 또한 교육 과정은 문제해결력, 활발한 탐구, 과학적 방법과 같은 인지적 능력과 지식 생산 과정에서의 개방성을 강조한다. 학생은 고전적인 형식의 모방자로 여겨지는 것이 아니라, 보다 완전한 계발과 실현으로 가는 길에 있는 것으로 이해된다. 이와 동시에 교육의 사회적 기능은 확장되었고,

이제는 사회적 지위, 고용, 그리고 다른 많은 사회제도에 대해 무어나 그의 동료들이 상상하지 못할 방식으로 영향을 미치고 있다.

젊은 모어가 봉건 교육을 마쳤을 때, 오늘날 교육혁명이 될 씨앗은 대학에서 이미 싹트고 있었으며, 이후 성인이 된 모어 자신을 포함한 인문학자들에 의해 더욱 자라나게 되었다. 근대 문화로의 긴 여정을 시작한 교육에 대한 생각과 가치에 있어 변화가 일어나고 있었던 것이다. 이에 대한 좋은 예로 학문 지능의 증가, 사회의 부와 명예, 부가 분배되는 방식에 있어서의 형식교육의 급속한 부상, 그리고 사회적 정의에 이르는 길로서의 형식교육을 들 수 있다.

교육 문화의 형성

– 학문적 지능, 사회적 지위, 그리고 인권

CHAPTER

2

교육 문화의 형성
-학문적 지능, 사회적 지위, 그리고 인권

제1장에 기술한 바와 같이 교육의 제도적 가치는 교육혁명의 과정에서 강화되었고, 이러한 가치들은 교육의 본질과 사회 구성에 영향을 미치는 정교한 문화적 산물을 만들어냈다. 이러한 과정은 교육 문화를 통해 사회로 확산된 세 가지의 기본적인 문화적 산물을 통해 설명될 수 있다. 첫째, 학교 교육에서 장려되고 있는 인지 능력이 모든 종류의 직업과 사회적 역할에 있어 핵심적인 인간 능력이며, 나아가 성공적인 사람을 규정하게 된다는 문화적 믿음이다. 둘째, 취득 학위의 위상에서 볼 수 있듯이 교육적 성과가 사회적 위계를 결정짓는 유일한 합법적 요인으로 급부상하고 있다는 믿음이다. 마지막으로 형식교육은 의식주와 안전이 보편적 인권으로 여겨지는 것처럼 어떤 특권이라기보다 기본적인 인권인 동시에 사회적으로 정의롭다는 믿음이다.

그러나 교육의 제도적 가치들이 항상 아무런 갈등이 없는 것은 아니다. 이들 가치들은 문화적 의미로 서로 결합하지만, 때로는 서로 경쟁을 촉발하고 심지어 정치적 및 예산상의 우선순위, 그리고 형식교육의 행정적 목적과 우선순위에 있어 갈등을 초래하기도 한다. 사실 형식교육의 운영과 관련된 많은 논쟁들은 교육혁명에서 유래된 핵심적 가치들의 균형을 어떻게 맞추는가에 대한 것이다. 교육의 제도적 가치들은 교육의 의미에 영향력을 더 공고히 함으로써 서로의 독립적인 가치로 경쟁하며, 교육 체제와 운영에 관한 연구들은 이와 관련된 논쟁으로 넘쳐나고 있다. 그러나 본 장의 목적은 후기산업사회로 접어들면서 교육의 제도화가 중심이 되는 보다 넓은 범위의 문화적 측면을 이해하기 위한 것으로, 가치들의 결합적 산물

synergistic products에 초점을 둘 것이다. 물론 이러한 복잡한 문화적 산물은 2부에 기술
될 교육중심사회의 결과에 매우 중요한 역할을 한다.

학문적 지능academic intelligence의 부상과
인간 능력의 특권화

*모든 문제는 답이 있다, 답은 모두에게 동일하다, 답은 개인이 풀 수 있다, 이들
개인은 혼자서 할 수 있고 해야 한다. 사회적 삶에 있어 그 어떤 것도 시험과 학
교가 만들어 낸 세계에 필적하지 못한다.*

존 마이어(John Meyer), "초월성으로서의 교육에 대한 단상" 가운데, 2000년.

지난 70년 동안 모든 새로운 세대들은 적어도 IQ 측면에서 점점 똑똑해져 왔다.

제임스 플린(James Flynn), 연설 가운데, 2004년 10월.

교육혁명은 '학문적 성취가 생산적이고 능력 있는 인간을 만들어 내는 데 있어
매우 중요하다'고 믿게 하는 문화를 만들어냈다. 학교의 이러한 기능은 너무도 당연
한 것으로 받아들여졌기에, 사회 과학이나 행동 과학자들은 사회에 대한 교육의 영
향을 연구할 때 이러한 점을 종종 간과하였다. 이들이 놓치고 있는 점은 교육혁명
이 학문적 성취의 본질을 어떻게 변화시켰는지, 그리고 이것이 다시 사회를 어떻게
변화시켰는지에 관한 것이다. 교육혁명은 1세기 전만 하더라도 몇몇 소수에게만 이
롭다고 여겨졌을 능력, 이른바 "학문적 지능"이라 부를 수 있는 것을 파생시켰다.

학문적 지능은 과거와는 전혀 다른 학문적 성취이며, 이것은 교육중심사회의 가
장 적심적인 인간 능력으로 여겨지게 되었다. 이것은 문제해결력, 고차원적 사고 능
력, 추상적 개념, 해석력, 추론, 새로운 사고를 만들어 내는 능력, 비판력 등과 같은
초인지 능력meta-cognition을 의미하는 것으로, 심리학자들은 "영역 일반 인지 능력"domain
-general cognitive skills이라 부른다. 이러한 능력은 오늘날 교육 과정과 수업에 있어 유
치원에서 대학원에 이르기까지 모든 학생들이 습득해야 하는 핵심 능력으로 여겨지
고 있다. 물론 오늘날에도 여전히 문해력, 산술능력, 그리고 다른 교과목 숙달을 성
인에게 필요한 능력으로 보고 있다. 그러나 교육혁명을 거치면서 형식교육은 철저

히 "인지화"cognitization를 강조하는 쪽으로 변화하였다. 학문적 지능은 그 자체가 목적이 되었으며, 대중으로부터 인정받는 개인의 자질이 되었다. 또한 학교교육은 거의 모든 일상의 활동에 있어 개인이 인지 능력을 사용할 수 있는 힘을 길러주었다. 그리하여 인지 능력은 후기산업사회에서 가장 가치 있는 인간 능력이 되었다Martinez 2000. 물론 인지적 형태로 표출되는 지능은 인간 사회에서 항상 가치 있게 여겨져 왔다. 그러나 교육중심사회는 형식교육을 통해 강화되고 승인된 지능이 직장 업무에서부터 군대생활, 그리고 육아에 이르기까지 모든 종류의 사회적 역할을 수행하는 데 필요할 뿐만 아니라, 일반적인 삶을 사는 데 있어서도 중요한 가치라고 여겨지게끔 만들었다예, Nisbett 2009; Labaree 1986; Meyer 2000. 앞서 시험에 대한 존 마이어John Meyer의 지적처럼, 교육중심사회에서 학문적 성취는 인간 능력의 모두를 아우르는 이미지가 되었다. 이로 인해 영역 일반 인지 능력과 거리가 먼 비학문적 능력들은 덜 가치 있는 것으로 인식되었다.

이와 동시에 인지 중심 문화의 영향은 또 다른 방향으로도 진행되었다. 즉, 학문적 지능은 지배적인 문화적 구성물cultural construct이 되어 일반적인 인간 지능에 대한 우리의 생각에까지 영향을 주게 되었다Baker, Salinas, and Eslinger 2012. 학문적 성취와 그것을 일상에서 명시적으로 보여주는 성적, 시험점수, 교사 추천서, 상급학교로의 진학은 형식교육에서의 핵심적인 통화currency일 것이다. 또 한 사람의 지능은 학위 취득과 같이 그 사람의 학문적 성과를 보여주는 지표들을 통해 공적으로 평가되며, 개인의 지능은 개인의 학문적 성취와 거의 같은 의미로 간주되고 있다. 교육의 다른 영역도 점차 학문적 지능으로 예속되어진다. 구체적으로 과거에는 세속적이며, 다재다능하고, 학식 있는 개인에게 필수적이라고 여겨졌던 음악과 미술 같은 교과 활동은 이제 학생들의 사고 능력에 도움이 된다는 믿음 때문에 교육자와 부모들에 의해 정당화 된다예, Schaub 2013. 학교에서 공부를 잘하는 똑똑한 학생, 보다 정확히 표현하자면 학교에서 성적이 좋기 때문에 똑똑하다고 칭찬받는 학생의 가치는 도덕적 인성이나 열심히 일하는 능력, 그리고 박학한 지식과 같이 한때 훌륭한 육아와 초기 교육의 목적이었던 모든 특성들을 능가하게 되었다.

교육중심사회에서 학문적 성취는 어떤 사람의 성공을 의미한다예, Richardson and Powell 2011. 그러므로 모든 사람들은 가능한 많은 학문적 성취를 이루려고 노력한다. 학문적 성취를 많이 이룬 사람들은 가치 있는 존재로 여겨진다. 이는 학문적 성취가 평생 자신을 따라 다니는 지위가 되기 때문이다. 어떤 한 사람을 칭찬할 때 그의 학문적 성취가 얼마나 오래 전에 이루어진 것인가 하는 것은 별로 중요하지 않다. 대신 그 사람의 주요한 학문적 성취를 먼저 소개한다. 학문적 성취를 많이 이룬 사람이 이후 사회에서 실패하는 경우, 그가 받은 교육은 낭비되는 것으로 묘사되는데 이는 곧 인지 능력을 낭비하고 있는 것으로 여겨진다.

새로운 세대의 학생들은 일반화된 인간의 잠재력으로서 학문적 지능을 중요하게 여기게 된다. 예를 들어, 최근 노르웨이의 한 연구에 따르면, 고등학교만 졸업해도 좋은 직업을 얻을 수 있는 체제에 살고 있더라도 노르웨이 청소년들의 상당수는 인문계열을 선택하기를 원한다. 이는 "실업계 프로그램으로 진학하는 것이 좋은 성적을 낭비하는 것"이라는 청소년들의 인식을 보여주는 것이다Geir, 노르웨이 청소년, Hegna and Smette 2010에서 인용. 비슷한 사례로, 대학 진학을 희망하는 고등학생 자녀를 둔 미국 부모들은 대학 입학 여부를 그들 자녀의 학문적 성취를 확인시켜주는 것으로 생각한다. 또한 자녀의 학문적 성취를 통해 부모 스스로가 자녀를 성공적으로 양육했다는 것을 간접적으로 보여줌으로써 이를 자랑스럽게 생각하는 경향이 있다.

학문적 지능의 중요성과 이것이 어떻게 모든 학생들에게 요구되는 인지 능력 중심의 교육을 만들게 되었는가 하는 것은 전술한 교육의 제도적 가치들의 직접적인 결과라 할 수 있다. 네 가지 가치들은 교육중심사회에서 학문 지능이 중요하게 자리 잡는 데 기여하였다. 그러나 이러한 형식교육의 두드러진 특징들은 어디에서나 확인할 수 있다. 그러므로 그것이 교육혁명을 거치는 동안 역사적으로 어떻게 강화되어 왔는지를 관찰하는 것은 쉬운 일이 아니다. 그러나 이것이 교육혁명의 결과라는 것은 관찰 가능한 흥미로운 사회 현상이라 할 수 있다.

흥미로운
플린 효과

앞서 언급한 제임스 플린의 발언을 처음 본 사람들은 아마 이 발언을 의심스럽게 생각할 수도 있고, 또 바보 같다고 생각할 수도 있을 것이다. 아무 생각 없는 사람들이 저지른 세상의 많고 어리석은 일들을 생각하면 더욱 그러할 것이다. 그러나 사실 20세기를 거쳐 인간들은 과거에 비해 더 인지적으로 능력이 있으며, 인지 능력은 계속 해서 더 나아지고 있다. 그리고 교육혁명이 결정적인 기여를 하였음을 입증하는 확실한 증거들이 있다.

"보다 인지적으로 능력이 있다"라는 의미는 성인을 대상으로 한 IQ 시험에서 지난 70년 동안 점수의 전체 분포가 매번 이전 세대보다 상승하였다는 것을 의미한다Flynn 1984, 1987, 1998, 1999. IQ 점수는 평균을 100점으로 표준편차를 15점으로 한다. 따라서 인구의 3분의 2가 표준점수 85점에서 115점 사이에 위치하게 된다. 그런데 이 표준화 점수는 역사적 변화 추이를 잘 보여주지 못한다. 그러나 비표준화 점수를 역사적으로 비교해 보면, 평균 IQ가 증가하는 추세는 뚜렷해지고 있으며 그 변화 추이는 매우 놀랍다. 가령 오늘날 평균 IQ를 가진 사람은 130으로, 1930년대 평균 IQ를 가진 사람과 비교했을 때 1930년 점수분포에서 상위 97.72%이다. 세대 간 IQ 차이는 약 15점 정도로 다음 세대가 더 높다. 15점의 IQ가 별로 크게 생각되지 않을 수 있으나, 이것은 "평균" 지능에서 "우수한" 지능으로의 변화를 의미한다. 물론 이전 세대에서 IQ 120 이상의 우수한 지능을 지니고 있는 사람들은 다음 세대에서는 IQ 135 이상이 되는 매우 예외적인 사람들과 비슷하다고 볼 수 있다. 이러한 변화 추이는 1980년대에 이를 최초로 발견한 정치과학자의 이름을 따서 "플린 효과"로 명명되었다. 이러한 발견은 인간의 지능을 연구하는 분야에 매우 중요한 영향을 미칠 수 있다. 이러한 연유로 미국심리학회의 요청으로 심리학자와 사회학자들이 위원회를 구성했고, 이 위원회는 IQ 변화 추이의 신뢰성을 검증하였다Neisser 1998.

인간의 지능을 매우 안정적이고 기본적인 유전적 특성으로 보는 과학자들과, IQ 테스트가 상대적으로 변하지 않는 특성을 정확히 측정해내는 것으로 믿는 과학자들에게 플린 효과는 그들의 패러다임에 매우 중대한 도전이 될 수 있다. 다시 말해, 유전적 특성에 대한 개념이나 IQ 테스트의 정확성 둘 중 하나는 위태로울 수 있다. IQ 테스트가 지능을 얼마나 잘 측정하고 있는지에 대해서는 의문이 종종 제기되어 왔었다. 그러나 플린 효과에 대한 대부분의 논쟁은 적어도 IQ 테스트가 지능을 정확하게 측정해 내며, 따라서 지능이 향상되고 있다고 결론짓고 있다. 그러나 이와 동시에, 이전 세대에서 절반 이상의 사람들이 정신 지체로 분류될 만큼 지능이 낮지 않으며, 이후 세대의 어린이와 청소년이 대부분 천재에 가까운 지능을 가지고 태어나지도 않았다고 결론 내리고 있다.

사실 심리학자들은 플린 효과를 제대로 설명하지 못하였다. 대부분의 인지 과학자들은 인간 지능이 유전과 환경의 산물이라는 데는 동의하지만, 세대에 걸친 변화의 속도와 크기를 설명하기는 쉽지 않았다. 확실히 IQ의 변화 추이는 사람들의 유전적 변화보다 더 빨랐다. 또한 환경적 요인으로 생각되었던 일련의 요인들에, 영양상태, 텔레비전, 사회적 복잡성은 IQ의 역사적 변화를 설명하는 데 있어 시간적으로 전후 관계가 맞지 않거나, 지능과의 직접적인 연관성이 매우 낮았다Neisser 1998. 교육혁명이 사회를 변화시키는 잠재력은 학계에서 종종 평가 절하된다. 그리하여 최근까지도 플린 효과의 원인에 대한 하나의 대안적 설명으로 대중 교육의 증가를 거의 효과가 없거나, 너무 단순한 인과관계로 설명하려는 시도로 생각하였다. 그러나 흥미롭게도 IQ 점수가 증가하고 있는 경향성의 두 가지 측면은 교육혁명이 한 원인임을 직접적으로 보여주고 있다Blair, Gamson, Thorne, and Baker 2005.

첫째, 플린 효과는 미국, 일본, 그리고 서구 유럽 나라들과 같이 경제적으로 발전한 나라에서만 나타났다Flynn 1987. 전술한 바와 같이, 이들 나라들은 형식교육의 팽창으로 많은 사람들이 교육을 경험한 최초의 나라들이다. 둘째, IQ 가운데 유독 한 부분이 역사적으로 가장 두드러지게 증가하는 경향을 보였는데, 이 부분은 "유동적 지능"fluid IQ이다. 일반적으로 IQ는 두 가지 큰 능력으로 구성된다. 유동적 지능은 복잡한 문제를 해결하기 위해 계획하고문제수행 기능, 문제를 해결할 때 중요한 사실들을 기억하고작업 기억, 정보를 효과적으로 처리하고억제 조절, 효과적으로 문제에 주의를 기울이게 하고주의 이동, 공간 관계를 이해함으로써 새로운 문제를 해결할 수 있는 능력을 의미하는 것으로, 이 모든 것이 일반 지능에 중요한 요소들이다. 예를 들어, 유동적 지능은 한 사람에게 다양한 그림자와 기하학적 모양과 크기를 가진 복잡하고 추상적인 일련의 정형화된 그림들을 보여주고, 다음의 그림을 묘사하라고 물었을 때 작동되는 능력이다. 실제로, 플린 효과를 보여주는 많은 데이터들은 이처럼 복잡하고도 추상적인 문제들로 구성된 '레이븐의 지능 발달 검사'Raven's Progressive Matrices(논리적 사고력과 생각의 융통성을 평가하는 검사-역자 주)라고 불리는 IQ 테스트 결과에서 온 것이다.[1] 유동적 지능을 현실에서 적용하는 것은 직장에서 한 사람이 새롭고 복잡한 일련의 문제를 해결하기 위해 계획하는데 사용할 수 있는 인지 능력이다. 한

---

1 플린 효과는 웩슬러 지능검사(Wechsler test)에서도 나타난다.

편, 이른바 "결정적 지능crystallized IQ"이라는 또 다른 형태의 인지 능력은 사실과 문제에 대한 해결점을 기억하고 이해하는 능력이다. 예를 들어, 만약 미국의 초대 대통령에 대해 묻거나 또는 구의 표면적을 구하라고 했을 때, 이러한 문제를 풀기 위해 작동되는 지능이 결정적 지능이다.

결정적 지능도 어느 정도는 역사적으로 향상되었다는 몇몇 증거가 있지만, 그보다 플린 효과는 유동적 지능 향상에 의한 것이다. 교육혁명 동안 유동적 지능은 학문적 지능을 구성하고, 교육과정에서 중요하게 다루어져 왔다. 또한 유동적 지능은 교육중심사회에서 많은 사람들에 의해 매우 가치 있게 여겨지는 일련의 인지 능력이 되었다. 학문적 지능은 모든 학생들이 반드시 숙달해야 하는 필수적 능력으로 여겨진다. 그렇기 때문에 대중 교육부터 가장 높은 단계에 위치한 대학교육은 가장 중요한 학습 목표로 학문적 지능을 강조한다.

아마도 오랜 기간 동안 많은 사람들이 인지적인 자극을 풍부하게 제공하는 학교교육이라는 경험을 하게 된 점이, 바로 유동적 지능을 향상시킨 원인으로 작용했을 것이다. 물론 교육이 사람들의 신경 능력에 대한 유전적 힘을 바꾸지는 못하였다. 오히려 세대를 거치며 형식교육은 일련의 인지 능력이 매우 중요하며 접근 가능한 것으로 만들어 많은 사람들이 이러한 인지 능력을 숙달하게 되었다. 이는 계획, 조직, 작업 기억, 그리고 목표 지향적 행동을 위한 경험, 지식, 기술을 통합하는 영역 일반 능력의 원동력을 제공한다는 측면에서 특히 그렇게 보인다Baker, Salinas, and Eslinger 2012. 이러한 맥락에서 볼 때, 플린 효과는 단순히 IQ 테스트의 결함이나 인간 지능의 유전에 대해 우리가 이해했던 것에 대한 심각한 도전으로서가 아니라, 내재적 지능을 특별하게 사용하는 특권을 부여한 강력한 사회 제도의 기능으로서 이해할 수 있다. 사실, 이른바 "인지 혁명cognitive revolution"으로 알려진 지난 60여 년간의 과학적 노력을 통해 얻은 가장 중요한 결론 중의 하나는 인지 발달이 후천적인 과정이라는 것이다. 이는 유전적 환경적 요인들이 서로 상생적인 역할을 한다는 것을 의미한다. 그리고 과거 세대가 학교를 다니지 않았기 때문에 정신적으로 장애가 있다는 것, 또 미래의 교육을 많이 받는 세대들에게서 천재들이 더 많이 나올 것이라는 점은 사실이 아니다. 오히려 교육혁명은 교육에 대한 접근성의 확대와 교육내용의 질적 변화라는 두 가지 측면에서 인구 전체의 인지 능력의 향상을 불러왔고, 인지 능력은 또한 교육혁명을 거쳐 모든 인간 행동에 있어 매우 가치 있고 가장 핵심적인 위치를 차지하게 되었다. 또한 플린 효과는 보다 높은 단계의 유동적 지능을 가진 사람들이 사회의 여러 측면을 변화시킴에 따라 개인과 다른 사회적 제도에 실제적인 영향을 끼친 중대한 변화로 자리 잡았다. 이에 대해서는 2부에서 자세히 논의할 것이다.

그러나 교육이 예나 지금이나 모든 측면에서 최선으로 작동된다거나 교육 유토피아처럼 모든 학생들이 이러한 기술서 숙달한다고 주장하는 것은 아니다. 사실 이것이 사실이 아님을 보여주는 많은 증거들과 일상의 경험이 있다. 그러나 학교교육이 인지 능력 향상에 미치는 효과가 굉장히 강력하고 교육 문화에 깊숙이 스며들어 과거 인류 사회에서는 볼 수 없었던 방식으로 거의 모든 사람들의 인지적 기능에 영향을 미치고 있다는 점은 부인할 수 없다.

읽기, 쓰기, 수의 이해와 기초 산술은 그 자체가 변혁적인 기술이지만, 이러한 기술을 배우는 과정에서 영역 일반 인지가 또한 강화된다는 증거가 존재한다Baker, Salinas, and Eslinger 2012; Ceci 1991. 예를 들어, 1930년대에 구소련 심리학자인 루리아Luria 1976와 비고츠키Vygotsky는 형식교육에 조금이라도 노출된 적이 있는 러시아 성인은 새로운 문제를 해결하는 데 있어 인지적 추상력과 추론을 사용하는 경향성이 크다는 사실을 발견하였다. 이와는 대조적으로, 교육을 전혀 받지 않은 성인들의 경우 그들의 구체적인 경험에 의존하는 경향이 있었는데, 이는 오답을 고를 가능성을 높였다. 새롭고 독특한 환경에서 추상적으로 생각하고 문제를 해결하는 능력에 대한 교육의 효과는 다른 문화권의 연구를 통해서도 밝혀진 바 있다Cole 1996; Stevenson and Chen 1989; Tulviste 1991. 예를 들어, 가나의 농부들을 대상으로 한 실험연구에서 심리학자인 엘렌 피터스Ellen Peters와 본 저자를 포함한 동료들은2011은 교육이 영역 일반 인지, 의사 결정력, 새로운 문제 해결력에 매우 큰 영향을 미치고 있음을 발견하였다. 마지막으로, 교육사회학자인 더글라스 도우니Douglas Downey, 폴 히펠Paul von Hippel, 베켓 브로Beckett Broh는 모든 학생들이 교육을 받는 학기 중과 상당수의 학생이 교육을 받지 않는 여름방학 두 기간의 학업성취를 비교하였는데, 교육이 학생의 특성과 가정 배경을 통제한 후에도 학업성취에 대해 독립적인 영향을 미치고 있음을 발견하였다Downey, von Hippel, and Broh 2004.

20세기 동안 대중 교육이 확산되고 인지적 측면을 강조하는 교육 환경을 전 세계 많은 사람들이 경험하게 되면서, 보다 많은 사람들이 읽고 쓰는 능력과 셈하는 능력과 같은 구체적인 기술뿐만 아니라, 추론과 새로운 방식으로 사고하는 기술에도 노출되었다. 그리하여 지난 100년 동안 여러 세대에 걸쳐 성인들의 영역 일반 인지 능력이 크게 향상되었다. 또한 1945년 이후 태어난 동년배들의 사회경제적 배경과 직업에 따른 인지적 능력의 차이가 이전 동년배들에 비해서 감소했고 절대적인 수치상으로도 그 차이가 감소한 것을 확인할 수 있다Weakliem, McQuillan, and Schauer 1995.

교육중심사회의 도래와 더불어 학문 지능을 형성하는 인지 능력은 그 이전 사회에는 볼 수 없었던 놀라운 맥락 속에서 객관화된 재화로 여겨지게 된다. 예를 들면, 국가 수준에서 학생들의 학문적 성취를 측정하는 것은 한 나라의 경제적·사회적 건강을 나타내는 지표로 여겨진다예, Ramirez, Luo, Schofer, and Meyer 2006. 다양한 나라의 학생들을 비교하는 국제 학업 성취도 결과에 대한 반응들은 학교가 공인하는 똑똑함school-certified smartness에 대해 현대 사회가 가지고 있는 깊은 숭배심을 보여준다. 국가의 학업 성취도가 낮은 많은 나라들에서 목도되는 비난과 미디어에서 보도하는 사회적 우울함에 대한 수식어, 또는 이와는 반대로 학업 성취도가 높은 나라들에 대한 국제적 찬사를 보라예, Baker and LeTendre 2005. 대규모 노동력, 복잡한 경제, 첨단화된 군대, 숭고한 역사, 그리고 다른 국가적 역량의 지표를 잘 갖춘 나라에서 조차 8학년과 12학년 수학 시험 결과에 기초하여 그들 자신의 미래를 비판하는 모습은 매우 놀라운 일들이다! 그러나 이러한 현상은 실제로 종종 일어나고 있다. 또한 학문적 성취가 교육혁명을 통해 근대 정신에 자리매김한 크기만큼이나 이러한 현상이 광범위하게 나타나고 있다.

그러나 이러한 국제 또는 국내 시험 결과에 대한 민감한 반응 때문에 전문가들은 학교가 점점 단순해지고, 쉬워지며, 진정한 학문적 성취와는 직접적으로 관련 없는 너무 많은 것을 추구하고 있다고 비판한다. 이것은 만약 학교 교육이 덜 학문적으로 되어 간다면, 어떻게 학문적 성취를 강조하는 문화가 생겨날까 하는 의문이 들게 한다. 이 질문에 대한 답은 음모론 차원에서 보면, 미래가 점점 학문적 성취에 의해 결정되기 때문에 학교와 교육자들이 학생들에게 미래에 필요한 것을 가르치는 데 무책임하게또는 철회하는 된다는 것이다. 그러나 이러한 음모론은 근대 대중 교육이 널리 퍼지고 있는 상황에서 설득력을 얻기 힘들다. 이러한 음모론보다는 교육이 이른바 고차원적 사고 능력으로 알려진 보다 높은 차원의 지식을 점점 더 많이 추구하기 때문에, 형식교육이 학문적 성취에 더욱 집중하게 되었다라고 보는 것이 오히려 더 설득력 있다.

학교 교육이 역사적으로 점점 더 어려워지고 있는가라고 묻는 것은 쉽지만, 이에 대한 답을 구하는 것은 쉽지 않다. 그러나 한 가지 방법은 어떤 특정한 역사적 기간에 특정 학년의 학생들이 무엇을 배우고 있었는지를 살펴보는 것이다. 제8장에서 보다 자세히 살펴보겠지만, 최근 연구는 이러한 방법을 이용하여 지난 세기 동안 널리 사용된 미국 교과서, 특히 초등학교 수학 교과서의 내용을 검토하였다Baker et al. 2010. 이 연구에서는 수학 교육과정에서 기계적인 산술이나 반복적인 계산에 비해 유동적인 사고와 수학적인 개념을 강조하는 변화가 교과서 속의 문제나 예시에서 나타나고 있는지 살펴보았다. 연구결과에 따르면, 20세기 동안 수학 교육은 결코 단순해지지 않았으며, 오히려 1960년대 중반 이후 학문적 지능의 인지 능력에 대한 강조가 점차 증가한 것으로 나타났다.

역사적으로 유동적 사고 능력을 강화하는 추이는 교육혁명의 변혁적인 힘을 잘 보여주는 훌륭한 예이다. 교육은 새로운 사고와 행동, 가치를 만들어 내는 엄청난 힘을 가지고 있다. 대중 교육은 지능에 대해 특별한 정의를 규정하고 이를 널리 퍼뜨렸다. 그리고 사회구성원으로서의 개인이 사회에 진출하는 준비를 하는 데 있어서 학교교육은 이 학문지능을 유용하고 필수적인 존재로 격상시켰다. 학교교육은 교육 내 일상적인 활동을 통해 효과적인 인적 개발과 수행에 무엇이 중요한지에 대한 새로운 모델을 만들어 냈으며, 이는 주로 인지 능력에 기반을 두었다. 보다 높은 단계의 교육이 인지적 성취에 어떠한 도움을 주는지에 대한 교육학계 내에서의 논쟁은 계속 될 것이다. 그러나 교육을 거의 받지 않거나 아예 받지 않은 사람들과 비교해 보면, 교육혁명 과정에서 사람들의 인지 능력의 수준에 있어 중요한 변화가 있었음을 알 수 있다예, Arum and Roksa 2011. 단어를 읽고 쓰고 숫자를 셈하는 법을 배운다는 것은 그 과정이 아주 기초적인 수준에서 이루어진다 할지라도 굉장히 추상적인 인지 능력 향상 과정을 수반하며, 이 과정은 인간이 학교교육을 받으면서 사고하고 추론하며 문제를 해결하는 방식에 변화를 가져오게 된다. 또한 교육은 생존을 위한 농사나 초기 산업 공장 노동, 또는 다른 전근대적 활동과는 다르게 인지적 과정으로 학생들을 사로잡았다. 이러한 측면에서 교육중심사회의 효과는 매우 광범위하다. 그리하여 인지 능력과 관련이 적은 특성들이 학생들의 교육적 결정에 영향을 미치게 되면 이는 큰 논란이 되고, 법적인 문제가 될 수도 있으며, 궁극적으로는 금지된다Hammock 2010.

　여기서 사회학적으로 새로운 것은 교육이 학생들의 사고방식에 미치는 영향에 관한 것이 아니다. 왜냐하면 이것은 이미 잘 알려진 사실이기 때문이다. 여기서 새로운 것은 학교 교육을 강화하는 데 있어 교육혁명이 인간 능력 가운데 특정한 능력에 큰 관심을 기울이게 하고, 그 능력을 핵심적인 역량으로 인식하게 만들었다는 것이다. 또 많은 사람들이 과거에 볼 수 없을 만큼 인지 능력과 학업 성취에 초점을 두는 것이 매우 "자연스러운" 것으로 보이게 했다는 것이다. 사실 약 2십만 년의 호모사피엔스 역사에서 사고 능력은 늘 모든 문제의 중심에 있었다. 그러나 지난 세기까지만 하더라도 대부분의 인간 존재는 물리적인 것이었으며, 오늘날 학생들의 머리에 주입된 구체적이고 매우 깊은 사고reified and abstracted thinking의 형태는 일반적이지도 유용하지도, 심지어 일상적인 상황에서 가치 있게 여겨지지도 않았다. 그러나 불과 몇 세대를 거치며 모든 것은 변하였다. 다음 장에서는 교육혁명의 결과로서 학문적 지능에 관한 문화적 산물이 다른 사회 제도에 어떠한 영향을 미치는지 살펴보고자 한다.

사회적 지위 획득에 있어
교육의 역할

> *기회의 균등이 미국 사회의 가치로 여겨지는 한, 대학 학위를 가진 노동자의 비율을 증가시키는 것은 많은 사람들에게 주어진 직업 기회가 그들이 갖고 태어난 사회적 출신배경과 무관하게 만듦으로써 사회를 이롭게 한다.*
>
> 마이클 하우트(Michael Hout), American Journal of Sociology, 1988년.

　대학 입시 경쟁을 준비하는 남아프리카 학생들은 교사들의 잦은 결근에 불만을 갖고 시위를 하였다Dugger 2009. 한국에서는 자녀의 사교육을 위해 몇 백만 달러의 돈을 기꺼이 지출한다Byun and Baker 2013. 미국에서는 조기 석방된 소년범이 오히려 교도소 내에서 형량을 마칠 수 있도록 요구한다. 그 이유는 교도소 내에서 고등학교 졸업장을 따기 위한 GED 시험을 준비하는 데 도움이 되는 수업을 들을 수 있기 때문이다Centre Daily Times 2009. 이러한 이야기들은 표면적으로는 매우 이상하게 들린다.

그러나 교육중심사회의 두 번째 주요 문화적 산물을 고려하면 이를 쉽게 이해할 수 있다. 형식교육은 점차 성인의 사회적 지위를 결정하는 주요—유일한 합법적—루트가 되었다. 교육 성취, 학위 취득, 졸업장은 사회계층화와 사회 이동을 결정하고, 교육 이외의 형태를 지닌 사회적 지위를 대체하고 정당화시킨다. 지난 40년간의 사회학 연구는 미래 사회에 교육 성취가 직업적 사회적 지위 획득에 유일하면서도 결정적인 요인이 될 것임을 보여주고 있다. 사실 이러한 현상은 상당 부분 이미 많은 나라에서 나타나고 있다.

사회 이동을 역사적인 관점에서 보면 150년 전만 하더라도 형식교육은 세대 간 이동의 과정에 영향을 거의 미치지 않았다. 예를 들면, 앞서 토마스 모어와 관련하여 기술한 바와 같이, 비록 후기 유럽 봉건 사회에 아주 작은 스펙트럼의 엘리트와 준엘리트 지위가 대학 교육 여부에 따라 분배되었다 하더라도, 대부분의 지위는 교육 성취에 의해 결정되지 않았다. 대신 산업사회와 초기 산업 사회에 있어 가족 관계와 사회적 지위, 지위세습, 명예직sinecure, 결혼, 연령, 성, 종교적 권위, 길드guild 훈련, 후원, 사회계급, 그리고 토지 소유권과 같은 다양한 비교육적 기준들과 사회적 지위 획득을 위한 통로가 세대 간 지위 이동을 결정하였다. 그러나 대략 19세기 중반부터 경제적으로 발전한 나라에서 이러한 비교육적 통로는 그 영향력이 약해졌으며, 점차 교육으로 대체되었다예, Collins 1979; Hogan 1996. 또한 가족 경영과 농장을 상속 받는 것을 통해 부와 지위를 세습하는 과정도 점차 약화되었다. 설사 이러한 세습이 일어나더라도 이는 한 개인의 사회적 지위를 획득하는 데 있어 교육만큼 유효한 대안으로 여겨지지 않았다Bledstein 1976. 제7장에서 교육중심사회의 졸업장에 대해 논의하는 바와 같이, 졸업장 획득은 특히 중산층들에게 사회적 지위를 획득하는 주요 방법이 되고 있다.

사회 이동과 관련하여 근대 통계 방법이 처음으로 사용되었던 때인 1960년대까지 교육혁명은 한창 진행 중이었다. 블라우Blau와 던컨Duncan 1967의 획기적인 연구는 교육 성취가 성인의 지위 획득에 주요한 요인임을 보여주었으며, 이러한 연구 결과는 교육을 받은 인구가 많은 다른 나라에서도 발견되었다예, Breen and Luijkx 2007; Hout 1988; Ishida 1993; Shavit and Blossfeld 1993; Treiman and Ganzeboom 1990. 세대 간 재생산즉, 부모가 그들의 지위를 자녀에게 물려주는 것의 오래된 방식은 오늘날 여전히 존재한다. 그러나 교육 성취는 개인의 성인 지위를 획득하는 주요 통로가 되었으며, 이것은 한때 상호 배타적인 것으로 여겨졌던 두 가지 방식으로 일어났다Hout and DiPrete 2006. 첫째는 교육 성취가 개인의 사회적 출신배경뿐만 아니라, 사회적 출신배경과는 독립적인 교육 요인, 즉 학업적 성취노력과 지능, 그리고 동기에 기초한 교육에서 성공 또는 실패에 영향을 받는다는 것이다. 둘째는 사회 이동 과정에서 교육이 더 큰 역할을 하게 되었다는 것이다. 사회 이동을 연구하는 사회학자 마이클 하우트Michael Hout는 그의 연구1988; 또한 1984 참조에서 1980년대 후반까지 사회적 출신배경의 직접적인 세대 간 영향이 4년제 대학 학위를 가지고 있는 사람들 사이에서 완전히 사라졌으며, 고등학교를 졸업한 사람들 사이에서도 크게 감소하였다는 것을 발견하였다. 최근 미국의 사회 지위 획득을 종합적으로 연구한 사회학자 플로렌시아 토치Florencia Torch 1910는 하우트의 결과를 재검증하여 1980년 후반에도 이러한 경향이 지속되었음을 발견하였다. 이와 유사한 결과는 스웨덴, 프랑스, 독일에서도 확인되었다Brand and Xie 2010; Vallet 2004; Breen and Jonsson 2007; Breen and Luijkx 2007.

그리하여 대학에서 성공은 주로 보다 나은 학업적 성취, 선택한 전공, 그리고 고등 교육 기관 간의 교육적 위세educational selectivity 차이의 영향 등과 같은 교육 성취로 결정되었다.[2] 물론 개인의 교육 성취에 대한 사회적 출신배경의 영향은 고등 교육에도 여전히 남아있다예, Duncan and Murnane 2011. 그러나 부모의 사회경제적 지위 역시 점차적으로 이전 단계 교육적 성취를 결정하는 주요한 변수가 되었다. 결과적으로 미국에서 단 몇 세대만에 교육은 세대 간 이동에 결정적인 역할을 하게 되었다. 교육의 영향이 전 세계적으로 점차 동질화 되고 있음을 고려할 때, 사회 이동에 있어 교육의 압도적인 역할은 이미 전 세계적인 현상이 되었거나 혹 그렇지 않다면 가까운 미래에 전 세계적인 현상이 될 것이다.

지위 획득에 있어 교육의 역할이 증대하게 된 변화에 대해 교육을 2차 기관으로 보는 전통적인 입장, 특히 사회계급 재생산 이론이나 인적자본론 관점에서는 경제적·사회적 복잡성이 심화된 탓으로 이해한다. 확실히 경제는 변하였고, 가족경영 농장이나 소규모 사업도 감소하였다. 그러나 아주 오래된 사회 이동의 기제를 교육 혁명이 이룬 만큼 그렇게 급작스럽게 온전히 대체한 것은 경제적·사회적 복잡성으

---

2 토치는 석·박사 학위를 취득한 미국인들 가운데 사회적 출신배경은 성인 지위의 일정 부분을 설명하는 증거를 발견하였다. 이러한 연구결과는 아직 반복적으로 발견되지 않았으나, 분배과정과 새로운 학위의 팽창간의 상호작용을 시사한다.

로 설명될 수 없다. 도제apprenticeship를 제외하고, 앞서 열거한 지위 획득의 비교육적 기제들은 근대 사회에서 잘 알려지지 않은 것들이다. 그러나 교육혁명 이전에 이것들은 사회 깊숙이 뿌리박힌 것이며, 개인이 직업과 사회적 지위를 획득하는 합법적인 방법으로 간주되었다. 사회적 지위 획득에 있어 거의 유일한 중개자arbitrator로서 교육의 부상rise은 너무도 완전하게 이루어져서 이전의 비교육적 기제—명예직, 직업 세습, 결혼, 종교적 권세, 길드 훈련, 후원, 사회계급—들은 이제 이례적인 사회적 유물로 보여 지게 되었다.

몇몇 전통적인 사회에서 형식교육은 소수 엘리트 지위를 결정하였지만, 교육이 거의 모든 사회적 위계를 결정한다는 사실은 불과 100년 전만 하더라도 도저히 이해가 안 되는 생각이었을 것이다. 지위 획득에 있어 교육의 역할은 현대인 대부분에게는 자연스러운 것이지만, 사실 이것은 후기산업사회의 토대에 있는 광범위한 사회학적 산물이다. 이와 같이 교육은 개인과 가정이 교육이라는 상품을 철저하면서도 정교한 방식으로 추구하게끔 교육의 힘에 대한 강력한 믿음을 만들어냈다. 그리하여 전술한 바와 같이 무책임한 교사에 대해 학생들이 시위를 하는 것, 수백억 달러 규모의 사교육 산업이 나타나는 것, 소년범이 학위를 따기 위해 교도소에 남기를 원하는 것은 교육이 직업과 사회적 지위의 접근에 있어 합법적인 요인으로 받아들여지는 교육중심사회에서는 지극히 합리적인 현상이다.

인권으로서의 교육

> 약 50년 전 거대한 파도가 세계를 휩쓸기 시작했다... 그들은 "정상적인" 국가가 민주주의와 개방성(openness)을 비롯해 어떤 모습이어야 하는지에 대한 확고한 전형을 그려내었고 그들의 국가가 이러한 전형을 따라가지 못한 점을 부끄럽게 생각했다.
>
> 데이비드 브룩스(David Brooks), 이집트 타흐리르 광장(Tahrir Square)
> 개혁 시위에 대한 사설, 뉴욕타임즈, 2011년 2월 1일.

대중 교육은 초창기에는 서구의 독특한 문화적 산물이었다. 그러나 대중 교육이 지닌 사회를 변화시키는 강력한 힘과 설립 철학 이념은 좋든 나쁘든 이후 제 3세계들이 이러한 서구의 대중 교육 모형을 따르게 하였다. 교육은 데이비드 브룩스가 지적한 바와 같이, 국제적이고 세계적인 모형을 만들어 내고 이를 퍼뜨렸다. 동시에 모든 단계에서의 대중 교육은 형식교육이 씨족clan이나 가족이 아니라, 국가 사회가 모든 어린이와 청소년에게 제공해야 하는 핵심적인 부분으로 당연시 되는 '인권'이라는 문화적 믿음을 만들어냈다. 또한 그렇게 하는 데 있어 교육은 좋은 사회를 만들어 내는 데 중요한 역할을 한다는 믿음도 얻게 되었다Baker and LeTendre 2005; Meyer 1999. 교육혁명이 한 국가의 정치에 역으로 미치는 영향에 대해서는 제10장에서 보다 구체적으로 논의할 것이다. 여기에서는 교육중심사회의 중요한 문화적 산물인 국가가 지원하는 인권으로서의 대중 형식교육에 초점을 두고자 한다.

위와 같은 논리에 따라 교육혁명의 중요한 파트너는 현대 국가nation-state가 되었다. 그 자체로 매우 변혁적인 제도인 국가의 출현은 약 18세 이후로부터 인간 사회의 유일한 합법적인 정치 조직이 되었다. 국가는 크고 작은 제국과 식민지, 부족, 그리고 인간이 살고 있는 광대한 토지를 조직하는 오래된 전통적 체제들을 빠르게 대체하였다Anderson 1991; Soysal 1994. 국가의 공교육 제도와 매우 유사하게, 국가는 정치의 한 형태로 급속히 퍼졌으며 이제는 보편적이고 전 세계적으로 형성되었다. 이러한 주요한 정치적 변화는 식민지 억압과 자유를 위한 투쟁에서부터, 극단적인 민족주의로 인해 초래된 세계 대전에 이르기까지 상당한 폭력과 갈등의 결과로 생겨나게 되었다. 그러나 이와 동시에 국가와 국가의 세계적 지위는 인간과 공공의 선에 대한 인간의 정치적, 사회적, 경제적 공헌에 대한 새로운 관점이 생겨나게 된 맥락이라 할 수 있다. 이러한 변화의 핵심에 국가가 후원하고 재정 지원을 하는 공교육이 있다. 국가라는 정치 형태가 확산되지 않았다면, 전 세계적인 교육혁명은 아마도 가능하지 않았을 것이다Meyer and Hannan 1979; Fuller and Rubinson 1992.

국가의 시민에게 교육의 기회를 제공하는 것은 바람직하다고 여겨질 뿐만 아니라, 영양, 보건, 시민권과 같은 기본 인권으로까지 여겨지고 있다. 2차 세계 대전 이후 시작된 역사적 추이를 살펴보면 국제기구들은 교육 개발을 포함하여 경제 발전을 위해 국가들을 지원하기 시작하였다예, Heyneman 2005. 예를 들어, 많은 국가 정부들과 공조 속에 국제연합UN, 유니세프UNICEF, 세계은행World Bank, 유네스코UNESCO와 같은 주요 기구와 옥스팜Oxfam과 액션에이드Action Aid와 같은 국제비정부조직INGO 대표들은 1990년 타이 Jomtien에서 열린 국제회의에서 교육이 인권임을 다시 한 번 천명하였다. 뿐만 아니라, 교육을 전 세계적으로 보편화시키기 위한 구체적인 실행 계획을 제정하였다Jomtien 선언. 이러한 과정은 2000년 세네갈 다카르에서 "모두를 위한 교육Education for All"이라는 국제회의에서 갱신되었고 더 강화되었다UNESCO 2002. 이 두 국제회의 참석자들은 모든 어린이들이 가까운 미래에 양질의 교육을 받아야 하고, 국가의 선good과 세계 사회의 선을 위해서 교육이 필요함을 단언하였다. 또한 이들 국제회의에서 참석자들은 비록 매우 야심찬 계획이긴 하지만 모든 개발도상국 에서 이러한 목적을 달성할 수 있도록 분명한 단계를 제시하였다.

인권으로서 교육에 대한 문화적 사고는 모두를 위한 교육을 전 세계적으로 점검 하기 위해 설치한 유네스코UNESCO 특별사무소와, 교육혁명의 과정을 국가별로 연대 순으로 정리해 놓은 보고서에 가장 잘 반영되어 있다. 기초 교육 제공은 성공적이 어서 2005년 기준으로 전 세계 학령기 어린이들의 85%가 기초교육을 받고 있다. 그리고 마지막 15%에 대해서는 기초 교육을 제공하기 위해 매우 긴급한 노력을 기 울이고 있다. 이는 마치 치명적인 전염병으로부터 전 세계 사람들을 보호하기 위해 예방 접종을 하는 것과 비슷한 모습이다. 유네스코UNESCO 보고서는 개발도상국에서 여아, 인종적 소수자, 장애아를 포함한 교육을 받지 못한 어린이들의 추정치를 지속 적으로 제공하고 있다UNESCO 2000, 2002, 2004, 2010. 이들 보고서는 제목 자체만으로도 많은 것을 이야기하고 있다. *교육받을 권리: 생애에 걸쳐 모두를 위한 교육을 위해* The Right to Education: Towards Education for All Throughout Life; *모두를 위한 교육*Education for All; *세계는 바른 길로 가고 있는가?*Is the World on Track?; *젠더 그리고 모두를 위한 교육* Gender and Education for All; *평등에로의 도약*The Leap to Equality; *그리고 소외된 이들에게 다 가가기*Reaching the Marginalized. 세계 곳곳에 보편적 초등 교육을 실현하기 위한 이러한 결의에 찬 정치적인 종국적 운동drive은 교육중심사회의 핵심에 있는 150년간의 교 육 문화의 강력한 영향력을 보여주고 있다.

세계 대부분의 나라에서 지지받는 근본적인 인권으로서 교육의 지위는 교육혁 명이 얼마나 많은 나라로 확산되었는지를 보여주었지만, 교육의 기원은 제3장에서 살펴볼 바와 같이 서구 사회의 역사에 있어 고등 교육기관의 특별한 형태가 나타나 게 된 시점까지 거슬러 올라간다.

서구 대학의 놀라운 지속성

CHAPTER
3

서구 대학의 놀라운 지속성

고등 교육은 현대 사회의 중추적인(central) 문화 제도였으며, 현재도 그렇다.

존 마이어(John Meyer) 外, 2008년.

오늘날 과연 어떤 학자가 대학과 고등 교육에 대해 긍정적으로만 서술할 수 있을까? 전 세계적으로 대학에 대해 불만의 목소리가 많으며 이러한 불만은 대학이 사회에 도움을 주지 못하고 있다는 이야기들로 주를 이루고 있다. 한 예로, 자주 지적되고 있는 미국의 고등 교육 체제 전반에 있어서 비용과 명성, 대중들이 생각하는 교육의 질적인 측면의 심각한 불균형을 들 수 있다. 대학이라는 엘리트 기관에 입학하기 위해 노력하는 학생들이 많아짐에 따라, 경쟁률은 높아지고 등록금도 계속 오르고 있다. 지난 40년 전보다 현재 하버드, 스탠포드, 오벌린, 칼텍 대학교의 입학 허가를 받는 것은 3배 이상 어려워졌다. 인문학자들은 한때 대학의 고전적인 교육과정이 소실되었고 사실상은 거의 폐기되었다고 불평하고 있다. 저학력자 위주의 직업들이 겉으로 보기에는 큰 이유 없이 점차 고학력자들로 채워짐에 따라 평균 교육수준이 높아지고 있다. 대학에 진학하는 학생들은 지속적으로 증가하고 있고, 대학 내에서 수학능력이 부족한 학생들을 위한 보충강의가 흔하게 열리고 있다. 이러한 현상은 과연 모든 청년들에게 실제로 대학교육이 필요한가에 대한 전문가들의 비판논리와 맞닿아 있다.

미국 대학에 비판적인 출판업계는 정치적 정당성과 다문화주의가 "진정한 배움"

보다 가치있게 다루어지고 있다고 지적한다. 반면, 진보적인 성향의 서적들은 기업
가주의corporatism; 대기업들의 운영 장악의 약진, 각종 소송에 대한 기피성향, 비非학문적 행
정가 세력의 증가에 의한 교육과 학문에 대한 어설픈 합리화에 의해 대학의 전통이
훼손되고 있다고 경고하고 있다. 신보수주의 출판업계는 비단 미국의 고등 교육에
국한되지 않고 전 세계의 대학들에 대해서도 비판하고 있다. 19세기에 가장 훌륭한
대학들의 산실이었던 독일은 지난 몇십 년 동안 대학에 닥친 위기로 고통을 받고
있다.

　　교육이 2차적인 제도라는 전통적인 관점으로부터 파생된 일반적인 가정은 대학
은 "사회에 기여한다serves society"라는 것이다. 대학교육이 이러한 가정에서 벗어나
사회에 기여하는 데 있어서 비효과적이고 연관성이 없다는 비판의 위험을 감수하지
않는다면, 이 일반적인 가정은 대학이 사회 변화에 따라 지속적으로 재조정되어야
한다는 생각으로 이어질 수 있다. 심지어 대학이 보여주고 있는 연구 및 기술 개발
과 같이 가치를 인정받고 있는 기능들도 종종 이 2차적인 제도weak institution라는 가
정에서 해석되곤 한다. 예를 들어, 새로운 지식을 만들어내는 대학의 임무는 "사회
의 필요"와 관련성이 없거나 시의성이 떨어진다는 식으로 종종 비판받고 있으며,
이는 마치 대학과 대학 내에서 이루어지는 학문이 사회의 발전에 반드시 기여해야
한다는 정해준 길을 따라가야 한다는 것처럼 보인다. 2차적인 제도로서의 대학에
대한 갖가지 주장들은 대학이라는 제도가 사회와 관련성이 더 적어졌고상아탑 문제,
관련성이 있더라도 그 정도가 미미하며사고방식의 단절 문제, 혹은 너무 상업적인민영화-
시장화 문제 경향성을 띠고 있다고 지적한다. 이러한 주장들은 대학이 사회에 기여하
고 사회변화를 따라가는 데 있어서 효과적이지 못하기 때문에 위기에 처해 있다고
인식하고 있다예, Bloom 1987; Slaughter and Rhoades 2009; Tuchman 2011; Washburn 2005; Watson,
Hollister, Stroud, and Babcock 2011. 그러나 이러한 주장들과는 달리, '교육중심사회의 관점'
은 2차적 제도로서의 대학이라는 시각을 완전히 뒤집어 버린다.

　　교육중심사회 관점은 대학을 서구 사회 기저에 위치한 핵심적인 제도로 인식하
고, 대학이 교육과 관련된 문화에 심대하고 지속적인 영향을 미쳐 왔으며, 현재는
이러한 영향력이 점점 세계로 뻗어나가고 있다고 본다.[1] 오랜 역사에 걸쳐, 대학은

1　미국 내 (그리고 현재 다른 국가에서의) 수많은 단과대학(college)과 종합대학(university) 간의 차이

'지식, 개인, 인류 그리고 사실상 전 우주의 본질에 관한 수많은 생각들'에 대한 권위를 생산하고 권위를 부여하는 강력한 1차적인 제도가 되었다. 그리고 대학에서 권위를 부여한 생각들은 교육중심사회가 전 세계에서 더 큰 비중을 차지하는 기본적인 문화적 신념과 가치를 형성하였다Meyer, Ramirez, Frank, and Schofer 2008. 요컨대, 이러한 양상은 학문과 연구를 통해 새로운 지식뿐만 아니라, 현대 사회의 경험적 실체를 뒷받침하는 이데올로기와 신념들을 생산하는 대학의 일면을 보여준다. 만약 점점 더 많은 수의 신제도주의적 연구들이 지적하는 바와 같이 이러한 주장이 옳다면, 대학은 사회에서 광범위하게 나타나는 교육적 변화를 일으키는 1차적인 제도라고 볼 수 있을 것이다.

이 주장은 서구 사회에서의 대학의 발전과 이후의 사회적 제도로서의 성공에 관한 흥미로운 역설을 담고 있다. 만약 대학이 성공적인 제도라고 모두가 인식해왔다면, 그럼에도 불구하고 왜 2차적인 제도 혹은 실패한 제도로 평가받곤 하는가? 신제도주의자인 데이비드 프랭크David Frank와 존 마이어 John Meyer, 1977는 그 역설의 앞 부분, 즉 대학이 후기산업사회에서 성공적으로 발전해왔다는 사실을 설득력 있게 보여주고 있다. 대학과 대학 진학의 유례없는 전 세계적 팽창과 확산, 대학들의 교육과정과 지식—생산이라는 목표와의 유사성, 그리고 전 세계 수많은 대학교에서 나타나는 조직 구조에서 볼 수 있는 상당한 정도의 동질성은 모두 대학제도의 성공을 뒷받침하고 있다. 그렇다면 아마도 이 역설의 오류는 대학이 2차적인 제도라는, 혹은 사회 내에서 어느 정도 고립된 제도적 장치로서만 기능한다는 가정 때문일 것이다. 이 역설을 풀 수 있는 해법은 대학을 세계화된 사회 내에서 사회를 변화시키는 주요한 동력으로서, 그리고 그 동력을 성공적으로 생산해내는 양식으로서 새롭게 인식하는 것이다. 프랭크과 마이어의 주장에 따라, 이 장과 다음 두 장에서는 지금까지 일반적으로 생각했던 바와는 반대로 대학이 지니는 문화적인 의미에 대해 살

는 다소 잘못 이해되고 있다. 종합대학은 더 오래된 형태이자 주된 형태의 고등교육으로서 모든 종합대학은 미국인들이 대학원 교육(graduate education; postbaccalaureate)이라 부르는 교육 체제를 가지고 있다. 반면 단과대학(college)은 본래 종합대학 내 하나의 하부단위였으며 18세기 후반 미국 고등교육 체제 내에서는 독립형(stand-alone) 교육 기관만을 칭하는 개념이다(Durkheim 1938, 1977). 미국 내 단과대학들은 동일한 제도적 모형을 대부분 따르고 있으나 학부 수준의 교육에 중점을 두고 있다. 따라서 서구 대학의 제도적인 총체를 논할 때 그것은 독립형 단과대학을 칭하는 것은 아니며 여기에서는 종합대학 형태에 주요 관심을 두고 있다.

펴보고자 한다.

이러한 논의는 대학들이 엄격한 금지령을 반포하는 방식으로 문화 전체를 구성한다고 말하는 것이 아니다. 사실, 대학이 사람들의 일상 세계를 직접적으로 조성하려고 한다면, 그것은 미숙하게 보이고 실제로 또한 효과적이지 못할 것이다. 여기서 논하는 대학이 보여주는 힘은 좀더 미묘하지만 일상 세계 구석구석에 퍼져 있다. 따라서 이러한 주장은 예전에 주장되었던 논의, 즉 대학은 엘리트를 육성하기 때문에 상명하달식으로 정보가 전파되는 강력한 제도라는 논의와는 혼동되어서는 안 된다.[2] 물론 그러한 논의는 대학이 지닌 힘을 보여주는 논의 전체 중 일부를 보여주기는 하지만 너무 기능적이고 과장된 논조를 가진 이 생각은 대학이 엘리트를 육성해내는 권한을 가지고 있다는 점을 대학이 마치 엘리트와 같은 지위를 가지고 있다고 혼동해서 생겨난 논리적 오류이다. 이 논의는 더 나아가 과학이라는 절대적인 권력을 이용하여 대학이 사회의 어떤 확고한 사령탑과 같은 위치에 있다는 비현실적인 상상으로 이어지기도 했다. 대학이 가진 제도로서의 힘은 전지전능하지도 음모론적이지도 않다. 그럼에도 불구하고 그것은 교육중심사회의 일상으로 깊숙하게 스며들어 있다.

상아탑으로부터 과학적 사실들과 잘 훈련된 전문가들을 내보내는 것 대신, 대학은 모든 일상생활에 영향을 미치는 대중적인 지식을 양산함으로써 교육중심사회에 녹아들었다. 대학들은 일상의 모든 부분을 아우를 수 있는 대단히 중요한 이데올로기를 생산하고 지속시키며, 종종 이러한 과정은 과학적인 방법을 통해 이루어지는데, 이 과정은 인식론적 권위를 지니는 근본적인 학문의 방식으로서 언제나 서구문화에 깊숙이 자리잡고 있다. 대학이 어떤 실체에 관한 우리의 사고 양식에 상당히 많은 영향을 미치게 되는 과정은 대학이라는 제도를 인식하는 엘리트적 관점에 기반을 두고 있지 않다. 실제로, 전 세계에 걸친 대학진학률의 증가, 혹은 대학을 연구하는

---

2 교육중심사회를 위한 인력 계획(manpower planning) 구조를 형성하는 데 있어서, 클락 커(Clark Kerr)(예, 2001)는 1960년대 "거대 종합대학교(multiversity)"라고 하는 그의 아이디어를 가지고 여기에서 논하는 바와 같은 생각을 발전시켜 나갔다. 하지만 대학이 지식 사회에서 상명하달 식의 독립체가 되어야 하고, 또 될 수 있다고 생각한 그의 가정은 중요한 점을 놓치고 있다. 그리고 한참 후에 연구 중심 대학에 관한 역사학자인 로저 가이거(Roger Geiger)가 그의 논의를 수정하기 전까지는 미국 지식생산 복합체의 초기 발전에 시사점을 남긴 그의 통찰력 있는 아이디어들은 그 학문적 영향력 측면에서 분명히 약화되고 있었다(1993).

학자들이 종종 대학의 대중화라고 일컫는 이 현상은 현대 사회에서 대학이라는 제도가 가진 힘을 강화시키는 주요 원동력으로 작용하고 있다.

교육혁명의 문화적 기원을 서구 대학의 발달에서 찾는 것은 19세기와 20세기에 이루어진 국가 주도의 대중적인 공교육 활성화와 자금 지원의 영향에 관한 다수의 연구 결과와 충돌하지 않는다. 대중 교육과 국가 간의 관계에 대한 역사적인 발달을 설명하는 여러 가지 논의들이 있다예, Fuller and Rubinson 1992; Archer 1979. 그러나 이 논의들 중 그 무엇도 교육혁명을 추동하는 이데올로기에 대한 광범위한 문화적 기원을 설명하지 못한다. 이 점은 우리가 교육중심사회에서의 대학에 대한 분석이 필요한 이유가 된다.

뿐만 아니라, 대학이 과연 새로운 아이디어의 중요한 원천인지 아니면 대학은 다른 사회 제도로부터 발생된 아이디어에 대한 관심을 불러 일으키고 독특한 형태의 권위적 정당성을 부여하는 것인지에 대한 논쟁과 서로 대립되는 경험적 증거들이 있다. 이 논쟁은 후속 연구를 기다리고 있는 중이다. 어떤 주장이 맞든지, 이 주장들 이면에 깔린 대학에 대한 이미지는 대학이 아이디어를 체계화하고보편적인 학문체계, 아이디어를 배포하며새로운 지식과 그 지식을 가르치는 행태, 졸업생들에게 학위를 부여함으로써 특정 분야에 대한 전문성을 확립했다는 점을 인증해주는학위 부여 제도적 권한을 드러냄으로써 대학이 강력한 1차적인 제도라는 점을 보여준다.

이 경우 무엇이 "지식"을 의미하는가라는 점을 정의할 필요가 있다. 여기서 의미하는 것은 일반적으로 생각하는 것보다 훨씬 광범위한 정의다. 많은 대학 연구자들은 대학의 지식 생산 범위를 단지 새로운 텍스트 해석, 과학적인 정보, 테크닉, 기술 그리고 모든 종류의 인문학을 의미하는 것으로 한정함으로써 대학의 기능을 과소평가하곤 한다. 물론 이러한 유형의 지식들은 대학에서 생성하는 지식의 일부분이다. 그러나 이것을 대학이 생산하는 지식의 전부로 가정하는 것은 대학의 더 심대한 사회학적 영향력을 놓칠 수 있다. 수 세기 동안 대학은 물질적인 우주 전체뿐만 아니라 인류의 모든 것을 규정하는 진리에 관한 지식의 이데올로기를 생성 및 유지하고 합당한 권위를 부여해왔다. 지식은 물론 시간이 지남에 따라 진화한다. 그러나 중세 봉건 유럽부터 시작된 대학은 오랜 발달기간을 거쳐 이데올로기의 핵심적인 중재자arbitrator 역할을 담당하게 되었다.

이 중재라는 것은 권위에 의한 지시나 은밀한 공모, 혹은 기술관료적인technocratic

방식에 의해서만 진행되는 것은 아니다. 실제로, 대학에서 학자들은 실제 세계에 관한 핵심적인 이데올로기를 중재하는 그들의 역할에 대해 거의 인지하지 못한다. 대신 그들은 아주 작은 부분이기는 하지만 확실히 "새로운" 진리를 생산해 낸다고 인식하고 있다. 이 새로운 진리들이 한 학자의 어떤 핵심적인 텍스트에 대한 새로운 해석인지, 새로운 과학적 발견인지, 새로운 이론인지 혹은 이러한 "발견들"에 대한 논문 그 자체인지에 관계없이, 각각의 행위들은 어떤 특정 시기의 인간 사회와 그것을 둘러싸고 있는 우주의 본질에 관한 전반적인 이데올로기를 강화한다. 진리는 누구에게나 발견될 수 있고 따라서 새로운 지식은 대학 안팎에서 모두 생겨날 수 있다. 하지만 대학이 가지고 있는 권한은 모든 지식과 그 지식이 진실임을 알게 되는 방법예, 과학적 방법에 관한 주장들을 조직하고, 타당화하며 정당성을 부여한다. 따라서 대학은 실제 세계의 기저에 깔려 있는 이데올로기를 형성한다. 현대 대학은 새로운 지식을 생성하기 때문에 특별한 조직이라는 주장이 자주 언급되는데 이 주장은 대학의 제도적인 권한의 힘을 알게 해준다. 현대 사회의 어느 제도도 이렇게 과감한 주장을 하지 못한다. 사회의 모든 것은 합리적인 학문 세계를 통해 표현될 수 있다는 이 가정은 오늘날 당연해 보이지만 이러한 가정이 형성되던 초기에는 매우 급진적인 생각으로 받아들여졌다.

서구 대학에서의
교육혁명의 기원

오늘날 제기되고 있는 대학에 대한 비판적 논의에서조차도, 서구 대학이 12~13세기 중세 유럽에서 발생하여 지금까지 효과적인 문화 제도로 자리 잡고 있다는 사실은 많은 부분에서 명백하게 드러난다.[3] 대학은 분명히 오늘날 세계에서 가장 오랜 기간에 걸쳐 존속되고 있는 조직이다Kerr 1987. 예를 들어, 중세 유럽에서 생겨난

---

3 현존하는 대학 중 세계에서 가장 오래되었다고 하는 카이로의 알 아자르(Al-Azhar) 대학과 같이 이슬람 지역의 대학들은 초기 서구의 대학들보다 분명히 더 오래 전에 건립된 바 있다. 그러나 부유층의 후원, 이슬람교의 신학적인 메세지와 느슨한 조직 구조, 지정학적인 요인들과 같은 여러 가지 이유로 인해 이 동구권의 대학은 중동 밖에서는 같은 형태를 찾아보기 힘든 한계를 지니고 있다. 그리고 현재는 중동 지역에서도 서구 대학 형태의 대학들이 많이 존재하고 있다.

초기 대학들은 오늘날에도 여전히 그 기능을 발휘하고 있다. 파리, 볼로냐 그리고 옥스포드의 대학들은 모두 800년 정도의 역사를 지니고 있다.[4] 엄청나게 오래된 이 대학들과 비슷한 역사를 가진 다른 대학들 모두 단순히 오래된 유적 정도로 치부되는 것이 아니라, 여전히 활기차고 역동적으로 교육과 연구를 담당하는 조직으로 자리잡고 있다는 사실은 분명하다.

초기 대학들의 환경과 오늘날 가장 성공적인 대학들의 환경을 대비시켜 보는 작업은 대학의 제도적 형태가 얼마나 번창해 왔는지를 보여준다. 처음 대학의 형태가 생겨났을 때, 대학들은 중세 사회에서 공통적인 관심 분야를 보호하기 위해 모여든 학자들의 단순한 모임과 유사한 형태였다. 이러한 초기의 대학들은 종종 공식적인 건물이나 공동의 장소가 존재하지 않았고 그들은 교육을 위해 사적 주거공간이나 이미 건립된 공적 건물을 빌리기도 했다. 학생들은 그들을 가르치는 학자들에게 직접 돈을 지불하였고, 어떤 경우에는 그들의 기대대로 가르치지 않는 학자들을 상대하기도 했다. 실제로 초기 대학들은 그 지방의 권력으로부터 자율권과 각종 자원들을 쟁취하기 위한 전략의 일부로서 다른 지역으로 완전히 이주할 수 있는 반 가상적인semivirtual 공동체의 형태를 띠기도 했다. 변변치 않은 초기 대학들과 현재 성공적인 대학의 전형을 비교해보자. 미국에서 의학 연구 센터를 포함한 학문과 연구분야의 대규모 포트폴리오를 갖춘 경쟁력 있는 연구 중심 대학들은 최소한 연간 15억 달러 정도의 재정을 필요로 한다Baker 2008a. 공적, 사적 기금을 모두 포함하여 이 정도의 자원을 유지하고 집행한다는 것은 만약 대학이 2차적인 제도라면 사실상 불가능한 일이라고 볼 수 있다. 많은 대학들이 수십 년 전에는 상상할 수도 없는 재정을 운용하고 있지만, 오늘날 강력한 1차적인 제도로서의 대학은 중세 사회에서 독특한 요구를 충족하기 위해 설립된 초기 대학으로부터 비롯된 결과이다.

사회 내에서의 대학의 역할에 대해 기술한 많은 문헌들을 보면 서구 대학의 중세 역사는 흥미로운 이야깃거리 정도로 받아들여지고 있다. 그러나 대학이 중세 유럽 사회에서 처음 맡았던 역할은 후기산업사회 시대에 전 세계에서 대학이 강력한 영향력을 지속하게 되는 전조가 되었다. 뿐만 아니라 상당히 많은 수의 제도들이

---

4 파리 대학(The University of Paris)은 현재 소르본 대학의 전신이었고, 소르본 대학은 본래 파리 대학 내의 단과 대학이었다(Durkheim 1938, 1977).

사라지고 있는 가운데 대학이라는 제도의 지속성은 대학의 본래적인 기능의 꾸준한 영향력을 대변하고 있다.

1990년대 초반, 교육사회학자이자 신제도주의자인 필리스 리들Phyllis Riddle은 전 세계의 대학들에 대한 기본 모델로서 서구 대학의 설립과 성장에 관련한 방대한 연구를 진행하였다. 대학이라는 형태가 생기기 시작했을 때부터 현대까지 문을 닫은 대학들을 포함한 모든 서구 대학의 설립일자에 대한 꼼꼼한 자료 축적을 통해, 그녀는 유럽에서 1200년부터 1800년까지 약 600년 동안, 160개 이상의 대학들이 생겨났다는 사실을 파악했다. 그리고 19세기 초부터 현재까지 빠른 속도로 성장이 지속되었고 지금은 전 세계에 걸쳐 수천 개에 달하는 대학들이 800년 전에 시작된 제도적인 모델을 따라 운영되고 있다는 점 또한 확인한 바 있다.

리들은 초기 대학들의 설립 패턴 분석을 통해 대학의 수가 가장 먼저 그리고 가장 빠르게 증가하기 시작한 유럽이라는 장소와 중세 시대가 보여주는 특성을 토대로 대학의 발달이 반드시 가장 방대한 인구성장 및 경제성장을 경험한 시기 및 장소에서 일어나는 것은 아니라는 점을 보여주었다Riddle 1993. 이것은 우리가 직관적으로 대학에 대해 생각하는 것과는 다른 반反 직관적인 발견으로서 중요한 사실이다. 왜냐하면 만약 대학이 2차적인 제도라면 그 반대의 양상이 사실이어야만 하기 때문이다. 그 대신 대학을 강건한 1차적인 제도로서 고려함으로써 리들은 대학들이 정치적이고 종교적인 권위의 정당성 확보를 위해 노력한 시기와 장소에서, 경쟁을 통해 가장 급격히 발생하게 된 것이라는 가설을 정립했다. 다시 말해, 서구 대학의 설립은 새로운 사회로의 전환의 핵심에 위치했던 것이다.

대학 설립 시기에 관해 리들이 꼼꼼하게 수집한 문서들은 이러한 가설을 확인시켜 준다. 신성 로마제국이나 이탈리아의 봉건 도시국가들이 그랬듯이 권력을 가진 엘리트들이 탈중심적으로 분화되고 서로 경쟁 관계에 있는 특정 장소와 시점에서 대학들은 권력의 정당성 확립을 돕는 데 사용되었고 그에 따라 다른 정치적인 권력 집단과의 경쟁에서 이기기 위한 중요한 도구로 인식되었다. 따라서 독일 내 다수의 공국princedom 내에서 대학들이 우후죽순 생겨난 것은 그리 놀라운 일이 아니다. 왜냐하면 그들은 신성 로마제국 내에서 왕의 권위라는 미명 하에 느슨하게 엮여 있는 봉건국가의 환경에서 서로 경쟁하는 상태였기 때문이다. 이 시기 이 지역 내에서는 총 35개의 대학이 신설되었고 이 수치는 대학이 설립되기 시작한 초기의 서구 대학의 총 20%에 달하는 규모였다. 1600년대 후반까지 유럽의 다른 어떤 지역보다도 이 제국 내에서 가장 많은 수의 대학들이 운영되었다Riddle 1993. 이러한 현상은 이탈리아의 도시국가들에서도 마찬가지로 나타났다. 이곳에서는 30개의 대학이 설립되었고 프랑스와 스페인의 왕정에서는 55개의 대학들이 같은 시기에 설립되었다. 이 네 지역에서 새롭게 설립된 대학들은 전체 대학의 60% 이상을 차지하였다. 점점 더 많은 정치 역사학자들이 이야기하는 바와 같이, 리들은 프랑스와 스페인에서 정치적인 권력이 집중화되는 시기를 보낸 반면, 언어, 관습, 지리적인 경계에 의해 나뉘어진 엘리트 집단 간에는 내부적이고 주州 간의 경쟁과 갈등이 동시에 존재했다고 주장한다Cobban 1975; Kagan 1974; Riddle 1993. 반면, 이들 국가들보다 권력이 집중되어 있었고 내부적으로도 덜 분열되어 있던 영국에서는 1200년부터 1800년대 초반까지의 시기 동안 고작 2개의 대학옥스포드, 캠브리지만이 설립되었다. 영국은 약 1520년경에 큰 폭의 인구 및 경제 성장을 경험했지만, 그 후로도 300년 동안 대학이 추가적으로 설립되지 않았다Stone 1972.

리들의 가설에 관한 많은 의문들은 아직 해소되지 않았다. 가령, 왜 그녀가 종교 개혁 이후 가톨릭과 개신교 엘리트 간의 광범위한 갈등이 대학교육에 미친 영향을 살펴보지 않았는지, 또는 비교적 더 중앙집권화된 프랑스의 왕정이 실제로 어느 정도로 엘리트 간의 내부 경쟁을 허용했는지와 같은 의문들이 남아 있다. 그녀의 가설이 완전히 새로운 역사 연구가 될 수 있는지와 관계없이, 이 연구로부터 얻을 수 있는 명확한 사실은 유럽 사회 내에서 대학은 단순히 경제와 인구 변동에 따라 성장하지 않았다는 점이다. 다른 요인들이 작용하였고 그 중 정치적인 권력 관계는 유력한 요인 중 하나로 생각해 볼 수 있다. 그러나 대학의 발달 요인은 단순히 권위를 위한 경쟁 하나만은 아니다. 정치적인 권력을 쟁취하기 위한 전쟁이 활발하던 시기와 장소에서 왜 신성 로마제국 내 공국들과 이탈리아의 도시국가들은 왜 그렇게 많은 재력을 소비하면서까지 대학을 설립해 권력의 정당성 확보를 중요하게 여겼던 것일까? 초기의 대학들은 지방 관청과 지방 교회 관료에 의한 물적 착취와 공식적인 전횡을 막기 위해 교황과 황제로부터 권리, 지위, 자원을 확보하려는 공동의 관심사에 의해 모인 학자들의 모임, 그 이상 그 이하도 아니었다Rüegg 1992. 게다가 중세의 인구 구성의 대부분은 교육받지 못한 농노였고 그들과 지배자 사이에 극소수의 전문가 집단 계층이 존재했다. 그런데 왜 대학이 설립되었을까? 이 극소수의 전문가 집단에게 왜 그렇게 많은 봉건 세력들이 대학이라는 새로운 형태의 제도를 주장했고 재정을 보조했는지, 그리고 궁극적으로 왜 이 새로운 제도가 그토록 성공적일 수 있었는지에 대한 퍼즐을 풀기 위한 단서는 다음과 같다.

서구 대학의 초기 생성과 성공에 중요한 역할을 맡은 곳은 로마 가톨릭 교회였다. 이 사실은 초기 대학들이 직접적으로 로마 가톨릭 교회의 일부였으며 전적으로 교황을 보좌하는 역할을 맡았다는 의미로 종종 해석되곤 하지만 그렇지 않다. 교황은 사제들과 수도승들이 대학에 다닐 수 있도록 자금을 대주는 방식으로 초기 대학을 지원했지만, 봉건 시대의 대학은 절대 교회의 일부분으로 볼 수 없었다. 대신, 대학의 기원에 관한 역사적 분석은 가톨릭교회와 초기 대학의 상징적 관계를 분명히 보여주었는데, 이 관계는 사회가 새로운 변화를 수용하는 가운데 더욱 군건해졌다. 그 대가로 많은 대학들은 지역의 지주 혹은 교회 주교의 관심과 제약으로부터 방해를 받지 않고 교황의 지지를 받아 자금을 제공받았다Cobban 1975. 또한 교황의 지지로 초기 대학들은 특별 국경통행권을 부여받아 대학생들과 학자들은 그 당시 여행자들이 흔히 겪었던 위험으로부터 자유로운 상태로 대학과 대학을 오고 갈 수 있었다.

가톨릭교회의 권위를 확장하는 전략의 하나로서, 교황은 3가지 기능을 위해 대학을 지원하였다. 그 기능들은 유럽 사회에 지대한 영향을 끼칠 정도로 혁명적이었고 오늘날의 교육중심사회 내에서 대학이 지닌 힘을 보여주는 직접적인 전조가 되었다Durkheim 1938, 1977; Rüegg 1992. 첫 번째, 교황은 가톨릭교회를 위해 합리적으로 이해할 수 있는 신학적 도그마와 관련된 지식을 생산하는 데 직접적인 관심이 있었으며, 그 지식이 진귀하고 사람들이 모두 우러러 보는 권위적인 것이길 바랐다. 이러한 지식은 크리스트교의 이단 신학과 이탈 집단의 성장을 막기 위한 장치로서 사용되기 위함이었다. 둘째, 교황은 교회를 위한 교육받은 엘리트 집단, 즉 추기경curia, 교황의 전문 보좌관을 양성하기를 원했다. 그들은 신학적, 행정적, 법적 문제를 해결하는 것을 돕는 역할을 맡았다. 세 번째, 교황은 권위있는 지식을 활용할 수 있는 전문가를 양성하는 이 혁신적인 조치들이 교황의 권위를 강화하고 가톨릭교회의 특권을 위협하는 강력하고 세속적인 귀족집단을 견제하는 데 도움을 줄 수 있기를 바랐다.[5]

---

5 이 기능은 현재도 이어져 오고 있다. 예를 들어 교황 베네딕트 16세는 로마 교황청(the Curia)의 추기경

이 기간 동안 대학 설립을 촉진시킨 또 다른 요인은 가톨릭교회의 경쟁상대인 세속적 권력들이다. 이들도 가톨릭교회의 권위에 대등하게 맞서는 전략으로서 대학을 통해 그들의 권위를 강화할 수 있다는 점을 인식했다. 비종교적인 권력집단에 의해 설립된 초기 대학들의 역사는 위에서 논의된 세 가지 기능에 대한 세속적인 형태를 띠고 있다. 가톨릭교회에서 대학을 통해 종교적인 도그마와 관련된 학문발전과 추기경 육성을 꾀하였듯이, 세속적 권력집단에서는 대학이 권력을 유지하기 위한 법적·행정적 규정들을 개발하는 데 초점을 맞춘 법학과 관련 문건의 해석 방법을 발전시키고 법 전문가를 육성하는 역할을 담당하길 바랐다. 실제로 초기 대학의 설립 후 오랜 기간 동안 가톨릭교회와 세속적인 권력집단들_{점점 국가의 형태를 띠기 시작하는 집단들}은 대학을 통해 획득되는 궁극적인 권위를 위해 서로 경쟁했고 세속적인 권력집단은 17세기까지 이러한 경쟁에서 성공을 거두었다_{Riddle 1993}. 리들의 연구 이후 진행된 초기 대학을 대상으로 하는 후속 역사 기록학은 앞서 논의된 주장과 일맥상통한 결과를 보여주고 있다_{예, Ridder-Symoens 1993; Rüegg 1992; Rubenstein 2003}.

대학은 그 제도의 시작부터 아이디어의 생산과 분배를 다루었고 이 아이디어들은 이 특별한 제도에서 발생한 것이기 때문에 권위가 있다고 간주되었다. 이러한 생각은 대학의 학문이 "진리의 추구"와 동일시되었기 때문에 가능했다. 흥미롭게도 이러한 생각의 결합은 대학 내에서의 과학 연구와 기술 개발에 대한 개념이 나타나기도 전에 발생했다. 게다가 초기부터 이 제도의 졸업자들은 대학에서 생성된 아이디어를 해석하고 아이디어에 근거를 두고 행동하는 _{또는 대학교수들의 후속 세대 학자로서 더 많은 지식을 생산하는} 전문가로서 외부 세계로부터 인정을 받았다. 그에 따라 아이디어의 권위와 권위를 인정받은 전문가의 결합이 이루어졌다. 대학이라는 제도의 설립 초기부터, 대학은 직업 훈련이나 기술 훈련을 목표로 하지 않았다. 그 대신, 대학에서의 훈련에는 본질적인 보편성이 내재되어 있었다. 더 능력 있는 농부, 장인, 또는 상인보다는 훌륭한 법학자와 종교 전문가가 이 새로운 제도가 추구하는 목표상이었으나 이후 제5장에서 논의되는 바와 같이 대학의 졸업장은 농부, 장인, 상인과 같은

이었을 때 교황의 총애를 받고 떠오르는 대주교의 약진에 대항하여 성공적으로 로비를 진행한 바 있는데, 그 교황 후보가 단지 철학에 대한 박사 학위만을 가지고 있었기 때문이었다. 최종적으로 교황으로 낙점된 사람은 신학 박사 학위를 가지고 있었고 (신학 박사 학위를 가진) 미래의 교황은 신학적인 논쟁을 해결하는 데 더 적절하게 훈련받았다고 판단되었다("Future Pope Tried to Get Fuller Inquiry in Abuse Case," New York Times, April 27, 2010).

다른 직업으로도 확장되었다. 대학 제도의 초기에 나타난 특수 지식과 전문가의 결합은 오늘날의 교육중심사회로 천천히, 일정 시기 이후에는 급격하게 전 세계에 확대되는 강력한 혁신으로 이어지게 되었다.

지난 800년 동안 대학은 단지 생존하는 차원을 넘어서 오히려 점점 번창해왔다. 초기에는 유럽과 미국의 식민주의에 기반한 전면적인 서구 문화 도입을 통해, 그리고 이후에는 국제적으로 인정받게 된 사회 진보의 모델을 통해 대학 제도의 서구 모델은 확산되어 현재 모든 국가가 최소한 한 개 이상의 대학을 보유하게 되었다 Schofer and Meyer 2005. 현대의 대학은 일상 경험의 실체를 형성하는 핵심적인 문화적 이데올로기와 의미를 찾고, 발견하고 그것을 전파하고 있다. 혹은 리들이 결론을 내린 바와 같이 "대학은 본질적으로 보편적인 견해를 만들어낸다"1993고 볼 수 있다. 그리고 대학은 대학 졸업자들에게 이 보편적인 견해에 기초한 이데올로기와 의미를 인간 생활의 모든 측면에 걸쳐서 정당화하는 자격을 부여한다. 이러한 문화적 힘은 이후의 교육혁명의 핵심을 정당화하는 있다.

대학과
학문의 합리적 탐구의 기원

13세기 이전에 가톨릭교회 수도원 내 지적 온실intellectual hothouse에서 맨 처음 출발한 대학은 이내 새로운 조직으로 변모하였다. 서구 대학 설립 초기 학자들에 의해 진행된 초기 크리스트교의 구절신의 말씀이 아닌 성경과 교부(敎父) 저서의 주석에 대한 해석과 이슬람 학자들에 의해 보존된 아리스토텔레스의 고전 저술에 대한 연구는 오늘날 대학의 중심에 위치한 대규모 과학기술 연구를 포함한 세속적 학문 탐구의 선구라고 볼 수 있다. 이것은 단순한 역사적 우연이 아니다. 초기 대학의 학문에도 현대 사회의 과학의 성장과 인식론의 유산이 존재했다는 점과 밀접하게 연관되어 있다Rubenstein 2003. 가톨릭교회의 특수한 학문적 요구를 충족하기 위해 설립된 대학의 발달은 독특한 형태의 합리적 탐구 양식을 만들어 냈고 그 양식은 서구 대학 제도 내에서 교육중심사회로 전파되었고 또한 강화되었다. 성聖 어거스틴부터 성聖 아퀴나스까지의 초기 신학자들을 통해 가톨릭교회는 생각하고 추론하는 인간 고유의 능력은 신이 주신 첫 번째 선물이며, 신과 그의 세계관을 알기 위해 그 능력이 최대한 사용되어야 한다는 점을 확신하게 되었다. 현대 용어로 지칭하는 고차원적인 인지 능력higher-order cognition은 신앙처럼 신에게 다가가는 방법이다. 특히 초기의 대학과 교육 전반에 있어서 이러한 생각은 오랜 시간 동안 광범위하게 영향을 미친 강력한 신념과 같았다. 학문과 그것이 주로 생산되는 장소로서의 대학은 가톨릭교회의 발전과, 최소한 1000년대까지 유럽 전역에 걸쳐 적어도 엘리트 집단에게 지배적인 문화적 실체이자 이데올로기였던 신학을 유지하는 핵심적인 기능을 담당했다. 종교사회학자 로드니 스타크Rodney Stark가 말했듯이, "공식적인 가톨릭교회 신학은 이성이 지배하는 다수의, 그리고 점점 늘어나는 대학의 안정적인 기반을 향유하였다"2005, 8.

유럽에서 과학의 성장에 대해 살펴본 최근의 많은 역사 연구에 기초해 볼 때, 현대 학자들은 서구의 과학이 크리스트교에 기반을 두고 있었으며 16세기의 과학혁명 이전에는 대학 내에서 주로 발전되어 왔을 것이라고 추측하고 있다예, Stark 2005; Huff 2011. 수단-목표means-ends 방식으로 계산된 구원의 계획을 가진 신성한 합리적 존재를 숭배함으로써, 크리스트교 신자들은 종교적 신념과 과학을 하나로 연결시켰다. 만약 신이 이성적이라면, 그가 만든 우주는 "필연적으로 인간의 이해력 신장을 기다리는 이성적, 합법적, 안정적 구조이어야 한다"Stark 2005, 12. 크리스트교와 과학이 서로 반대된다는 전통적인 가정과는 반대로, 크리스트교에서 생각하는 신의 특성들은 크리스트교 초기 학문적 탐구를 만들어 내도록 했을 뿐만 아니라 신이 창조한 세계와 신의 계획을 더 완벽하게 이해하기 위한 방법으로 과학적 방법을 예상할 수 있도록 이끌었다. 과학의 기원을 크리스트교 신학에 위치시키는 것을 통해 초기의 대학이 크리스트교에 입각한 대학 설립의 직후부터 지식 생산의 중요한 역할을 담당하게 됐다고 상정할 수 있다. 과학은 "크리스트교의 12세기의 독특한 발명, 즉 대학에 의해 존속하게 된 중세 학자들에 의해 수백 년에 걸쳐 이뤄진 체계적인 진보의 정점culmination"이다Stark 2005, 12.

이후의 역사에 대해 독일의 사회학자 게로 렌하트Gero Lenhardt가 진행한 독일의 17세기부터 20세기까지 대학의 역사적 출현과 발달에 관한 제도 연구는 다양한 정치적 권력들 간에 있었던 오랜 기간 동안에 걸친 갈등에 대해 서술하면서 다음과 같은 아이디어를 적용하였다. 그가 보기에 그 긴 갈등 기간 동안 대학은 살아남았으며 지식의 주된 원천으로서의 역할을 강화했다2002, 2005. 그는 이러한 진화과정

동안 대학의 단순한 텍스트 읽기나 필사 작업을 보편주의universalism라고 부르고 현대 대학의 인식론적인 기반이 된 학문적 해석과 지적 탐구의 형태로 전환시켰는데 렌 하트와 다른 사회학자들은 이를 *보편주의*라고 부르고 있다. 이 용어는 위에서 설명한 바와 같이 학문적인 지식과, 교육받은 학자들이 준비하는 지식과 관련된 권위적인 역할을 축약하고 있다.[6] 더 중요한 것은, 보편주의는 교수와 학생들에 의해 활성화되는 대학이 형이하학과 형이상학의 "어떤 주제를 추구하고 의문을 가지며 자세히 조사하는" 권한과 자유, 그리고 역량을 지니고 있다는 점을 의미한다는 것이다 2002, 277. 이러한 생각은 대학의 위치를 교육중심사회에서의 문화 생산자로서 자리매김하도록 했다. 보편주의에 대한 렌하트의 핵심 논점은 대학의 학자들이 그들의 정치적인 견해로 인해 정치적 징벌을 받지 않는다는 것 이상이다. 이 뿐만 아니라 보편주의라는 개념은 더 많은 점들을 포함하고 있다. 보편주의는 대학이 아이디어, 지식, 전문가들에 대한 권위를 부여하는 방대한 힘을 내포하고 있으며, 아이디어, 지식, 전문가 모두 일상의 신념과 의미의 개념적인 기초가 된다는 점을 보여준다. 다시 말해, 보편주의는 '대학은 사회의 기본적인 문화의 중요한 부분을 만들어 내는 능력을 가지고 있다'는 점을 의미한다.

렌하트는 서구 대학의 발달사에서 나타난 독일 사례의 특이점을 통해 서구 대학이 지식의 생산이라는 보편적인 요구와 대학을 즉각적인 수단으로서 지배하고 이용하려고 한 다양한 권력집단들의 경제적, 정치적, 신학적 이해에 의한 특정한 요구 사이에서, 지속적인 긴장상태와 때로는 전면적인 갈등상태를 경험했다는 점을 보여주고 있다. 독일 대학의 역사를 보면 대학을 도구화하려는 많은 시도들이 있었는데 이는 어떤 특정한 요구 또는 대학 외부의 권력의 도구로서 학문적 탐구와 교육과정이 변하는 것을 의미한다. 아이러니하게도, 이러한 시도들은 반대로 대학에 대한 열렬한 지지자들과 함께 이루어졌다. 각각의 시도들을 살펴보면 보편적인 탐구의 아이디어와 학문적인 자유가 결국 승리했다는 것이다. 처음에는 가톨릭교회부터, 유럽의 절대 왕정, 현대의 민족국가, 그리고 아마도 마지막으로는 대규모 자본주의와의 투쟁을 통해, 보편적인 탐구라는 대학의 기본 모델은 제도적으로 더욱 강건해졌다.

---

6 보편주의가 "대학"이라는 용어로부터 파생된 것으로 생각해서는 안 된다. 대학은 중세 사회에서의 "조합(corporation)"에 가까운 무언가를 의미하는 것이었고 초기 봉건제에서의 학자 조합을 일컫는 데 사용되었다.

이는 대학이 강력한 1차적인 제도라는 주장을 뒷받침하는 흥미로운 역사적인 경향이라고 볼 수 있다. 각각의 단계에서 대학은 떠오르는 정치적인 권력들과 연합했고 그 결과, 지식을 생산하고 전문가를 양성하는 보편적인 요구는 점차 강화되어 나갔기 때문이다.

이러한 투쟁은 오랜 시간 동안 지속되었고 그 시기에 정치적인 권력과 그 권력의 지원에 의존하는 특정 대학들의 중심축은 권력에 따라 좌지우지되었다. 이러한 투쟁에는 많은 예가 존재한다. 예를 들어, 독일 제국주의 시대의 대학들은 정치 및 경제 분야의 자유급진적인 학문을 탐구하거나 가르치는 것이 금지되었고 심지어 한동안은 새롭게 생겨난 경험적인 과학적 연구도 "몰가치성과 실증주의로 비난받았다"Lenhardt 2002, 277. 이 새로운 아이디어들과 연구방법들은 너무 보편적이라는 평가를 받았고 기존의 사회질서를 위협한다고 생각되었다. 대학에 대한 이 특이한 통제는 전문가와 문화 엘리트를 육성하는 데에서도 똑같이 나타났다. 예를 들어 모든 대학의 유대인과 사회민주 정치 당원들, 개신교 대학에서의 가톨릭 신자들은 제정 독일 내 대학에서 교수가 되는 것이 금지되었다. 그러나 이 억제 위주의 배타주의의 예시들 중에서, 대학의 제도적 모델이 가진 힘을 엿볼 수 있다. 이러한 억제 조치들은 유치한 배제나 심리적 편견의 결과가 아니었다. 그보다는 제정통치자들이 생각하기에 독일 사회의 주류가 아닌 사람들은 이 중대하고 핵심적인 대학이라는 제도의 일부가 될 수 없었기 때문이었다. 이것은 대학을 공식적으로 배제시킬 정도로 대학 그 자체가 사회의 핵심적인 역할을 수행할 수 있다고 보았기 때문이다. 대학이 2차적인 제도였다면 배제할 필요가 없었을 것이다.

대학의 발달과정에서 나타난 우여곡절을 보여주는 또 다른 예는 몇몇 정치적 권력집단들이 각기 다른 시기에 대학을 대체할 새로운 제도들을 만들어 내려고 노력했다는 점이다. 프랑스의 그랑제꼴grandes ecoles과 독일의 응용과학대학Fachhochschulen은 유럽의 고등 교육에 대한 국가적인 '예외적인'이라고 읽는다 통제의 정점에 있었다. 전자의 경우 엘리트 전문가 육성 기능을 제외했고 후자는 대학의 응용과학 연구 및 교육 기능을 제외했다. 이 두 가지 예시는 국가 주도로 만들어진 제도들이 20세기에 이 나라들에서의 대학 발달을 약화시켰고 지난 몇십 년 동안 발생한 유럽 대학의 위기의 근원이 되었다Baker and Lenhardt 2008. 그러나 여기에는 또한 대학의 보편주의에 대한 요구가 궁극적으로 등장한 점을 엿볼 수 있다. 세계 각지에서 일어나는 상황과 같이 독일에서 응용과학 관련 학교들은 지속적으로 대학의 지위를 요구하고 후자의 보편주의를 모방하는 시도를 하고 있다. 동시에 대학의 지위로부터 떨어져 나오려는 반대 방향의 시도는 어디에서도 볼 수 없었다. 대학이 되려고 하는 이러한 노력들은 대학이 만약 2차적인 제도였다면 나타나지 않았을 것이다.Lenhardt 2002, 2005.[7]

종합해 볼 때, 리들, 스타크, 그리고 렌하트의 주장은 중세 유럽에서의 서구 문명의 성장부터 현재의 세계적인 교육중심사회에 이르기까지 문화 생산의 중심에 대학을 위치시키고 있다. 각각의 학자들이 보여주고 있듯이, 다양한 시점에서 대학은 각기 다른 경로의 발달과정을 겪었을 수도 있고, 이것이 사회에 대한 영향력이 궁극적으로는 줄어드는 결과를 낳았을 수도 있다. 그러나 800년이라는 긴 시간을 통해 보면, 대학은 그 본래의 특별한 권위를 강화시켜 왔고 오늘날 그 권위는 역사의 한 시점에서만 존재했던 것이 아니라 현재까지 더 핵심적이고 초국가적이며 세계 전반에 걸쳐 사회의 기본 이념 형성에 영향을 미치고 있다.Baker 2008a.

이 과정에 대한 세 가지 자세한 예시들은 나중에 제시되겠지만 지식을 중재하는 대학의 특권에 대한 간단한 사례는 에드워드 사이드Edward Said의 콜롬비아 대학에서 진행된 20세기 후반의 학문에 관한 연구를 통해 살펴볼 수 있다. 이 영향력 있는 연구는 중동의 사람들, 땅, 문화에 대해 인정받는 정설로서 받아들여지고 있는 이른바 "오리엔탈리즘"이라고 불리는 정치-문화적인 이데올로기에 도전하고 있다.예, 1978. 오리엔탈리즘은 18~19세기의 유럽 대학과 국가 제도의 지적 산물 그 자체다. 이전의 학문에 기반을 두고 경험적인 연구방법을 적용하여 진행된 사이드의 연구는 오리엔탈리즘 이데올로기는 그 지역에 대한 올바른 관점이 아니라고 주장하고 있다. 오리엔탈리즘은 세계의 다양한 지역에 대한 역동적이고 균형있는 이해를 가로막는 모멸적인 식민주의를 가정하고 있다. 더 새로운 관점이 올바른 것인가에 대한 논의는 여기서 말하려는 논점이 아니다. 그보다는 지금은 폐기된 오리엔탈리즘이라는 이데올로기가 단지 학문적인 지식의 산물이라는 점 때문에 서구 문화에서 상당히 지속적인 힘을 가지고 있었다는 점을 이야기하려는 것이다. 지금은 많은 다른 학자들에 의해

---

7 공산주의 체제 하에서 대학보다 더 강력한 권위를 가지고 있었던 이전의 이스턴 블록(Eastern Bloc)과 학 아카데미 또한 마찬가지다. 철의 장막이 걷힌 후, 예를 들어 에스토니아에서는 이런 아카데미들이 3년 동안 대학원 수준의 교육과 연구를 위한 중앙 정부의 자금 지원에서 다른 아카데미와 경쟁을 통하여 대학으로 전환하도록 했다. 그렇지 못하면 그 아카데미는 폐쇄되었다.

연구가 진행 중인 사이드가 새롭게 정립한 이데올로기는 현재 이 지역에 대한 정확하고 일반적으로 인정받는 이미지여기에서는 실체로서 광범위하게 인정받고 있는 것도 마찬가지다. 대학의 학문에 대한 중재에 기반하여 사이드의 새로운 이데올로기는 사실로서 받아들여지고 있다. 그리고 이러한 학문적인 중재는 현재도 계속되고 있다예, Lewis 2004.

대학의 핵심에 위치한 지적 보편주의와 함께, 현대 대학은 오늘날 공통적인 세계 문화를 만들고, 정당성을 부여하고 중재하며 전파한다. 그리고 이것은 마이어와 그의 동료들이 이 장의 서두에서 제시한 바와 같이, 대학을 교육중심사회에서 궁극적인 변혁적 제도로 본다. 대학이 지닌 이 변혁적 힘에 대해 많은 사례들이 존재함에도 불구하고, 가장 거대한 문화적 영역이라고 할 수 있는 합리적 탐구, 즉 과학 부분을 발전시키는 대학의 역할은 종종 과소평가되고, 그렇기 때문에 왜 그런가에 대한 특별한 관심을 불러 일으키게 된다.

대학과
과학화 사회

과학은 사촌격인 기술과 함께 후기산업사회를 선도했다. 그러나 교육이 2차적인 제도라는 전통적인 시각은 과학과 기술이 대체로 사회로부터 비롯되지만 대학은 단지 그들을 따라갈 뿐이며 일부에서는 심지어 대학의 가치가 그 과정에서 훼손된다고 가정한다. 그러나 이러한 이미지는 과학과 기술의 기원에 대한 최근의 역사 연구에서는 받아들여지지 않고 있으며, 현재의 세계 문화에 대한 가장 극적인 영향들 중 하나로 '대학'을 볼 수 있다는 주장과는 배치된다.

교육과 사회에 대한 전통적인 관점은 과학과 2차적인 제도로서의 대학에 대한 이야기를 다음과 같이 전개한다. 유럽의 르네상스 시기 동안 경험한 지적 자유의 결과로서, 과학적인 발견들과 방법들은 16세기 동안 증가하게 되고, 이것은 과학혁명과 함께 사회의 새로운 사고방식의 적용을 증대하는 결과를 가져왔다. 그 후 오랜 기간 동안 대학은 과학을 따라가고 과학자들이 훈련받아 대부분의 과학적인 연구가 진행되는 공간이 된다. 대부분의 경우, 과학은 강력한 개별적인 독립체로서 대학을 과학의 산실로 만든다. 이 이야기가 지속될수록, 대학은 과학과 기술 연구를 하기 좋은 장소가 된다. 그것은 아마도 과학이 오래된 고전 대학들을 급진적으로 변화시켰기 때문일 것이다. 이 과정을 통해 과학과 기술은 현대 대학을 완전히 지배하게 된다.

이 이야기에서 대학에 관한 부분은 과학과 기술이 공익에 미치는 영향에 대한 견해에 따라 두 가지 중 한 가지 결말을 보이게 된다. 암울한 결말은 과학의 대학 지배는 인식론적으로 대학을 붕괴시키고 인문학의 고전적인 탐구정신을 말살하며 과학과 기술을 제어하기 위해 성공적인 현대 문명에 필요한 철학 및 도덕 교육이 억압된다고 본다예, Bloom 1987. 반대로 밝은 결말은 한때는 사회와 거의 관련성이 없었던 대학이 과학과 기술에 의해 재발견되는 행운을 맞이하게 되고, 대학이 사회에서 맡은 임무는 결국 과학과 기술로 인류 사회의 가장 위대한 진보를 달성하도록 도와주는 것으로 이야기의 끝을 맺는다Clark 1962; Kerr 2001.

그러나 이 이야기의 기본적인 구조와 결말은 모두 사실이 아니다. 왜냐하면 이 이야기는 대학이 독립적으로 과학화되고 기술화된 사회를 도와주는 차원에서 뒤에서 따라가는 수동적인 역할을 담당하고 있다고 가정하기 때문이다. 이미 앞서 기술한 바와 같이, 다수의 역사가들은 현재 과학의 독립적인 성장에 의문을 가지고 있다. 그들은 과학적이고 합리적인 탐구의 근원을 1000년대 초반11~12세기의 크리스트교 문화의 역사로 훨씬 이전의 시기에 두고 있기 때문이다예, Grant 1986; Huff 1993a. 서구 대학에서의 과학의 역할에 대한 분석 중 가장 중요한 것은 합리적 탐구의 시초가 가장 초기의 대학 내에 있었다는 증거이다. 이와 유사하게, 리들과 렌하트의 연구들은 할레Halle 1694, 괴팅겐Göttingen 1734과 에를랑겐Erlangen 1743의 특정한 대학들이 현대 연구중심 대학의 전신임을 지적하고 각각의 대학들은 모두 별다른 방해를 받지 않고 세속적인 측면에서 보편적인 탐구를 진행하는 데 있어서 국가의 지원을 충분히 받았던 것으로 나타났다. 이 학자들이 지적하는 바는, 한 정치 권력집단이 대학에 대해 특별한 요구 없이 보호조치를 취하면 대학들은 보편주의를 강화하는 경향이 존재했다는 점이다. 이러한 경향은 대학이 보편주의혹은 보편적 탐구성향를 과학발전을 지원하는 차원으로서 인식했기 때문이라기보다 진리의 탐구에 대한 보편적인 접근이 대학을 성공적으로 발전시킨다는 대학의 자유의지와 대학이 지닌 본질적인 지적 권위 때문이었다. 이러한 점에 따라 보편적인 탐구를 추구함으로써 나타난 주요한 결과는 그때 당시 많은 권력집단들이 경계했던 고도로 합리화된 과학적 방법의 생성이었다.[8] 대학이 과학화된 문화에 미친 영향에 관한 이와 같은 강력한 가설이 진지하게 받아들여질 경우, 과학과 기술, 그리고 대학에 관한 이야기의 결말은 어떻게 예상하는 것이 옳은 것일까?

제도주의 학자 길리 드로리Gili Drori, 존 마이어John Meyer, 프란시스코 라미레즈 Francisco Ramirez, 그리고 에반 쇼퍼Evan Schofer는 현대 세계 정치조직체정체의 과학Science in the Modern World Polity, 2003을 통해서 이 이야기의 결말에 관한 단서를 제공한다. 세계 문화에서 과학 역할의 증대에 관한 이 다면적인 연구를 통해 그들은 모든 종류의 주요한 사회 제도에 퍼져 있는 과학화된 실체를 보여준다. "과학화된 문화"를 통해 과학적인 합리적 탐구는 유일한 권위로서 자리 잡고 있고, 이것은 우주 전체의 본질부터 일상생활의 세세한 부분까지 모든 것에 적용되며 사람들이 널리 믿는 이데올로기라는 점을 보여준다. 이 주장은 과학이 결코 과학 이면에 위치한 가정들에 대한 광범위한 신념또는 이데올로기처럼 모든 질문에 대한 답을 세부적인 또는 기술적인 방식으로 제공하고 있지는 못한다는 점을 이야기하고 있다. 이 때의 가정은 공공의 사회 실체의 기반으로서 널리 일반적으로 알려져 있는 것으로서, 과학은 경험적인 관찰, 논리적이면서 초자연적 설명에 기대지 않는 현상에 대한 설명 또는 이론, 일반화된 합리적 탐구방식실험은 가장 높은 수준의 탐구양식일 것이다을 포함한다.

학계에는 어떻게 서구 문화가 크리스트교의 이데올로기로부터 합리성, 과학, 기술의 발견과 같은 가치로 그 기반을 옮겨가게 되었는가에 대해 현재까지 방대한 양의 학문적 저술들이 발표된 바 있다. 사실 사회의 비신성화세속화와 일반적으로 받아들여지는 공적 신념이었던 종교적인 신조를 대체하는 것은 서구 문화의 대단히 중요한 지적 테마 중 하나였다제2장에서 논의된 종교에서의 교육의 역설적인 역할을 보라. 따라서 드로리와 그녀의 동료들의 명제는 특별히 새로운 것은 아니지만 그들이 어떻게 이 과정을 테스트했는가에 그 목적이 있다.

이 연구자들은 여러 나라에서 과학의 성장, 과학과 권위와의 관계에 대한 역사 자료를 이용하여, 여러 시대와 장소에 걸친 과학화된 문화의 성장에 대한 지표들을

---

8 다른 시대의 맥락에서 보면 이것은 다음 장에서 논의될 미국의 슈퍼 연구중심대학의 성장 이면에 놓여진 역사적인 사건이다.

분석하였다. 이들은 과학자, 과학적인 저술, 확대된 과학적 훈련, 그리고 과학 관련 노동자 수의 개념들을 통해 살펴 본 과학의 생산량이 20세기 동안 증가한 것처럼, 국가 과학 정책 조직에, 과학기술부와 관련 부처, 정부 관료제 내에서의 과학적인 권위의 활용 증가, 그리고 사회 진보로 나아가는 경로로서 과학과 기술을 인정하는 이데올로기와 직접적으로 연관된 경제 및 사회 정책의 증가 추세를 보인 국가의 수 또한 증가한 점을 발견하였다. 드로리와 그 동료들은 "과학과 현대 사회 제도들의 동시 진화는 과학과 사회 내 다양한 진보적인 의제들 간의 관계를 강화했다"는 점을 주장한다Drori 224. 그들은 최근에 국제적으로 "과학은 개개인의 삶의 심리적인, 의학적인, 정치적인, 도덕적인 증진부터 정치 조직, 가정, 법을 포함한 사회조직, 천문학, 물리인류학, 환경학과 같은 자연의 모든 부분에 대한 인간의 이해 증진에 이르기까지 모든 부분을 포함한다"라는 점을 보여주는 방식으로 연구를 진행하고 있다. 간단히 말해서, 포스트모던 세계의 지배적인 문화적 이데올로기는 좋든 싫든 철저하게 과학과 연결되어 있다는 것이다.

따라서 과학과 과학의 적용을 통한 기술 혁신은 오늘날의 문화에 깊숙이 파고든 합리성의 전형이다. 드로리와 그녀의 동료들은 인간 삶의 과학화 과정은 대학의 성장과 직접적으로 연관되어 있다는 사실을 알고 있었다. 그들은 강력한1차적인 제도의 대학이라는 관점을 가지고 데이터를 더 많이 분석했을지도 모르지만, 결국 고등 교육의 확장과 과학의 광범위한 제도화가 관련되어 있다는 점을 보여준다. 이 관계에 대한 그들의 해석은 위의 주장과 연관되어 있다. 대학은 "단순한 전문적인 훈련 장소의 의미를 넘어서서 과학의 내용을 특정한 지식 분야의 집합으로 존재하도록 제도화하는 데 기여하는 곳이다." 다시 말해, 대학은 새로운 지식을 만들어 내고 지속시킨다Drori et al., 2003, 224.

과학과 대학이 서로 연관되어 있다는 발견은 또한 다수의 고등 교육 연구자들이 1960년대 대규모로 진행한 대학 기반의 연구를 시작할 때 지적한 바와 같이 새로운 발견은 아니다에, Ben-David 1971. 그리고 대체로 대학과 그 외의 거의 모든 곳에, 독립적인 과학 실험실, 회사의 R&D 센터, 씽크탱크에서 지식 생산과 연관되어 있는 모든 사람들이 대학에서 광범위한 전문가 교육을 받기 때문에, 이 발견은 많은 곳에서 명백한 부분이다. 그러나 하나의 질문이 여전히 남아 있다. 대학은 과학화된 세계를 만들어 온 전반적인 탐구의 가장 큰 부분을 차지함으로써 교육중심사회에서 과연 핵심적인 역할을 담당하고 있는 것일까?

이 질문에 답하는 한 가지 방법은 지난 수십 년간 대학들에서 "기초 및 응용 연구"의 생산에 어떤 일이 벌어졌는지 분석하는 것이다. 기초 연구는 보편적인 탐구의 핵심에 위치하고 있다. 그리고 기초 연구는 경험적인 혹은 과학적인 연구방법을 통해 이론 기반의 새로운 지식 형성을 주도한다. 따라서 응용 연구와 지식보다는 과학화된 문화의 생산에 직접적으로 더 가깝다고 볼 수 있다. 응용 연구와 지식은 예를 들어 특정한 기술의 개발을 포함하고 있다. 기초/응용 연구 경향에 대한 최근의 분석들은 흥미로운 역설을 보여준다. 다수의 과학 발전에 관한 연구자들은 미래에는 대부분의 연구가 대학 밖에서 이루어질 것이라는 예상을 하고 있다. 그러나 그와 동시에 그들은 널리 예견된 바와 같이 지식 생산에 있어서 대학들의 영향이 줄어들지 않고 있다는 점을 인정한다. 이 역설의 첫 부분에 집중한 학자들은 점점 대학과 과학 생산, 여타 기초 연구와의 관련성이 점점 줄어들 것이라고 예측하고 있다. 그들은 연구 기술의 엄청난 확산, 연구에서의 경제와 사회 관련성에 대한 요구의 증대, 그리고 산업에서의 연구 개발의 비중 증가에 대한 경향들을 인식하고 이것 모두가 과학적, 기술적 지식 생산에 있어서의 대학의 역할 감소를 보여주는 신호라고 보고 있다.

이러한 대학 역할의 감소에 대한 가정은 과학과 대학이라는 과학의 본거지에 대한 이야기의 또 다른 결말로 이어지는데 그 결말은 다음과 같다. 현대 대학은 처음에는 과학과 기술 발전의 좋은 본거지였을지라도, 새롭게 나타난 과학과 기술 간의 관계, 그리고 지난 수십 년 동안의 놀랄만한 성공으로 그들을 대학이라는 본거지보다 거대하게 만들어서 결국 대학과 맞지 않게 되었다는 것이다. 과학화된 세계에서는 많은 사회 제도들이 과학적, 기술적 지식 생산에 관여하고 있기 때문에 대학에 의해 제공되었던 한때 아늑했던 본거지가 현재는 새로운 양식의 과학과 기술의 발달을 방해하고 더 크고 더 적합한 본거지를 필요로 하게 한다. 아무도 이 본거지가 어디에 있어야 할지는 정확하게 알지 못하고 있지만 이 이야기를 논하는 사람들은 모두 대학이라는 옛 본거지는 이 그림에서 사라지고 있다는 점에 동의하고 있다.

대학의 역할에 대해 이러한 관점을 취하는 학자들은 지식 생산의 성공적인 과정이 혁명적인 새로운 과정으로 변화했다고 주장한다. 그들은 부정적인 의미에서 구식이라고 표현되는 예전의 과정이 지식의 진보로 특징지어지는 대학 환경에서 오랜 기간 동안 펼쳐졌다고 주장한다. 이 과정은 전통적인 학문 체계, "작은 과학small science", 그리고 대학에서의 과학적 지식이 산업에서의 기술 발달로 일직선의 일방 향적 이동을 포함한다. 반면, 새로운 지식 생산 과정은 초학문성, 지식 생산의 이질 성heterogeneity, 그리고 대학 앞과 뒤 모두 이어지는 과학과 기술의 교환으로 특징지 어지는 사회적, 경제적 응용의 맥락에서 일어난다. 이 새로운 과정의 새 세계는 "모드 2 지식 생산"이라 이름 붙여졌고 반면 소위 구식의 과정은 "모드 1 지식 생산"으로 불리 게 되었다Gibbons et al. 1994; Nowotny, Scott, and Gibbons 2001.

1990년대 중반부터 주목받은 모드 2 지식 생산 과정의 예측은 과학과 대학 관 리자들에게 많은 관심을 받았다. 특히 그들이 지식 생산에 있어서의 대학의 역할이 미래에 급속도로 감소하게 될 것이라고 예측한 이후부터 관심이 집중되었다. 모드 2 과정을 예견한 사람들은 과학과 기술 발전의 성공과 성장이 대학을 불안정하게 만들 정도의 규모에 이르렀다는 점을 이유로 들었다. 도래하는 지식 사회에서, 대학 은 보편주의와 합리적 탐구에 대한 권리를 폭넓게 공유해야만 하거나 일종의 교육 시설로 그 권한이 축소되어야만 한다는 것이다Gibbons et al. 1994. 이것은 필연적으로 대학이 2차적인 제도라는 생각에 기반한 생각이다. 명백하게 대학은 보편적인 지식 생산을 지원할 정도로 강력함에도 불구하고, 시간이 지남에 따라 제도적인 성공을 유지하지 못할 정도로 약해졌다는 것이다.

흥미롭게도, 모드 2 과정에 대한 예측을 처음 발생시킨 경향들은 모두 사실이 다. 그 경향으로는 지식과 지식으로의 접근에 대한 지속적인 성장이 있었고, 지식 생산자의 엄청난 성장이 있었으며, 경제체제가 점점 새로운 지식 생산에 의해 영향 을 받게 된 것을 들 수 있다. 뿐만 아니라, 사기업과 정부 연구 기관과 같은 대학 외 기관들이 연구 경쟁에 뛰어든 것도 역시 사실이다. 그리고 세계의 대부분이 사 회와 경제에 주요한 영향력을 가진 생성된 지식들을 점점 더 많이 운용한다는 점 또한 사실이다. 다만 이러한 경향에 대한 모드 2 과정의 해석이 가진 문제는 대학 이 그에 따라 기초 연구에 있어서의 입지가 점점 줄어들 것이라는 불필요한 가정을 세웠다는 점에 있다.

실제로 모드 2 과학에 대한 서술들을 살펴보면 모드 1에 대한 비판과 동일한 비 중으로 앞으로의 세계가 어떤 식으로 재편될 것인가에 대한 상상에 많은 부분을 할 애하고 있다. 그래서인지 몰라도 왜 대학에서의 기초 지식 생산이 감소할 것인지 또는 이미 감소한 것인지에 대한 주장은 다소 이상한 점을 지니고 있다. 모드 1과 2의 용어를 만든 기븐스Gibbons와 그의 동료들은 처음에는 "고등 교육의 대중화는 지식 산업이 출현할 수 있었던 기반을 제공했고 고등 교육은 그 산업 체제를 위한 훈련된 인력을 지속적으로 공급하는 효과가 있었다"고 정확한 지적을 했다1994, 85. 그러나 그리고 나서 그들은 이러한 훈련 모두와 심지어 연구와 관련된 지난 성공이 대학을 불안정하게 만들고 지식 생산에서 대학의 효과성이 떨어지게 만들었다고 주장한다.

> 이 과정은 아마도 대학 제도의 불안정성을 가중시킬 것이다. 점점 대졸자의 수가
> 증가함에 따라, 과학지식에 대한 전문성을 갖춘 사람들의 수는 대학 내부보다 외
> 부에 상대적으로 더 많아질 수밖에 없다. 결과적으로 대학은 지식 생산에 있어서
> 아마도 부분적인 측면에서만 기여하게 될 것이다. 대학들은 더 이상 과학, 경제,
> 정치적으로 가르치거나 연구해야 할 중요한 것이 무엇인지 결정하는 데 있어서 강
> 력한 위치에 있지 않다(Gibbons et al., 1994, 85).

그러나 왜 이렇게 가정하는 것인가? 한 체제에 중대한 충격이 없다면, 성공적인 사회 제도는 대체적으로 그 성공적인 모습을 계속 이어나간다. 800년 동안 보편적인 지식의 개발자 역할을 한 대학이 가장 크게 성공하고 그 성공을 가장 널리 사람들에게 인식시킨 시점에 갑자기 왜 외부 세력의 성장에 의해 쇠퇴하게 되는지 상상하는 것은 쉽지 않다. 문제는 모드 2 지식 생산의 지지자들이 대학은 상대적으로 외부 영향에 취약한 2차적인 제도라고 가정한 데서 시작된다. 이러한 관점에서는 과학과 기술 생산의 성장 흐름을 보이는 새로운 조직들이 대학의 역할을 감소시킨다고 추측하기 쉽다. 그러나 과학과 기술에 있어서의 이러한 새로운 경향들이 펼쳐지는 것과 같이 대학들 내부에서 궁극적으로 발생한 것은 매우 다른 이야기를 전달하고 있다. 그것은 대학들이 기초 연구의 주요 생산자이며 그들의 성공적인 모델은 응용 과학을 기초 연구라는 더 보편적인 이미지로 신속하게 퍼뜨리고 변형시킨다는 관점을 통해서만 이해할 수 있다.

미국 고등 교육 역사가 로저 가이거Roger Geiger가 시행한 20세기 후반 동안의 기초 연구 생산에 대한 설득력 있는 분석은 이 역설의 문제를 해결해준다. 미국에서의 과학과 기술 생산은 모든 국가를 통틀어 가장 거대한 규모를 지니고 있기 때문

에 미국에서 일어난 상황은 세계 전체에서 과학과 기술 분야에 상당한 영향력을 지니고 있다고 볼 수 있다U.K. Royal Society 2011. 연구 자금지원의 패턴 분석을 통해 가이거는 처음 모드 2 지식 생산의 추측을 촉발한 경향이 낮은 결과를 보여주었다2004.[9] 한때 대부분의 대학 기반 연구의 자금원이었던 연방 정부의 연구 자금 지원이 1980년부터 2000년까지 20년 동안 급격하게 감소하여, R&D라고 불리는 기술 연구 및 개발에 대한 미국의 전체 지출액의 거의 2분의 1을 차지하다가 4분의 1 정도로 점유율이 떨어졌다. 같은 기간 동안 그 줄어든 비중을 점유한 것은 사기업들로 미국의 모든 R&D의 70%를 현재 차지하고 있다. 뿐만 아니라, 대학에서 주로 진행하는 기초 연구 자금 지원의 경우 겨우 14%에서 18%의 성장을 보이는 데 그쳤다.

따라서 표면적으로 기초 연구와 대학의 기초 연구 점유율은 모드 2 학설에서 제시하는 것과 같이 극심한 감소세를 보여주는 것처럼 보인다. 만약 그렇지 않다는 것을 입증하는 다음의 두 가지 또 다른 경향이 없었다면 말이다. 첫째, 1980년부터 2000년까지 미국 R&D의 전반적인 성장은 17세기 이후 전 세계가 겪고 있는 과학과 기술의 급격한 성장과 보조를 맞추고 있다는 점이다de Solla Price 1963. 1980년부터 2000년까지 쓰여진 대학 기반과 그 외의 기관 기반의 R&D기초 연구와 고비용의 기술 개발을 합쳐 보면 고정 달러constant dollar 기준으로 1150억 달러에서 2480억 달러로 2배 이상 증가했다. 둘째, R&D의 풍조가 급격히 확산되는 가운데 대학이 모든 기초 연구의 절반 정도를 점유하게 되었다는 사실이다. 미국 대학에 대한 연방 정부의 연구 지원은 감소한 반면, 그 감소한 부분은 사적 재원에 의해 대체되었다. 전반적으로 봤을 때, GDP 대비 학문적 자금 지원의 점유율은 20년 동안 50% 증가했고 2000년에는 282억 달러에 달할 정도였다. 그리고 대규모 시장 평가절하가 나타난 이듬해였던 2009년에 미국 R&D 총 지출액은 4000억 달러로 증가되었고 대학은 2000년의 지출액의 거의 2배 정도의 규모로 성장세를 보였다National Science Foundation 2012. 그에 따라 모드 2 학설을 주장하는 학자들은 더 많은 대학 외 자금 지원과 연구 기관들이 연구 경쟁에 뛰어들었다는 점을 지적했지만 그들은 급격히 성장하는 R&D 비중과 발맞춘 대학 기반 연구의 지속적인 힘을 간과했다Geiger 2004.

---

9 전반적인 연구 활동을 측정하는 가장 일반적인 방법은 연구를 위해 획득한 자금 지원을 살펴보는 것이다. 물론 어떤 자금 지원은 다른 지원보다 더 많은 지식 산출량을 보여줄 것이므로 완벽한 지표는 아니다. 그러나 평균적으로 자금 지원과 산출량은 밀접한 관련이 있다고 가정할 수 있다.

　이와 더불어, 가이거는 이러한 강건한 자금 지원 상황을 보이고 있는 미국의 연구중심 대학들에서 떠오르는 *지식 생산 복합체*를 확인시켜 줬다. 이것은 대학 연구와 관련 학문의 조직이 현존하는 경향과 함께 이루어졌는데 이 연구 경향은 간학문적인 학문, 연구 기관들의 급증, 그리고 기대되는 교수들의 연구와 새로운 지식 생산을 위한 "기대치를 높이는" 것을 겨냥하고 있다. 지식 생성에 대한 이 강력한 학문적 접근은 대학 연구가 경제적 측면에서 세계 경쟁력 확보에 중대하다는 생각에 대한 미국과 거의 모든 다른 지역 내 광범위한 합의에서 기인한 것이다Geiger and Sá 2008. 이것은 대학과 교육중심사회에 관해 여기서 진행된 주장보다는 다소 한정된 논의이지만, 대학이라는 제도의 강력한 위치와 지식 생성에 있어서의 대학의 원천적인 제도적인 권위의 강화라는 점에서 일치되는 주장이다. 또한 대학은 새로운 탐구 전략을 개발하는 데 깊게 관련되어 있다는 점도 나타난다. 확실히, 전통적인 학문 체계로서의 모드 1, "작은 과학", 그리고 과학적 지식의 일방향 전환은 지속되지만 동시에 대학들은 초학문성, 지식 생산의 이질성, 과학과 기술 개발 간의 교환을 슬로건으로 하는 모드 2의 많은 점들을 적용하고 이에 따른 혁신을 진행하고 있다.

　R&D의 점유율을 유지하고 그 확산의 혜택을 누리는 능력은 대학이 보편적인 탐구를 발생시키고 세계 문화에 합리성의 이데올로기와 과학을 자리잡게 하는 본질적인 지식을 생산하는 지속적인 능력을 지니고 있다는 점을 반증한다. 모드 2 가설과는 반대로 과거부터 지금까지의 현실을 더 잘 드러내고 있는 주장은 지난 50년 동안 드로리와 동료들에 의해 밝혀진 바와 같이 과학화된 세계는 교육혁명에 의해 진행되었고 그 과정에서 대학은 이를 위한 이데올로기를 대부분 제공했다는 관점이다. 이러한 관점으로부터, 누군가는 지식 사회 기저에 있는 중심 경향이 곧 교육중심사회이며 대학은 그 사회 내에서 가장 강력하고 광범위한 영향력을 미치는 제도라고 주장할 수도 있다이러한 해석은 제8장에서 좀 더 자세히 기술된다. 세계적인 고등 교육의 급격한 성장은 분명히 과학적인 지식을 갖춘 사람들을 양산했지만, 이 성장은 세계의 많은 사람들에게 합리적인 탐구 문화를 심어주었으며 이 문화에 전례없는 정당성을 부여하고 대학이 지닌 복합적인 권위를 지원하는 역할을 했다.

　이 역사 제도 분석은 다양한 시간대의 대학과 대학의 목표들에 관한 세세한 역사의 많은 부분들을 대강 훑어본 것이다. 물론 서구 대학이 오늘날에 이르기까지 발달과정에는 많은 역사적인 굴곡이 존재했다. 특정 지역들과 국가들은 전체적인 제도적 모형의 오직 특정한 측면만을 강조하는 전통을 발전시켰다. 독일의 훔볼트 Humbolt 모형은 연구 중심 대학의 전신이었다. 존 헨리 뉴먼John Henry Newman의 생각에 의해 고안된 영국의 모형은 문화 엘리트의 육성에 한정하는 것을 강조했다. 그리고 프랑스의 나폴레옹Napoleon 모형은 전적으로 대학으로부터 엘리트 육성을 분리시켰다. 또한 같은 기간 동안 어떤 국가들에선 상당수의 실패한 대학들로 귀결된 막다른 길들도 있었다. 그럼에도 불구하고, 대학은 모든 정규 교육의 모형, 그리고 더 나아가서는 교육중심사회를 위한 모형 그 자체가 되었다. 아마도 강력한 대학에 대한 주장을 가장 잘 지지하는 것은 대학의 본래 기능인 지식 생산, 지식에 대한 전문가의 육성, 그리고 이들 간의 역동적인 통합이 오늘날에 여전히 통용될 뿐만 아니라 사회 내에서 중요한 제도의 핵심에 존재한다는 점이다.

21세기의 전환기에 폭발적인 과학과 기술의 발전은 스타크가 말한 13세기 크리스트교 학자들이 이성적인 신에 이르기 위한 합리적인 방법을 강구하는 것이나, 렌하트가 말한 18세기 교수들이 지방 정치 권력 하에서 보편적인 탐구를 확장하는 것과 상당한 거리가 있는 것처럼 보인다. 그러나 이러한 합리적인 탐구로 나아가는 초기의 발달사들은 현재 거의 모든 대학들에 대한 세계적인 모형으로서 제도의 선봉에서 나타난 일들이었다. 대학은 과학의 제도화를 보여주는 전형이자 궁극적으로는 현대 사회의 과학화된 교육중심사회의 근간이다. 이러한 과정은 대학이라는 제도가 가지는 중요성을 약화시키거나 제도의 존립을 위협하지 못했다. 반대로 다음 장에서 논의하는 바와 같이 고등 교육의 대중화는 전례없는 지원을 받는 연구 중심 대학의 성장을 이끈 핵심 요인이 되었다.

CHAPTER 4

대중 교육과
슈퍼 연구중심대학

대중 교육과 슈퍼 연구중심대학

*대학은 오래 전부터 매우 중요한 현대사회의 핵심 기관이 되었고, 미래에는 더욱
중요한 기관이 될 것이며, 아마도 기업이나 정부기관들을 능가하는 기관이 될 것
이다... 그 동안 존재했던 그 어떤 기관보다도 문화시스템의 핵심부분을 변화시킬
가장 큰 규모의 기관을 우리는 지금 목격하고 있다.*

탈콧 파슨즈(Talcott Parsons), "Higher Education as a Theoretical Focus", 1971년.

미국의 언론은 곧잘 다음과 같이 지적한다: 에디슨은 별다른 기초 교육 없이, 그
리고 빌 게이츠는 대학교나 MBA 졸업장 없이, 혹은 아인슈타인은 초기 발견들을
성취하는 동안 대학 교수직 없이도,[1] 모두 유명한 성공 스토리가 가능했다! 이와 같
은 이야기들은 쉽게 확산되면서, 마치 교육은 성공적인 혁신, 사업적 성공, 그리고
심지어 과학적 천재들의 성공과는 관련성이 없는 듯한 오해들이 생겨났다. 하지만,
오히려 이러한 예외적인 사례들은 대학의 지식생산과 전문가 양성 간의 역동적인
관계를 잘 보여주고 있다. 교육중심사회에서 대부분의 큰 성공 이야기들은 일반적
으로 하나 혹은 두세 개의 석박사학위로 이어지는 공식적인 학력을 필요로 한다.
이러한 경향은 단지 기술적인 내용들을 배운 결과라기보다는, 오히려 교육이 전문
가다운 아이디어와 전문 지식을 구축해주는 제도로서 역할을 수행하기 때문이고,

---

1 아인슈타인은 베른 특허국에 근무하는 동안 그의 업적 중 초기 발견들을 했다. 하지만, 그는 박사학위
   를 취득하고 나서, 인생 대부분을 대학 교수로 지냈다.

후기산업사회에 있어 대학이 이와 같은 아이디어 창출과 전문적 지식을 구축하고 확산시키는 중심기관의 역할을 수행하기 때문이다.

새로운 문화 형성의 동력으로서 교육과 지식생산의 상호공생적 관계symbiotic relationship는 대학의 역사에 있어 결코 새로운 현상이 아니다. 새로운 측면이 있다면, 예전에는 찾아볼 수 없었던 수준으로 대학에서 교육훈련을 받는 청년들의 비율이 엄청나게 증가했다는 점과 새로운 지식의 생산을 위해 대학이 방대한 자원을 사용하고 있다는 점이다. 앞 장에서 논의한 바와 같이, 지식사회가 등장하는 과정에서 대학의 영향력이 줄어들었거나 혹은 학위생산과 학위수여 기능이 축소되지도 않았다. 오히려, 파슨스Parsons가 40년 전에 예측했듯이, 기본적인 이념을 형성하는 보편적 지식을 창출하고, 그 기본 이념들과 관련된 학위와 전문자격을 만들어 낼 수 있는 중층적 대학 헌장multiple-tiered charter 덕분에, 대학은 이제 사회의 가장 중심적인 문화제도가 되었다. 만약 위와 같은 사실을 인정한다면, 교육혁명 초기에도 대학은 자신들의 초기 사명을 상상할 수 없는 수준까지 강화하려고 했을 것이다. 따라서, 이와 같은 주장의 근거를 따져보는 일은 매우 중요하다. 이 문제에 답하는 한 가지 방법은 근래에 보여지는 대학 사명의 세부 부분들 간의 역동적인 관계 양상을 관찰하는 것이다. 이 장에서는 지식생산 복합체의 급성장, 그리고 대학과 대학입학자 급증 간의 역동적 관계를 살펴보도록 하겠다. 따라서, 이 장에서는 지식생산과 학위생산 간의 상호작용이 강화되는 양상을 살펴본다.

슈퍼 연구중심대학과 지식생산 복합체

지난 수십 년간 고등 교육의 변화에는 두 개의 큰 흐름이 작용해왔고, 이는 대학의 사명과 역할이 강화된 결과였다. 두 흐름에 대해서는 광범위하게 인식되어졌지만, 이 둘의 관계에 대해서 사람들은 별다른 관심을 기울이지 않았다. 겉보기에 두 흐름은 대학 내에서 조화를 이루기보다는 서로 갈등을 일으키는 것처럼 보였기 때문에, 많은 고등 교육 연구자들은 이 두 경향을 서로 대립적인 관계로 여겨왔다. 한 경향성은 거의 모든 나라에서 이전에 볼 수 없던 규모로 고등 교육이 팽창한 지속적 교육혁명이다. 다른 하나의 경향성은 처음에는 미국에서 시작했지만, 전 세계적으로 수많은 연구중심대학이 모델로 받아들인 슈퍼 연구중심대학의 등장과 번성이다. 흔히 전자의 경향성은 저속한 것으로 여겨지고, 후자의 경향성은 가치있게 여겨진다. 하지만, 우리는 두 경향성이 서로 연결되어 있고, 만약 하나가 발생하지 않았다면 다른 하나도 생겨나지 않았을 것이라는 점에서 상호공생적 관계라는 점을 알아야 한다. 두 경향성은 결합하여 대학이 지니는 문화적 영향력을 완전히 새로운 수준으로 격상시키고 있다.

지난 수십 년간, 특히 미국에서 진행된 슈퍼 연구중심대학의 출현은 주목할 만한 교육 현상이다Cole 2009. 물론 지지자와 반대자가 있지만, 대부분의 사람들은 서구 대학의 독특한 특징을 강화한 것이라는 점과 아직 숫자는 적지만 지속적으로 증가하는 슈퍼 연구중심대학이 인간 사회와 물리적 세계에 대한 과학, 기술, 지식을 예전에 볼 수 없었던 수준으로 창출할 수 있는 역량을 지닌 기관이 되었다는 점을 인정하고 있다. 종종 "세계적인 수준의 대학"이라고 불리는 슈퍼 연구중심대학은 각광받는 대학 모델이 되고 있는데, 연구수행을 통해 대학원과 전문가 훈련을 담당할 표준적인 기관으로 받아들여지고 있다.[2] 이미 언급한 바와 같이, 슈퍼 연구중심대학의 독특한 특징은 중세 서유럽의 대학들까지 거슬러 올라갈 수 있지만, 일반적으로 대학 내에서 그리고 문화적으로 부여된 특성과 수월성에 투자되는 자원의 증가는 지식생산을 위한 새로운 시대를 열었다. 대학 연구자들 사이에서 슈퍼 연구중심대학 모델의 미래가 정확히 어떠할 것인가에 대해서는 논란이 있지만, 대부분의 연구자는 지금 나타나고 있는 여러 특성들이 향후 하나의 제도로서 대학의 미래를 결정하는 토대가 될 것이라는 점에 대해서는 동의하고 있다예, Altbach and Salmi 2011; Chait 2002; Geiger 1993; Mohrman, Ma, and Baker 2007; Pelikan 1994.

슈퍼 연구중심대학의 첫 번째 특징은 강력한 연구집중화의 추구이다. 연구집중화는 과학이나 기술분야뿐만 아니라, 전통적으로 과학 이외의 분야, 예를 들자면 행동과학이나 사회과학들까지 과학화하는 데에서도 나타난다Drori, Meyer, Ramirez, and Schofer 2003; Drori and Moon 2006. 연구집중화는 기존에는 경험할 수 없었던 현상이며 학생, 교원, 직원, 자금 등을 향한 경쟁을 세계화하고 있다. 연구프로젝트와 이를 담당

---

2 "세계 수준의 대학"이라는 용어는 문헌에 나타나고 있다. 반면에, 여기서 사용하는 "슈퍼 연구중심대학"이라는 용어는 세계 대학 순위가 아니라 지식생산 복합체의 집적화를 강조하기 위한 의도이다.

하는 대학들은 한 나라 안에서 활동하기보다는 대부분 세계화 된다. 마찬가지로, 연구프로젝트들은 다학문적 접근이나 간학문적 접근을 활용하기 위해서 팀을 구성하거나 더 큰 규모의 외부자금을 끌어들인다. 예전에는 개인의 학문적 역량에 의존했던 연구들이 이제는 매우 집약적인 최신식 연구실에서 교수진과 대학원생들로 구성된 팀에 의해 수행되는 대규모의 과학연구들로 전환되고 있다. 거대과학 모델은 사회과학뿐만 아니라 예술이나 인문학 분야의 학자들도 받아들여야 하는 모델로 퍼져나가고 있다. 게다가, 시장에서 제품화할 수 있는 이론적 지식에 우선 순위가 주어지고 있다Pau 2003. 연구중심 대학들은 실용적인 용어로 이중 집적"dual integration"이라 불리는 사이언스파크, 연구인큐베이터, 기술이전센터, 기술창업 기업spinoff business 등을 통해 제품을 시장에 출시하고 있다.

과학적 연구 모델의 집중과 확산은 슈퍼 연구중심대학이 고등 교육에 미치는 영향에 관해 논란이 되는 여러 주제 중 하나이다. 하나의 예를 들면, 인문학 분야의 교수들은 자신들이 과학적 연구모델의 집중과 확산 경향과는 무관하다고 주장하지만, 인문학 분야에서도 연구의 생산성에 대한 압력은 지속적으로 높아지고 있다. 비슷하게 전통적인 학자들에 비해 이제 지식생산자로 비춰지는 교수들은 전통적인 독립된 방식의 탐구자보다는 점점 더 팀 구성원으로서, 간학문적이며 국제적인 협력자로서의 역할을 해야 한다고 생각하고 있다. 적어도 표면적으로는, 슈퍼 연구중심대학에서 연구란 이제 순수하게 학자적인 관심보다는 실제 세계의 문제를 수용하는 방향으로 전환하고 있다Altbach 2011. 슈퍼 연구중심대학의 다른 특성들과 마찬가지로, 연구의 집적화는 연구자의 관점에 따라 장점으로도, 그리고 동시에 단점으로도 여겨지고 있다. 예를 들면, 많은 사람들이 학문 영역을 넘나드는 연구, 자원의 효율적 사용, 지식생산에 있어서 높은 수준의 협력 등을 미국의 슈퍼 연구중심대학의 장점으로 제시하지만, 이런 장점들은 동시에 교육의 질, 대학원생 교육, 그리고 학문연구 접근법의 다양성 등을 희생한 결과이다.[3] 슈퍼 연구중심대학에 대한 지원을 정당화하는 대부분의 근거는 인적자본 투자는 사회에 긍정적 효과를 가져오고, 새로운 지식을 창출하여 세상을 살기 좋은 곳으로 만든다는 가정에 기초하고 있다. 국가와 사회 일반은 공공자금을 연구중심대학에 투자함으로써 지식생산 과정을 합리

---

3 슈퍼 연구중심대학의 상대적인 비용과 편익에 대해서 별다른 체계적인 근거가 제시되고 있지 않다는 점은 흥미로운 사실이다.

화할 수 있고, 슈퍼 연구중심대학은 사회적, 경제적 발전을 잘 관리하는 데 필수적인 역할을 한다는 문화적 모델에 대해 최근 많은 사람들이 지지하고 있다Frank and Meyer 2007.

슈퍼 연구중심대학의 두 번째 특징은 스스로의 역할을 지역사회나 국가에 한정하지 않고, 매우 명시적으로 글로벌한 미션을 수행하는 기관으로 생각한다는 점이다. 국가에 한정된 관심사를 벗어나, 국가를 이어갈 다음 세대 엘리트 양성에 집중하던 낡은 국가중심적 대학을 탈피하는 데에 기본 미션과 대학의 비전을 설정한다. 나아가, 슈퍼 연구중심대학은 수동적으로 반응하는 방관자의 입장에서 벗어나서 지식의 글로벌화에 적극적으로 참여하는 데 자부심을 느낀다. 역설적으로 말하자면, 비록 엘리트 대학들의 수는 적지만 스스로 자부하는 비전과 조직의 목표는 원대하다. 전 세계적으로 대학들은 제한된 자원과 자율권에도 불구하고, 이제 영향력있는 세계적인 연구중심대학이 되겠다는 목표를 공개적이고 당당하게 천명하고 있다 Mohrman, Ma, and Baker 2007. 이와 같은 목표는 이제 모든 학문 분야의 연구자 공동체가 국가적 차원을 넘어섰으며, 지식생산의 선도자는 국경선보다 더 넓고 보편적이어야 한다는 관념을 반영하고 있다. 초기의 유럽대학들에서부터 항상 그래왔던 일이지만, 글로벌한 지식생산에 있어 슈퍼 연구중심대학들은 스스로를 매우 활동적인 조직으로 여기기 때문에, 글로벌한 활동을 위해 자원을 명시적으로 투자하고 있다. 그러므로, 연구중심대학의 배경에는 새로운 지식생산을 위한 광범위한 경쟁이 존재하고, 그 경쟁은 개개인 학자들 간 뿐만 아니라, 전 세계적으로 슈퍼 연구중심대학들 간에도 매우 글로벌하게 전개된다는 관점이 전제되어 있다.

세 번째 특징은, 슈퍼 연구중심대학의 미션 확장과 연구의 집적화와 함께 교수 역할에 대한 기대도 연구 중심으로 강화되고 확장되어 왔다는 점이다. 그래서, 대부분의 교수들은 이제 연구결과물을 얼마나 발표했는지, 특히 영문 학술지에 얼마나 게재했는지와 외부로부터 학술연구비를 얼마나 받았는지에 따라 평가를 받는다. 심지어, 연구중심대학이 아닌 대학들조차도 교수들에게 연구결과 발표에 대한 강한 압력을 가하고 있다. 교수들은 학술지에 게재 가능한 연구를 수행하고, 대학원생과 학부생을 가르쳐야 하고, 대학의 필요에 복무해야 하며, 지역사회, 국가, 전 세계 공동체를 위해 자신의 지식을 활용해야 한다. 또한, 대학은 대학원생이나 학부생에게도 연구를 강조하고, 학생들이 예전에 비해 훨씬 이른 시기에 연구프로젝트에 참여하도록 한다. 대학들은 많은 학부생들이 이런 활동에서 얻는 게 있다고 여기고, 앞으로 입학하는 학생들도 이런 기회를 기대할 것이라 전망한다예, Seymour, Hunter, Laursen, and DeAntoni 2004. 이와 같은 경향들은 학생들이 연구프로젝트에 직접 참여하도록 유도하고, 그 기준이 돌이킬 수 없는 수준으로 높아지도록 영향을 미친다.

같은 맥락에서, 모든 대학들은, 그중에서도 특히 슈퍼 연구중심대학은 전 세계로부터 학생, 교수 및 직원들을 모집하고 있다. 유명한 슈퍼 연구중심대학은 다양한 국적의 교수진을 확보하고 있다. 예를 들면, 영국 런던 정경대학the London School of Economics, 쥬리히 공과대학ETH Zurich, 그리고 홍콩 대학the University of Hong Kong 등은 교수진의 80% 이상이 외국인으로 구성되어 있다. 다른 많은 대학들도, 특히 영연방연구소British and Commonwealth institutions는 교수진의 50% 이상이 외국인이라고 한다. 서유럽과 북미의 대학들은 세계 도처에서 학생들을 끌어 모으기 위해서 뛰어난 유학생들이 매우 선호하는 기회, 즉 해당 대학의 박사과정 졸업생들이 본국에서 학자나 교수진으로 일하고 있다고 설득한다. 하지만, 동시에 의욕적인 대학들은 국제 고등교육 시장에 뛰어들기 위해서 다른 나라에서 우수한 교수진을 초청하여 대학 수준을 높이고 특별한 대학으로 만든다.

네 번째 특징은 슈퍼 연구중심대학 모델이 기관으로서 대학의 내부조직을 매우 복잡하게 만들었다는 점이다. 최근, 연구중심대학은 엄청나게 팽창하였으며, 기존의 학과에 더해 전문대학원 설치, 새로운 연구센터 개소, 융합과정 장려, 협동 연구프로젝트 지원사무소 개소, 학문적 연구성과를 제품화하기 위한 산학협동형 사이언스 파크 개발 등을 통해 좀 더 종합적이고 통합적인 대학의 면모를 갖추었다. 새로운 지식생산이라는 대학의 사명은 지식생산과 확산을 위한 내부조직과 연계되어 있다. 슈퍼 연구중심대학의 내부조직 복잡화 사례 중 잘 알려진 경우는 칼텍의 제트추진 연구소the Jet Propulsion Laboratory at Caltech와 존스 홉킨스Johns Hopkins 대학의 응용물리학연구소Applied Physics Laboratory이다. 많은 슈퍼 연구중심대학의 의약학 분야와 사회과학 분야에는 이와 유사하게 복잡한 조직들이 구성되어 있다. 점증하는 복잡성은 대규모 학문연구를 근본적으로 변환시키고 있다. 복잡한 부서들은 교수진을 기존의 학과에서 분리시켜 연구자로 대하면서, 더 큰 규모에서 학제적으로 고가의 프로젝트를 수행할 수 있도록 설비, 과학 연구진, 그리고 다른 지원들을 제공해주고 있다. 수준 높은 연구중심대학이 되기를 희망하는 대학들은 과학적 연구개발을 위한 자금

수주 경쟁을 위해 전담 행정 부서들을 필수적으로 설치해야만 하는 상황이 되었다. 이러한 연구지원 행정부서들은 상당한 수준으로 소속 대학의 연구력에 기여함으로써 소속 대학의 지식생산 역량을 지속적으로 강화해 왔다Geiger 2004.

　다섯 번째 특징은, 매우 흥미로운 사실인데, 슈퍼 연구중심대학 모델이 대학들 간의 경쟁과 협력을 통해서 추동되고 또 심화되었고, 그 결과 대학들 간의 네트워크 또한 강화되었다는 점이다. 지식생산에 있어서 약간 부정확하게 이루어진 대학 순위 평가조차도 빠르게 증가하고 있고, 또 중요성이 높아지고 있다는 점은 이와 같은 흐름을 보여주는 명백한 하나의 지표라고 할 수 있다평가 체계는 조만간 더욱 복잡해질 것이다. 동시에, 대학들은 특히 대규모의 연구비를 획득하기 위해서는 점점 더 협력의 정도를 높여갈 것이다. 전 세계의 모든 대학들이 세계화되고 서로 닮아가면서 경쟁과 협력은 더 강화될 것이다Meyer, Ramirez, Frank, and Schofer 2007. 국제적인 대학 간 연합이 증가하고 있다는 사실은 글로벌 대학의 미션을 명백히 보여주고 있다. 국제 대학 간 연합은 비슷한 유형의 다른 대학들과 자신들의 조직 구조 및 수행성과를 서로 평가해 볼 수 있는 논의의 장을 마련해준다. 좋은 사례 중 하나는 유럽의 에라스무스 프로그램the European Union's Erasmus Mundus program인데, 유럽연합을 최고의 세계 학습 센터로 만들기 위해 협력과 이동성을 증진하는 프로그램이다. 또 다른 사례는 환태평양에 인접한 모든 국가에서 37개의 연구중심 종합대학들이 참여하고 있는 환태평양대학연합the Association of Pacific Rim Universities이다. 최근에 형성된 연구중심대학연합the Intensive Research University Association은 가입조건이 매우 까다로워 슈퍼 연구중심대학만의 가입을 승인하고 있다. 이러한 국제 대학 간 연합의 구성원들이 누리는 혜택은 명백하다. 정보를 공유하고, 학생과 교수진 간의 공식적인 상호교환프로그램을 개설하고, 국제적인 자원에 접근성을 높이고, 글로벌한 차원에서 교육과정 운영도 가능하다. 이들 국제 대학 간 연합은 국제적 위상을 확고히 해주고, 회원대학에 중요한 특권을 부여해준다.

　최근 많은 사람들의 주목을 받고 있는 슈퍼 연구중심대학의 마지막 특징은 연구중심대학의 운영을 지원하기 위해서 엄청난 수준의 자금이 소요된다는 점이다. 연구비는 불과 2~30년 전에는 상상할 수도 없었던 수준으로 급격히 높아졌다. 의약학센터를 운영하는 슈퍼 연구중심대학을 지원하기 위한 연간 연구비 수준을 보면 매년 15억 달러 이상이 필요하다. 일부 대학의 연간 연구 비용은 이 수준을 훨씬 능가하는데, 존스 홉킨스 대학의 경우, 2011년 대학 총 예산이 44억 달러였는데, 25억 달러가 연구비 수주액이었다. 당연히, 다른 어떤 기관도 이와 같은 수준의 연구비를 획득하기 어렵다. 대략 30개 정도의 미국 대학이 최소한 이 정도의 예산을 운용할 것이고, 유럽의 대학들은 아직 이와 같이 큰 재원을 운용할 수는 없다Ward 2005. 미국에서 이런 유형의 대학은 대학 예산의 약 20%를 주정부 재정으로부터 지원받고 다른 30%~40%의 예산을 외부 연구비 수주로 충당한다. 어쨌든, 국공립 대학이나 사립대학에 투여되는 민간 부문의 재원이 예전과는 비교할 수 없는 수준이다. 많은 정부들이 고등 교육 예산을 늘리지 않고 있지만, 모든 대학들은 다양한 경로—개인 기부자, 등록금과 수수료 인상, 연구 개발비 수주, 기업체와의 계약, 더 많은 등록금을 내는 외국인 학생 모집 등—를 통해서 재원을 더욱 많이 끌어들이고 있다. 결국 슈퍼 연구중심대학의 강점은 매우 강력해서, 진짜 연구중심대학이 될 수 없는 기관들과 재원이 많지 않은 대학들까지도 슈퍼 연구중심대학을 추구하고 모방하도록 가속화되고 있다.

대중 교육이
슈퍼 연구중심대학을
만나다

  미국은 현재까지 앞에서 기술한 연구중심대학의 특성을 지닌 대학을 가장 많이 보유하고 있고, 이러한 대학들은 거의 모든 분야에 걸쳐 상당한 분량의 새로운 지식을 창출하고 있다U.K. Royal Society 2011. 예를 들면, 몇 년 전에 수행된 체계적 평가에 따르면, 세계에서 가장 높은 연구생산성과 연구의 질을 달성한 10개 대학 중 8개는 미국의 대학들이었고, 대다수 미국 대학들의 연구성과는 전 세계 평균보다 높았다.[4] 마찬가지로 슈퍼 연구중심대학 모델을 유지할 만큼의 충분한 기금을 충당할 능력이 있는 대학들도 대부분 미국 대학이었다.

  슈퍼 연구중심대학이 어디에서 기원하였는가에 대해 간과하기 쉬운 주제는 대

---

4 연구의 생산성과 연구의 질은 측정하기가 매우 어렵다. 흔히 사용하는 통계적 지표로, 여기서 활용하는 지표는 해당 대학 교수의 연구물을 다른 연구출판물에서 인용한 비율이다.

중적인 고등 교육의 성장과 강한 사회적 지원 간의 관계에 관한 주제이다. 미국 대학 사례에서 일반적으로 조명되는 측면―민간 자금, 낮은 중앙통제력, 기관 간 불평등에 대한 관용성 등―은 왜 슈퍼 연구중심대학이 미국에 많은가에 대한 이유를 설명해주지 못한다. 근본적인 이유는 단지 슈퍼 연구중심대학은 유지하는데 엄청나게 큰 비용이 소요되어 부유한 사회에서만 유지 가능하기 때문만은 아니다. 또한, 현재 미국 대학 재원 중 민간 자금이 많은 부분을 차지하지도 않고, 많은 슈퍼 연구중심대학이 민간에 의해 운영되지도 않는다. 물론 재원 요인들이 슈퍼 연구중심대학 모델을 추동한 측면이 있지만, 그 요인들이 슈퍼 연구중심대학의 기원은 아니다. 오히려, 연구중심대학 모델의 출현은 미국사회가 고등 교육에 대한 광범위한 지원을 아끼지 않은 데에서 찾아야 한다. 다른 말로 표현하면, 미국에 있어 형식교육의 확대는 대중적인 고등 교육과 그 세부적 발달 과정을 움직인 초기의 견인차였다. 대중적인 고등 교육과 슈퍼 연구중심대학 모델이 상호배타적이고 상쇄적인 관계이기보다는 오히려, 미국의 사례에서는 이 두 경향이 상호상승적으로 작용하면서, 다가오는 세계적인 추세들을 더욱 강화하고 있다는 점을 보여주고 있다.

　대중적인 고등교육과 슈퍼 연구중심대학 간 근본적인 상호 공생관계는 의도적으로 중앙에서 기획한 결과가 아니다. 오히려, 특정한 역사적 여건에서 형성된 것이다. 미국의 슈퍼 연구중심대학이 다른 나라에게 매력적인 모델로 인식되어짐에 따라 그러한 여건이 어떤 내용인지가 명확해지고 있다. 즉, 많은 나라들에서 선도적인 고등 교육 정책들이 슈퍼 연구중심대학 모델의 몇몇 특성들―교수진의 근무환경, 경쟁에 기초한 정부의 연구비 지원, 큰 규모의 민간부분 지원 등등―을 모방하고 있다. 하지만, 이런 논의에서 여전히 누락되는 주제는 미국에서 교육, 특히 고등 교육 활성화에 대한 예외적으로 높은 사회적 지지가 있었다는 점이다.

　전폭적인 사회적 지지는 다음과 같은 두 가지 핵심 요인으로 인해 가능했다. 첫째는 젊은 청소년들로 하여금 더 많은 교육을 열망하고 기대하도록 만든 통합적 중등교육시스템, 그리고 두 번째는 개방적이고 통합적인 고등 교육시스템의 오랜 역사이다. 이 두 가지 경향이 미국 사회에서 상대적으로 이른 시기에 대학은 특히 슈퍼 연구중심대학은 엘리트나 특별한 사람들을 위한 기관만은 아니며, 오히려 매우 민주적이고 실제적인 기관이라고 받아들여졌다. 많은 미국 사람들이 고등 교육기관에 재학하고 다양한 관련 기관에 긴밀하게 연관되면서 비록 슈퍼 연구중심대학에 재학할 가능성은 낮을지라도 슈퍼 연구중심대학에 대한 기금지원에 관한 광범위한 지지가 생겨났다. 초·중등교육에 있어서 대중 교육과 통합교육의 팽창은 공교육을 보다 더 확장함으로써 다양한 사람들이 개인적으로―좁은 의미의 노동자가 아니라―발전을 추구할 수 있는 방식으로 고등 교육도 발전하도록 이끌었다. 오늘날 중등교육을 마친 약 60%~70%의 청소년들이 다양한 고등 교육기관에 등록하고 있다. 많은 다른 나라들이 곧 따라잡고 또 앞지르겠지만, 여전히 미국은 고등 교육의 팽창에 있어서 선도자 역할을 하고 있다. 더욱이, 연구중심대학이 미국에서 수행하려고 했던 일들이 이제는 대중들이 모두를 위한 교육의 지속적인 확장을 당연한 것으로 만들었고, 많은 나라들에서 진행되고 있는 현재의 흐름에 큰 영향을 미치고 있다.

  미국에서 고등 교육에 대한 민간 부분의 매우 높은 지지는 치솟는 등록금에만 반영되어 있지 않고, 고등 교육, 특히 대학에 대한 국민적 인식에도 반영되어 있다. 전적으로 국가가 운영하는 대학교와 고등 교육기관이 부족한 미국의 현실이 민간 기관들과 민간 부문의 광범위하고 강력한 지지를 이끌어 냈다. 물론, 등록금 인상과 민간부문 자금의 증대는 등록금 인상제한의 문제와 접근기회 불평등 문제를 제기했고 이런 흐름은 고등 교육에 대한 공공 자금 지원 축소의 결과물이다. 하지만, 사회적 지지는 단지 민간자금과 공공자금의 비율 변화보다 훨씬 더 큰 의미를 지닌다. 미국에서 고등 교육을 위한 전체 재원 규모는 지속적으로 증가하고 있다.

  19세기에 미국에서 시행된 연구중심대학에 대한 토지양여 모델land-grant model은 이후 미국의 고등 교육, 나아가 세계의 고등 교육의 미래에 심대한 영향을 미쳤다. 대학과 사회 간의 상호공생적 관계라는 측면에서 토지양여 사례는 슈퍼 연구중심대학의 발전을 추동한 선구적 양식이라고 할 수 있다. 이 모델은 과거 서유럽 대학 변천 경로를 강화한 모델이라고 할 수 있다Lenhardt 2005. 이 모델은 처음으로 여러 가지의 사상적 흐름―과학적 지식, 합리적 사회 진보, 광범위한 일반인의 역량 강화, 그리고 대학의 권위에 함장되어 있는 보편적 지식에 대한 특권부여 등―을 하나로 통합하였다. 오늘날, 이와 같은 근대사회 사상의 강화에 기반한 대학의 권위는 미국에서 슈퍼 연구중심대학에 대한 지원을 강화하도록 하고 있다see also Geiger 1993; Meyer, Ramirez, Frank, and Schofer 2007. 엘리트 기관으로서 세계 수준의 대학이라고 과대포장되는 미국의 슈퍼 연구중심대학 모델은 역설적으로, 대중의 지지 속에서 민주적이고 대중적인 기관으로서 번창하고 있다. 이런 현상은 지식생산 복합체가 미국에서 극도로 팽창했고, 순환적으로 과학, 기술, 사회과학 및 다른 모든 학문에서 지식을 생산하는 미국의 역량이 18세~21세 정도의 학부생 교육에 대해 급속히 고조되는 열망과 결합했다는 것을 의미한다.

반대의 좋은 사례는 대학의 위기와 사회에서의 역할에 관한 독일 사례이다Baker and Lenhardt 2008. 지난 수십 년간 독일 대학의 위기와 그로 인한 변화에 대한 요청은 거의 모든 면에서 나타나고 있다. 동서독 통일 비용 부담은 고등 교육 기관 등록생 수의 증가와 고등 교육 수요가 증가하였음에도 불구하고 외국인 학생의 등록은 1970년대 이후로 2배 증가했다 대학의 심각한 재정 부족을 초래했다. 공공자금 지원의 정체, 상대적으로 적은 재원 등으로 인해 국제적으로 경쟁력 있는 기초연구 대학을 만드는 데 큰 부담이 되었고, 게다가 막스플랑크 연구소Max Planck Institute와 같이 많은 예산을 사용할 수 있어 건실하게 운영되는 대학 외부에 있는 연구기관과도 경쟁해야 했다. 교원의 경직적인 수업부담 문제로 인해 수업의 질, 연구시간 부족, 학생들의 기관 만족도 저하 등의 문제가 야기되었다예, Enders and Teichler 1995. 마찬가지로, 비효과적인 지도체계 문제, 과도하게 긴 기간 동안 전임교원에 대한 의존, 교수가 되기 위한 중세적인 교수자격시험Habilitation 등은 젊은 교수진과 젊은 대학 연구원의 확보에 장애요인으로 작용하여 대학의 연구 전통을 유지하기 어렵게 만들었다예, Holtkamp 1996. 19세기에 내부적으로 경쟁력있고 혁신적이었던 시스템이 이제는 "기관 전체가 정체"되어 있다는 평을 들으며, 한때 세계적인 모델로 부상했던 모습과는 반대되는 경향들을 많이 보이고 있다Ben-David and Zloczower 1991. 대학을 개혁하기 위한 작은 조치들이 독일 고등 교육에 취해지고 있지만, 미국에서 슈퍼 연구중심대학을 추동했던 요소들과는 질적으로 매우 다르다.

미국에서와 마찬가지로 독일에서도 고등 교육에 대한 접근성과 국제적이고 경쟁력 있는 연구는 상호공생적이라는 점이 간과되고 있는데, 이 둘은 교육중심사회의 핵심에 자리 잡고 있는 강화된 대학 모델 속에 내재하고 있는 부분이다. 미국의 통합적인 중등교육시스템과 상대적으로 개방적인 고등 교육시스템을 구축한 사상은 사회의 광범위한 지지를 촉발했는데, 여전히 이러한 사고방식은 독일에 전파될 필요가 있다Baker, Köhler, and Stock 2007.[5] 다른 여러 서유럽국가들과 마찬가지로 독일의

---

5 이런 지적이 미국이나 혹은 다른 나라에서 고등 교육에 대해 완전한 개방성이 달성되었다고 말하는 것은 아니다. 하지만, 상대적으로 미국의 교육시스템이 많은 단점에도 불구하고, 교육접근성 장벽을 많

중등교육도 매우 계층화되어 김나지움을 최상에 둔 중등학교 시스템과 사회의 엘리트 양성을 위한 대학에 기반한 인력 계획manpower planning이라는 낡은 사고가 여전히 유지되고 있다.[6] 독일의 고등 교육시스템 때문에 독일의 연구중심대학이 세계적으로 경쟁하기 위해 필요한 민간재원과 공공재원을 유치하기가 어렵게 된 것은 당연한 결과이다. 이미 4학년~6학년 때 대학에 입학할 수 있는 김나지움으로 진학이 좌절된 사람들이 개인적으로나 집단적으로 왜 대학을 지지하겠는가? 이는 독일 고등교육을 받은 사람들이 미국의 슈퍼 연구중심대학에서 동문기부를 통해 기금을 모으려는 노력과 성공담을 상세히 듣고 다음과 같이 내뱉는 말에서 쉽게 드러난다. "대학을 나왔든, 나오지 않았든, 독일 사람들에게 대학에 기부금을 내라는 말은 마치 우체국에 기부금을 내라는 말처럼 들릴 것이다."[7]

다른 반례는 미국 시스템에서 찾아볼 수 있다. 뉴욕시립대학교the City University of New York의 다양한 기관들이 1990년대에 차별화되었을 때, 일정한 규모로 연구프로그램들이 분리되고, 대중적인 학부교육에 대한 접근성이 높아지게 되었지만, 뉴욕시립대학교는 많은 문제와 더불어 조직 약화를 겪게 되었다Bastedo and Gumport 2003; Gumport and Bastedo 2001. 정확히 말하면, 미국에서, 그리고 조만간 전 세계적인 슈퍼 연구중심대학의 시대에는 대학 지식생산 복합체에 이전보다 훨씬 많은 비율의 사람들이 소속될 것이고, 대학의 대학원생 교육도 성장할 것이다. 당연히, 대학은 시작 단계부터 대학 내·외부의 직위들을 위한 전문가들을 교육시켜 왔다. 13세기부터 대부분의 주교들은 대학에서 교육을 받았고, 로마교황청의 핵심적인 관료들을 구성했던 많은 추기경들도 또한 대학에서 훈련을 받았다Rüegg 1992. 대학의 오랜 역사 중 상당한 기간을 대학들은 전문가와 프로페셔널, 이른바 사회적 엘리트를 양성해왔다.[8]

이 제거했으며, 평균적인 교육수준이 세대를 지나며 높아지고 있다. 예를 들면, 미국의 법률체계에서 고등 교육이 원칙적으로 뿐만 아니라 현실에서도 인종, 계급, 그리고 역사적으로 매우 적은 수의 구성원에게만 교육이 허용되었던 다른 인구학적 소수집단 등 모두에게 개방되어야 한다는 많은 논의를 보라.

6 자세한 설명을 하자면, 인력 계획 구상은 예전이나 지금이나 독일 문화에 여전히 강하게 남아 있어서 자유개혁주의자들인 야당이 부상하는 중산층과 연대하여 교육정책과 노동시장 정책에 있어서 그와 같은 생각을 불법화하기 위해서는 헌법 개정 운동을 해야 한다.

7 많은 대학들과 몇몇 대학교들은 빈약한 스포츠 프로그램을 운영하고 있지만, 비슷한 수준의 동문 지원을 이끌어내고 있기 때문에, 몇몇 미국 대학의 스포츠팀에 대한 과도한 강조는 기부금 모금의 동인이라기보다는 그 과정을 촉진하는 요인으로 보인다.

8 더욱이, 여러 가지 형태의 확장된 직업훈련이 아닌 학문적, 보편적 개발은 대학으로 이어졌다. 전문가에

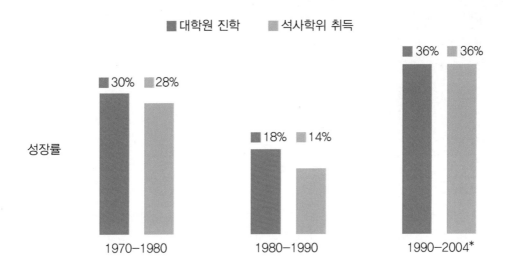

그림 4-1 미국의 대학원 성장 추세(1970-2004) *14년 동안의 수치임.
출처: 국가교육통계센터(National Center for Education Statistics), "교육통계 다이제스트".

세속적인 맥락에서 법률가, 그리고 종교적 맥락에서 교양 있는 성직자를 프로페셔널한 전문가로 교육하고 인증하는 일은 대학 교육을 활용한 초기 사례들인데, 이들은 곧이어 의사와 같이 전문적 권위에 대한 사회적 통제가 필요한 직업들로 확산되었다. 이와 같은 권위를 부여하는 훈련은 대학교의 발전과 함께 지속되고 천천히 확대되어 왔지만, 1970년대부터 미국과 여러 다른 지역에서도 서서히 증가하고, 대학의 지식창출과 더 높은 학위 수여권이 결합하여 지난 800년 동안 일찍이 없었던 수준에 도달하게 되었다. 예를 들면, [그림 4-1]에서 볼 수 있는 바와 같이, 모든

대한 안티테제로서 고전에 박식한 교양인(지성인)이 대학의 핵심 목표였던 오랜 기간 동안, 즉 교육혁명이 강화되기 이전 기간 동안, 권위 있는 지식을 갖춘 전문가로서 대학에서 훈련받은 프로페셔널의 광범위한 육성은 오랫동안 제지되어 왔다. 예를 들면, 막스 베버는 19세기까지 역사를 관통하여 대학은 기사답고 수도자적인 사람을 기르거나, 인문학(중국의 경우)이나 지ㆍ덕ㆍ체를 갖춘 인문주의자(그리스의 경우), 혹은 앵글로색슨 계통의 신사 양성을 목표로 한다고 면밀하게 분석했다(Weber 1978, 1001). 이와 같은 관료제 이전 및 합리주의 이전에 필수적이었던 엘리트 문화 훈련 형식은 과거에 지배적이었고, 대학의 훈련 모델을 형성하는 세분화된 전문가들의 출현에 맞서, 특히 지난 20세기에 걸쳐 확산된 전문성의 발휘 방식에 대한 일종의 중화제로서 유지되고 있다. 지식의 보편주의 사상과 전문가주의에 입각한 탐구를 통합하여 성립된 대학의 문화적 팽창이 지니는 함의는 대학과 교육혁명에 관한 세 번째 장(제5장)의 주요 내용이다.

대학원 프로그램과 석사학위 이수자는 큰 규모로 증대되었다. 이 기간 동안 석사학위과정과 박사학위 과정을 이수한 사람의 수는 각각 140%, 50% 증가하였다. 유사한 현상이 전문학위 분야, 예를 들면 법률, 의학, 치의학 분야의 전문학위 수여도 같은 기간 동안 100% 이상 증가하였다.[9]

미국에서 학부교육 이후의 교육은 학부에 등록하는 고교 졸업자의 증가와 함께 성장했다. 예를 들면, 2006-2007학년도에는 150만 명의 학사학위 취득자와 또 다른 75만 5천 명의 대학원 학위 취득자들이 졸업을 했는데, 이는 학사학위 취득자 2명당 1명의 석박사 취득자의 비율이다U.S. Department of Education, NCES 2008. 2000년대 초부터 대학원 수준의 학위를 취득하는 사람 수가 미국의 역사에서 가장 높은 증가율을 보였다. 지난 10년 동안 박사학위 취득자는 1백만 명이 늘어났고, 석사학위 취득자는 5백만 명이 늘어났다U.S. Census Bureau 2012.

대학원 학위 취득자의 전례 없는 증가에는 과학이 중요해지는 세계에서 과학적, 기술적 수준을 보충하려는 사람들뿐만 아니라, 모든 사회부문에서 합리화되고 보편화되는 세계에 발맞추려고 교육을 받는 많은 전문가들도 포함되어 있다. 예를 들면, 다음 장에서 논의할 계획이지만, 석사학위 취득자의 가장 큰 부분은 경영학석사학위MBA이다. 동시에 더욱 많은 사람들이 복수의 대학원 학위를 취득하고 있다. 미국 교육부는 1992-1993년 학사학위 취득자 표본에 대한 10년간 추적조사를 실시하였는데, 10명 중 4명이 조사대상 기간인 10년 동안에 대학원 과정에 등록하고 있었고, 이들의 4분의 1은 복수 대학원 학위과정에 등록하고 있었는데, 그들의 절반은 둘 이상의 서로 다른 학문분야의 석사학위 과정에 등록하고 있었다U.S. Department of Education, NCES 2007.[10] 미국의 연구중심대학 중 굉장히 성공적이었던 사립 연구중심대학의 학부 졸업생들 10명 중 5명 이상이 대학원 과정에 재학 중이었고, 이들 중 4분의 1은 하나 이상의 학위 프로그램에 등록하고 있었다. 비슷하게 많은 학사학위 소지자들은 자신들이 대학원 학위를 한두 개 이수할 계획을 가지고 있었고, 보고서에서는 학사학위 취득자 중 약 85%가 졸업하는 시점에 향후 10년 내에 대학원 학위과정 이수를 계획하고 있었다. 물론, 아직 이들 중 절반은 실행에 옮기고 있지 않

---

9 이들 분야는 교육통계 관련 논문들에서는 "1차 전문학위"라고 불린다.

10 다른 표현으로 하자면, 다중 대학원 학위의 상당한 비율은 박사학위를 취득하기 이전에 하나의 석사 학위만을 취득하는 경우가 아니었다.

았지만, 의미하는 바는 명확하다. 10년이 지날 때마다 대학교의 대학원 교육은 보다 더 당연시 되고 있다. 유아기의 교육 증가와 함께 이와 같은 대학원 교육 증가 현상은 최근의 역동적인 교육 팽창 경향을 보여주는 사례이다.

미국에서 한때는 엘리트 학생들의 양성소였던 곳이 급속히 대중적인 대학원 교육을 위한 장소로 변하고 있다. 예를 들면, 비록 사회적으로 소외된 집단의 학생들이 학사학위를 이미 소지하고 있어 교육적 성취라는 점에서는 달리 불리한 점이 없다고 하더라도, 많은 미국 대학교들은 사회적으로 소외되어 대학원 교육에서 소외되었던 학생들의 대학원 과정 이수를 돕기 위한 다양한 입학 프로그램과 학업지원 프로그램을 이미 운영하고 있다. 당연히 반대 움직임들6장에서 논의한 바와 같이 대부분 인식되지 못하지만이 유사하게 곧이어 발생할 것이다. 특히, 너무 많은 사람들이 대학원 학위를 소지하게 되면서 발생할 끔찍한 예측들과 함께, 학사학위 소지자들의 대학원 교육을 위한 맹목적인 꿈에 대해 우려하는 대중들의 목소리가 있다.

많은 사람들은 고등 교육의 팽창이 대학교육을 중등교육 모델로 추락시킬 것이라고 생각하지만, 대중적인 학부교육은 '모든 사람을 위한 교육'이라는 가치와 대학교육을 결합하여 역사 속의 대학교육 모델에 적응해왔다. 예를 들면, 현재 수학능력이 낮은 학부 학생들이 학사학위 취득에 성공하도록 돕기 위해 제공되는 다양한 보충교육 프로그램remedial courses을 보라. 이러한 프로그램들은 학생들을 저급한 교육 경로로 보내려는 것도 아니고, 그들을 모두 대학 밖으로 내보내려는 것도 아니다. 또한, 약 100개의 미국 공립 대학교와 대학들은 "지적으로 장애를 겪는 젊은이들"이 대학생활을 경험하게 하고 현재는 다운증후군이나 다른 형태의 정신지체를 겪는 젊은이들을 위한 단계이지만, 일부는 대학 학위를 취득하기 위한 학점을 취득할 수 있도록 하고 있다. 대학교에 등록한 정신지체 딸의 부모는 "딸애가 수없이 이야기했어요. '나도 대학에 가고 싶어!' 딸애는 배우는 것을 좋아하고, 고등학교를 졸업하고 나서도 항상 배우고 싶어 했어요!"Chronicle of Higher Education, 2005. 또한, 학부과정을 대학원 과정과 결합한 다양한 5년제 프로그램들이 늘어나고 있고, 대학교의 프로그램들이 중등과정에 원격교육이나 심화 선수과목 학점 등의 방식으로 연계되고 있는 현상이 나타나고 있다.

대학교가 개인과 지식에 관한 보편주의를 지지하는 강력한 이데올로기를 창조한 것처럼, 대학에 대한 핵심적인 아이디어가 생겨난 이후로 이제 모든 사람들을 대학으로 불러들이는 교육혁명의 새로운 단계가 도래했다. 중세 교황청의 추기경들과 토마스 무어와 같은 세속적인 자문관들은 대학교육을 받고 대학이 수여한 학위를 받은 전문가들이었는데, 이들은 그 수에 있어서 면도날처럼 얇은 사회 계층에 불과하였지만, 이제 후기산업사회에서는 그들이 인구 대부분을 차지하는 넓고 포괄적인 계층이 되었다. 이는 엘리트 계층이 확대된 결과라기보다는 오히려 지식창출, 졸업자격증과 전문가 인증의 성공적인 모델로서 대중적인 고등 교육이 발전한 결과이다. 거기에 더해서, 다음 장에서 상술하겠지만, 단지 기술, 자본, 혹은 최근에 부각되는 사회적 필요와 같은 외부적 영향만으로는 결코 추동되지 않는 현상인데 — 지식생산 복합체와 대중 고등 교육의 팽창은 대학교가 촉발한 이데올로기가 일상적인 생활 문화에 침투할 수 있는 주요 통로를 열었다.

현실의 구성

— 아이스크림, 여성학, 그리고 MBA

CHAPTER
5

현실의 구성
─아이스크림, 여성학, 그리고 MBA

자동차로 상징되는 연료경제(fuel economy)로부터 태아의 잉태에 이르기까지, 그리고 스텔스 전쟁 기술(stealth technology)로부터 십대들의 반항(teenage rebellion)에 이르기까지 [모든 것들이] 자연과학적 설명에 기반하여 상식적으로 이해되어야 한다는 것이다. 이는 지난 세기에 걸쳐 응용과학을 성장시킨 요인들과는 반대라는 사실이다. 그 점에서 사회는 대학의 학문을 관통하였고... 이제 [대학] 학문은 사회를 관통한다.

데이비드 프랭크와 제이 개블러(David Frank & Jay Gabler), 대학의 재형성, 2006년.

우리가 제안하는 새로운 학사학위는 "노화 서비스 관리"라는 것인데... 이것은 경영학을 공공정책, 노인학과 통합한 것입니다.

케빈 에커트(Kevin Eckert), 매릴랜드 대학의 신설 노화대학의 학장, 2006년 5월.

우리가 보통 생각하는 보편적 지식에 대한 이미지는, 그것이 객관적이고, 자연적이며, 어딘가에서 이내 발견되기를 기다리고 있는 그 무엇이라는 것이다. 우리가 새로운 지식을 발견하였을 때 그 새로운 지식은 우리가 알지 못하는 것들의 리스트에서 우리가 알고 있는 것들의 리스트로 옮겨간다. 이렇게 함으로써 더 많은 무지無知의 것들이 기지旣知의 지식으로 바뀌게 된다. 과학적 발견들은 예외없이 "예전에 알려지지 않았던 것들을 이제는 알게 되었다"는 식으로 얻어진다. 그러나 이러한 생각은 이제 순진한 방식이 되었다. 그동안 가져 왔던 지식에 관한 철학과 사회학의 질문과 생각들은 인간들이 지식을 사회적으로 구성한다는 주장예, R. Collins 1998과는 사뭇 다르다. 지식의 사회적 구성Social Construction의 의미는 그 지식의 근거가 부족하다거나 특별한 과정을 말하는 것이 아니라 오히려 사회제도의 내적 작용을 통해 광범위하게 공유된 사회적 제도의 형성과정을 말하는 것이다Berger and Luckmann 1966. 지식의 사회적 구성이라는 말은 또한 물리적 사실들이 존재의 안팎에서 결정될 수 있다는 것을 의미하지는 않는다. 사과가 나무로부터 떨어지지 않는다는 현실성 없는 믿음에 대한 집착은 광기와 함께 이성의 동요를 야기한다. 분명히 사실은 사실로서 드러나고, 새로운 것들은 항상 발견되지만, '어떻게 인간이 이를 해석하고 현실에 대한 폭넓은 이해에 관한 설명들로 짜 맞출 것인가?'가 바로 지식이 사회적으로 구성된다는 주장Berger and Luckmann 1966; Young 2008이 의미하는 바이다.

아마도 이에 대한 쉬운 설명은 종교적 설명에 기반한 사회와 세속화되고, 합리적이며, 과학적 고려에 기반한 사회를 대비하는 것이다. 두 사회는 동일한 물리적 세계에 존재한다. 그러나 신또는 신들이 사과를 떨어지게 만든다는 사회에 널리 확산된 믿음지식과 중력법칙에는 신의 존재 여지가 없다또는 적어도 신성함은 고려되지 않은는 사회와의 대비는 각 사회 안에 존재하는 주된 사회제도 내에서 어떻게 믿음지식을 사회적으로 구성하느냐에 관한 문제이다. 물론 현대 사회는 지식의 중첩적 구성을 포괄하고 있고, 그래서 비록 세속적 합리성과 이에 기반한 모든 것들이 이제 전 세계적으로 지식에 관한 지배적인 접근이 되었지만 여전히 많은 개인들과 일부 제도들은 여전히 대안적인 방식으로 종교적 설명을 계속하고 있다.[1] 그러나 그렇다고 하더라도 폭넓게 공유되고 받아들여지는 현실에 대한 이해의 이면에는 이를 지배하는 지식의 형식들이 명확히 존재한다. 족히 150년 이상 동안 세계가 발전하면서 현실의 사회적 구성을 설명하는 주된 경향은 합리적 방법이었고, 이는 종교적 성격에서 벗어난 것이거나 또는 막스 베버Max Weber가 매우 적절하게 언급한 것처럼 근대적 삶의 현실에 대한 각성인 것이다.[2]

---

1 교육의 한 예: 펜실베이니아주 공립 교육위원회가 지능의 설계(본질적으로 신성한 창조론)라는 내용을 진화론과 함께 과학 교과과정에 포함시키기로 결정한 후, 연방 법원은 시민 단체의 소송을 받아들여 그 내용이 종교적 의도가 있었고, 과학으로서 인정될 수 없다는 법률적 판단 하에 과학 커리큘럼에서 이를 배제한 바 있다.

2 종교적 권위의 미몽으로부터 깨어나고 다시 21세기의 전환점에 이르자 세속적 대학 총장이나 회사의

앞의 두 개 장에서는 지식의 사회적 구성에 있어서 대학이 수행한 주된 역할들을 논의하였다. 이 장에서는 어떻게 지식생산과 학위창출을 연결하는 대학의 사명과 역할이 강화되고 지배적인 이데올로기들을 일상적 삶의 많은 국면 속에 투입하게 되었는지를 논의한다.

대학과 현실에 대한 믿음

대학의 발전과 현대 우주론과 존재론 사이의 관계를 규명하기 위해 신제도주의 교육학자들인 데이비드 프랭크와 제이 개블러2006; 또한 Drioi and Moon 2006을 참조할 것는 지난 20세기에 걸쳐 대학이 가져온 핵심적 지식 생산의 변화에 관한 연구를 수행하였다. 이들의 기본적 주장은 이 책에서의 나의 주장과 기본적으로 유사하다. 즉, "대학이 생산한 지식이 현실을 재단한다"Frank and Gabler 2006, 17는 것이다. 이를 설명하기 위하여 그들은 1915년 세계 159개 대학과 1995년 711개 대학의 학과별 교수의 수와 강좌록을 모아서 분석하였다.[3] 프랭크와 개블러는 지난 세기에 걸쳐 대학들이 만들어낸 교수자의 학문적 편성예, 학과에 교수를 배치하는 것에서의 경향들과, 지식의 생산·유지·재단 과정을 창의적으로 추적하였다. 그들은 지난 세기에 걸쳐 대학이 이끈 지식의 사회적 구성에 있어서의 큰 흐름상 변화가 있음을 보여주었다.

그들은 우선 세 가지 학문 분야, 이 분야와 관련된 학과 교수의 수를 찾아보았다. 세 가지 분야는 (1) 철학, 문학, 언어학, 예술 및 고전과 같은 인문학, (2) 물리학, 생물학, 지질학, 그리고 종전의 식물학과 같은 자연과학, (3) 심리학, 경제학, 사

CEO가 세상에 대한 종교적 설명을 신봉하면서 이를 공언할 수 있을 정도로 진보하게 되었다. 그러나 그 사람들이 공개적으로 조직의 문제는 신의 일이며, 따라서 그들이 할 수 있는 영역을 벗어난 것이라고 열렬히 그 믿음을 주장한다면 그들이 속한 이사회의 즉각적인 소집을 불러 오게 된다. 예를 들어 도미노 피자의 억만 장자인 토마스 모나건(Thomas Monaghan)이 성모 마리아가 그로 하여금 플로리다의 어떤 마을을 개발하고, 그가 새로 설립한 에이브 마리아 로스쿨(Ave Maria Law School)을 그곳으로 옮기라고 명령했다고 공개적으로 말했을 때 그가 직면했던 법률적, 신뢰 차원의 문제들을 살펴보라.

3 전 시기에 걸쳐 동일한 대학들이 분석되었지만, 20세기 중반에 새로운 국가들이 독립함에 따라 새로운 대학들도 분석 대상 리스트에 추가되었다.

회학과 같은 사회·행동과학이다. 그들은 또한 전공분야와 교수진을 구분하여, 기초과목, 즉 "지식 그 자체를 위한 지식"을 생산하는 분야와 원래는 대학의 관할 범위가 아니었지만 사물에 대한 학문적 접근의 팽창으로 새롭게 등장한 분야로 구분하였다. 즉, 요약하면 전통적 교과에 대한 강조와 일상의 삶에 새로운 요소로서 적용 가능한 학문적 접근을 교수와 분야에 따라 구분한 것이다.

프랭크와 개블러가 발견한 여러 가지 사실들이 잘 알려져 있지만, 대학에서의 핵심적 지식의 생산이 지난 85년에 걸쳐 어떻게 변화해 왔는지에 관한 전체적인 그림을 살펴보면 대단히 놀라울 따름이다예, Brint 2002. 세 가지 학문분야에 걸친 교수진의 배분이 의미하는 것처럼 20세기 초반에 대학의 지식 기반은 다음과 같았다. 자연과학이 약 60%를 점하였고, 33%를 고전과 인문학이, 그리고 그 나머지를 사회과학이 차지하였다. 그러나 20세기 끝 무렵에는 대학의 지적 핵심이 극적으로 변화하였는데, 약 절반이 자연과학에, 20%가 고전과 인문학에, 30%가 사회·행동과학에 배분되었다. 지난 세기에 걸쳐 인문학과 자연과학은 각각 41%와 12%가 감소하였고, 반면에 사회과학은 무려 222%나 성장하였다. 그리고 고전과목과 전통적 대학 교과 메뉴에 생소한 주제들을 염두에 둔 교과별 교수와 강좌 숫자 사이에 중대한 변화가 발생하였다. 20세기 초반에 고전과목들과 새롭게 진입한 과목들 간 비율은 60 : 40 수준이었으나 20세기 말에는 이 비율이 40 : 60으로 역전되었고, 이러한 변화는 사회·행동과학의 전례 없는 성장에 힘입은 결과였다이는 서두에서 밝힌대로 기초적 사회·행동과학의 주된 관심이 일상적 삶에 대한 이해로 옮겨갔다는 사실을 의미한다. 여기에 더하여 종래보다 더 많은 주제들을 포섭한 자연과학의 완만한 13%의 성장에 따른 결과이기도 하다. 강좌록에 대한 분석 역시 이러한 경향을 입증시켜 주었다.

이러한 새로운 발견에 대한 연구자들의 해석 역시 혁신적이다. 이러한 경향이 보여주는 것은 지식의 사회적 구성에 있어서의 심대한 변화이고, 따라서 대학이 당면한 현실에서의 변화, 즉 프랭크와 개블러가 언급한 대로 "생명 기원의 역사와 [현실의] 우주론"과 "존재의 역사와 [현실의] 존재론"Frank and Gabler 2006, 20에서의 변화이다. 진리의 주장에서 생명의 기원은 신다윈적neo-Darwinian 진화로 전환한 반면, 존재의 논리는 신학으로부터 과학이 주된 논리체계인 합리화된 세계로 전환되었다. 프랭크와 개블러는 이러한 전조들이 훗날 경험적 사회과학자들에, 홉스, 로크, 루소, 마르크스, 뒤르켐, 그리고 베버와 같은에 미친 영향, 그리고 지적으로 답할 충분한 가치가 있는 명백한 실체로서 그들이 제시한 "사회 발견" 또는 더 좋은 의미로 "사회의 창조"가 새로운 방법으로서 인간의 기원과 집합적 현실로서의 인간의 본질을 개념화할 수 있도록 하였다Collins and Makowsky, 1998.

가히 인식론적 혁명이라고 할 수 있을 정도로 이러한 변화는 글로벌한 현상으로서 사회라는 개념을 향한 초기 사회학적, 인류학적, 경제학적 사고의 탄생을 이끌어 냈다. 점점 더 과학화 되어 가는 현실 속에서 합리적 질문들을 가능케 하는 모든 과정들과 함께 한 것이다. 그래서 사회계층은 사회학의, 물질적 생산은 경제학의, 리더십은 정치학의, 언어와 문화는 인류학의, 의식과 행동은 심리학의 주된 탐구과제가 되었다. 마찬가지로 인간 연구의 강조점에도 변화가 있어 왔는데, 종래 전통적 고전을 통해 해석되는 인간 존재의 모습은 신성하게 창조된 생물학적, 사회적 존재들의 정점에 있는 존재로 여겨진 반면에, 이제는 생물학적, 사회적 세계에서 다른 유기체들과 함께하는 동등한 참여자로서의 사회적 동물로 여겨지고 있는 것이다. 사회적, 행동적 과학의 등장의 이면에는 동일한 개념적 논리가 존재하는데, 인간이 합리적으로 진보를 추구할 수 있는그리고 추구해야 하는 사회에서의 합리적 행동자로 표상되고 있다는 점이다.

이제 신성한 존재로서의 인간과 그 신성한 존재성에 대한 지적인 고려는 생물학적 진화에 대한 강한 신념의 형성과 사회적 행동자로서의 인간에 대한 고려의 전면적인 등장으로 점차 그 기반을 잃어가고 있다Meyer and Jepperson 2000. 지난 20세기에 걸쳐 대학 안팎의하지만 주로 대학 내부의 학자들은 보편적 인간들과 사회 속에서 집합적 존재들을 완전히 새로운 차원으로 합리화시켜 버렸다. 예를 들어, 홉스는 옥스퍼드 대학에서 교육받았고, 그 대학을 진학하려는 엘리트들의 스승이었다. 칼 마르크스는 일찍이 학자로 교육받았지만 이후 그의 급진적인 사회와 사회계급에 관한 사상은 지금은 흔한 대학 강의가 되었지만, 당시 독일 학계로부터 배척받았다. 뒤르켐과 베버는 오늘날의 대학교수로서의 학문적 커리어를 가졌다. 새로운 사상에 대한 초창기의 사회이론가들 중에서 오직 루소만이 대학교육을 받지도, 대학에서 직위를 맡지도 않았다. 사회·행동과학이라는 학문 영역에서 교수들이 뒤이어 성장하게 된 것은 이러한 현실의 변화를 반영한 것이고, 이제 그 잠재력을 널리 펼쳐 보이고 있다.

이러한 변화는 지난 1세기에 걸친 고전과 인문학의 퇴조와 고전학자들과 순수예술학자들 사이의 위축을 말해주고 있다. 프랭크와 개블러는 인문학의 상당 부분과 오래된 대학들에서의 예술이 신성한 영적 존재로서의 우주와 인간과 사회에 대한 이상형으로서 서구 고전적 우주론과 존재론에 기반하고 있음을 알려주고 있다. 그래서 신성한 영적 존재들의 정점에 존재하는 인류를 표현하는 위대한 예술가들과 인문학자들의 업적과 생애는 특이하게도 대학교육의 과정 속에서 질문과 모방을 통해 구현되게 되었다. 지난 세기 동안 종래의 낡은 우주론과 존재론이 대체되면서 대학 내 고전과 인문학은 동반 쇠퇴하였다. 그리고 후술하는 장에서 보는 바와 같이, 지식사회에서의 교육혁명의 영향과 지식의 이면에 존재해 온 기본적 사상이 그러했던 것처럼, 오랫동안 차분하게 진행되어 온 고전주의가 사라지는 계기가 되었다.

모든 종류의 학문들이 기초 사회·행동적 관념을 채택하게 되었는데, 역사학, 문화학, 문학 등은 종종 사회·행동과학의 사상과 용어들을 차용하면서 본질적으로 사회의 사회·행동적 측면에 초점을 맞추게 되었다Camic, Gross, and Lamont 2011. 오리엔탈리즘Orientalism의 사멸에서 보듯이, 새로운 학문은 인간과 사회 사이에 존재하는 심오한 관계성을 밝혀낸다. 범세계적으로 보편화된 사회정의에 대한 관념이 지식을 떠받치는 동안 그렇지 못한 지식에 대한 사회적 평가는 냉혹하다. 네트워크로 상호 연결된 행위자들ㅡ인간과 다른 유기체들ㅡ로 구성된 세계 사회 이미지와 이를 둘러싼 환경들은 가장 많이 읽히고, 최고 수준의 방법론으로서 세계를 이해하는 학문으로 등장한다Meyer and Jepperson 2000. 마찬가지로 새로운 학문은 삶의 모든 국면에 걸쳐 최고의 토대로서 보편적 지식에 창을 활짝 열어 준다. 다양하면서도 과감한 새로운 학문연구의 형식ㅡ봉사ㅡ학습service-learning, 공공 연구public scholarship, 현실참여 대학engaged university, 지적 옹호intellectual advocacy, 초국가적 연구transnational research, 연구협력research collaboration 등과 같은ㅡ을 통해 대학이 보다 더 적실성 있고 응용 가능한 지식을 생산해줄 것을 기대하는 것은 대학이 스스로 강력한 제도로서 사회적 진보를 이룩하기 위해 지식의 보편화를 추구하려는 나름대로의 화답이라고 할 수 있다.

대학 내부에서 우주론적 그리고 존재론적 학문의 퇴조와 함께 직접적으로 합리화되고, 과학화된 세상을 경험하고, 그 발전의 과정에서 한 가지 명확한 사회적 역할을 상상하는 수백만 명의 젊은 대학졸업자들을 통해 깊숙이 사회 속으로 침투해 들어가게 된다. 대학이 초기 발전 과정에서 경험한 대학 외부의 특수한 이해와 보편주의를 향한 제도로서의 대학의 정체성을 두고 이제 긴장감도 없어지게 되었다.

즉, 외부적 압력을 통한 방식이 아닌 보편주의가 새로운 지식을 찾고 이러한 지식을 사용할 전문가들을 교육시키는데 최선의 방법이라는, 즉 교육중심사회 논리의 심화된 수용을 통해 대학이 스스로 넓게 확장하면서 그러한 긴장이 사라져 버렸다.[4] 요컨대, *대학의 제도적 승리는 우리의 문화적 현실을 확보하기 위한 기반으로서 형식교육의 중요한 승리이다.* 대학에 기반을 둔 대규모 지식집단들이 득세하게 되는데 이는 프랭크와 개블러가 말한 대로 사회를 떠받쳐주던 우주론과 존재론이 퇴조한 역사와 동일하다.

그러나 많은 대학 비판자들은 이 과정을 오해하여 학문으로 침투해 들어간 직업주의더욱 특별한 직업형태들 때문이라고 해석하고 있고, 따라서 제도는 큰 가치를 지니지 못한다고 말한다예, Grubb and Lazerson 2005. 실상 제도는 리들Riddle의 연구가 초기 단계에서의 사회질서와 성공에서 매우 중요한 것임을 보여주는 바대로 봉건적 직업주의 ―신학, 법학교회법, 시민법, 의학, 그리고 철학지식인들을 위한― 이후에 좁은 직업주의를 초월하는 자연과 사회에 대해 일반화된 인식론적 접근으로 변모시켰다. 프랭크와 마이어는 여기에 대하여 아래와 같이 적절하게 기술하였다.

> "지식사회"로의 변화는 대학이 사회에 연결되는 형식의 비정상성에 의해 드러난다. 그러나 그것은 대학의 추상적이고 보편화된 세계에 대한 탐구와 대학졸업자들을 어떻게 사회적으로 조직화 하느냐에 따라 명확해진다(Frank and Meyer 2007, 287).

어떻게 제도로서의 대학이 저급한 현상을 권위적이고 보편적인 지식으로 재형성하였는지와 그러한 지식을 전문성으로 과감하게 연결시키면서 고등 교육에의 참여를 확대시켜 온 여러 사례들을 살펴보기 바란다. 이것은 결과적으로 교육제도를 더욱 일반화시키면서 대학의 제도적 힘을 증가시킨다.

---

4 이러한 과정에 대해 유사하기는 하지만 사회적으로 암울한 방식으로 이를 설명한 비밀의 교육자인 푸코(Foucault)의 통찰을 푸코(1974)와 호스킨(1990)의 논문을 통해 살펴보라.

아이스크림
이론

　보통 사람들에게 한 그릇의 아이스크림만큼 감미로운 맛을 전해주는 것은 없다. 노인들은 가정에서 만든 아이스크림의 질이 만드는 사람의 기술과 재료의 질, 그리고 섞여 들어간 맛있는 것들에 대한 상상에 의해 다양해진다고 추억한다. 그 당시 질좋은 아이스크림을 만드는 것은 기술과 지식에 의존하는 것으로 여겨지긴 했으나 저급한 실용적 기술들과 일상적 노하우에 불과하였다. 그로부터 아이스크림은 전 세계적으로 큰 사업이 되었고 대부분의 아이스크림은 하나의 산업적 규모로 생산되고 있다. 그리하여 아이스크림 제조는 대학 수준의 철학, 과학, 사회·행동과학과 같은 고상한 지식이라고 생각되는 것과는 다르게 완전히 구분됐다. 그러나 이러한 세속적인 주제도 대학 내 지식집단에 의해 권위적이고 최신의 지식으로 변화되었고, 대학의 학위수요와 전문교육이라는 목록에 추가되었다. 만약 대학의 사명과 역할 속에 아이스크림을 포함시킨다면 대학이 포함하지 못할 것은 없게 된다.

　필자가 재직하고 있는 학교는 대규모 토지양여 대학으로서 모든 면에서 온전히 슈퍼 연구중심대학 모델super RU model을 추구하고 있는데, 이 대학에는 냉동 과자, 즉 흔한 말로 아이스크림에 관한 연구와 관련 대학원 수준의 교육 프로그램이 있다Stout 2009. 이 대학의 예전 풋볼 코치를 기념하기 위하여 새로운 맛"복숭아맛 패터노"이 개발되었을 때, 그 프로그램에는 편안함이 있었다어떤 이는 또한 어느 정도의 민주성도 있었다고 한다. 마찬가지로 새로운 아이스크림 맛 이름키니 비니 초콜렛 칩을 아이스크림 학자인 그 프로그램의 원조 교수를 기념하기 위해 짓기도 한다.[5] 20세기 초에 생겨났고 1960년대 중반까지 이 프로그램은 한 대학의 교과로 자리 잡게 되었다. 오늘날 이 프로그램의 12명의 교수들이 이 대학의 다른 프로그램들과 마찬가지로 자신들의 연구를 과학보편화 논문으로 발표하고 있고, 교수들은 "용해된 결정화로 인해 고립된 유지방 조각들의 화학적·열성적 성격," "구운 땅콩에서 '맛−소실'의 특성과 맛이탈의 발전" 그리고 "스프레이로 말린 전유全乳 가루 락토스를 가진 용해된 초콜릿의

---

5 "봉숭아맛 패터노"는 이 대학에서 풋볼 프로그램을 운영해온 전직 코치 중 한 명이 저지른 아동 학대 추문 속에서도 인기가 있다.

점성" 등과 같은 논문제목으로 발표하고 있으며, 이러한 논문들은 식품과학학회지 Journal of Food Science와 미국 유화학회 저널Journal fo the American Oil Chemists' Society 등과 같은 과학저널에 발표되고 있다. 그리고 미국 연구중심대학들 중 아이스크림 프로그램을 가진 대학들에서 학자들의 새로운 연구결과물들이 발표되고 있다. 더욱이 전문협회와 미국 코코아 연구기관American Cocoa Research Institute과 같은 제조업 관련기관들이 지원하는 펀딩을 통해 그 정당성을 인정받고 있다.

여기에서 특기할 점은 전문 교육프로그램이 아이스크림에 대한 권위적 지식의 생산과 함께 발전해 왔다는 것이다. 이러한 프로그램은 두 개의 작용 루트를 보이고 있다. 하나는 일상적 일들을 권위적 지식으로 전환시키는 것이고, 다른 하나는 훈련받은 전문가들이 그러한 지식을 활용할 수 있도록 학위를 수여받는 것이다. 이렇듯 여기에는 다양하면서도 역동적인 힘이 상호작용하고 있다. 첫 번째 교육훈련 루트는 비교적 표준적 형식으로서, 아이스크림 분야, 보다 넓게는 "식품과학" 분야에서 지식 생산자의 탄생을 유도한다. 이 과정은 석사와 박사과정 수준의 대학원 교육프로그램을 포함한다. 두 번째 루트는 "아이스크림 단기속성코스"라고 부를 수 있는데, 비즈니스 세계에서의 훈련을 대학이 탄생시킨 식품과학과 결합시키는 것이다. 펜실베이니아 주립대에서 운영 중인 두 번째 루트는 매우 인기가 높은데 실로 많은 사람들에게 제공되고 있다. 2000부를 찍은 이 프로그램에 관한 브로슈어는 이 코스의 인기를 다음과 같이 기술하고 있다.

> 수많은 사람들이 아이스크림 사업을 희망한다. 펜스테이트의 아이스크림 단기속성 코스는 특별한 *"아이스크림 비법"*을 전수받으려는 기업가들을 매료시키고 있다. 109년의 역사를 가진 이 코스는 아이스크림의 과학과 기술에 관한 한 전국에서 가장 오래되고 가장 큰 규모의 프로그램으로 인정받고 있다. 금년 세미나의 참석자들은 행동으로 이 *"비법"*을 직접 알게 될 것이다.

위 광고에서 분명히 알 수 있는 점은 역동적 과정이 대학에 기반한 과학과 잠정적 산업으로서의 아이스크림 간의 자기강화적 연결을 만들어 냈다는 것이다. 그렇다고 이 과정이 외부 자본의 힘에 의해서 움직였다고 생각하면 안 된다. 단기속성코스의 전체 국면과 "행동 비법"을 보여주겠다는 그 약속은 미래의 아이스크림 기업인들에게 그 산업과 아이스크림 과학에 관한 지식을 함께 알려주고 있는 것이다. 이에 대한 추가적인 증거는 기초적이론적 연구 관심이 수월하게 아이스크림 프로그램으로 확장된 방법에 있다. 예를 들어, 이 대학의 물리학과와 항공공학과는 "횡단발효식 장치 개발, 미세 실험, 그리고 병행처리를 활용한 수치 시뮬레이션 기법"으로 아이스크림에 대한 열음성학적thermoacoustic 연구를 수행하는데, 이는 각각의 접근법이 고립된 채 이루어졌다면 얻을 수 없었던 심화된 이해를 낳았다.

어떤 주제가 얼마나 일상적이든지, 그것이 일상적 노하우에 속하는 영역의 것이든지 상관없이 대학은 그 어떤 것이든 권위적 지식으로 전환시키고, 그 주제에 대한 새로운 이해를 일상적 생활로 옮길 수 있는 전문가들을 창조해내는, 특이한 미션을 수행하고 있는 것이다. 지속적으로 절차를 밟아가며 이러한 대학과 사회 간의 역동적 과정은 교육중심사회의 한 켠을 아주 폭넓게 차지하고 있다.

식품과학과 냉동제과 교육이 지식의 과학화와 산업기술적 발전과 연관을 갖고 있다면, 다음은 과학, 산업, 기술과는 대체로 상관없는 지극히 교육적인 것에 관한 사례이다.

보편적
여성

800년에 걸친 근대적 대학의 역사와 견주어 볼 때, 35년은 가득한 물통 속의 물한 방울에 불과하다. 그러나 전 세계 대학의 학자들이 여성학을 수많은 분파적feuding 학술 세미나들, 전문 학술지들, 경험적 연구, 그리고 기타 각종 학술 연구의 표상들로 가득한 공식적 학술 주제로 발전시키는 데는 불과 35년 밖에 걸리지 않았다. 미국에서 시작하여 세계로 뻗어나간 여성학 연구와 교육 프로그램은 1960년대 후반에 등장하였지만, 2008−2009년에 이르러 700개의 학위과정과 학과들, 그리고 고등 교육기관 소속 연구소들을 탄생시켰고, 이는 새로운 지식의 발전과 전문가 양성에 있어서 실로 놀라운 규모와 성장 속도라고 할 수 있다.[6] 더욱이 미국 대학의

---

6 이 추정치는 메릴랜드대학(볼티모어 카운티) 여성학 프로그램(University of Maryland-Baltimore County

상당수가 학부과정임에도 상당수의 연구중심 대학들이 여성학 석사와 박사과정을 운영하고 있으며, 이 분야의 수많은 학문후속세대들이 계속하여 미래의 여성학을 생산하고 소비할 것이 분명하다. 1970년 이후 59개 국가들이 여성학 프로그램을 시작하면서 이 새로운 지식과 전문교육 프로그램의 발전은 또 하나의 세계적인 현상이 되었다Wotipika and Ramirez 2008.

여성에 관해 새롭게 만들어진 학문적 지식은 급속도로 퍼져나갔다. 1969년에 미국 전체 대학 중에서 불과 17개의 강좌가 있었지만 10년 뒤에는 무려 3만여 개의 강좌가 생겨나서 여성에 관한 보편적 지식을 수십만 명의 학생들에게 전파하였다 Howe 2000. 또한, 팽창을 구가하는 미국 대학들 속의 지식집단은 여성학에 관한 교육과 함께 연구를 수행할 수 있는 역량의 급속한 향상을 이끌었다. 1984년까지 247개의 여성학 학위과정이 있었는데 대다수는 연구중심대학에 속해 있었다Gumport 2002.

대학 내 여성학의 광범위하고 급속한 발전은 그 발전의 결과물이 앞에서 살펴본 식품과학이나 기술개발에 관한 것이 아니고, 마치 새롭게 등장하는 나노기술과 관련된 복합적 학문분야와 유사했기에 특히나 흥미롭다. 분명히 여성학 분야의 성장은 그동안 지배적인 대학주도의 사회과학화의 논리를 따라 흘러 왔으나, 여성학이 자연과학이라든가 순수 사회·행동과학이라는 가정은 결코 존재하지 않는다. 그러나 과학기술과 마찬가지로 여성학의 급속한 발전은 현실에 대한 핵심적 생각을 권위 있게 제공하는 대학 지식의 영향력이 어느 정도인지를 잘 보여준다. 더 나아가 분명히 성gender과 성에 대한 여성적 표현이 인간생활의 본질적 부분이기도 하지만 여성들을 초점으로 한 이 여성학 연구 그 어디에도 공리적, 상업적, 기술적, 또는 심지어 도덕적인 것은여성학의 중심주제인 양성 간 사회적 불평등 이슈를 제외하고는 존재하지 않는다. 요컨대 최근의 연구가 말해주듯이 이 새로운 학문분야는 다른 어떤 특별한 외부적 힘보다도 대학이 가진 제도적 논리institutional logic of the university에서 비롯된 것이다.

처음에 이 분야의 실체는 인간사회에서 사회적, 정치적, 경제적 요인들과 여성

Women's Study Program)의 조안 코렌만(Joan Korenman)이 운영하는 웹사이트에서 얻은 것이다. 이 웹사이트는 미국을 비롯한 세계 도처 국가들의 여성학 프로그램, 학과들, 그리고 연구 센터들을 포괄하고 있다. 또한 "성 연구"라는 단위도 포함되어 있다. 자세한 사항은 http://research.umbc.edu/korenman/wmst/programs.htm를 참조하라.

의 지위에 관한 통시적 고찰이었다. *증거: 여성, 문화, 그리고 사회 저널*signs: A journal of Women, Culture, and Society 또는 단순히 *여성학*Women's Studies과 같은 학술지들이 초기 여성학자들에 의해서 탄생했고, "약자의 힘에 대하여"Janeway 1975, "마조히즘에 대하여: 판타지의 역사와 그 이론에 대한 기여"Lenzer 1975, "여성 자원활동에 대한 경제적 결정요인들"Mueller 1975, 그리고 "남성들을 위한 피임"Bremner and Kreser 1975과 같이 이 분야의 핵심에 자리잡고 있으면서 초기의 절충주의를 나타내는 제목을 가진 논문들이 발표되었다. 비록 이러한 주제, 이론, 방법의 혼합이 여성들에 대한 연구 분야에서 오늘도 계속되고는 있지만 여성학이 대학 내 지식분야로 자리잡으며 그 이름이 넓게 함축하고 있는 것과는 달리 다소 협소화해졌다. 이 분야의 창립에 이어 오늘날의 과학 분야의 팽창 과정에서 결코 볼 수 없었던 대학 내에서의 열정이 뒤따랐다. 이 분야의 창학자들과 반대론자들 모두 이 분야가 남성 지배의 교수사회에 대한 여성교수들의 투쟁에 선봉이 되어야 한다고 주장하였다. 결과적으로 이 분야의 창립에 논쟁과 약간의 저항도 있었고 놀랍지 않지만 상당수의 연구물들은 여성학 그 자체의인종과 민속학적 연구들과 함께 발전과정을 다루고 있다예, Boxer 1998; Howe 2000; Rojas 2007.

불행하게도 이 연구들의 대부분은 고도의 침투가 가능한 허약한 존재로서의 대학의 모습을 보여주고 있다. 대부분의 연구들의 표준적 구성은 성차별주의라는 낡은 학문적 관행에 대하여 대학 외부에서 투쟁을 벌이는 정치적 여성해방론자들의 반동적 행위를 추적하고 있다. 비록 외부 변화들의 영향도 있었지만 이 분야의 학문적 성공에 관한 최근의 연구들은 대학에 가해진 외부인들의 반동적 주장이 큰 역할을 하였다는 설명이 틀렸다고 주장한다. 여성학의 성장에 대한 보다 정확한 설명은 대학이 새로운 지식의 생산, 금지, 고양이라는 일련의 절차의 일부분으로 이해하는 것이다. 대학이 이를 수행하는 속도와 철저함은 교육중심사회에서 대학이 가진 권력을 심층적으로 보여주고 있다.

중요한 일이 여성학의 제도적 탄생과 성장에 관한 최근 두 개의 연구들에 의해 이루어졌다. 첫 번째 연구는 신제도주의자인 크리스틴 워팁카Christine Wotipka와 프란시스코 라미레즈Francisco Ramirez 2008가 수행한 것으로 1970년부터 2000년 사이에 무엇이 여성학의 국가 간 확산에 기여하였는가를 통계적으로 분석한 것이다. 우선 무엇보다 그들은 외부자들의 반동이 기여했다는 어떠한 증거도 찾지 못했다. 고등 교육에 대한 여성참여의 차이 역시 이 프로그램의 확산에 어떤 영향도 미치지 못했다. 이 분야가 첫 여성 세대 중 몇몇 인사들에 의해 창립되었음을 고려할 때 주목할 만한 연구라고 할 수 있다. 그러나 이들의 출현 이후, 여성학은 날로 증가하는 여성 등 교육 이수자들이 자신들의 세계를 대학에 반영하려는 시도를 통해 여성학을 확산시키지 못했다.[7] 그러한 많은 국가들에 확산을 가져온 첫 번째, 가장 중요한 요인은 전 세계적으로 증가한 대학 내 여성학 강좌의 숫자이고, 두 번째가 1982년 출범한 여성에 대한 차별철폐에 관한 UN인권위원회—여성의 사회경제적 지위향상을 위한 국제적 시도—가 펼친 세 번의 고위급 국제회의였다. 명분상으로는 대학 외부의 힘이었지만, 이러한 고도의 정당성 확보를 위한 국제적 행사들은 대학이 교육한 여성학 전문가들이 발전시키고 확산시켜온 새로운 여성학에 크게 의존하였다. 즉, 여성학의 성장과 확산은 오히려 대학주도의 확산이라고 보아야 하며, 몇몇 대학들에 의해 시작되면 계속하여 학문적 논리를 따라가게 되었다는 것이다.

이 점은 두 번째 연구에 의해 더욱 잘 알 수 있는데, 이 연구는 첫 번째와 두 번째 세대의 여성학 연구자들의 풍부하면서도 치밀하게 질적으로 탐색한 결과물이라고 할 수 있다. 고등 교육 사회학자인 패트리샤 검포트Patricia Gumport 2002가 집필한 것으로 대학에서 여성학의 지적 투쟁과 성공에 대해 혁신적으로 비교분석한 연구이다. 이 책은 평범한 일상생활에 새롭게 적용된 지식의 발전 궤적을 추적한 흔치 않은 연구라고 할 수 있다. 검포트는 여성학의 창립을 이끈 대학 내·외부의 요인들의 면면을 기술하고 있지만, 대체적으로 그녀의 발견들은 대학이 각각의 발전과정을 지배하였기 때문에 대학의 외부보다 대학 내부의 힘을 지지하고 있다.

검포트는 여성학을 일으켜 세운 학자들을 "개척자들"이라고 세련되게 명명하고 그들 중 일부와의 면담을 통해 이 분야의 성장과정에서 그들의 역할에 관한 복잡한 스토리를 기술하고 있다. 비록 남성교수들의 조악한 성차별주의에 대한 여성해방론자의 각성과 투쟁을 말하고 있지만, 그 개척자들은 자신들 스스로를 대학의 담장을 허문 혁명가들로 보기보다는 새로운 영토지식를 발견한 선구자들로 바라보고 있다. 미국의 여성들이 1960년대 중반에 서서히 대학원 프로그램에 진입하면서 한 세대의 개척자들이 형성되었고, 여기에서 놀라운 점은 성차별주의에 대항한 초기 단계의

---

7 워틱카와 라미레즈는 이러한 반동 논리(insurgency argument)를 뒷받침할 최고의 증거라고 할 수 있는 국가별 여성교수의 비율이 어떠했었는지는 측정하지 못했다.

정치적 동기와 개인적 투쟁은 보다 더 전통적인 학문의 여정에 그 길을 내주고 말았다는 것이다. 예를 들어 검포트는 혜안의 눈으로 대부분의 개척자들은 자신들의 경력을 "기본적으로 학문적 헌신에 의해 인도되었고, 약간의 정치성이 없지는 않지만 기본적으로 학문적 헌신에 이끌려 진 것이라고" 보았다는 점을 지적하고 있다2002, 86.

그렇다고 해서 여성해방론적 정치가 여성학에 전혀 영향을 주지 않았다는 뜻은 아니고, 영향을 준 것임에는 틀림이 없다. 우선 대학 외부로부터 들어온 미국 내 여러 여성운동과 신좌파 정치가 영향을 주었다. 또한, 많은 개척자들의 동기는 1960년대 후반 여러 대학에서 발생한 대규모 사회적 격동에 의해서 형성되었다예, Lipset 1971. 그럼에도 사회과학의 성장과 그것이 새로운 인식론적 관념여성학의 형성-역자 주에 미친 영향은 1960년대 온전히 지속되었고, 개척자들이 벌인 투쟁의 주된 결과는 명백히 비정치적인 곳에서 끝을 맺었다Berkovitch and Bradley 1999를 볼 것. 여성정당의 결성이나 여성학자들의 집단적인 정치적 로비는 없었다. 대신에 주된 결과는 미래 이 분야의 전문가들을 양성함과 동시에 성과 여성에 대한 주요 이미지를 형성하는 논문들이라고 할 수 있는데, 이러한 학문적 성과는 여성과 여성의 세계를 학문적 주제로 새롭게 규정하는 등 철저히 새로운 지식의 생산이었고, 이러한 결과는 지금도 유효하다. 여성 연구자들의 대학으로의 진출은 확실히 남성지배 교수사회의 저항에 직면하기도 하였다. 그러나 최종적 분석에서 그러한 저항은 굉장히 미미하였고, 모든 주제들을 보편화시키는 대학만이 가진 독특한 논리 앞에 무력하게도 쇠퇴하였다. 개척자들은 반동의 방법이 아니라, 여성들을 새로운 이론의 주제로 만드는 데 초점을 두었고, 심지어는 역사학, 사회학, 철학에서 완전히 새롭게 적용할 수 있는 탐구방법의 구안을 시도하기도 하였다.

대학원 수준의 여성학 연구의 두 번째 세대들, 즉 "채택자들"은 그들 자신들이 학부생이었을 때 여성학의 권위적 지식을 담은 다양한 강좌들과 학술저작들에 많은 영향을 받았다. 때로 개인적으로는 여성해방론적 정치에 몰두하기도 하였으나 두 번째 대학원 세대들은 교육을 받고 나서 다른 학문영역의 교수직에서 매우 유사한 형태의 학문적 커리어를 개발해냈다. 여성해방론적 열정과 반동의 징표는 사라졌고, 검포트는 "채택자들은 여성해방론적 관념을 큰 주의없이 받아들이고 있으며, 핵심적 존재의 의미를 대학 내 학문 영역에서 학자로서의 일상적 삶에 두고 있다" Gumport, 2002, 150고 했다.

오늘날 대학의 이념이 인간으로 구성된 사회를 보다 합리적 행동과 사회적 진보를 향하게 하는 데 있다는 점을 가정할 때, 여성과 그들의 역할은 지식 발전에 있어서 이미 농익은 주제임이 분명하다. 이 점은 확실히 권위적 지식의 일부분으로서의 여성학을 세우는 데 소요된 시간이 상대적으로 짧을 수 있었다는 것을 말해준다. 나아가 일부 대학들에서 여성학 프로그램은 남성을 대상으로 한 주제로 확장되기 시작했고, 다시 대학주도의 순환은 시작되고 있다.

MBA의 등장과
일상사의 과학적 관리

경영학 석사, 즉 MBAMaster's of Business Administration의 전 세계적인 성장과 함께 비즈니스의 전문적 관리라는 학술적 주제로의 전환은 제도적으로 빈약한 대학이 일견 더욱 규모가 확대되고 합리화된 기업들에 의한 자본주의의 강화와 보조를 맞추면서, 외부의 경향을 따라간 전형적인 사례라고 할 수 있다. 그러나 대부분의 대학 연구자들은 MBA 교육과 학위수여라는 현상의 폭발에만 초점을 맞추고 있지, 대학이 기업을 비롯한 사회에 미친 온전한 영향이 무엇인지를 놓치고 있다. 해마다 배출되는 수십만 MBA 학위의 배후에는 일천여 개의 경영대학원과 학자와 연구자로서 가장 실용적인 주제를 보편화된 권위적 지식으로 전환시킨 수천 명의 교수들이 있다.

비즈니스와 경영은 고전 과목을 다루는 본래 대학의 심장부에는 결코 나타날 수 없는 영역이었다. 서구대학의 초기 700년 동안에 상업은 학문과는 대조적으로 실용적, 특정적, 비지성적인 활동의 전형으로 간주되었다Lenhardt 2002. 심지어 19세기에 걸쳐 자본주의가 그 범위와 복잡성 면에서 성장하였음에도 무릇 경영학이라는 것은 서기書記 수준의 저급한 일에 불과하였고, 그 교육 역시 중등교육 단계의 초보적 수준의 실업 관련 학교들에서 이루어졌다Knepper 1941. 그러나 이러한 경향은 20세기의 대학에서 완전히 변화했다.[8] 1881년 펜실베이니아 대학University of Pennsylvania에서 최

---

8 흥미로운 예외는 18세기 계몽 전제주의 시기에서 발견되는데, 이는 관방학(행정학의 전신)과 공공재정학이 독일 대학에서 발전하던 시기이기도 하였다(Lenhardt 2005).

초의 대학기반의 전문경영학위를 수여한 지 120년이 지난 지금, 약 천 개 이상의 경영대학원과 2천 개 이상의 독자적 MBA 프로그램들이 전 세계적으로 번성하고 있다. 더욱이 20세기 전반에 걸쳐 지속적인 성장이 있었지만, 1960년대 이래로 학위의 숫자와 미국 내에 설립된 경영대학원의 숫자의 증가 속도는 타의 추종을 불허할 정도로 빨랐다. 예를 들어 1967년과 1977년 사이에 연간 수여된 MBA 학위는 18,000개에서 47,000개로 176%의 증가율을 보였고, 1996년에는 94,000개의 MBA 학위가 수여되었다. 불과 30년 만에 400%의 증가율을 기록하였고, 이 증가세는 21세기에 들어와서도 계속되고 있다Moon 2002. 미국 내에서 수여되는 모든 종류의 대학원 학위 약 4개 중 1개는 MBA이고, 이러한 경향은 MBA를 대중적 대학원 교육의 선봉으로 만들고 있다.

경영학을 겨냥한 대학기반 지식집단의 역량은 실로 어마어마하다. 예를 들어, 가장 유서깊고 큰 규모를 자랑하는 학술적 경영학회인 미국경영학회the Academy of Management는 18,878명의 회원을 거느리고 있는데, 그 중 경영 실무에 종사하는 사람은 거의 없고 모두가 111개국의 대학 교수들이다. 이 최정상급 학회가 매년 개최하는 학술대회에는 수천여 개의 경영분야 학술논문들이 발표되고 있으며, 새롭게 탄생한 박사학위자들이 다른 경영대학원의 교수직을 찾고 있고, 경영학 연구자들의 공동체는 바로 자신들이 명백한 성공의 결과물임을 자축하고 있다. 경영학에 관한 연구 역시 굳건하지만 이 학자들과 그들의 권위적 지식이 사회를 관통하는 방법 역시 강력하다. 여러 사례에서 이 방법은 상거래와 이익추구 기업들을 초월하여 현대사회의 광범위한 공식조직의 본질에 관한 거의 모든 학문 분야를 아우르게 되었다 Driori, Meyer, and Hwang 2006.

미국경영학회는 회원들이 가입할 수 있는 하위분야산하 분과로 24개를 제시하고 있다. 매우 다양한 분야를 포괄하고 있는데, 경영정책과 전략, 갈등관리, 조직내 성다양성, 관리, 영성, 그리고 종교, 운영관리, 조직과 자연 환경, 공공과 비영리, 그리고 연구방법이 그 예이다. 더욱이 모든 형태의 조직관리에 관한 광범위한 학술적 적용이 있지만, 각 하위분야들의 인식론적 목표들은 대다수가 사회·행동과학에서의 연구방법과 조직이론에서 사전적 용어 활용a lexicon mixing을 하고 있다는 측면에서 서로 유사하다. 예를 들어, 경영의 실용성과 매우 밀접하게 관련된 하위 분야인 경영정책과 전략의 창립선언chartering statement을 또 다른 하위분야인 영성과 종교와 비교해보자.

'경영정책과 전략'은 일반관리자들과 복합적 기업 및 복합기능적 조직단위를 관리하는 사람들에게 주어진 역할과 그들이 당면하고 있는 문제들을 다루는 학문이다. 다루는 주된 주제들은 전략형성과 실행, 전략적 결정과 의사결정 과정, 전략적 통제와 보상체계, 자원 배분, 특성화와 포트폴리오 전략, 비교 전략, 협력 전략, 일반관리자의 선택과 행동, 그리고 최고의사결정조직의 구성과 절차 등이다.

'관리, 영성 그리고 종교'는 관리와 조직에서 영성과 종교 사이의 연관성과 적절성에 관한 학문이다. 여기서 다루는 주된 주제들은 특정한 종교의 응용과 일에 있어 세속적 영성, 관리/리더십, 조직론, 그리고 경영체계뿐만 아니라 종교 윤리, 영성과 일, 그리고 영성적 리더십 등 다양한 관련 문헌 속에서 나타난 관리적 접근법들의 영성적 또는 종교적 원리와 실천의 그 효과성에 대한 이론적 발전 또는 경험적 증거를 포함하고, 민간조직, 비영리조직, 그리고 공공기관에서 인간정신을 기르기 위한 관리적 접근들의 효과성에 대한 평가 연구 역시 포함한다(Academy of Management 2012).

교육중심사회가 직장에 미치는 영향에 대해 후술하는 논의의 전조로서 미국경영학회Academy of Management의 창립선언은 인간들을 노동이 아닌 *자원*으로, 조직을 위계구조가 아닌 *평면구조*로, 직장을 통제적 조직이 아닌 *창조적* 조직으로 언급한다.

그러나 잘 알려진 대로 1970년대 이래 MBA가 폭넓은 인기를 구가하게 된 것은 민간기업들이 다수의 관리 직원을 보유하면서, 대규모의 여러 부서를 거느린 복잡한 조직으로 변화한 직후라고 할 수 있다예, Chandler 1977. 따라서 경영관리에 관한 학문을 진전시킨 것이 대학의 능력이라기보다는 오히려 새로운 경영 환경의 성장에 대한 학술적 반응에 불과했다고 주장할 수 있다. 여전히, 관리의 과학화에 관한 유구한 역사적 기록은 더욱 미묘한 스토리를 알려주고 있다.[9]

경영학의 이면에 자리 잡은 그 학문의 인식론적 발전에 대한 로크Robert Locke의

---

9 이 주장에 대한 반대측 비판은 Khurana(2007)을 참조하라.

역사적 연구는 19세기까지 거슬러 가서 초기 단계의 이 분야 주제의 뿌리를 밝혀내고 있다Locke 1984, 1989. 그는 19세기 최초의 경영대학의 교수들조차도 미국 내 새롭게 등장하는 대규모 기업들에게 적용할 실천적 응용방법보다는 관리에 관한 학술적 연구에 더 관심이 있었다고 적고 있다. "경영대학 프로그램은 과학과 직업주의 사이의 간극을 메우는 데 관심이 있었고, 후자직업주의는 대학이 아닌 곳에서의 관리 훈련을 의미하는데, 이는 곧 낡은 패러다임이라고 할 수 있다"1985, 5. 19세기 후반까지 역사적 제도주의에 기반한 경제학 주류의 경험적, 기술적 연구들은 대학 안에서 공식적인 신고전적formal neoclassic 접근을 만들어냈는데, 이는 경제 활동에 관한 지식을 교환 체계에 관한 명제들을 모은 데서 이끌어낸 것이다. 또는 앞 장의 용어를 다시 가져온다면 학문의 주제로서 경영학이 학구적인 사람들에 의해서 보다 더 추상적 수준의 보편적 지식의 단계로 옮아갔다고 할 수 있다. 이러한 패러다임 전환은 교환체계의 내부 논리―아일랜드의 퀸즈 대학의 조지 불George Boole의 사상 속에 자리잡은 것으로 1840년에 시작되어 논리의 언어를 수학화 시켰음―를 연구하고 나타내는 방법으로 수학을 활용하게 되었다.[10]

신고전파적 미시경제학이론은 대학기반의 경영학에 대하여 세 가지 측면에서 영향을 주었다Locke 1989. 첫째, 그것은 개별기업의 행위와 그로부터 그 기업 내의 개별 기업가의 행위에 대한 보편적 질문을 이끌어냈다. 둘째, 그렇게 하는 과정에서 기업 뿐만 아니라 개별 기업가 역시 동일한 경제적 교환 체계 속에서 움직이고 있으며, 따라서 비즈니스 행위의사결정라는 것은 경제이론에 관한 한 동일한 수학 공식에 따라 얼마든지 분석이 가능하다는 것이다. 그리고 관리의 과학화를 향한 발전을 위해 더욱 중요한 것으로서 신고전파 경제학의 핵심 명제―이익 추구를 위한 한계효용 이론―가 동일한 이론화된 이익 법칙을 쫓아가는 기업가의 역할로 개념화되었다. 셋째는 18세기와 19세기 초반에 걸쳐 계량경제학이 대학기반의 통계 수학과 20세기 전반부에 걸쳐 예일 대학의 어빙 피셔Irving Fisher와 다른 학자들에 의해 개발된 "통계, 수학, 신고전파 경제학의 개념적 융합"과 병행적 발전을 이룬 결과이다1989, 20. 이러한 결합은 대학 내 사회·행동과학의 성장이 지난 세기에 걸쳐 이룩한 핵심

---

10 물론 불리언 대수학은 현대 컴퓨터의 선구자이기도 한 최초의 계산기가 만들어지는 중요한 계기가 되었다.

적 개념 기반 중의 하나로서 행동은 수학적으로 분석될 수 있다는 생각을 확산시켰다
Weintrub 2002.

　이러한 개념적 성장만이 온전한 경영학을 만든 것은 아니고, 오히려 그동안의
개념적 성장은 기업가가 수학을 활용한 한계효용이론의 범위 내에서 분석이 가능한
관리적 결정을 내린다는 생각을 갖게 만들었고, 관리자들이 무엇을 하고, 그들의 행
동이 논리적 수학체계를 통해 어떻게 분석이 가능한지에 대한 질문을 제기하였다.
로크는 이 점에 대해 다음과 같이 말한다.

　　간단히 말해 기업에 대한 한계효용론자들의 이론은 안에서 바깥을 들여다보는 관
　　점이고, 기업가들의 관점은 바깥에서 안을 들여다보는 관점이다. 왜냐하면 기업이
　　론이란 것은 기업의 운영을 하나의 암흑상자로 간주하고, 이미 풀려버린 미지의 문
　　제로 취급하기 때문이다. 한계효용이론은 기업가가 자신의 기업을 효과적으로 운
　　영할 수 있는 방법을 알고 있다고 가정하기 때문에 그 이론은 기업가가 분석을 실
　　제로 하기 시작하는 경우에는 별 효용이 없다(1989, 15).

로크는 이러한 진전을 통해 1910년대 존 폰 노이만John von Neumann이 처음에는 독일
의 여러 대학에서, 나중에는 미국 프린스턴 대학에서 개발한 게임이론의 수학을 경
쟁과 협력의 상황에서 결정내리는 하나의 전략으로 개발할 때까지를 추적하였고,
경영이 보편 주제로서 과학으로 탐구되기까지 계속 연구하였다.

　　게임이론은 현대 수학에서 시작해 경제학을 거쳐 관리의 영역에까지 관여하게 되
　　는데, 갈등의 상황에 직면한 관리자들이 어떤 가정 하에서 알고리즘을 따라가면
　　최소한의 이득을 얻을 수 있다는 (또는 손실을 극소화한다는) 것을 보여주는 지
　　점에까지 다다랐다(1989, 20).

로크는 "경제학적 지식에 과학적 지위를 부여하기 위하여" 선형대수, 위상수학, 그
리고 확률이론까지 동원하고, "그러한 경제학적 지식을 관리를 함에 있어서 운영적
이해가 가능하게끔 만든 것"은 그다지 길지 않은 기간에 이룩한 것임을 지적한다
Locke 1989, 20. 이러한 형태의 지적 작업은 대학 내 새롭게 등장하는 사회·행동과학

과 결합하게 되었고, 그들은 공통적으로 관리의 학문을 보편화시키기 위해 수학이라는 수단을 활용하였다.

이것은 심화되는 자본주의가 지적 발전에 영향을 미치지 못했다는 것을 말하는 것이 아니다. 점점 더 대형화되고 복잡화되는 기업 자본주의corporate capitalism는 지난 20세기에 걸쳐 후기산업사회 변혁의 주된 제도적 요인이었음은 분명했다. 확실히 이러한 자본주의의 변화가 없었다면 MBA는 오늘날 그 큰 비중만큼 발전되지 못했을 것이다. 19세기 후반 이래 미국에서 발전했고 이후 전 세계로 확대된 대기업들의 위계적 관리체제의 성공적인 발전은 그 전조이며 대중 MBAmass MBA라고 불리는 관리의 과학화와 동반 성장하였다Chandler 1977. 여기에서의 요점은 경험적 연구에 적합한 보편적 학술주제로서의 관리의 형성은 대학 내에서 오랫동안 걸쳐 이루어져 왔고, 이는 종국적으로 영리/비영리조직할 것 없이 모든 조직들에서의 관리의 정수精髓를 빚어냈다고 할 수 있다.

더욱이 이러한 주장은 다소 역설적이기는 하지만, 새롭게 수학화된 경영학이 만든 최초의 제품들이 반드시 산업현장의 관리자들에게 유용하지는 못했다는 점에서 확인할 수 있다Locke 1989. 예를 들어, 20세기 중반 관리에 관한 연구의 파생학문으로 운영연구operational research와 정부관료제에 적용된 경영학예, 프로그램기획예산제도(PPBS)은 많은 실패를 낳았다. 실제적으로 관리는 복잡한 과정이고, 정확히 과학이기 보다는 더 많은 만족을 가져다주는 그 어떤 것이다. 경영학의 성장과 현실적 관리를 바라보는 한 관찰자는 다음과 같이 이 문제를 간파하였다.

> 관리자의 일은 사실 프로그램화된 성격의 것이 아닙니다. 관리자는 "정확한" 정보의 흐름과 그러한 정보의 합리적 활용을 담당하지 않습니다. 오히려 그(녀)가 다루는 정보는 왜곡되어 있고, 불완전하며, 그(녀)의 일은 늘 모호합니다. 그(녀)는 기본적으로 의사결정자와 계획가라기보다는 "영감을 부여하는 사람," 소방수, 그리고 사안이 종료된 후의 합리화 하는 사람입니다(Glober 1978, Locke 1989, 40에서 재인용).

만약 대학이 전반적인 사회의 조류만을 따라갔다면 때때로 실제적 적용에 그렇게 초연했던 경영학이 오늘날과 같이 이렇게 독보적인 발전을 이루어내지는 못했을 것이다.

이 점에서 대학의 제도적 힘은 연구라는 목적을 통해서 즉시적인 현실 응용에 제한 없이 보편적 주제를 형성해낸다. 곧 많은 전문가들에 대한 교육을 통해 창조된 전문지식의 확산이 이어지고, 보편화된 지식은 보편화 이전의 실용적 노하우에서 그 자체의 새로운 정의와 이해를 얻게 된다. 즉, 대학은 지속적으로 교육중심사회의 권위적 관념들을 창조하고 있는 것이다. 이 과정의 마지막 단계에서 그러한 관념들은 "왕도"가 된다. 이 말이 의미하는 바는 오래된 "노하우"에 기초한 방법이 표준화된 지식에 근거한 방법보다 어느 정도 우수하다는 뜻이 아니다. 조직의 복잡성으로 인한 새로운 가능성이 경영학적 접근에 존재하지 않았다면 결코 달성할 수 없었던 수익의 수준을 가져왔다는 증거들은 많다. 오히려 중요한 것은 관리적 행위에 대한 이해와 모형들은 지난 수십 년간에 걸쳐 대학 내에서 개발된 아이디어에 의해 많이 형성되었다는 점이다. 경영학의 학문적 발전이 지난 세기에 걸쳐 계속됨에 따라 이후에 이루어진 과학적 관리의 현실 적용은 산업혁명의 말미를 풍미한 사상으로서 비즈니스에 긍정적인 영향을 주었음이 분명하다.

'실용적 인간의 종언'1984이라고 제목을 붙인 로크의 초기 저작은 독일, 프랑스, 그리고 영국에서 고등 교육이 기업가정신에 미친 효과를 역사적 관점을 통해 통렬하게 분석하였는데, 이 책은 일상적 노하우가 어떻게 보편적 지식으로 전환되고, 이후 국가경제에서 어떻게 활용되는지에 관한 통찰을 제공해주고 있다. 그는 고도의 기술 활용과 새로운 관리전략에 의해 유발된 1880년에서 1940년까지의 2차 산업혁명에서 독일의 경제적 성과는 프랑스보다 월등하였고, 독일과 프랑스의 성과는 영국보다 더 높았다고 본다. 그리고 그는 이러한 결과의 주된 요인이 핵심 신진전문가들―엔지니어들, 회계사들, 그리고 관리자들―에 대한 고등 교육 차원의 훈련의 유무였다고 주장한다. 새롭게 등장하는 산업세계에서 이들 국가의 생산성은 기술의 기여예, 응용과학연구의 결과와 새로운 관리적 기술예, 표준비용계산에서 파생되었기 때문이다. 이러한 교육적 차이는 경제적 성과에 있어서의 중대한 차이를 가져왔다.

극단적인 예로, 영국의 고등 교육은 직업을 목적으로 한 전문 엔지니어와 회계사, 그리고 관리자들을 교육시키지 않았다. 대신, 평범한 사람들이 이러한 기술을 익혔고, 이들이 바로 1차 산업혁명기의 "원조 실용적 인간"이라고 할 수 있는데, 이들은 주지하듯이 교육혁명의 시작 시기와도 우연히도 겹치는 2차 산업혁명기에 급

속히 사라져 갔다. 이와 대조적으로 프랑스 고등 교육은 엔지니어와 회계사, 그리고
관리자들에 대한 교육에 있어서 공식적 교육과정에 기반한 접근을 추진하였는데,
이는 고등 교육을 명예로운 국가 관료들을 양성하기 위한 엘리트 교육과 결합시킨
것이었다. 따라서 프랑스에서의 교육은 수동적 강의에 의존한 백과사전식 교육이었
으며, 보다 행동중심의 실험실 교육은 무시되었다. 프랑스의 접근이 영국보다 훨씬
더 학문적이었다고 하겠으나, 그것은 지식 생산에 있어서 활동적 연구와 학생들의
참여가 부족한 것이었고, 이는 결국 독일 고등 교육에 비하여 열등한 수준을 초래
하였다. 응용연구와 관리기술에서 학계와 지식생산 교수진과의 강한 결속을 통해
독일 공학 전문가들은 급격히 과학적 관리와 연구기반 공학을 널리 펼쳤고왜냐하면 그
렇게 배웠기 때문에, 전국에 걸쳐 이러한 과학적 관리와 연구기반 공학은 기업들로 옮겨
갔다. 19세기와 20세기 초반 독일 연구중심대학 모델은 번성하기 시작한 미국대학
들의 모방의 대상이 되었고, 고등 교육에 대한 성공적인 독일의 경험과 산업화로의
전환은 오늘날 연구중심대학이 경영학에 미친 영향의 전조였다.[11]

아마도 대학의 경영학이 중역 회의실로 옮겨 가게 된 궤적은 세계 최대 리테일
링 회사이자 전 세계에 걸쳐 210만 명의 직원을 채용하고 있는 월마트 CEO인 롤린
포드Rollin Ford의 사례에서 요약할 수 있다. 그는 "나는 매일 아침잠에서 깨어나면서
나에게 묻는다. 어떻게 하면 내가 데이터를 더 잘 흐르게 하고, 관리하고, 분석할
수 있을까?""Date, Data Everywhere" 2010라고 말했다. 경영학에 대한 상당한 대학교육을
받은 경영컨설턴트들은 방대한 양의 데이터를 분석하여 다양한 산업계와 조직을 이
끌고 있는 고객들을 분석한다. 컨설턴트들은 자신들을 "대학이 검증한 전문가"라고
지칭하고, 행동한다.

신제도주의자인 문혜영2000은 1880년부터 2000년에 걸쳐 새로운 MBA 프로그램
의 창설을 가져온 요인들에 대한 혁신적 연구를 수행하였는데, 여기에서 그녀는 이
프로그램들의 전 세계적 "인기"는 국가적 수준에서 세 가지 주된 요인들에 영향을
받았음을 밝혔다. 첫 번째 창설 조건은, 대체로 이 기간 동안에 진행된 교육중심사
회의 성장에 알 수 있듯이, 여러 나라들에서의 대중 교육의 팽창, 특히 대학과 고등

---

11 나중에 독일은 프랑스를 뒤쫓아 강력한 대학기반의 연구역량을 엘리트형 비대학연구기관으로 이식하
    였다. 후일 이는 슈퍼 연구중심대학으로 올라서는 과정에서 독일 대학시스템의 위기를 불러왔다(Baker
    and Lenhardt 2008).

교육시스템의 확산이었다. 이 교육적 요인은 주식시장의 탄생과 조직화된 기업들에 의해 가능할 수 있듯이 합리화된 경영환경의 영향으로 이어졌다. 마지막으로 특히 1960년 이후, 수많은 국제적 관계와 외교적 활동을 수행하고 있는 나라들에서 특별히 이 프로그램들이 확산되면서 광범위한 접촉 효과가 있었다. 현대 MBA가 후기산업적 기술개발의 중심부에서 공학분야의 하나로 자리잡지 못한 것은 사실이지만, MBA와 관련된 지식생산은 후기산업적 전환의 과정에서 관리적 측면에 초점을 맞추었고, 이제 21세기에 필요한 모든 기업과 거래를 위한 주요 이론들을 생산하고 있다.

마지막으로 최근 MBA 교육과정은 비즈니스, 사회과학, 그리고 추상적 의미의 조직 리더십을 다루고 있다. 회계, 재무, 공급사슬관리, 그리고 기업환경과 같은 경영 주제들은 리더십과 의사소통, 팀 프로세스, 통계학, 권력과 영향력, 그리고 경제학과 같은 조직의 사회적 과정과 기초적 사회과학 분야들과 결합하고 있다. 예를 들어, 필자가 재직 중인 대학의 2년짜리 정규 MBA 교육과정의 60%는 전자의 교과들이고즉, 회계, 재무, 공급사슬관리, 기업환경 등, 나머지 40%는 공식적 조직 내 일반적 절차와 사회과학 영역에 속하는 후자즉, 리더십, 의사소통, 팀 프로세스, 통계학, 권력과 영향력, 경제학 등 기초적 사회과학의 교과들이다. 추가적으로 필수 8개 과목인 "특별·집중·훈련 활동"은 2년 학위 과정 내내 퍼져 있는데, 그 중 7개 과목은 팀프로세스, 지역 서비스, 해외체험, 그리고 개인진로계획에 관한 것이고, 나머지 한 개는 직접적으로 "실질적"인 비즈니스 문제와 관련된 것이고, 이는 전반적 팀프로세스 경험의 끝 부분으로서 2년 전 과정에 걸쳐 운영된다. 또한, 경영대학원 강좌의 상당수는 연구/학술, 이론적 관점, 그리고 사회과학적 관리분야의 많은 연구물들을 섞어 가르친다.

MBA 프로그램들이 지역적 또는 국가적 요인들에 의해 발전되었다는 증거도 있지만, 대체로 이 미국식 대학 모델은 전 세계적으로 확산된 일반적 모델이다. 또한, 이 모델은 공식적 조직들의 여러 형태로 확산된 모델이기도 하다. 이 프로그램과 그 교수들은 경영에 대한 새로운 관념을 만들어내는 플랫폼들이라고 할 수 있는데, 전 세계 많은 대학들이 채택하고 확산한 비영리 및 정부조직과 같은 엄청난 영역을 위한 "신공공관리new public management"와 같은 것이 바로 그러한 관념의 예라고 할 수 있다예, Mazza, Sahlin-Andersson, and Pedersen 2005; Sahlin-Andersson 2001. 마지막으로 MBA의 발전과 부분적으로 중복되는 것이 바로 대학의 교과와 연구의 영역으로서 경제학의 성장이라고 할 수 있는데, 경제학의 보편적, 국제적 전문지식으로의 전환 역시 국가 경제적 발전을 목표로 한 것이다Fourcade 2006.

이상에서 살펴본 본 장에서의 세 가지 사례는 교육혁명의 핵심부에서 작동해온 대학의 역동적인 사명과 역할의 변화를 잘 보여준다. 교육중심사회 관점을 낳게 한 존 마이어John Meyer의 오래 전 설파는 이러한 핵심 사항들을 미리 예견해 주었다.

> 교육은 합리적 행위자들이 고려해야만 하는 "경제적 지식"을 창조할 뿐만 아니라, 경제학자의 역할을 창조해내고, 사회에서 경제학자의 권위적 주장을 정당화시켜주고, 그리고 누가 과연 경제학자인지를 정의해주는 것을 돕는 구조로서 작용한다. 교육은 정신의학을 창조할 뿐만 아니라 정신의학자를 만들어낸다. 또한 현대 경영 이론을 창조할 뿐만 아니라 MBA도 생산해낸다. 합리적 행위자는 의학적 지식을 고려해야 하고, 그렇게 하기 위해서 그는 의사의 자문을 받아야 한다. 따라서 현대 사회조직 구조는 특정한 전문 인력들을 받아들임으로써 합리화된 지식을 통째로 수용하게 된다. 교육은 새로운 차원의 지식과 사회로 수용될 수 있는 전문인력을 만들어낸다(1977, 68).

이러한 가공할만한 상호공생적 문화적 프로세스는 제2부에서 교육혁명이 어떻게 사회의 주류적 국면에 도달하고, 그리고 그러한 주류적 국면들을 변화시켜왔는지를 분석하면서 다시 고찰한다.

02

교육혁명의
사회적 결과

교육에 의한 직업의 변화

CHAPTER
6

교육에 의한 직업의 변화

*노동자들은 전통적인 방식인 회사 주식 소유권의 분배를 통해서가 아니라 경제
적인 가치가 있는 지식과 역량의 획득을 통해서 자본가가 되고 있다.*

테오도르 슐츠(Theodore W. Shultz), 미국 경제학회 회장 연설문 중, 1961년.

*과거 학교는 인간을 교육시키고 감성과 인격을 성장시키는 역할을 했었다. 오늘
날에는 직업들이 점점 더 자격증, 학위, 졸업장에 더 의존하게 되면서, 학교교육
의 목적과 동기가 변하고 있다. 학교교육은 점점 더 자격증 획득을 위한 관례화
된 과정으로 변모하고 있다. ... 관례적이고, 지루하고, 불안함과 따분함이 퍼져
있으며, 호기심과 상상력을 파괴한다. 간단히 말해서, (학교는) 반교육적이다.*

로날드 도어(Ronald Dore), 졸업장 병, 1976년.

    1960년대부터 1980년대까지, 대중 교육혁명이 활발해지면서 중등교육과 고등
교육의 진학률이 높아짐에 따라, 다수의 교육학자, 경제학자, 사회학자, 국가발전과
관련된 기타 전문가들은 고학력 청년들이 본인의 학력 수준보다 낮은 직업군에서
일하게 되는 교육의 과잉공급 현상이 전 세계적으로 심각하게 일어날 수 있음을 예
견하였다. 선진국에서는 제어하기 힘들어 보이는 과잉교육 문제의 전형poster-boy으
로, 박사학위를 받고서도 생계를 위해서 택시 운전을 하고 있는, 사회에 불만이 가
득 차 있는 택시 기사들을 양산했고, 반면 개발도상국에서는 고등학교 졸업장은 있
지만 국가 공무원과 같은 사회적 지위가 높은 직업을 얻지 못해 화가 난 젊은 청년

들이 그 자리를 차지했다.[1] 예전에는 소수의 엘리트 집단에게만 보장되었던 교육 기회를 보다 많은 청년들이 획득하게 됨에 따라 기존에 확립되었던 교육과 관련된 사회질서, 즉 교육을 받은 사람들이 소수의 엘리트 직업을 가질 수 있다는 확고한 연결 관계가 위협받게 되었다. 소위 과잉교육overeducation 위기는 떠오르는 사회문제로 간주되었고 이 문제는 곧 급속도로 퍼질 것만 같았다. 그리고 이러한 위기는 실제 나타나지 않았지만, 결국 현재 진행 중인 대학원 교육의 확산과 같은 교육 팽창의 흐름이 나타날 때마다 어김없이 과잉교육 위기론으로 이어지고 있다. 그러나 앞으로 이 장에서 논의하는 바와 같이, 과잉교육 위기라는 이미지는 교육이 인구 전체에 충분히 확대됨에 따른 직업세계와 경제 분야의 변화를 거의 정확히 예측하지 못하고 있다. 이것은 교육혁명이 과연 어떻게 다른 제도들을 변화시키는지에 대해 보여주는 중요한 시작점이다.

교육과 노동 간의 관계는 많이 연구되고 있지만 일상생활로부터 교육과 노동은 명확한 관계가 있다고 보여지기 때문에 왜 이렇게 이 관계에 대해 주목하는지 궁금해 하는 사람이 있을 수도 있다. 실제로 이 둘 간의 관계는 여러 나라에서 과거부터 현재까지 이루어진 방대한 양의 체계적인 연구들에 의해 모든 분야를 통틀어 예외없이 확인되고 있다. 다른 모든 조건이 동일하다면, 교육을 더 많이 받은 노동자들은 그렇지 않은 노동자들에 비해 평균적으로 더 많은 임금을 받는다. 그러나 "임금에 있어서의 교육 프리미엄education premium"이 왜 일어나는가는 교육과 노동의 관계에 대한 핵심적인 질문이다. 교육에 대한 전통적인 관점으로부터 도출된 서로 대립하는 두 가지 주장은 이 질문에 대한 나름의 답변을 제시하고 있다.[2]

인적자본이론과 마르크스 이론은 전통적인 교육이론의 양 끝단을 차지하고 있다. 이 두 이론은 후기산업사회에서 교육과 노동 간의 관계에 대한 논의를 할 때 흔히 인용되고 있다. 인적자본론자들은 대부분 경제학자들로서 교육을 고전 또는 신

---

1 과잉교육에 관한 저술들은 오직 남성에게만 초점을 맞추고 있지만 남성의 경우와 유사하게 급격히 증가하는 여성의 학교 진학률의 이면에 놓인 요인들에 주의를 좀 더 기울인다면 이 저술과 관련된 전문가들은 교육혁명이 단지 직업에 대한 좁은 의미의 경쟁보다 더 많은 것들을 의미한다는 점을 알 수 있을 것이다(예, Baker and LeTendre 2005).

2 저자는 마크 블로그(Mark Blaug 1970), 리차드 루빈슨(Richard Rubinson)과 아이린 브라운(Irene Browne 1994), 피터 와일스(Peter Wiles 1974)의 간명한 개념적인 통찰로부터 많은 도움을 받았다. 비록 그 저술들은 오래 전에 출간되었지만 현재에도 유효하다.

고전 경제학의 관점에서 다루고 있으며 교육을 경제 분석의 중심에 위치시켰다. 그들은 교육이 노동과 직접적이고 서로 떨어질 수 없는 관계로 가정하고 있다. 이 관계는 개개인이 자신의 생산성에 투자하는 능력이 정규교육이나 현장훈련으로 인한 역량획득을 통해 이루어진다는 점을 고려하고 있다예, Becker 1993; Schultz 1961. 비록 인적자본이론은 역량에 대한 논의로 가득 차 있지만, 그것이 진짜로 의미하는 것은 대부분 *교육을 통해 획득된 역량*이다.[3] 인적자본이론이 보여주는 논의의 주요 형태는 학교교육이 일상생활에서 "해야 하는" 것을 가르친다고 가정함으로써, 교육을 개인에게 유용한 능력들을 전달하는 기관으로 받아들인다. 그래서 이 핵심적인 가정은 거의 당연시 된다Keely 2007. 중복된 표현일 수도 있지만, 교육이 노동시장에서 더 많은 임금을 받도록 한다는 사실은 인적자본이론의 입장에서는 만약 시장논리가 좀 더 높은 생산성을 지닌 노동자를 선호한다면 교육이 임금을 결정하는 핵심적인 요인이 된다는 것을 가정하기에 충분하다.

많은 사회학자들에 의해 지지를 받고 있는 마르크스주의 입장은 교육을 하나의 헛된 신화myth이자 거대한 속임수rip-off로 가정한다. 학교교육은 "하기로 되어 있는" 것을 거의 제대로 가르치지 못한다. 학교교육은 유용한 역량들을 전수하는 것이 아니라 고용주들에게 어떤 학생이 일하기 적합한 능력과 태도를 갖추고 있는지 알려주는 값비싼 사회적 선별 장치에 불과하다예, Spring 1988. 예를 들어, 영국과 미국의 노동계급 청소년들의 교육에 대한 문화기술적 저작들로 폴 윌리스Paul Willis의 『학교와 노동재생산』Learning to Labour과 제이 맥러드Jay McLeod의 『못할 것은 없다』Ain't No Makin' it는 이러한 상상에 상당히 의존하고 있다. 인적자본이론과는 달리, 교육이 근거없는 신화education-as-myth라는 이 입장은 학교교육이 인간을 순응하는 노동자로 사회화시키고 이에 맞는 인간을 선별하며 교육 불평등을 받아들이도록 하는 데 기여한다고 본다. 학습하는 공간이라는 겉모습과는 달리 학교교육은 일반적으로 경제적인 가치와 관계가 없으며 심지어 억압적인 형태를 띠고 있다예, Giroux 2000. 다음 장에서 좀 더 논의하겠지만, 마르크스주의 입장이 교육 프리미엄을 설명하는 방식은, 직업과 관련된 실제 역량을 반영하는 것이 아니라 일종의 "학력주의credentialism"의

---

3 인적자본의 본래 개념은 새로운 직업과 함께 지역을 옮기려는 의지와 직무현장 훈련(on-the-job training)과 같은 다양한 투자가 존재한다는 점을 밝히고 있지만, 시간이 감에 따라 정규교육이 핵심적인 투자가 된다는 점을 입증하고 있다(Teixerira, 2009).

결과이자 계급 기반의차별적 사회화이다.

그러나 이 두 입장은 하나의 제도로서의 교육이 학생들을 훈련시키고 배치시킬 뿐 아니라 인간의 역량과 노동의 본질, 그리고 심지어 경제적 가치가 있는 유용한 지식을 구성하는 주체에 대한 이해와 기대를 변화시키는 힘에 대해서 간과하고 있다. 인적자본이론의 입장은 굉장히 협소한 측면에서 교육과 직무역량 간의 일대일 대응만을 조명하고 있고 이 둘 간의 역동적이고 복잡한 관계를 고려하지 않는다. 그리고 교육이 근거 없는 신화라고 보는 냉소적인 마르크스주의적 관점은 인간을 교육하는 것이 그들의 생산성을 변화시키고, 고학력 노동자의 증가가 노동의 본질 자체를 변하게 하는 점을 간과하고 있다. 교육은 물론 개개인의 인간들을직업세계에 진입할 수 있도록 준비시키지만, 동시에 지속적으로 증가하고 있는 교육의 독립적이며 문화적 인 힘은 경제 전반을 변화시키고 있다. 그 경제적 변화는 교육받은 사람들의 감성에 맞춰 조성되고 확산된 새로운 직무현장 내에서 충분히 교육받은 노동자들의 역량으로부터 영향을 받아 이루어지게 된다. 또한 노동시장과 인구 전체의 교육수준이 높아짐에 따라 새로운 직업들이 생겨나고 기존의 오래된 직업들은 점점 세분화된다. 즉, 대중 교육과 노동은 서로 상생하는 방식으로 연결되어 있고 이러한 과정은 세계 경제의 많은 부분을 변화시키고 있다.

이 상생은 네 가지 측면에서 확연히 드러난다. 첫째, 교육혁명이 심각한 과잉교육의 문제를 불러일으키고 그로 인해 사회가 대격변을 겪을 것이라는 급진적인 예측이 얼마나 잘못되었는지를 살펴봄으로써 설명할 수 있다. 둘째, 직업과 노동자의 역량에 대한 이전의 생각과는 달리, 직무현장에 홍수처럼 밀려드는 고학력 노동자들의 공급이 노동의 대중 전문화mass professionalization를 확산시켰다는 사실이다. 셋째, 회사들은 직무현장에서의 기술의 변화와 함께 고학력 노동자들의 역량과 업무 습관에 맞추어 이익창출 전략을 수정하고 있다는 점이다. 넷째, 학교교육에 의해 영향을 받아 지금까지 변화를 거듭한 업무현장, 직업, 노동자들은 단순히 개개인의 역량의 변화만을 반영하는 것이 아니라 오랜 시간 동안 우리가 이전에는 생각지 못한 다양한 방식으로 진행된 광범위한 문화적 변화를 보여주고 있다는 점이다.

졸업장 병은
결국 발생하지 않았다

　1976년, 영국의 저명한 일본학자 로날드 도어는 그의 주 연구 주제인 일본의 경제성장이 아닌, 『졸업장 병』The Diploma Disease이란 도발적인 제목으로 책을 한 권 출간하였다. 이 책은 학교교육이 전 세계적으로 확대되는 추세에 대해 비판하는 대표적인 저술이다. 당시 그는 많은 전문가들과 같이 과잉교육을 받고 취업하지 못한 청년집단들이 결국 그들의 교육수준과 노동시장에서의 제한된 기회 간의 간극에 대해 상당한 불만을 갖게 될 것이며 보다 높은 수준의 학교교육을 이수함으로써 확실히 더 좋은 직업을 가지게 될 것이라는 기대가 채워지지 않게 되어 결국 많은 사회문제가 야기될 것이라고 예측했다.

　이 예측이 보여주고 있는 논리는 굉장히 흥미로웠고 또 대중들이 이해하기 쉬웠다. 1960년대와 1970년대 교육이 팽창하는 현상과 함께, 전 세계적으로 청년층의 중등교육 중 고등학교와 대학교 진학률이 이전에는 볼 수 없었던 정도로 높게 나타났다. 이전까지는 엘리트만을 대상으로 했던 교육의 영역이 굉장히 짧은 시간에 다양한 사회경제적 배경을 가진 청년들에게 확대되었다. 이러한 현상이 나타나기 전에는, 상위 수준의 정규교육을 극소수만 진입할 수 있었던 점 때문에 교육은 비교적 적은 수의 상위 직업을 차지할 수 있는 개인을 효과적으로 선별하는 도구라는 관점이 일반적이었다. 대중들을 위한 초등교육은 이러한 관점을 위협하지 않았고 오히려 초등교육은 그 나름대로의 경제적·사회적 편익이 존재한다는 점에서 환영받았다. 그러나 고등학교 교육과 대학교육의 팽창이라는 새로운 흐름은 초등교육의 팽창과는 다른 양상을 보였다. 새로운 교육 팽창의 흐름은 기존의 사회 질서를 위협하고, 고학력자의 심각한 과잉공급은 분명히 사회문제가 될 것으로 보였다. 만약 상위 수준의 학교교육이 너무 많은 학생들에게 공급되어서 이 많은 학생들이 고등교육과 관련된 극히 제한된 수의 일자리를 차지하기 위해 경쟁하게 되면 어떤 일이 벌어질까? 교육혁명의 등장은 기존의 엘리트 교육 시스템에 심각한 타격을 입혔고 예전에는 상위 수준의 학교교육으로 여겨졌던 고등 교육에 일반 대중들이 진학하게 되면서 직업세계와 심지어 전 세계의 사회 안정성에 대해 많은 사람들이 걱정하게 되는 양상이 펼쳐졌다.

도어의 책이 성공할 수 있었던 이유 중 하나로 교육 진학률의 성장에 대해 이미 제기되고 있던 반응들을 수면 위로 끄집어냈기 때문이다. 한 예로, 1940년대 후반 대학교육 팽창의 결과를 예상한 미국 고등 교육 전문가의 예상은 어떠했는지 살펴보자.

> "추후 20년 안에 대학생들은 졸업 후에 실망감으로 가득 찰 것이다. 왜냐하면 졸업자 수에 비해 대졸자가 희망하는 일자리의 수는 훨씬 적을 것이기 때문이다 (Harris 1949, 64)."

『졸업장 병』이 출시된 직후 베스트셀러가 되고 급속도로 다양한 언어들로 번역된 것은 전혀 놀라운 일이 아니었다. 심지어 오늘날에도 이 책은 "과도한" 교육 팽창의 역효과에 대한 고전적인 견해를 담은 영향력 있는 저작 중 하나로 남아있다. 이 책은 단지 교육과 사회와의 관념적인 관계에 대한 내용만을 이야기하고 있지 않다. 이 책은 어떻게 빈곤 국가들이 발전할 수 있는가발전해야만 하는가에 대한 논쟁에 기반을 두고 있는데, 이 책의 상당 부분은 이들 국가들의 경제 발전을 돕기 위한 노력에 영향을 미치고 있으며 실제로 이와 관련된 주장이 이 책의 가장 큰 정책적인 제언이라고 볼 수 있다. 저명한 비교연구학자인 도어는 국제 발전 관련 전문가들이 그동안 생각하지 못했던 점을 제시했다. 교육을 통해 빈곤한 세계를 구할 수 있다는 이전까지 당연시되었던 효과가 오히려 역효과를 낳았다는 것이다. 그 역효과는 학교교육이 이제 국가 차원의 질병이 되었다는 것이다.

도어는 화려하고 설득력 있는 문체로 졸업장 병의 두 가지 심각한 결과를 예견했다. 첫째는 경제 발전에 상대적으로 늦게 진입한 개발도상국에 관한 것으로 그 국가들에게 있어서 갑작스러운 교육 팽창은 "학력 인플레이션qualifications inflation"으로 이끌 수 있다는 것이다. 이 인플레이션은 이전과 동일한 직업을 위해서 구직자들이 시험을 기반으로 획득할 수 있는 졸업장을 통해 증명되는 학력을 이전보다 높은 수준으로 끌어올리기 위해 다시 경쟁해야 한다는 것을 의미한다. 학력 인플레이션은 노동경제학자들이 생각하는 "직업 내 학력 상승within-job education qualification upgrading" 혹은 짧게 줄여서 "학력 상승(educational upgrading)"을 의미한다. 어떤 직업에 요구되는 역량을 향상시키는 것 대신, 학력 상승은 단순한 학력주의일 뿐이며 이것은 합리적 경제세계에서 비효율적이고 낭비적인 현상으로 간주된다. 특히 도어는 교육이 국가 발전에 확실히 중요한 요인이기는 하지만 이러한 효과를 벗어난 자격증 사냥credential-hunting은 역량 개발과 관계없는 학력 상승을 통해 경제와 사회 전반에 긍정적인 영향보다는 해를 끼칠 것이라고 주장했다.

둘째, 도어는 졸업장 병이 교육 그 자체를 무너뜨릴 것이라고 예측했다. 중등교육과 고등 교육에 대한 대규모 진학으로 촉발된 극심한 경쟁적인 교육 체제 속에서 대부분의 학력은 통과의례인 시험gatekeeper examination으로서의 성과 정도로 그 의미가 축소될 것이라고 보았기 때문이다. 이러한 상상은 영국의 식민지였던 여러 국가들에게 확인된 유사 영국 교육quasi-British education 체제에서 부분적으로 확인되었고 도어는 20세기 중반 직접 이러한 현상을 경험한 바 있다. 그는 교육 팽창이 교육내용, 교수목표, 학생들의 교육에 대한 동기부여 등을 약화시킬 것이라고 보았는데, 졸업장을 획득하기 위한 시험의 통과가 교육의 유일한 목적이 될 것이라고 생각했기 때문이다. 책 서문에도 나와 있듯이, 졸업장 병의 확산과 함께 교육은 아마도 오로지 시험에 통과하기 위한 의식으로서 사람들에게 인식될 것이고, 내재적인 학문적 탐구심을 잃게 됨으로써 교육에 대한 가치가 줄어들 것이며, 보다 좋은 직업을 위한 단순 경쟁으로 인해 사람들은 교육을 통한 성장을 하지 않게 되어 미래의 교육은 이전에 생각했던 교육과는 달라질 것이라고 생각했다.[4]

교육에 대해 냉소적인 태도를 보이는 이 책은 "과잉" 교육의 임박한 결과에 대한 교육학, 인구학, 공공정책 연구의 소규모 분과를 형성하는 데 즉시 도움을 주었다예, Bowles and Gintis 1976; Clogg 1979; Freeman 1975, 1976; Rumberger 1981; Smith 1986; Witmer 1980. 이 연구들은 과잉교육을 점점 부각되고 있는 사회문제로 규정하고 이 문제가 광범위하고 재앙적인 규모로 나타날 것이라고 예측했고, 후속 연구들은 이전보다 더 비관적으로 전망했다. 그 연구들 중 몇몇은 사회 전체 혼란의 위기가 과잉교육 때문이라고까지 보고 있었다. 그 중 하나는 과잉교육을 받고 실업 상태에 있는 사람들의 절망감을 "미국에 퍼지고 있는 사회 불만족의 가장 핵심적인 동력"이라고 강조했고, 또 다른 영향력 있는 책은 "대학생들의 포부와 경제체제에서 노동에 필요한

---

4 교육의 책무성 관련 정책과 미국의 낙오학생방지법(No Child Left Behind laws)과 같은 시험의 확대를 주장하는 현재의 논쟁에 익숙한 사람들은 도어의 불만에 동의할 것이다.

요건 간의 불일치는 학생 급진주의student radicalism의 주요 요인"이라고 주장했다 Blumberg and Murtha 1977; Bowles and Gintis 1976, respectively, as quoted in V. Burris 1983, 455. 심지어 미국, 유럽, 일본의 3국 위원회Trilateral Commission와 미국 정부는, 미국 정부명의 보고 서를 통해, "학력과 그에 맞는 적절한 직무 내용 간의 불일치로부터 초래되는 절망, 소 외, 분열에 주목해야 한다."라는 성명을 발표하기도 했다U.S. Department of Health, Education and Welfare n.d., 136, as quoted in V. Burris 1983, 456; Trilateral Commission 1975.

　　교육에 대한 이 음울한 묘사가 분명히 비현실적임에도 불구하고, 많은 사람들은 이 관점에서 교육을 바라보기 시작했고, 지금도 여전히 그렇게 교육을 바라보고 있 다. 과잉교육과 그로 인한 부정적인 결과물에 대한 이미지는 많은 사람들로 하여금 그들이 살고 있는 삶의 중심에서 일어나는 급속한 교육의 확대를 이해하는 데 도움 을 주는 것처럼 보인다. 대학교육을 받은 사람들에 대한 전반적인 인식이 한 세대 가 지나기도 전에 퇴색되었을 때, 끝없이 치솟고 있는 학력상승을 따라가기 위해 모든 가정에서 많은 시간과 에너지를 쏟아부어야만 했을 때, 청소년들의 삶에서 점 점 더 많은 시간을 일하는 것 대신 공부하는 것에 할애해야 할 때, 그리고 직업을 얻으면서 졸업장이 매우 강조될 때, 졸업장 병에 대해 옹호하는 것은 일종의 안도 감을 준다. 그러나 교육과 직업세계에 대한 이 냉소적인 예측이 지지를 얻을수록, 이 주장은 매우 부정확하다는 점이 드러나고 있다.

　　사회학자들은 교육혁명으로 인해 야기된 사회불안을 연구하는 과정에서 이 둘 간의 관계에 대한 아주 작은 실마리조차 찾아낼 수 없었다. 가장 대표적인 사례는 밸 버리스Val Burris 1983의 미국 노동자들을 대표하는 전국 단위의 대규모 표본에 대 한 비교 분석이다. 이 연구는 종사하는 직업에 비해 과잉교육을 받은 사람들과 그 렇지 않은 사람들을 비교했는데 이 두 집단 간에는 직업만족도, 정치적 급진주의, 정치적 소외, 노동조합주의, 성취지향에 대한 믿음과 같은 지표에 있어서 실질적인 차이가 없는 것으로 나타났다see also Spenner 1988; and Vaisey 2006 for a modest effect on job satisfaction.[5] 또한 대중 교육이 교육내용, 교수의 질, 학생들의 동기부여를 저하시킨다 는 주장도 확실한 증거가 드러나지 않았다. 뒤에서 다시 이야기하겠지만 오히려 대 중 교육이 학습 내용 전반에 걸쳐 실질적인 수준 향상을 보여주는 증거들이 더 많

---

5 여기서 발견된 작은 차이 하나는 가장 낮은 지위의 직업에서 일하는 최고학력자의 직업 만족도였다.

이 나타나고 있다. 또한 교육중심사회는 전체주의 사회 내에서 최근의 사회불안에 부분적으로 연관성이 있다고 알려진 격렬한 시민 정치 행동을 양산하기는 하지만, 교육과 직업 간의 불일치로 인한 개개인의 소외 현상은 사회불안의 원인이 아닌 것으로 밝혀졌다.[6] 요컨대, 졸업장 병은 사회 계약에 관한 대단히 치명적인 결과들을 가정하고 그것이 실현되기를 기다려 왔지만, 실제로는 발생하지 않았다.

과잉교육은 또한 교육이 팽창하는 과정에서 일반적으로 나타나는 현상이 될 것으로 가정되었지만 실제 얼마나 많은 사람들이 과잉교육과 관련되어 있고 누가 관련되는지에 대한 추정치는 그 가정과는 다소 상이한 모습을 보여준다. 학력과 실제 필요한 직무능력 간의 불일치에 대한 추정치는 1970년대 후반과 1980년대 초반의 피고용자 전체 중 낮게는 14%에서 높게는 22%의 범위를 나타냈다B. Burris 1983; Clogg and Shockey 1984.[7] 22%에 해당하는 더 높은 추정치는 상당한 규모의 집단을 대표하고 있지만, 대부분의 학력과 직무 간의 불일치는 그 수준이 약하고, 불일치의 정도는 교육혁명의 빠른 속도에 비하면 상당히 느리게 증가하고 있다. 이 연구 이후 좀 더 최근에 진행된 교육, 임금, 직무만족도에 대한 전문 연구들은 다음과 같은 결론을 내리고 있다. 첫째, 과잉교육을 받은 노동자의 3분의 2만 실제로 교육과 직무의 불일치가 명확하게 드러난다. 둘째, 겉으로 더 많이 교육을 필요로 하는 직업을 가졌을 경우 적정 수준의 교육을 받은 사람들보다 임금을 더 많이 받는다. 셋째, 회사들은 고정된 조건으로서가 아니라 이익추구 전략으로서 직무역량의 변화와 노동자의 교육수준을 활용한다예, Acemoglu 1998; Chevalier 2000; Sicherman 1991; Sloane 2002.

게다가, 고학력 노동자 고용을 늘림으로써 변화하는 직무현장을 잘 보여주는 예는 바로 교육－직무 불일치를 경험할 가능성이 가장 높은 사람들이다. 노동시장 중두 군데에서 교육과 직무 간의 불일치가 가장 집중적으로 일어난다. 첫째는 고등교육을 조금 경험하기는 했지만 대학 학위가 없는 노동자의 경우이고, 둘째는 관리

6 몇몇 국가에서 대학생의 수적 증가는 사회와 정치에 대한 시위와 연결되어 있다. 그러나 그 동력은 교육과 직무 간의 불일치로 인한 소외가 아니며 학생들의 반란은 교육이 사회에 미치는 또 다른 제도적 영향의 결과이다(예, Meyer and Rubinson 1972).

7 이처럼 다른 측정치는 측정방법의 차이 때문이다. 클로그(Clogg)와 샤키(Shockey)는 직무역량을 고정시키지 않고 상대적인 과잉교육을 측정했던 반면, 버리스(B. H. Burris)는 교육수준과 직접적으로 관측된 직무 역량 요구수준 간의 차이를 측정하는 방법을 택했다.

자로 근무하는 사람들의 경우이다B. Burris 1983; Clogg and Shockey 1984. 미국의 경우를 살펴보면, 고등 교육의 참여는 모든 선진국에서 증가하고 있지만 전자의 경우는 조사 당시 2년제 고등교육 기관의 증가로 인한 것이고, 반면 후자의 경우는 관리자에 대한 교육의 필요 요구수준이 높아지고 있기 때문이다. 많은 사람들과 도어가 예측한 바와는 달리, 새롭게 "과잉교육"에 처할 가능성이 높고 잠재적으로는 이로 인한 좌절감을 가장 많이 느낄 것이라고 생각했던 대학 졸업자들은 당시 대중적인 고등 교육의 급격한 팽창에도 불구하고 비교적 거의 직무 불일치를 겪지 않았다Schofer and Meyer 2005.

과잉교육 논쟁은 교육에 대한 수요와 공급의 증가가 세계적으로 규범화됨에 따라 교육과 직업세계와의 관계가 얼마나 역동적으로 변해갈지에 대해 과소평가했다. 교육은 단지 잘 훈련된 사람들을 제공할 뿐이고 직업세계는 고정된 구조로 운영된다는 잘못된 이미지를 적용할 경우, 도어와 더불어 비슷한 생각을 가지고 있는 사람들이 '교육혁명이 중등 및 고등 교육 기관의 팽창을 일으켜서 노동시장과의 마찰을 일으킬 것'이라고 예측한 것은 그리 놀라울 만한 일은 아니다. 과잉교육의 이미지가 설명하지 못한 것은 직업세계에 대한 고학력자들의 대규모 유입이라는 거대한 인구학적 변화와 이에 따른 문화적인 변화가 직업세계의 변화를 이끌었고 여전히 지속적으로 변화를 이끌고 있다는 점이다.

전문성의
대중적 확산

왜 졸업장 병이 실제로는 발생하지 않았는지는 선진국의 경제체제 내에서 전문가와 관리자의 증가에 대한 이야기를 통해 설명할 수 있다. 전문직과 전문가들의 증가에 관한 방대한 양의 사회학 연구들이 존재하는데, 이 연구들의 주요한 하위 주제는 현대사회에서 전문직이 영속적인 형태가 되어가고, 보다 정확하게는 의학, 법학, 신학에, Wilensky 1964과 같은 전통적인 전문영역을 넘어서서 직무 조직 전반에 걸쳐 보편화가 되었다는 것이다. 전문성 확대의 초석 중 하나는 정규 교육으로, 특히 대학 기반의 교육에 대한 접근성의 확대라는 가설이 널리 인정받고 있다예, Abbott 1988; Parsons 1971. 이것이 사실이라면, 대중 교육이 고등 교육으로 확대됨에 따라 전문성과 전문직의 질을 더욱 강조하는 직업에서의 노동자의 역할이 성장한 것을 확인할 수 있을 것이다. 그리고 실제로 이러한 변화는 미국과 다른 나라들의 직업현장의 핵심적인 부분을 통해 명확히 나타나고 있다.

미국 노동통계청U.S. Bureau of Labor Statistics의 경제학자인 이안 와이어트Ian Wyatt와 다니엘 해커Daniel Hecker는 20세기부터 2006년까지의 직업군의 추세에 대한 포괄적이고 비교 가능한 정보를 모아왔다2006.[8] 인구조사 데이터는 지난 세기 동안 미국 노동자들이 근무한 직업의 직무 범주들노동직, 기술직, 전문직 등에 대한 정보를 계속 추적해 왔지만 직업군에 대한 정의 변화와 새로운 직업의 출현으로 인해 정확하게 추세를 비교하는 것은 쉽지 않았다. 와이어트와 해커는 직무 범주의 표준을 개발하여 인구조사끼리 비교할 수 있도록 하였다. 그들이 만든 표준은 미국판 교육중심사회의 성장과 가속화 기간 동안 발생한 미국 노동력의 변화의 민낯을 처음으로 보여주었다.

[그림 6-1]에서 볼 수 있듯이, 20세기 동안 가장 놀라운 변화는 "전문가, 과학기술 관련 노동자"로 구분되는 직업군의 급격한 증가이다. 이 직업군은 20세기 초반에는 전체 노동시장의 4% 정도를 차지했지만 21세기 초에는 23%에 달했으며 같은 기간에 걸쳐 170만 명에서 3,000만 명으로 증가했다. 즉, 대학에서 만들어져 권위를 인정받은 지식과 이 지식과 연결된 교육 신임장에 대해 제3~5장에서 설명한 바와 같이 정규 고급교육을 통해 훈련받고 능력을 인정받은, 특별한 전문성을 지닌 사람들을 위한 직업들이 눈에 띄게 증가해왔다.

이러한 전반적인 추세를 밝히는 것은 미국 경제에서의 다방면의 변화가 노동시장에 유입되는 고학력자들의 공급 증가와 함께 이루어졌다는 점을 보여준다Goldin and Katz 1996. 과학기술을 통한 생산, 특히 1970년대 직업현장에서의 컴퓨터 도입, 공식 조직의 수·규모·복잡성의 증가, 보건·교육·사회 서비스·정부의 성장은 각각 직업현장의 전문화를 촉진하였다. 그 결과, 컴퓨터 전문가들은 1960년과 2000년 사이에 전체 대비 고용률이 95배 증가하였고, 엔지니어는 1910년부터 2000년까지 9배 증가하였다. 그리고 회계사와 검사관은 한 세기 동안 13배, 보건 전문가는 5배, 대학 교수는 12배, 화이트칼라 노동자 중에서 대규모 단독 범주로 분류되는 교사는 1.4배 정도가 같은 기간 동안 증가하였다Wyatt and Hecker 2006. 이 직군들의 성장이 어

---

8 피터 마이어(Peter Meyer)와 노동부가 이 연구를 살펴볼 수 있도록 도움을 주었다.

느 정도는 직무의 기술적인 요소의 증가 때문이라는 점은 분명하지만, 근본적인 이유는 전문직을 고용하고 교육을 통한 질적 향상을 인정한 직업들의 성장 때문이기도 하다.

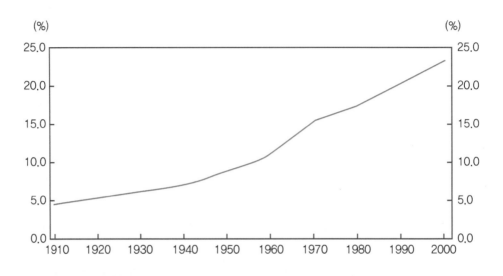

그림 6-1 **전체 근로자 대비 전문직·기술직 관련 근로자 비율(1910-2000)**
　　　　　주: 미국 노동부. 1930년 수치는 출처가 된 논문이 쓰여질 당시 원본 데이터가 부재한 탓에 1920년과 1940년의 평균으로 대체함.
　　　　출처: Wyatt and Hecker(2006, 44).

와이어트와 해커가 조사한 노동시장 변화 목록 중에 교육혁명과 전문성의 대중적인 확산과 가장 관련 있는 부분은 복합적 공식 조직complex formal organizations의 성장이다. 현재 이 조직에는 많은 직업들이 점점 더 많이 등장하고 있다. 이 조직은 공식적인 의사결정 방식을 사용하고 명시된 규칙과 보편적인 원리를 통해 임원들이 결정을 내리게 된다. 그리고 일반적으로 관료적이고 고도로 합리화된 수단/목적 절차 하에 조직이 운영되는데 이는 전통적인 소규모 회사, 가족과 그 일파와 같은 비공식적인 조직의 운영과는 다른 모습이다. 공식 조직들의 밀집은 현대 사회의 특징을 나타내는 핵심적인 측면이다. 이 조직들은 서로 상호 연결되어 있으며 비슷한 방식으로 운영되고 전통 사회와 근대 사회에서는 상상할 수 없을 정도로 거의 모든 종류의 인간 행동을 조직하고 있다에, Boli and Thomas 1999; Carroll and Hannan 1999; Chandler and Mazlish

2005; Dobbin, Meyer, and Scott 1993; Drori, Meyer, and Hwang 2006. 이러한 추세에 대해 연구한 초기 학자들은 앞으로 무슨 일이 일어날지에 대해 거의 예상하지 못했지만, 심지어 그때도 그들은 교육중심사회가 공식 조직의 확산을 촉진하는 기반을 제공했다는 점은 확신했다. 예를 들어, 후기산업사회의 조직 연구를 개척한 두 학자인 아서 스틴치콤Arthur Stinchcombe와 제임스 마치James March는 교육중심사회가 "조직의 형성을 조장하고 새로운 조직의 유지력을 증가시키는 모든 요인들을 실질적으로" 발달시킨다는 통찰력 있는 의견을 피력했다1965, 150.

20세기 후반에 교육을 받은 대부분의 전문가들과 기술자들은 자영업 또는 가족중심의 소규모 기업 근무가 아닌 공식 조직에서의 근무를 주로 택했다. 예를 들어, 2010년에는 사기업에 종사하는 노동자 중 50% 이상이 250명 이상의 노동자를 둔 회사에서 일했고, 38%는 1000명 이상의 근로자를 둔 회사에서 일하고 있었다. 공기업에서 근무하는 노동자의 경우에는 이 비율이 더 높아진다U.S. Bureau of Labor Statistics 2011. 물론 여기에는 생산직, 블루칼라 직업을 포함하고 있지만 이 직업들은 대규모 조직에서 다른 직업의 수가 지속적으로 증가함에도 불구하고 그 수가 감소하고 있다. 이것은 더 많은 사람들이 비영리 조직뿐만 아니라 모든 영리 조직과 여타 경제 조직을 포함한 공식 조직이라는 울타리 내에서 일하고 있다는 것을 의미한다. 대중들이 중등교육과 고등교육을 받기 시작한 초기의 사회변동과 동시에 나타난 현대적인 조직의 등장과 확산은 직업현장의 본질을 바꿔놓았다. 그 본질은 다름 아닌 고학력자들에게 일반적으로 기대하는 노동의 질과 관련되어 있다.

굉장히 많은 직업에 대한 구조도라고 볼 수 있는 기업들의 제도화된 조직 설계에 대한 조직 사회학자 월터 파웰Walter Powell의 평가는 "직무와 관련된 사회적 기술social technology이 얼마나 급격하게 변했는지"에 대해 보여주고 있다2001, 68. 그리고 이 새로운 사회적 기술의 면면은 길리 드로리Gili Drori, 존 마이어John Meyer, 황호규와 9명의 다른 신제도주의 학자들에 의해 공식 조직의 세계화에 관해 날카롭게 통찰한 공동 연구에 자세히 기술되었다2006. 그들은 이 새로운 현대 조직들은 인간의 조직적 역량을 끌어올린 교육중심사회에 기반한 세 가지 핵심 요소들을 가지고 있음을 보여준다. 명확히 교육중심사회의 직접적인 결과물이라고 할 수 있는 첫 번째 요소는 현대 조직에 스며들어 있는 폭넓은 "인적자원의 전문성Personnel professionalism"이다. 인적자원의 전문성은 두 가지를 의미한다. 첫째는 임원들과 핵심 전문직뿐만 아니라 그

곳에서 일하는 다른 많은 사람들도 모두 고등교육을 받았고 공식적으로 학력을 인정받았다는 점이다. 교육은 사람들에게 현대 조직에서 활용할 수 있는 역량을 길러주고 그들이 그런 자격이 있다는 점을 보증해준다. 교육증명서, 즉 졸업장은 공식 조직 내의 행위 일체와 관리 책임에 대한 접근을 통제하고 학력의 위계는 현대 조직의 내부 위계와 철저하게 연관되어 있다.[9] 둘째, 인적자원의 전문성 개념은 직무 현장에 직원은 "주어진 업무에 대해 깊은 사고를 할 수 있고 그것에 기반하여 합리적 선택을 하는 행위자이며, 합리적이고 창조적인 행동을 할 수 있고 전문성을 갖춘"Luo 2006, 230 책임 있는 개인이라는 사고 방식을 들여왔다. 그리고 이러한 사고방식은 교육을 받은 모든 사람에게 기대되는 특징으로서 대부분의 국가 교육체제 내에 자리잡게 되었다. 이것은 20세기 전의 일반적인 직무 현장과는 직접적으로 대치되는 것으로, 그 당시 노동자들은 "기계의 부속품이자 거칠고 더럽고 신뢰할 수 없으며 술에 취하기 쉬운" 존재로 인식되었던 바 있다Common et al. 1972, as quoted in Luo 2006, 230.

두 번째 요소는 현대 조직 내의 철저한 합리성의 증대이다. 엄격한 조직 전략의 하나로서의 인간 행동의 합리화는 19세기의 초기 관료제에서 유행했고 이 사회적 기술은 현대 조직에서 현재 더욱 많은 조직 내 권한 및 명령 체계에 있어서 합리적인 수단/목적 행위에 적용되고 있다예, Perrow 1986; Weber 1978. 현대 조직 형태가 한때는 공식 조직의 범위 밖이라고 생각되었던 행위까지 포함한 광범위한 인간 행동에 적용된 것처럼, 철저한 합리화는 조직의 모든 상황에 적용되었다. 회계, 감사, 기금모금, 세세한 법적 계약들, 공적 분야와 조직에서의 사회적 공동 책임, 인간관계, 전략적 계획 이 모든 조직행위의 등장은 현재 공식 조직에서 엄청나게 합리화된 내부 활동에 대한 몇 가지 예시들일 뿐이며, 이러한 활동에서 전문가 문화expert culture는 가장 핵심적인 부분으로 작용하고 있다. 교육중심사회 안에서 자리 잡고 있는 핵심적인 신념은 이 합리화된 영역들이 대학에서 만들어지는 전문성의 영역이며 이 영역은 이와 관련된 특별한 지적 기반을 갖추도록 교육을 받은 개인들에게만 열려있어야 한다는 것이다예, Fogarty 1997. 조직적 필요에 의한 일부 "자연스러운 결과"로서가 아니라, 실제 현장에서 이렇게 매우 합리성이 강화된 형태의 내부 활동들은 교육혁명

---

[9] 보다 편협한 고전적인 시각에 입각하여 공식조직이 전문성을 해친다는 주장은 Abbott(1988)를 참고하길 바란다.

의 직접적인 결과물이라고 볼 수 있다. 회계사, 감사관, 기금 조성자, 법 관련 직원, 사회적 공공 책임 전문가, 기획담당자와 같은 사람들은 교육을 통해 자격을 인정받은 전문가들로 채워지고 있다. 대학교육을 받은 이들은 교육적으로 인정받은 유사한 형태의 수행방식과 상식에 대해 이해하고 있으며 그들은 우선 특정 분야의 전문가로서 그들 자신을 정의하고 그 다음으로 어떤 조직의 피고용자라는 인식을 한다. 이와 같은 논리로 각 전문직 유형은 조직 내 특정 활동들을 맡고, 법적으로 그 활동들에 대한 통제력을 가지며 관련 핵심 자원을 활용하고 전략적인 영향력을 행사하게 된다. 예를 들어, 특정 대학 학위를 취득함으로써 입사한 회계사들은 표준화된 최신 기술을 지닌 전문가로 인식되고 특정 조직의 회계 기능과 예산 흐름을 통제한다. 따라서 이들은 조직 내에서 활동하지만, 교육 자격과 그에 수반되는 신뢰는 특정 조직을 초월하는 권능을 지닌다Drori, Meyer, and Hwang 2006; Shanahan and Khagram 2006.

현대 조직의 세 번째 요소는 조직의 권한 구조가 수평적으로 변모하고 있다는 점이다. 권한과 책임은 과거에 비해 조직 내에서 더욱 폭넓게 배분되었다. 그에 따라 "조직 내 사람과 물품들에 대한 상대적인 권한, 자율성, 책임의 정도"ㅡ요약하면, 다양한 유형의 관리 기술ㅡ는 전 직종에 걸친 직무기술서의 일부로 자리 잡았다 Howell and Wolff 1991, 488. 예를 들어, 관리자로 고용된 미국인은 1910년에는 전체 노동시장의 6.5%를 차지했으나 2000년에는 14.2%로 성장하였고 절대적인 성장치는 같은 기간 동안 250만 명에서 1800만 명으로 증가한 수치를 나타냈다Wyatt and Hecker 2006. 교육혁명이 노동에 미친 영향을 이해하는 데 있어서 이러한 변화가 의미하는 전체적인 함의는 뒤에서 다시 논의하겠지만, 이 변화는 MBA, 그리고 이 학위와 관련된 대학에서 생산되는 특정 지식의 기초적 성장과 관련된 상징적인 과정일 수 있다.

예상대로, 교실 조직은 20세기 동안 노동시장에서의 조직 변화와 유사하게 변해왔다. 1890년부터 1990년까지 교사들과 교실환경을 비교해 보았을 때, 교육사를 연구한 학자인 래리 큐반Larry Cuban은 20세기 후반의 교실은 덜 위계적이고 더 비형식적이며 유연하다는 점을 발견했다. 또한 학생들의 심화 학습능력을 지향하고, 높은 단계의 인지적 능력을 더욱 강조하며 소규모 그룹에서 학생들이 서로 상호작용하는 것을 발견하였다Cuban, 1993, 2009. 또한 현재 많은 업무현장에서 기업의 미래 안녕을 위해 일반적으로 받아들여지고 있는 관리 방식과 그 방식을 지지하는 문구들이 '교사'와 같은 멘토십이라든지 '교육'과 같은 인력 개발과 같이 학교교육의 시스템을 많이 활용하고 있다는 점이 밝혀졌다. 교육중심사회에서 제도로서의 교육이 지닌 문화적 힘은 교실을 업무현장에 적용할 필요가 있는 중요한 모형으로 자리매김하게 했다. 이러한 현상은 자본주의가 학교교육의 모형이 되었다고 가정하는 전통적인 이미지와는 상반되는 결과다Bowles and Gintis 1976.

과잉교육의 이미지를 여전히 신뢰하는 사람들은 다음과 같은 주장들을 제시할 것이 분명하다. 정규 교육의 팽창으로 인해 등장한 새로운 전문직들은 허구적인 전문성ersatz professionalism, 즉 고등 교육 진학률 상승으로 생겨난 허울뿐인 자리phony accommodation라고 주장할 것이다. 그리고 이러한 눈속임은 여전히 이전과 동일한 직업에 지원을 하는 대학을 갓 졸업한 사람들을 기만하는 것으로 단지 그들을 필요한 교육을 받은 전문가라고 칭하고 있을 뿐이라고 비판한다. 그러나 과잉교육의 위기를 가정한 이전의 저작들처럼, 이러한 주장들은 직업 세계가 어느 정도 고정된 질서, 심지어 어느 정도 자연적으로 고정된 질서를 가지고 있다고 잘못된 가정을 하고 있다. 하지만 실제로는 그렇지 않았다. 지난 세기 동안 직업들과 그 직업들의 노동 관련 요구사항들은 현재보다 고정되지 않은 형태였다.

이것은 아마도 초기 사회학자이자 노동 관련 경제학자인 칼 마르크스Karl Marx의 핵심적인 통찰일 것이다. 그는 노동조직은 한 사회의 사회질서와 연관되어 있고 또한 그 질서에 의해 복잡하게 구성되어 있다는 점을 발견하였다. 마르크스 이후, 이러한 관점이 노동과 사회질서에 관한 역사사회학 연구에서 많은 부분 받아들여졌다. 만약 이러한 관점이 맞다면, 현재도 이러한 관점이 통하지 않을 이유는 없다. 따라서 20세기 동안 생겨난 사회질서의 대부분이 교육 팽창에 의한 것이라면 직무현장과 그곳에서 일어나는 노동이 인적자원 전문성, 합리성, 관리주의와 상당한 정도로 부합하는 것은 전혀 놀라운 일이 아니다. 만약 직업과 직무현장이 교육혁명의 영향을 받지 않고 변하지 않았다고 가정한다면, 도어의 가정처럼 교육과 직업 간의 엄청나고 극심한 간극이 발생하고 그로 인한 사회불안정의 발생을 상상해 볼 수 있다. 이러한 상상과는 달리 실제로는 과잉교육이 널리 확산되지 않았고 오히려 노동의 본질은 교육을 받은 노동자의 노동력의 질, 생각, 학교에서 배운 역량에 맞춰 변화했다.

교육은
헛된 신화?

교육중심사회가 다수의 직무현장에서 많은 직업들을 창출해냈고 그 직업들이 교육을 받은 노동자들을 위한 것이라고 할 수 있다면, 직업의 실제 업무 그 자체도 교육혁명으로 인해 변화해 왔다는 것 또한 사실이어야 한다. 그러나 이 명제는 교육은 헛된 신화education-as-myth라는 관점으로 인해 제지되어 왔다. 교육은 헛된 신화라는 관점은 직무 내용이 과학기술과 이익추구의 치명적 결합으로 인해 대부분 탈숙련화deskilling되고 있으며 이러한 변화는 교육이 실제 업무에 특별히 중요한 역할을 하지 못한다는 점을 가정하고 있다. 이 관점에 의하면 학력상승educational upgrading이 일어나는 이유는 어떤 전문성에 대한 필요 때문이라기보다는 일부 고용주들이 고학력자들의 유려한 사회적 감성을 선호하는 선입견 때문이다예, Bowles and Gintis 1976.

이 관점은 사회학자 이반 버그Ivan Berg의 『교육과 직업: 위대한 훈련 도둑』 Education and Jobs: The Great Training Robbery, 1971이라는 책에서 유래되었다. 이 책은 다소 도발적인 책 제목에서도 알 수 있듯이, 공허한 학력주의학력 상승 외에는 교육과 직업은 사실상 관계가 없으며 따라서 교육혁명은 일종의 사회적 사기라고 주장하고 있다. 도어의 논문보다 5년 전에 발간된 이 책은 교육은 헛된 신화라는 관점을 대변하고 있고 현재도 여전히 일상적으로 언급되고 있다. 하지만 널리 인용되는 이 책이 가진 그럴듯한 주장들은 대부분 경험적인 증거들과는 배치되는 비판이며, 이 비판의 약점은 학력 상승의 주장과 관련된 문제점을 보여주고 있다. 한 실례로 그 당시 중간 규모의 사기업 내 고위급 관리자들을 대상으로 한 소규모 설문조사 결과를 들 수 있다. 이 조사 결과는 그들이 교육연한에 따른 노동자들의 생산성을 기록하지 않았고 교육과 직업 간의 관계가 있는지 알지 못했다는 점을 보여주고 있다. 이것을 토대로 버그는 관리자들이 교육이 실제로 노동에 미치는 영향력에 대해 진짜로 알고 있는 것보다 교육을 더 신뢰하고 있다고 짐작했고 그의 주장은 실제로 일부 맞았다. 이러한 믿음은 직무현장에서 제도로서의 교육의 영향력과 관련된 중요한 부분으로 다음 장에서 더 논의할 것이다. 그러나 무언가에 대한 믿음은 그것이 또한 실제 진실임을 뜻하는 것은 아니다. 조직과 조직에서의 합리적 전략의 활용에 대한 지난 40년 동안의 연구로부터 모든 종류의 단절disconnection이 조직 행위, 신념,

정보 속에 존재할 수 있다는 점은 잘 알려진 바이다예, March and Simon 1993. 이러한 점을 통해, 몇몇 관리자들이 그들의 생산현장에서 교육과 생산성 간의 관계가 존재하는지 모른다는 점은 놀랍지도 않고, 교육과 직무능력 간의 관계 유무에 대한 어떠한 증거도 되지 못한다.

이와 유사하게, 버그가 교육과 생산성에 관한 몇몇 직접적인 증거를 제시할 때, 그는 전체적인 함의를 고려하지 않아 보다 심화된 평가를 하지 못하는 모습을 보여준다. 예를 들어, 기술 공학 및 과학 관련 6개 회사에서 근무하는 노동자들의 생산성과 교육과 관련된 데이터를 분석함에 있어서, 그는 교육연한에 따른 임금 증가 추세를 통해 일반적인 교육-임금 프리미엄을 발견하고 동시에 이 프리미엄이 회사 간의 차이가 있음을 발견한다. 아마도 이러한 차이는 노동자들의 연령 차이, 지역에 따른 교육 접근성의 차이 등과 같은 많은 이유에서 발생하였을 것이다. 그러나 회사 간의 교육-임금 프리미엄 차이 자체는 교육과 직무능력 그리고 노동생산성 간의 단절을 입증하는 자료는 되지 못한다.

뿐만 아니라, 이 데이터를 통해 버그는 평범한 실적을 보여주는 노동자와 뛰어난 실적을 보여주는 노동자의 교육연한에 따른 임금 평균을 비교해서 몇 가지 눈길을 끄는 정보들을 제공한다.[10] 이 비교표는 학력을 구분하여 각기 다른 학력 집단에서 모두 뛰어난 실적을 가진 경우 좀 더 높은 임금을 받는다는 사실을 단순하게 보여주고 있을 뿐이지만, 버그는 이러한 단순한 사실을 무시하고 대신 박사 학위를 가진 노동자들의 채용은 석사 학위를 가진 노동자들에 비해 실적에 따른 비용이 더 크고 그 이하의 교육수준들을 비교해도 마찬가지라는 점을 부각시켜 설명하고 있다. 설령 이러한 패턴이 정확히 인적자본이론 가설이 예측하는 교육에 의한 생산성 증가에 따른 임금 프리미엄을 보여준다는 점을 간과하는 것일지라도, 이 결과들이 역량 및 생산성 수준과 급격한 학력 상승이 연관이 없다는 점을 보여주는 것은 아니다. 실제로 오히려 이 비교표 전체는 버그의 주장과 정면으로 대치되는 주장을 뒷받침하는 작은 증거물이라고 할 수 있다!

여기에서 제시된 마지막 증거는 이 책이 교육은 헛된 신화라는 생각에 대해 지지하는 사람들에게서 잘 알려지게 된 가장 큰 이유이다. 직업 관련 정보를 담고 있

---

10 Berg 1971, 99, table V-2.

는 연방 기록보관소에 있는 자료를 활용하여, 버그는 미국 경제체제 내 다수의 직업들의 직무기술 수준의 역사적 변화를 살펴보았다. 미국 노동부의 "직업 사전DOT: Dictionary of Occupational Titles" 문서는 수천 개의 직업들의 직무기술 요구사항을 충족하기 위해 필요한 교육 및 직업훈련 준비에 대해 직접적인 평가를 기술하고 있다U.S. Department of Labor 1956, 1965, 1977. 20세기 중반부터 1986년까지 DOT는 여러 번의 업데이트를 거쳐 세부 직업들의 직무기술 요구사항에 대해 직접 측정한 기록을 역사적으로 제시하고 있다. 이 기록을 조사한 다른 연구자들처럼 버그는 각 직업들의 요구사항에서 "일반 교육 발달GeD: General educational Development; 고졸검정고시 합격증(GED)와는 다른 것임"[11]의 세 가지 하위 요소를 주목했다. 그것은 언어 능력, 수학 능력, 추론 능력이다. 이것과 함께 DOT에 수록되어 있는 것은 신체적 요건, 대인관계 능력 요건, 자율성과 통제, 직업의 전반적인 실질 복잡성substantive complexity이다Spenner 1983. 직무기술과 교육 간의 독립성을 확보하기 위해 DOT는 직무기술 평가가 이 기술을 가지고 있을 수 있는 노동자들의 교육수준에 대한 조사를 고려하지 않고 있음을 명시하고 있다. 따라서 DOT에는 단지 어떤 직업에서 일을 잘 하기 위해 필요한 역량이 기록되어 있고, GeD 수준은 교육 수준을 단순히 똑같이 반영한 것은 아니다. 물론 그 둘은 서로 연관되어 있지만 말이다Fine 1968. 버그는 정확하게 이것들이 어떻게 연관되어 있고 또 이 관계가 학력 상승인지 혹은 직무기술 향상을 의미하는지 이 데이터를 활용해서 알고자 했다.

1956년부터 1966년까지의 변화를 살펴보면서 버그는 직무기술 요구사항의 변화를 보여주기 위해 오직 GeD의 세 가지 하위요소의 측정치 중 최고점만을 이용했는데 이것은 다른 하위측정치에 포함된 상당히 많은 정보를 완전히 무시한 것이다. 이는 뒤에 제시될 최근의 연구들에 의해서도 제기된 문제이다. 그러나 심지어 그의 다소 엉성한 방식의 데이터 분석에서조차도 그가 지지하고자 했던 교육은 헛된 신화라는 관점과는 상반된 결과가 나타났다. 버그는 시간의 흐름에 따른 상당한 수준의 직무기술의 향상skill level upgrading이 나타났음을 발견한 것이다. 4000개의 직업 중 약 3분의 1 정도가 단지 10년 만에 직무기술 향상을 경험했다. 이러한 발견에 대한 시사점을 인식하는

---

11 "GeD"는 "general educational development"의 약자로서 미국 노동부가 직업들마다 요구되는 역량들을 분류하는 데서 산출되어 활용되는 측정값이다. 이것은 미국의 고졸검정고시 합격증이라고 볼 수 있는 GED(General Educational Development)와 혼동되어서는 안 된다.

것 대신, 버그는 이 기간 동안의 직무기술 변화와 미국 노동자들의 교육연한 변화를 비교하고 역량과는 무관한 학력 상승이 나타났다고 주장했다. 그의 분석이 실제로 보여주는 것은 명확하지 않다. 버그가 그의 논리를 명확하게 기술하지 않았기 때문에 여기에서 말할 수 있는 것은 오직 다음과 같다. 그는 만약 직무기술의 향상이 노동자의 학력 상승보다 느리게 나타난다면, 역량과 무관한 학력 상승 현상이 반드시 일어날 수밖에 없다고 추론하고 있다. 단기간에 발생하는 현상에만 집중한 이 가정은 사실 아무 의미가 없다. 오직 인적자본이론을 맹목적으로 추정하는 자들만이 이 둘 간의 완벽하게 일치된 증가율을 기대할 것이다.

버그는 이어서 분석가가 GeD 수준과 교육수준 간의 일치를 어떻게 보느냐에 따라 데이터는 불일치한 관계를 보여줄 수도 있고 일치 관계를 보여줄 수도 있다고 주장한다. 이 데이터에 대한 모든 분석 이후에는 놀랍게도 버그는 상응되지 않는 부분보다는 상응하는 부분이 더 많다는 결론을 내린다. 그는 이 기간 동안의 미국인들의 학력 증가 중 '불필요한' 학력 상승의 사례가 많지 않음을 인정하고 있다. 이렇게 그가 따로 언급할 정도로 실제 그의 분석이 보여주는 사실은 교육을 받은 노동자들로 인해 낮은 수준의 직업들이 더 높은 수준의 기술을 다루는 직업으로 실질적인 향상을 이루었다는 점이다.

> DOT와 GeD의 결합 분석은 다수의 낮은 직무수준을 가졌던 직업들이 실제로 직무기술 상승이 일어났다는 점을 보여준다. 우리는 이 결과에 대해 교육을 더 많이 받은 노동자들을 채용하려는 고용주들이 실제로 몇몇 직업들의 직무기술 범위를 확대해왔다고 추측해볼 수 있다(Berg 1971, 48).

만약 교육과 직무기술, 교육과 노동력이 서로 그다지 연관성이 없다는 견해에 대해 『교육과 직업』이 믿을만한 자료를 제공하지 못한다는 점이 밝혀지면 이 책에서 주장하는 대중적인 의미 없는 학력 상승은 그다지 주목할 필요가 없을 것이다. 독자들이 이 책 제목 그리고 그 책에 담긴 근거가 없는 가정들의 실체를 파악하게 됨에 따라 그들은 교육과 노동 간의 관계를 살펴보는 데 가장 훌륭하고 또한 가장 관련 있는 데이터인 DOT 자료는 버그의 주장과는 반대되는 결론을 지지한다는 점을 파악하게 된다. 그 결론은 바로 직무 능력과 교육은 서로 연관되어 있고 불필요한 학력 상승을 넘어서는 실질적인 변화가 역사적으로 발생하고 있는 것으로 보인다는 것이다. 교육혁명이 일종의 사회적인 사기rip-off라는 생각의 기저에는 노동의 "본질적인" 세계에 교육연한이 미치는 영향력이 굉장히 미미하다고 보는 전제가 깔려 있다. 버그의 관점에서 노동시장은 거의 고정된 체제이고 따라서 교육의 대규모 변화는 노동시장에 있어서 사소한 변화일 뿐이고 심지어는 고정된 질서를 위협하는 주요 사회문제가 되어야만 했다. 우리는 다시 과잉교육 위기가 가지고 있는 전혀 근거 없는 결론에 대해서 생각해 보기로 한다. 아이러니하게도 이 관점이 가진 논리는 버그의 주장으로 인해 어긋나게 된다. 미국 노동시장에서의 직무기술 요구사항의 수준 상승을 살펴보는 유용한 방법은 교육받은 노동자들의 공급의 결과가 무의미한 학력주의가 아니라 교육받은 사람들이 자신에 대해 어떻게 생각하고, 어떻게 그들의 세계를 인식하고, 일하기 기대하는가를 고려한 실질적인 결과라는 점을 인식하는 것이다. 더 나아가 교육받은 노동자들에 의한 보다 높은 수준의 노동생산성을 반영한 시장의 적응을 교육 팽창으로 인한 결과로서 이해하는 것이다.

노동의 영역이 만약 이미 결정되어 있고 노동 그 자체의 본래의 방식으로 고정되어 있는 것이 아니라 그 대신 노동자들의 특성이 대규모로 변하는 것에 따라 반응하고 그 변화에 적응하고 확대된다고 생각하면 어떨까? 숙련화된 노동에 대한 요구는 단지 인력채용과 훈련의 변화 이상을 의미한다. 그것은 고도로 숙련화되고 교육을 받은 노동자들의 능력과 정신세계에 맞춘 직업 자체의 재설계를 의미한다. 직무기술의 변화와 교육혁명의 관계에 대한 최근의 연구들은 이러한 노동시장의 적응과 변화를 명확하게 보여준다.

학문적인 지성과
직무 기술

미국의 직업 시장과 직무기술 요구사항의 변화에 대한 최근의 연구들은 교육이 헛된 신화라는 관점과는 반대되는 현상을 보여주고 있다. 1960년부터 1985년까지의 긴 기간 동안 세밀하고 체계적인 측정을 시도하여 동일 직무기술 정보를 분석한 2명의 노동경제학자 데이비드 하웰David Howell과 에드워드 울프Edward Wolff 1991는 264

개의 직업군과 64개의 산업을 대상으로 한 연구를 통해 지난 약 40년 동안 세 가지 큰 변화를 발견했다. 첫째는 미국 내 직업 시장에서 신체적 운동 기능에 대한 수요가 지속적으로 줄어든 점이다. 둘째는 교육을 통해 형성된 관리 혁명managerial revolution의 결과로 동료 노동자들과 함께 일하는데 필요한 상호작용 기술이 급격하게 증가했다는 점이다. 그리고 마지막 세 번째는 분석적 추론과 통합적 추론과 같은 고도의 인지적 기술에 대한 직무상의 요구가 늘어났다는 점이다.

특히 이 세 번째 결과는 교육이 노동력에 미치는 전반적인 영향력에 대해서 보여주고 있다. 교육중심사회의 주요 문화적 산물이라고 볼 수 있는 학문적 지능의 성장은 대중 교육이 현대 사회를 형성하게 된 가장 결정적인 변화 중 하나이다. 거의 모든 사람들이 그들의 삶 중 12년에서 16년 이상의 기간 동안 학교 교육을 받고 있고 그 기간 동안 매우 가치 있는 인지적 기술들을 발달시키고 교육중심사회 내에서 그에 따른 보상을 받게 되는데, 이후 직업 세계에서 이러한 변화를 반영하지 않는다면 우리 사회는 이상한 세계가 될 것이다. 여기서 "반영하다reflect"는 높은 수준의 인지적 기술을 요구하는 직업들이 직업 세계에 단순히 추가되는 것 이상을 의미한다. 그 대신, 교육혁명이 사람들의 사고하는 능력thinking을 어떻게 생각하는지에 대한 대규모 변화를 불러일으킨 것처럼 직무현장 전체에도 이와 같은 변화가 일어날 것이라고 예상할 수 있다. 그리고 이것은 하웰과 울프가 찾아낸 결과와 같다see also Levy and Murnane 2012.

DOT에 대한 이전 연구들예, Spenner 1983; Zuboff 1988로부터 도움을 받아, 이 연구자들은 직업에 요구되는 인지적 기술의 측정값을 두 가지로 계산하였다. 하나는 분석적 추론의 지표로서 GeD 측정값수학, 언어, 추론적 기량의 합이고 또 다른 하나는 서로 다른 아이디어들과 개념들을 하나의 새로운 방식으로 만들어내는 또한 노력을 요하는 사고와 새로운 방식의 문제해결과 같은 인지적 발달 관련 과학에서 일컬어지는 통합적 추론의 지표로서의 직무 실질 복잡성substantive complexity이다. 이 두 가지 인지적 기술 모두 유동성 지능fluid IQ의 요소를 많이 필요로 하는데 이 유동성 지능은 대중 교육을 통해 발달된 핵심적인 학문적 지능으로서 완전히 제도화되고 있다Blair, Gamson, Thorne, and Baker 2005. 하웰과 울프는 1965년부터 1986년까지의 기간 동안 가장 높은 단계의 실질 복잡성을 지닌 직업들이 전체 조사된 직업 중 20%에서 약 30%로 성장했다는 점을 발견하였다. 같은 기간 동안, 실질 복잡성이 낮은 직업들은 15%로 줄었다. 이와 유사하게,

상위 수준의 인지 복잡성을 지닌 직업들이 고용 성장의 많은 부분을 설명하였다. 이 기간 동안 이 경향과 함께 나타난 현상은 제조업 부분보다 평균 직무기술 요구 조건이 높은 서비스 분야의 전반적인 성장이다Howell and Wolff 1991, table 6. 마지막으로 인지적 직무기술에서 가장 큰 폭의 성장을 보인 산업에서는 가장 적은 직무기술 격 차가 발견되었다. 다시 말해, "인지적 기술 향상은 직업 간의 인지적 기술 관련 요 구사항의 차이 감소와 연관되어 있다498." 미국 노동시장이 임금과 직무여건 간에 눈에 띄는 불평등이 지속되고 있음에도 불구하고 이러한 현상은 실제로 확인되고 있다. 이 현상은, 대중 교육으로 모든 개인들이 발전된 사고능력을 보편적으로 습득 할 수 있다는 이념을 확대시킴에 따라 일부 직업들의 본질적인 속성이 이를 반영한 결과라고 볼 수 있다.

교육혁명이 노동시장의 많은 영역에서 직업 간의 불평등을 감소시킨다는 측면 을 통해 인지적 능력을 가치 있게 만들기는 했지만, 이것이 언제나 통용되는 것은 아니다. 예를 들어, 교육수준 간 소득 불평등이 증가하고 있다. 저임금 파트타임 직 업에의 여성 편중 현상이 직업들 중 다수는 상당한 수준의 인지적 기술을 요구함, 노동시장에서 숙 련도의 차이에 따른 소득 불평등을 생각할 수 있다예, Massey and Hirtst 1998. 또한 다양 한 이유로 교육이라는 게임에서 좋은 성과를 거두지 못한 사람들이 노동시장에서 다른 사람들보다 어려움을 겪는 것도 사실이다. 1970년대 후반부터 시작해서 1990 년대까지 미국에서는 12년 이하의 정규교육을 받은 노동자들의 실질 임금이 26% 하락하였고 이것은 현재에도 반등되지 않고 있다. 이와 유사한 패턴은 다른 경제선 진국들의 노동시장에서도 분명하게 나타나고 있고, 개발도상국에서도 일어날 가능 성이 높다예, Berman, Bound, and Machin 1998; Hanson and Harrison 1995. 1970년대에 졸업장 병의 상징처럼 여겨졌던 택시 운전을 하는 사회에 불만 가득한 박사학위 취득자들은 현 재 글로벌 경제체제 하에서는 사회적으로 상위 수준에 위치한 직업에 고용되어 고 임금을 받을 가능성이 높은 것으로 밝혀졌고, 그보다 교육을 못 받은 사람들이 택 시기사직을 이어받되 그들은 이전보다 경제적 불안정에 처할 위험이 더욱 커진 것 으로 보인다. 한 국가의 노동시장에서 교육이 팽창하는 현상이 세계화되어 감에 따 라, 이러한 인식의 변화 과정은 되풀이되고 소위 과잉교육의 위기라는 부정적인 이미지 가 재생산된다. 예를 들어, 민간 분야에서는 안정적이면서 높은 임금을 받는 직장을 구하기 어려워서, 공공 분야의 낮은 지위의 공직에 지원한 대학원생을 다룬 중국의 최근 보도를 살펴보자. 그녀는 다음과 같이 말했다. "내가 언젠가 곧 죽을 운명이라면, 나는 이 사회에서 길거리 청소부라도 하다가 죽고 싶다."China Business Morning News, January 4, 2013. 교육 팽창, 직무 내용, 경제체제의 적응 간의 불균등은 확실히 어느 정도 변동이 있지만 가까운 미래의 중국에서는 고학력 길거리 청소부가 과잉교육의 신기루가 될 것이다.

우리가 주목할 만한 실증적 자료들은 직업의 내용이 실제로 변화했고 이 변화의 실질적인 부분은 대중 교육에서 인지적 기술을 강조하는 측면의 증가로 예측되었던 전망과 정확하게 일치한다. 버그가 그의 분석에서 보여주려고 의도했던 것과는 반대로 DOT를 활용한 대부분의 연구들은 현존하는 직업들의 실제 기술 향상과 인지적 기술을 추구하는 직업들의 등장을 발견하고 있다see Spenner 1983. 따라서 우리의 질문은 다음과 같이 바뀌었다. "더 많이 교육을 받은 노동자들이 대거 등장한 노동시장에서 무엇이 직무기술과 직무현장을 변화시키는가?" 이 질문에 대한 대답은 교육, 직무기술, 과학기술 간의 역동적인 관계를 분석함으로써 얻을 수 있다.

교육, 직무기술,
그리고 과학기술

지난 수십 년간 교육은 헛된 신화라는 관점이 그토록 많은 관심을 받았던 이유는 아마도 현재까지 교육, 직무기술, 과학기술 간의 관계에 대한 심도 있는 연구가 진행되지 않았기 때문일지도 모른다. 선행연구들을 살펴보면 세 요소 중 둘 간의 관계에 대한 것은 있어도 세 가지를 동시에 고려한 연구는 없었다. 아주 심도 있게 언급하지는 않지만 인적자본이론도 이 세 가지 요소가 시장의 힘을 통해 연결되어 있다고 가정하고는 있다. 하지만 왜 회사들이 과학기술을 통한 직무기술 향상 대신 탈숙련화를 통한 방법으로 대응하고 이와 동시에 노동자들에게 바라는 교육수준을 결정하는지에 대해서는 이익을 최대화하려는 시장의 힘으로는 설명할 수 없는 복잡한 부분이 존재한다. 최근의 연구들은 이 세 가지 사회동력 간의 복잡한 매듭을 풀려는 시도를 시작했고 관련 연구결과들은 교육혁명이 노동을 변화시키는 방식에 대해 많은 궁금증을 해결해주었다. 이 연구들을 살펴보기 전에, 이 세 가지 요소들을 모두 한 번에 고려하는 개념적인 역사를 간단명료하게 이해해 보는 것은 도움이 될 것이다.

전 세대에 걸친 미국의 교육사회학자들은 랜달 콜린스Randall Collins의 첫 번째 책인 『학력주의 사회』Credential Society, 1979을 통해 처음으로 관련 개념에 대한 학문적 경험을 쌓기 시작한다. 1970년대 후반, 정규교육은 자본주의의 시녀라는 관점의 마르크스 주의의 시각과 인적자본이론 모형과 어느 정도 관련이 있는 이론적으로 결합이 존재하는 기술기능주의를 벗어나서 세 번째로 가능한 사회학적 주장이 제기되었고 이 주장은 교육사회학의 지성적인 발전에 대한 고전으로 남아 있다. 이 주장은 또한 학력주의와 그 당시 떠오르기 시작한 교육중심사회에 관한 진보적인 관점을 제시한 것으로 가장 잘 알려져 있다. 이 주장이 가지고 있는 아이디어는 다음 장의 노동시장 자격 인증에 있어서의 교육의 지배적인 역할에 대한 논의의 시작점이라고 볼 수 있다. 또한 이 책은 교육의 발달, 직무기술의 변화, 과학기술이 서로 연관되어 있고 이들이 교육중심사회를 이해하는 핵심으로서의 관계를 형성한다는 아이디어를 처음 제공하였다. 뿐만 아니라, 이 책은 여기서 논의된 전통적인 관점과 유사한 방식으로 사회와 교육이 과학기술이 이끄는 대로 따라간다고 본 "테크노크라시의 신화"를 부정하기도 했다. 대신, 콜린스는 학력이 과학기술의 발전이 가져온 금전적이고 사회적인 자원들을 통제하는 방법이라고 처음 주장하였다. 이는 위에 기술된 대로 어떻게 교육과 거대 조직이 상호작용하는지에 대한 것이기도 하다. 교육중심사회의 모든 영향력을 다 인식하지는 못했지만, 이 책은 그 영향력에 대해 학문적으로 접근한 초기 버전으로서 교육이 노동과 직무현장에 그 자체로서 강력한 영향력을 미칠 수 있다는 점을 밝히고 있다.

그 당시로서는 진보적이었던 이 책은 불행하게도 버그와 도어의 직업에 대한 학력 상승이 직무 내용직무기술 상승의 변화와는 관계가 적다는 주장에 결국 밀려나게 되었다. 콜린스의 책에서 언급된 과학기술과 학력 상승은 모두가 원하는 성과로서 사회적이고 물질적인 자원을 생산하는 것보다는 오직 학력주의를 이끄는 것으로 기술되어 있다. 그러나 이 생각은 노동과 교육, 그리고 과학기술에 대한 다수의 연구들로 인해 빠르게 변화했다. 현대 직무현장과 생산과정은 과학기술로 가득 차 있는데 이 과학기술은 직무기술의 실질적 변화와 직접적으로 관련되어 있는 새로운 진보들과 함께 때때로 급격하게 변화한다. 대중 교육이 정규 학위를 통해 이러한 변화의 과정을 담아내지 못하고 아무 영향력을 발휘하지 못한다고 할 수 있을까? 자격인증과 관련 자원에 대한 콜린스의 관찰들이 통찰력 있는 모습을 보일수록, 교육은 헛된 신화라는 관점에 대한 그의 지적 의존은 후기산업사회에 광범위하게 나타나는 과학기술에 대한 교육의 영향을 살펴보는 후속 제도적 탐구를 방해했다. 대신, 교육중심사회의 등장으로 교육, 직무기술, 그리고 과학기술 간의 역동적이고 자기 강화적인 상호작용이 발생한다는 증거들이 분명해지고 있었다.

1970년대 후반부터 진행된 선행연구들은 교육의 확장으로 과학기술이 노동과 통합되는 과정에 심대한 영향을 미치는 것으로 인식하고 있다. 계간 경제학Quarterly Jouranl of Economics은 많은 분량을 할애하여 노동경제학자들과 국가발전 관련 경제학자들이 노동자들의 교육수준과 과학기술, 그리고 회사 내 업무 조직 간의 관계에 대해 살펴 본 경험적인 연구결과들을 소개하였다. 이러한 연구들은 고등 교육의 확대와 대학교육을 받은 노동자들의 연봉이 그보다 적게 교육을 받은 노동자들의 연봉보다 크다는 "대학 임금 프리미엄college wage premium"에 대한 흥미로운 반직관적인 counterintuitive 연구결과들에 의해 촉발되었다Autor, Katz, and Krueger 1998. 그 배경은 다음과 같다. 1940년부터 1970년까지 미국에서는 대학교육을 받은 노동자들이 매년 2.73% 성장했고 그 이후 1970년부터는 연 평균 3.66% 증가세를 보였다. 미국 베이비 붐 세대 중 많은 사람들이 고등학교를 마치고 대학으로 진학함에 따라 노동인구의 교육 분포에 거대한 변화를 가져왔고 이러한 흐름은 현재까지 이어지고 있다. 2차 세계대전 직전부터 대학교육을 받은 노동자들이 빠르게 노동시장에 공급되면서 그들의 능력은 점차 특별하지 않게 되고, 따라서 수요와 공급의 법칙에 의해 대학 임금 프리미엄이 1970년대 대학 졸업자 연봉은 55% 더 높았지만, 1981년에는 41%로 감소한 것은 경제학자들에게는 충분히 이해할만한 결과였다. 그와 달리 이러한 경향에 혼란을 준 연구결과는 분수령이 된 1970년 이후 대학 졸업자의 노동시장으로의 공급이 더욱 빠르게 증가했음에도 대학 임금 프리미엄은 줄어들지 않았다는 것이다. 역설적이게도 오히려 프리미엄은 방향을 바꿔 증가했고 1995년까지 대학 졸업자들은 고졸자보다 62% 더 연봉을 높게 받는 것으로 나타났다. 임금 산정에 반영되는 수요와 공급의 관계에 따르면, 이러한 변화는 일어나서는 안 된다. 그렇다면 왜 이러한 현상이 일어난 것일까?

이 역설에 대한 해답은 교육이 개인에게 어떤 영향을 미치고 그 영향이 직무현장에서 과학기술의 활용에 어떤 의미를 가지고 있는가에 있다. 최근 노동경제학자들은 "상호보완적 과학기술"complementary technology, 즉 교육받은 노동자가 그가 할 수 있는 것과 그와 관련된 가장 생산적이고 유용한 과학기술을 통해 직무현장을 바꿔 나가는 과정에 대한 현상을 연구하고 있다Acemoglu 1998. 대부분의 사람들이 과학기술과 노동자의 직무능력 간의 관계에 대해 고려할 때, 과학기술은 노동자를 대체한다고 생각할 뿐 보완한다고는 생각하지 않는다. 이러한 탈숙련화 관계에 대한 가설의 오랜 역사는 18세기를 통틀어 나타나고 있는데 이 때에는 가장 진보적인 과학기술인 다축방적기the spinning jenny, 직기weaving maching, 인쇄 실리더, 후기 조립 라인 등이 노동자들을 대체했다1998. 이와 같은 가정은 오늘날의 직무현장에서도 여전히 보여지는데, 저숙련 노동자들의 직무를 컴퓨터가 대체하고 있는 것이 그 예 중 하나이다. 하지만 이것은 과학기술이 직무현장에 영향을 미치는 유일한 방식은 아니다. 과학기술과 직무기술, 교육과의 관계를 보여주는 또 다른 방식으로서 과학기술이 고학력 노동자들을 돕고 그들이 효율적으로 일할 수 있도록 보완해주는 많은 사례들이 존재한다.

게다가 고학력 노동자들에게 과학기술은 보완적인 역할만을 하는 것은 아니다. 노동경제학자들이 "보편적인 숙련편향"pervasive skill-biased: 보편적 교육편향(pervasive education-biased)으로 볼 수 있음 과학기술이라고 부르는 것이 바로 그것이다Autor, Katz, and Krueger 1998; Berman, Bound, and Machin 1998; Murnane and Levy 1996. 이 과학기술은 회사, 과학기술, 노동자의 교육에 대한 많은 연구들에서 언급되고 있다. 보완적 과학기술에 대한 연구들은 더 많은 비생산 근로자=관리자의 회사 내 배치가 컴퓨터의 채택 증가로 이어진다는 연구결과와 함께 교육받은 노동력과 생산과정에서의 컴퓨터의 채택 간의 정적 관계에 대해 간명한 결과로 이야기를 풀어나가기 시작한다예, Autor, Katz, and Krueger 1998; Dunne and Schmitz 1995. 인과관계의 방향을 정리하기 위해, 즉 교육받은 노동력이 과학기술의 활용을 이끄는지 아니면 그 반대인지 규명하기 위해 돔Dom, 던Dunne 그리고 트로스케Troske 1997는 새로운 공장 자동화 과학기술을 채택한 회사들이 고학력 노동자들을 더 많이 고용하는 형태를 보여준다. 연구대상이 된 회사들이 제도공과 새 제품을 개발하는 모형 제작자들로 구성된 전통적인 형태의 팀을 컴퓨터 자동화 설계 워크스테이션으로 대체했을 때, 그 회사의 노동력은 이전보다 높은 교육수준으로 재조직된다. 그 효과는 실질적일 수 있다. 가장 낮은 수준의 과학기술을 채택한 회사들과 비교해서 높은 수준의 과학기술을 도입한 회사들은 높은 수준의 학위를 가진 노동자들이 4배 더 많고, 2배 정도 더 많은 관리자들로 구성되어 있는 것이 확인되었다. 교육이 과학기술에 미치는 영향에 대해 가장 강력한 근거를 제시하는 이연구는 또한 고용과 과학기술 도입 간의 종단적인 패턴을 찾아냈다. 그 패턴은 고학력 인력을 이미 갖춘 회사들이 그렇지 못한 회사들보다 최첨단 과학기술을 생산라인에 도입할 가능성이 더 크다는 것이다. 보완적 과학기술과 교육받은 노동력 간의 관계는 공생관계에 있는 것처럼 보인다. 머네인Murnane과 레비Levy가 시행한 어떤은행에서 컴퓨터와 노동자들의 고학력에 대한 사례 연구에 대해 요약한 다음과 같은 부분을 통해 이해할 수도 있다.

> "컴퓨터화, 직업의 설계, 대학졸업자들의 채용, 이 같은 동전의 세 가지 측면이라고 볼 수 있는 요소들의 발전은 (이 은행에서는) 완전하게 작동하지는 않는다. …
> (이곳의) 경험은 숙련된 노동에 대한 수요의 증가가 단순한 채용과 훈련의 변화이상을 의미한다는 점을 제시한다. *이것은 높은 수준의 직무기술을 가진 노동자들의 관심을 유지하기 위해 직업 자체를 재설계하는 것을 의미한다*(1996, 262)."

미국에서의 교육—임금 프리미엄의 등락 패턴이 곧 수요와 공급의 법칙을 거스르는 것일까? 아니다. 그 대신, 어떤 시점 이후, 미국에서 대학 졸업자들의 증가가 일어난 것처럼 한 형태의 교육이 이전보다 확산되었을 때, 회사들은 이전보다 높은수준으로 발전된 생산 과학기술을 통해 고학력 노동자들의 향상된 직무능력을 자본화하는 것이 이익이 될 것이라고 생각하게 된다. 그리고 그들은 고학력 노동자들을채용하고 그들의 능력을 확보하기 위해 그들에게 임금을 지불하며 그들에게 보다적합한 형태로 직무를 재설계한다. 하지만 오직 교육을 직무기술 변화skill-transformation과정으로 인식함으로써, 다시 말해 교육은 헛된 신화라는 관점에 기반한 단순한 선별 과정을넘어서서 개개인의 노동자들의 실질적인 변화로 교육을 인식함으로써 수요와 공급의 법칙은 다시 통하게 된다.

아마도 이러한 현상의 가장 좋은 예는 미국의 교육혁명이 어떻게 19세기 후반과 20세기 초반 동안의 산업 발전과 공생적으로 상호작용했는지에 대한 연구가 될것이다. 두 명의 노동경제학자 클라우디아 골딘Claudia Goldin과 로렌스 카츠Lawrence Katz는 국가 경제발전의 많은 부분이 교육을 통한 인적자본의 증가와 과학기술의 변화 간의 상승하는 상호작용에 의한 것임을 보여주었다1996, 2008. 사실상 노동 역사에 관한 미국 문헌 전체는 생산직 노동자의 교육에 대해 거의 언급하지 않는 아이러니한 상황을 지적하면서, 그들은 최근에 새롭게 두드러지는 교육편향적인education-biased 과정이 20세기 제조업 분야에서 확실히 시작되었다는 점을 밝혔다.

확실히 이 시기에 많은 유형의 산업들은 우리에게 잘 알려진 대로 숙련된 장인들에 의한 공동 생산에서 테일러리즘 방식을 이용한 조립라인에서의 탈숙련화 된 대규모 노동력으로의 진보를 통해 발전했다. 이 사례들 중에서, 첫 번째 산업혁명 동안 과학기술과 자본의 강화는 면, 모, 견 직물, 신발, 목재, 석재, 점토, 시멘트 등에서의 많은 직업들을 탈숙련화시켰다. 하지만 간과되는 것은 같은 기간 동안 많은 산업들이 새로운 일관작업continuous-process과 집단 생산 기술을 활용하여 탈숙련 대량 생산 체제에서 벗어났다는 점이다. 이 변화는 석유정제, 낙농업, 페인트, 화학약품, 인조견, 비철금속 등의 산업분야에서 나타났다. 상당한 양의 전력을 사용하기 시작하고 그 당시로서는 고급 과학기술을 포함하는 라디오 제작과 같은 산업들과 위에 언급한 산업분야들에서는, 노동력에서의 교육 팽창에 대한 명확한 증거가 나타나는데 이는 중등교육을 받은 노동자들과 비생산 관리자의 고용 확대를 의미한다. 다양한 관리 전략들은 20세기의 첫 50년 동안 교육과 과학기술 간의 보완적인 관계 위에 새롭게 추가되었다Chandler 1977. 이 "강하고 부드러운hard and soft" 과학기술들을 통해 자본을 강화한 회사들은 더 많은 고졸자들을 눈에 띌 정도로 채용했고 이것은 이 시기에 있어서 교육 팽창의 가장 최근에 나타난 대규모 흐름이었다. 반면 다른 많은 회사들은 탈숙련 대량 생산이라는 전통적인 공식에 투자하기 시작했다.

1920년대 노동 관련 연방 기록 문서를 검토한 골딘과 카츠는 변혁적인 산업들은 교육을 더 받은 노동자들을 채용하길 원했다는 점을 보여주면서 그 이유가 고학력자 혹은 중산층 특유의 감수성과 습관 때문도 아니고 전통적인 인적자본이론 관점이 제시하는 것처럼 좁은 의미의 직무기술 때문도 아니라는 점을 지적했다. 그 산업들은 학문적 지능을 발달시키는 교육과정을 통해 노동자들이 획득한 인지적 능력이 교육 팽창과 증가된 생산량과 관련이 있기 때문에 그들을 원했다. 이와 관련하여 저자들은 다음과 같이 기술했다.

"인지적 기술은 다양한 산업 부문에서 가치를 인정받았다. 고등학교 졸업자들은 그들이 매뉴얼과 청사진을 읽을 줄 알고, 화학과 전기에 대한 지식을 갖추고, 대수를 이해하고 방정식을 풀 수 있었으며, 비생산 노동자들과 더 효과적으로 대화할 수 있었기 때문에 회사에 채용되었다. 고등학교를 몇 년 다녔거나 고등학교 졸업장을 필요로 하는 육체노동직은 '탁월한 판단', '손으로 그리는 그림에 숙달된', '도면과 화학 공식을 해석할 수 있는 특별한 능력', '사용된 화학물질에 대한 일반적인 지식', '화학물질을 혼합할 수 있는 (능력)', … '전기와 전선 규모와 절연 처리에 대한 지식', 그리고 '사진에 대한 일반적 지식'과 같은 인지적 능력을 필요로 한다는 점이 기술되어 있었다(Goldin and Katz 1998, 718; 인용문구는 U.S. Department of Labor, 1918년에서 1921년까지 각 년도별 문서)."

대중 고등 교육의 확산이라는 세 번째로 나타나는 교육혁명은 현 직무현장에서 위와 같은 변혁을 가져온다는 점에서 특별하지 않다. 학교교육 확대에 관련된 이전 주기들 또한 100년 전의 직무현장을 변화시키는 데 중요한 역할을 했던 것처럼 현재의 흐름도 이와 같다.

이전 트렌드의 원인들을 반영하여 골딘과 카츠는 과학기술의 변화를 겪은 산업들에서 생겨난 직업들은 교육을 받은 노동자들에 대한 수요가 더 높았고 사람들은 따라서 더 많은 교육을 받게 되었다고 추측했다. 확실히 이러한 추측은 현재 어느 정도 사실로 받아들여지기는 하지만 좀 더 광범위한 변화과정을 배제한 측면이 있다. 추가적으로 가능한 가설은 교육의 팽창이 직업의 요구사항 때문만이 아니라 다양한 이유 때문에 발생했고, 과학기술, 직무기술의 향상 간의 공생적인 변화과정에 따라 이 세 가지 요소가 서로를 성장시킬 수 있다는 것이다. 이것은 교육의 변혁적인 힘에 관한 과소평가된 발견들이 이미 1960년대 개발도상국에서 보여주기 시작한 것이고 전 세계적으로 현재 진행되고 있는 변화이다Inkeles and Smith 1974.

교육혁명은 전 세계적으로 진행되기 때문에, 경제체제에 대한 영향도 전 세계적으로 발견되어야 한다. 이전 세대의 경제학자들은 경제적 부유국가와 빈곤국가 간의 개방무역이 빈곤국가에서의 비숙련 노동자들의 비중을 늘릴 것이고 숙련 노동자들은 생계를 위해 결국 이민을 갈 가능성이 높다고 추측했다. 하지만 지난 20년 동안 개발도상국의 직무현장도 교육받은 노동자와 고급 과학기술을 다룰 수 있는 그들의 능력을 통해서 개선된다는 조짐들이 발견되었다. 예를 들어, 제조회사들과 그들의 생산 공장에 대한 버만Berman, 바운드Bound 그리고 매쉰Machin 1998의 국제 연구는 어떻게 이러한 현상이 일어났는지 보여준다. 노동시장에 진입하는 고학력 노동자들의 공급 증가는 교육편향적 과학기술의 광범위한 활용을 가져오는데 그에 따라 공장 내 직무들은 교육과 과학기술 간의 보완적인 관계를 통해 빠르게 개선되고 있다는 것이다. 이들이 보여준 사례와 같이, 다른 나라들에서도 같은 현상이 일어난다는 것을 보여주는 것이 중요하다. 왜냐하면 노동력의 구성에 영향을 미칠 수 있는 외부 요인들을 통제하는 데 도움을 주기 때문이다. 그들은 이러한 경향이 다른 나라에서도 유의미한 변화라는 점을 밝혀냈다. 예를 들어, 1979년부터 1987년까지의 8년 동안 조사된 다수의 선진국들에서 공장 내 고학력 노동자가 71% 증가했다. 이 증가는 같은 기간 동안 무역 증가보다 8배 많은 수익을 발생시켰다1998. 그리고 물론 이 수익은 심지어 고학력 노동자들이 더 많은 임금을 받는 중에도 발생했다. 뿐만 아니라 제조업 직무현장에서는 교육과 관련된 직무기술 향상도의 차이가 국가별로 여전히 존재한다. 모두 정적인 성장이 일어나지만 교육 팽창의 정도가 나라별로 역시 다르기 때문에 이러한 국가 간 차이는 이해 가능한 수준이다. 이러한 유사성은 직무현장에서의 교육의 변혁적인 힘을 보여주는 또 다른 징표이다Gottschalk and Joyce 1998. 그러나 과학기술이 오로지 이 기술을 받아들인 생산 공정에서만 활용된다고 결론짓는 것은 옳지 않다. 컴퓨터와 그 뒤에 위치하는 전문 관리자들이 회사의 지시와 통제 기능을 위해 활용되고 있다는 상당히 많은 증거가 존재하기 때문이다.

교육에 의해
변화된 직무현장에 대해:
인적자본인가 신화인가?

교육은 사회에 영향을 미친다는 점에서 인간을 훈련시키는 것 이상을 의미하게 되었다. 여기서 살펴본 연구들은 교육중심사회의 직무현장이 지속적으로 직업들의 핵심적인 환경을 구성하는 확장된 형태의 공식 조직 내에서 인적자원 전문성의 사고방식에 맞추어 적응해 나가고, 한편 과학기술을 통해 만들어진 막대한 자원들과 동력에 대한 통제는 교육을 통해 자격이 증명되는 법제화된 과정을 거친 전문가들에 의해 이루어짐을 보여주었다. 전문성, 과학기술과 관련된 전문 지식, 일반적인 인지 능력, 그리고 관리 기술들은 21세기의 직업을 규정하는 요소들이다. 100년 전에는 일반적인 직무현장에서는 들어보지 못했던 복잡한 인지 능력과 통합적 추론과 같은 위 요소들 전반에 걸친 직무기술의 향상이 발생했다. 인간과 그의 능력을 재규정하는 대중 정규교육의 지속적인 확대는 기술적 진보와 정보가 그랬던 것처럼 노동을 이전과는 확연하게 다르게 변화시키고 있다. 도어의 졸업장 병, 교육은 헛된 신화이자 대중을 향한 속임수라는 버그가 지지했던 일종의 사회적 우려도 현실화되지 않았다. 교육혁명이 노동의 본질을 변화시켰다면, 현대사회에서 노동에 대한 가장 지적인 논의로 상당히 오랜 기간 동안 지배적이었던 전통적 인적자본이론과 교육은 헛된 신화라는 두 가지 상반된 관점에 대해 어떻게 결론을 내려야 할까?

이 장에서 살펴본 대부분의 연구들은 인적자본이론보다는 교육은 헛된 신화라는 관점에 좀 더 비판적이지만, 인적자본이론이 전혀 비판받지 않는 것은 아니다. 실제로 교육의 확대로 인한 직무현장의 변화는 인적자본이론 기저에 있는 기본적인 아이디어를 어느 정도는 지지하지만 동시에 인적자본이론에 수많은 이론적 한계에 대해 지적하고 있다. 인적자본이론의 주장은 노동자들이 더 많은 능력을 갖출수록 생산성이 증가한다는 본질적인 사회질서가 존재하는 것처럼 이야기한다. 그러나 교육중심사회의 제도적 관점에서는 이 본질적인 질서가 특별하게 존재하는 것은 아님을 주장한다. 오히려 대중 교육이 사회에 확대될수록 직무기술의 새로운 질서가 만들어진다. 콜린스의 학력주의 사회에 대한 시각은 이 중요한 사회적 통찰을 보여준다. 사실 그의 시각에는 교육이 사회 내에서 새로운 형태의 노동질서을 만들어 낸다는 통합적인 함의를 이끌어내기는 부족한 측면이 존재한다. 교육받은 노동자들은 교육적으로 규정된 양식 내에서 "생산적"이 되지만 이것은 교육은 헛된 신화라는 관점이 지적하는 허위 사실이나 단순한 세뇌가 아니다. 대신, 이러한 노동에 대한 새로운 교육적 질서가 실질적으로 강화되었기 때문이다. 집합체에서의 인지화된 능력, 인적자원 전문성, 대규모 관리주의의 측면에 따라 특히 대규모 공식 조직에서 직무현장을 변화시키는 교육의 힘은 인적자본이론의 관점에서는 생각할 수 없는 부분이다. 인적자본이론은 직업과 교육 간의 새로운 능력, 임금, 과학기술, 그리고 생산성 간의 확고한 일대일 대응을 가정하고 있지만 이 요소들 간의 관계는 실제로 일상에서 명확하지 않으며 좀 더 역동적인 형태를 띠고 있다. 노동자들의 대중 교

육으로 인한 변화는 직무 내용과 경제 전략에 영향을 미친다는 상당한 증거들이 제
시되고 있다see also Carnevale and Rose 2011. 인적자본이론의 관점은 어떻게 정규 교육이
개인의 인적자본과 교육중심사회 내에서의 현대 경제와 상호작용하는지 설명하기
위해, 이전과는 다른 이론의 확장이 필요하다Crespo Cuaresma, Lutz, and Sanderson 2014; see
also Bills 2003.

이 장에서 논의된 연구들은 또한 교육에 대한 전통적인 관점으로부터 제시된 교
육은 헛된 신화라는 관점이 이전과는 달리 조금이라도 현재의 사회변화를 반영하여
수정될 필요가 있다는 점을 제시하고 있다. 이 관점은 교육과 노동에 대한 신제도
주의적 모형에 입각한 모든 사회적 통찰을 무시해왔다. 그러나 이 관점은 교육과
노동에 대해 왜 노동을 변화시키는 교육과 교육을 통해서 형성된 직무현장의 정교
화에 대한 아이디어를 포용할 수 없는지에 대한 이유를 제시하지 못한다. 학교교육
을 받은 사람들은 특정한 직무기술들을 갖추고 있으며 이 기술들은 특히 학교교육
을 통하지 않고서는 향상시키기 어려운 학문적 지능과 관계되어 있다. 이것은 다소
엉성한 인적자본이론이 제시하는 바와 같이 교육받은 노동자들이 "본성적으로" 모
든 직무현장에서 더 생산성이 높은 노동자라는 점을 뜻하는 것은 아니다. 교육받은
노동자들은 학교교육이 변화시킨 직무현장에서 생산적이라는 뜻이다. 노동자와 직
업은 교육혁명의 전반적인 영향력에 따라 함께 역동적으로 변화하고 있다.

교육중심사회에서 졸업장 주기

CHAPTER

7

교육중심사회에서 졸업장 주기

1840년에 거의 모든 미국사람의 계급적 위치는 재산을 얼마나 소유했느냐에 달려있었던 반면, 1세기 이후에는 학교 졸업장이 대부분의 사람들이 직업세계에 접근할 수 있는 기회를 통제하는 힘을 갖게 되었다. 이후 학교 졸업장이 가장 기본적이고 강력한 계급적 위치를 결정하는 요인이 되었다.

데이비드 호간(David Hogan), 계간 교육사, 1996년.

나는 28년 전 MIT에 지원서를 처음 낼 때, 내 학위증서를 잘못 제시했고, 내가 지금의 자리에 지원할 때도 내 이력서를 바로잡을 용기가 없었고 그 이후로도 그랬다. 나는 이 점에 대해 깊이 사과하고, MIT 공동체의 많은 분들을 실망시킨 데 대해 사과한다.

학교 졸업장 위조로 MIT 입학처장을 사임하는 공개 사과문,
뉴욕타임스, 2007년 4월 27일.

　　대중적인 교육문화와 함께, 후기산업사회의 고유한 특징 중 하나는 갈수록 많은 직업들에 지원하기 위해서는 공식적 교육과 훈련이 기본적으로 요구된다는 점이다. 오랜 기간을 통해, 그리고 다양한 직업에 있어서, 학교 졸업장은 적절하지 않거나, 기껏해야 보완물에 불과했던 것에서 교육 이외의 다른 인증서를 완전히 능가하는 것으로 바뀌었다. 공식적 교육이 광범위하게 확산되기 이전에는 직업에 지원하기 위한 요건으로 이전의 경험, 오디션, 평판, 목사직, 매매로 얻은 성직, 유급 견습공, 직공훈련, 후견교육, 법무사, 소개장과 참조인 서한, 친척관계, 결혼관계, 나이, 성별, "전통적 동문관계"특정 기관에 출석한 경력, 정직성, 길드나 조합원 관계, 후원관계, 소

유권, 그리고 사회적 계층 지위 등이 지배적이었고, 그 중에 공식적 학교 교육 이력은 거의 응시 자격이 되지 않았다. 역사학자 데이비드 호간David Hogan이 지적하고 있듯이, 사회학적 측면에서 상대적으로 짧은 기간에, 공식적 교육은 직업에 대한 접근권을 통제하는 힘을 가지게 되었고, 전통적인 형식의 권위를 약화시켜 많은 직업에 있어서 과거의 전통을 활용하는 것은 금기시 되었다. 뛰어난 입학처장의 급격한 추락이 보여주고 있는 바와 같이, 졸업학위증 허위 제출은 심지어 교육과정이 끝난 직후뿐만 아니라 매우 높은 현장 업무 수행 능력을 갖춘 경우에조차도 여전히 금기로 여겨지고 있다.

단순하게 직업세계에서만 학교 졸업장의 영향력이 강화되어온 것은 아니다. 학교 졸업장의 영향력은 광범위하게 강화되어 왔다. 단순히 학교에 다닌다는 행위를 넘어선 학교 교육의 확대는 노동시장과 사회에서 개인이 받는 교육적 훈련은 오직 공식 교육 이수 증명서의 획득을 통해서 인증되어야만 한다는 인식을 일반화하였다. 중등학교 졸업증, 교육 훈련 증명서, 직업교육 학위, 준학사, 학사, 그리고, 온갖 대학원 및 전문대학원 학위는 예전의 재학경력이나 특수 엘리트 교육기관들의 인증서까지도 대체하면서 지배적인 사회적 구성물Social construction이 되었다. 이 과정은 좁은 의미의 학교 졸업장만을 말하는 것은 아니다. 교육 인증서는 매우 빠르게 직업세계의 구조에 있어서 인간의 능력을 나타내는 말과 동의어로 받아들여지고 있으며, 다른 기관에 대해 교육혁명이 미치는 문화적 영향력을 가장 잘 반영하고 있다. 특이하게도, 몇몇 예외적인 경우가 있기는 하지만, 후기산업사회에 있어서 이러한 특징적이고 확장적인 교육의 특징은 교육사회학, 직업연구, 사회계층 연구 등에서 일반적으로 과소평가되고, 연구되지 않고 있으며, 이론화 되지 못하고 있다. 비록 평가가 이루어진다고 하더라도 학력 인증educational credentialing은 직업분야 간 갈등 완화에 있어서 보조적 역할을 하는 것으로 보여질 것이고, 비록 분석대상이 된다고 하더라도 교육은 개인이 성인의 지위를 획득하는 과정을 분석하는데 활용되는 통계 모형을 단순히 기능적으로 조정해주는 지표로 이해될 것이고, 설령 이론화가 시도된다고 하더라도 학력 인증은 사소한 현상으로 취급되면서, 종종 과잉교육의 지표로 활용되는 정도일 것이다. 하지만, 이와 같이 학력 인증에 무감각한 사회학은 매세대마다 지속적으로 증가하고 있는 학위 취득 현상을 그냥 지나치고 있고, 노동시장에서 개인의 자리매김과 직업세계에 있어서 구직요건으로 작용하며 지속적으로 확산되고 있는 학위증서의 영향력에 대해서는 무관심하다. 당연하게도 교육과 학력 인증에 대한 학문적 취약함은 하나의 제도로서 교육을 바라보는 전통적 관점의 취약함보다 더 심각하다. 이는 후기산업사회에 있어서 직업적 인증을 압도하는 교육 지배력의 중심성과 교육혁명이 가져오는 전환의 본질적 측면을 간과하고 있다. 그 자체로도 흥미로운 일이지만, 앞 장에서 논의한 바와 같이 이러한 경향은 교육이 경제와 직업세계를 변화시키는 과정에서 서로를 지원하는 선순환적 과정이다.

지난 세기 동안 빠르면서도 지속적인 교육적 변화가 직업 자격 인증에 있어서 어떻게 이루어졌는지, 그리고 그런 흐름이 현재 강화되고 있다는 점이 무엇을 의미하는지에 관한 근거들을 여기에 제시해 본다. 다른 제도에 있어서 교육적 변화와 마찬가지로, 하나의 제도로서 대중 교육이 후기산업사회 문화 속에 스며있다는 문화적 사고방식에서 교육 학위educational degrees의 지배력이 생겨난다. 직업 자격 인증으로서 교육 학위의 증가 배경에는 사회적으로 구성된 논리를 형성하는 4개의 믿음이 배태되어 있다. 첫째는 사회적 정의로서 동등한 기회라는 믿음에 기반하여 교육 학위는 개인, 노동시장, 고용주, 직업 등에 성과주의적 품질 보장을 부여해 준다. 둘째는 근대적 개인의 발전은 사회적 선이라는 믿음이 특정한 직업을 준비하는 것을 넘어서 인간의 발전과 인간성 실현을 향한 진보를 각인시키는 기제로서 교육 학위를 받아들이도록 한다. 그리고, 이는 다시 교육 학위가 광범위하게 개인의 사회적 지위와 동의어가 되도록 하는 과정을 지원해 준다. 셋째는 학문적 지능과 그의 광범위한 적용에 대한 믿음으로 인해, 교육 학위는 학교교육 이후의 삶에 있어서 가장 중요하고 일반적인 능력이라고 광범위하게 인정되어 개인의 인지적 능력을 대표하는 지표가 되었다. 마지막으로는 학문적 학위의 다양성을 특수분야 지식과 전문성의 다양성으로 인식하는 믿음으로 인해, 교육 학위, 직업적 전문성, 전체 지식생산 복합체로서의 대학교는 하나로 강하게 연결되었다.

이와 같은 변화의 근거들은 학력 인증과 학력 인증에 관한 가정들이 직업세계의 구조와 깊게 연관된 핵심적인 제도화 과정의 네 가지 경험적 사례들에서 제시하였다. 이런 사례들은 한때는 단순한 누락이었던 교육 학위증 기재 오류가 단기간에 사회적 일탈자의 가장 대표적인 모습으로 정의되는 사례들을 다음에 제시했다. 마지막으로 학력 인증의 부상이 어떻게 사회적 이동성에 대한 학력 인증의 지배적 영향력에 중요한 제도적 차원을 추가하는지를 보여주는 간략한 경험적 사례도 제시한다. 그러나 증거들을 검토하기 전에, 학력 인증을 '학력주의credentialism'라고 하면서 '교육은 신화다'라는 대중적인 이미지는 부정확한 설명이라는 점을 팽창하는 교육이 어떻게 직업 자격증을 변화시키는지에 대해 설명함으로써 보여준다.

학력주의 관념
내려놓기

졸업장 간판hollow credential, 학위 공장diploma mill, 양피지 효과sheepskin effect, 그리고 증서 숭배paper chase 등으로 불리는 학력주의credentialism는 실제로 요구되는 기술수준의 실질적인 변화 없이 직업수행자의 학력 수준만 높인다고 보고 경멸적으로 표현한 용어이다. 앞 장에서 언급한 바와 같이 형식교육이 팽창함에 따라 학교 졸업장이 필수적이라는 인식이 확산되었다Bills 1988, 2003, 2004. 형식교육과 사회의 관계에 관한 전통적인 관점을 지닌 사람들은, 설령 교육이 순전히 외부적 제도의 요구에 맞춰져 있더라도, 그토록 빠른 형식교육의 팽창은 불필요하고 낭비적이라고 인식하고 있다. 따라서, 우리가 흔히 보듯이, 설령 학교 교육 기간에 비해 더 많은 수익을 보장받고, 동일한 교육 수준별 기대 수익이 역사적으로 크게 변해왔다는 점을 감안하더라도, 학교 졸업장 효과는 현실에서 실제 일어나고 있다고 여겨진다예, Park 1999; Bills 2004; Ferrer and Riddell 2002. 따라서, 개인들도 학교에 다닌 기간에 비해 교육의 기대 수익이 높다는 점을 알고 있으므로, 필요한 학교교육 기간을 상회하는 교육수준을 추구하게 된다. 그래서, 사람들은 다시 노동시장에서 자격증으로서 교육 학위를 가치 있는 기준으로 활용하게 되고, 시간이 흐름에 따라 역량의 향상이 없는 교육수준의 향상만 발생하게 된다. 기업들은 교육 학위를 단지 적합한 고용자를 선별하는 신호로만 인식하게 되고, 이런 행동은 학력주의를 강화한다예, Thurow 1975. 결과적으로 직업적 자격증으로서의 교육 학위는 교육시스템 외부에 있는 직업과 경제적 변화의 결과로 간주되어 왔고, 만약 외부적 필요를 초과하는 교육 팽창이 일어난다면, 이는 교육제도의 부차성이 학력주의credentialism를 양산한다고 인식되어 왔다.

직업이 교육에 의해서 변화한다는 주장을 견지하면서, 학력 인증이 주로 교육의 제도화와 그에 상응하는 교육의 문화적 이해에 의해 추동된다는 가정은 예전에 고려되지 않았던 점이다. 학력 인증은 교육중심사회schooled society에 퍼진 광범위한 교육문화의 제도적 논리에 기인한다. 제도로서의 교육은 지배적 인사관리 이론, 직업의 성격, 사회의 공식조직 증가, 중요성을 인정받는 인간의 능력에 대한 인식을 바꾸어 놓았기 때문에, 교육 이외의 자격증은 쇠퇴했고 반면에 교육 학위증은 번성하게 되었다. 학력 인증의 급격한 팽창은 단지 과잉교육이나 능력향상 없는 고학력화의 결과만은 아니다. 학력 인증은 비교육 자격증을 밀쳐내면서 증가하고 있다는 점에서 모든 사람이 동의하고 있지만, 학력 인증이 교육과 직업 획득의 관계를 설명하는 가장 좋은 이론이라는 의미로 교육의 팽창을 말하는 것은 아니다. 또한 학력 인증의 불가피성에 대해 일반적으로 퍼져있는 인식이 광범위한 제도적 현상으로서 학력 인증에 관한 지적 논의를 가로막고 있다. 교육이 직업과 직업세계를 변화시키는 강력한 힘을 지니고 있으므로, 만약 과잉교육 위기가 발생하지 않았고 앞으로 발생하지 않을 것이라면, 학력 인증 또한 일어나지 않을 것이다. 학력주의라는 관념을 잠시 내려놓아야 교육중심사회에 광범위하게 퍼져 있는 학력 인증educational credentialing에 대한 좀 더 다양한 가설들이 논의될 수 있을 것이다.

많은 면에서 당시로서는 예언적인 측면이 강했던 콜린스의 "학력주의 사회1979"는 이와 같은 많은 가설들을 이미 보여주고 있지만, 교육중심사회에서 졸업장이 어떤 의미가 있는지를 예측하지는 못했다. 콜린스는 점점 전문화되고 조직화되어 가는 사회에서, 교육 학위증이 자원과 권력에 접근하는 가장 중요하고 합법적인 통로로 자리잡아 가고 하나의 유기적인 시스템으로서 현존한다는 점을 체계적으로 주장한 선도적인 학자였다. 거대하게 공식적으로 조직화된 화이트칼라 직업들의 전문가주의와 교육 문화는 점점 더 직접적으로 상호 침투되어 왔다. 교육중심사회에서는 교육 학위증이 개인적인 차원에서 뿐만 아니라, 기술 분야에서 막대한 자원과 부가 분배되는 방식에 있어서도 가장 지배적인 요소가 된다.

이런 방식으로 고찰해보면, 교육 학위증은 대학이 창출하는 지적 권위에 대한 접근권, 통제권, 활용권 모두를 구조화하고 있다. 학위증 수여는 교육적으로 구성된 전문적 지식과 전문가의 일상을 체화하는 구현물이 되었으며, 현대사회에서 교육이 지니는 특유한 제도적 특권을 선언하는 증서이다Bills 2003. 교육 학위증을 수여받은 변호사, 회계사, 인사관리 전문가, 경제전문가, 심리전문가, 공학자, 의학전문가 등등은 자원자본과 권력을 둘러싼 투쟁에서 막강한 경쟁력을 지니게 된다. 따라서, MBA를 나온 관리 전문집단이 조직의 가장 많은 자원을 통제하고, 교육을 통해 인증된 특정한 그룹의 전문가들이 체계적으로 조직화된 하지만, 자원 쟁탈전은 여전히 유동적인 직장에서 확고하게 특권적인 역할을 담당하게 된다. 학위증은 개인의 역할을 결정하는 수준을 넘어서 중심적인 사회학적 역할을 수행한다. 교육적으로 발행된 학위증은 사회적 권력물질적 자원을 포함해서을 위한 중심적 자본 그 이상의 역할을 수행한다.[1] 그러나, 교육 학위증의 배경이 되는 논리가 개인, 방법과 수단, 업무 수행방식, 합법적으로 수행되어야 하는 업무의 종류 등도 바꾸어 놓기 때문에, 교육 학위 획득과정은 단지 권력 획득 과정에만 한정되지 않는다.

이미 제5장의 말미에서 언급했듯이, 대학에서의 교육은 행위자가 활용해야만 하는 전문성, 지식, 논리 등을 단순히 생산하고, 인증하는 것에만 머무르지 않는다. 대학에서의 교육은 그러한 전문성, 지식, 그리고 논리에 강력하게 연결된 사람들의 집단을 구성한다. 뒤에서 논의하겠지만, 회사, 교회, 주정부, 군대, 가족과 가문 등등에서 인사정책의 배경에 있는 기본적인 논리는 더 이상 그 자체 기관의 논리가 아니다. 갈수록 교육만이 이와 같은 사회적 과정을 창출하고 유지하는 합법적 근거가 되고 있다. 1977년에 존 마이어John Meyer가 예측했듯이 교육중심사회는 가장 핵심적인 문화적 현상이 되고 있다. 그러므로, 각각의 지식을 각자의 분야에 적용하도록 학위가 수여된 심리학자나 MBA를 나온 경험이 많은 경영자들, 혹은 매우 큰 공식 조직에서 민감한 정보를 다루고 인사정책 결정과 관련된 학위를 수여받은 사람, 혹은 재무관련 MBA 학위를 가진 사람 등등은 경제 예측을 해서는 안 되고, 오직 대학에서 경제학을 배우고 상급의 경제학 학위를 수여받은 경제학자들만이 경제 예측을 합법적으로 할 수 있게 되었다. 물론 이와 같은 학위들은 기능상의 차별성을 위한 훈련과정을 나타내지만, 제1부에서 논의한 바와 같이 기능적 차별성 자체는 교육적으로 구성되고 정의되어 특정화된 학위이기 때문에, 학위는 단순한 기능적인 차원을 넘어서는 문제가 된다. 만연된 문화적 인식에 의해 추동되고 강화됨으로써, 교육 학위는 훈련 그 이상이 된다. 교육 학위는 일정한 행위를 수행할 수 있는 전문화된 지식에 관해 합의된 합법적 접근법을 나타낸다. 이러한 문화적 논리는 권력, 자원과 특권의 배분에 있어서 다양성불평등을 강화하고 동시에 공식적으로 합법화 한다.

---

1 이 아이디어는 교육을 지위 획득 경쟁으로 간주한 콜린스의 아이디어와, 그리고 많은 사회학자들이 자주 연관 짓는 '학력사회'(The credential Society)와 연관된다.

널리 퍼져 많은 사람들이 믿고 있는 교육 학위증 앞에서 직업 경험과 이력, 평판, 일상적 노하우, 카리스마 등등의 비교육적 방식의 직업 수행 방식들은 빛이 바랜다. 앞 장에서 언급한 바와 같이, 전부는 아닐지라도 대부분의 전문적, 관리적, 기술적 직업들은 교육 학위증을 통해 통제되고 있고, 그로 인해 교육중심사회는 더욱 심화되어 간다. 이런 논의가 허울뿐인 간판주의가 만연한다거나, 노동시장에서 수요와 공급 법칙이 항상 적용되지 않는다는 의미는 아니다. 여기에서 주장하는 바는 교육중심사회가 직업과 직장의 의미 그리고, 공식적 교육의 논리를 따르는 학위증의 의미를 근본적으로 재구조화하고 있으며, 그로 인해 직업의 내용과 노동력에 대한 수요와 공급의 재구조화가 그 뒤를 따른다는 점이다.

콜린스는 교육이 단순히 학위를 수여하는 수준을 넘어서 직업과 개인을 바꾸는 데에는 별 역할을 하지 못한다는 잘못된 가정에 의존함으로써, 불행하게도 자기 주장의 광범위한 함의를 스스로 사장시켜 버린 셈이 되었다. 교육 학위증이 조직에서 권력과 자원에 접근하는 통로 그 이상이 된 것과 마찬가지로, 교육 학위증이 사회적 조직과 사회적 계층의 근본적 성격을 완전히 바꾸는 선봉장이 되었는데, 이는 이전 사회에서는 유래가 없었던 일이다.

직업자격 인증에
침투한 교육

[그림 7-1]에 제시된 것처럼, 적어도 네 가지 방식으로 형식교육과 같은 방식의 강화된 제도화가 직업세계에도 전파되고 있다. 첫 번째는 수평적 제도화라고 할 수 있는데, 이와 같은 방식은 역사적으로 학력 인증을 요구하는 직업 비율이 증가하고 있다는 점에서 명백히 보여진다. 또한, 이 주장이 옳다면, 직업자격에 학력 인증을 활용하는 것은 단지 직업수준별 스펙트럼 사이에서 엘리트 직업인에게만 적용되는 것이 아니고 모든 직업에 걸쳐서 일어나고 있다. 뿐만 아니라, 신규 혹은 증가하는 분야의 직업구조에 있어서도 학력 인증의 활용이 확대되고 있다는 증거들이 있을 것이고, 역으로 사라지는 직업들에 있어서는 학력 이외의 인증이 훨씬 적게 활용되었을 것이다.

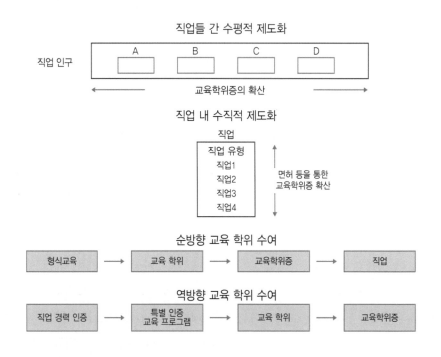

그림 7-1 직업 구조 내 교육인증의 제도화에 관한 네 가지 과정

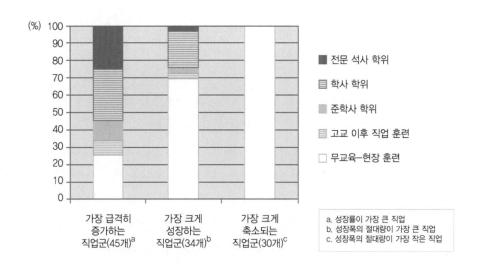

그림 7-2 성장과 쇠락에 따른 미국 직업군 내 교육 인증 요건

출처: D. Hecker(2005)와 Dohm과 Shniper(2007)에 제시된 자료를 저자가 직접 분석함.

[그림 7－2]는 학력 인증이 수평적인 제도화 경향을 보여주는 사례인데, 미국 노동통계국이 통계를 작성한 2004~2006년 기간 동안 가장 빠르게 성장하는 직업, 즉 근로자 수와 비율에 있어서 가장 크게 성장하는 분야의 직업과 가장 큰 감소를 보이는 직업 분야가 각각 어떤 학력 인증을 요구하는지를 보여주고 있다. 미국에서 가장 빠른 직업 증가율%을 보이는 45개 직업 중 4분의 3은 학력 인증자격을 요구했고, 2분의 1 이상은 학사학위 이상의 학위를 요구했다. 빠르게 성장하는 직업의 25% 이상인 의과학자박사, 전문치료사석사, 중등 이후 교육기관 교원박사 정신건강상담사석사, 수의사전문석사 등에서는 석사학위 혹은 전문석사학위를 요구했다. 학력 이외의 인증을 요구하는 직업분야에서도 양적인 직업 증가를 보여주고 있지만, 가장 큰 직업 증가를 기록한 분야의 30%는 교육 자격을 요구했고, 이들 대부분은 학사학위를 요구했다. 마지막으로 가장 큰 감소를 경험하고 있는 직업 분야들은 교육 자격을 요구하지 않는다. 이 사례는 여러 분야에 대한 횡단면적 분석이고, 큰 변화를 겪고 있는 직업만을 대상으로 하고 있지만, 직업세계에 만연한 학력 인증이 어느 정도인지를 잘 보여주고 있다.

콜린스 등이 예전에 예견했던 것처럼, 직업 간 경쟁은 일어나기 마련이고, 그 과정에서 교육 학위를 인증수단으로 활용하는 것이 그 경쟁에서 하나의 무기가 될 수 있다고 주장할 수는 있지만, 이 과정이 학력 인증의 제도화를 가져온 주 요인이라고 할 수는 없다Collins 1979, 2002. 오히려 직업 간 경쟁을 수평적 제도화 중 하나의 유형으로 보는 방식이 가장 좋을 것이다. 교육중심사회에서는 학력 인증 이면에 깔려 있는 논리가 점점 더 직업자격 부여과정의 이면을 지배하는 규범적 흐름이 된다.

두 번째 방식은 수평적 제도화와 병렬적으로 교육자격의 수직적 제도화라고 부를 수 있는 근거들이다. [그림 7－1]의 두 번째 다이어그램에서 볼 수 있듯이 학력 인증educational credentialing은 직업 내에서 더 많은 직무유형job types에 형식적 교육 학위가 필요해지면서 강화되어진다. 점증하는 수직적 제도화는 형식교육 이면의 문화적 가치가 섞여 들어오고, 직업 접근occupational access과 면허증licensure 통제과정에 교육 학위를 활용하게 됨에 따라 더욱 명확해지고 있다.

가까운 사촌격인 직업자격을 포함해서 직업 면허증 부여는 후기산업사회의 직업세계에 있어서 큰 변화를 가져오는 흐름이고, 이제는 교육 학위 수여의 증가와 완전히 결합되어 있다Bills 2004; Kleiner 2006; Kleiner and Krueger 2008. 교육중심사회 이전에,

많은 직업에 대한 접근은 노동조합이나 직업협회 멤버십에 의해 통제되었지만, 이제 이런 것들은 직업면허 부여 과정 상에서 경쟁관계에 있다. [그림 7-3]에 보여지는 바와 같이, 면허가 부여된 직업은 지난 50년간 꾸준히 증가해왔고, 지금은 미국 노동력의 5분의 1을 차지하고 있지만, 같은 기간 동안 노동조합화한 직업은 크게 감소했다. 그리고 미국이 직업 자격 부여 흐름에 있어서 다른 나라보다 주도적이기는 하지만, 다른 나라의 직업세계에 있어서도 비슷한 증가가 발생하고 있다는 증거들이 있다Kleiner 2006.

또한 자격 부여 과정을 통한 재정 문제, 질 관리 문제, 경쟁체제 등을 관리하는 방식이 직업군을 형성하는 논리의 배경이 되지만, 이런 흐름에는 더 깊은 추동요인이 있다. 사회학적으로 보면, 지난 장에서 논의한 바와 같이 직업 자격 부여는 해당 직업이 대중적으로 전문화되는 과정으로 생각할 수 있다. 물론, 전통적인 자유 전문 직업의약, 법률, 신학 등들은 높은 수준의 형식적 요건을 요구하는 정도는 다양하지만, 이제 일반적으로 학술적 학위 등의 형식적인 교육 요구사항을 규정하고 유지하는 방식을 통해서, 직업 전문화 과정은 특정한 직업을 수행하기 위한 자격을 취득하고 갱신하는 자격 부여 과정과 완전히 통합되어 있다.

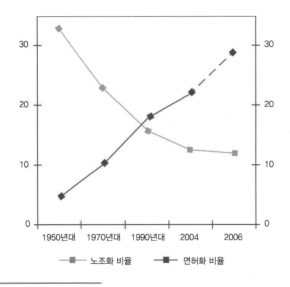

그림 7-3 면허가 부여된 직업과 노동조합화된 직업 내 미국 노동자의 비중(1950-2006)
출처: Kleiner and Krueger(2010).

교육 학위 부여가 직업 자격증 부여에 수직적으로 확산됨으로써, 직업 자격 부여 과정에서 얼마나 주요한 통로 역할을 수행했는지를 잘 보여주는 하나의 사례는 다음과 같다. 현재 미국건축전문가협회 네트워크가 건축가로서 활동하기 위한 자격 취득 과정에 대학 학위 활용을 강화하도록 어떻게 영향을 미쳤는지를 [표 7-1]에 제시된 내용을 통해 검토해 보자. 이 네트워크의 현황이 [표 7-1]에 제시되어 있지만, 특히 학술적인 측면에서 연관된 협회들을 포괄하는 측면에서 보면, 역사적인 발전과정은 그 설립 초기에서부터 찾아볼 수 있다.

표 7-1   미국 건축 전문가 협회 네트워크: 면허 부여를 통한 교육인증 체제 구성 및 강화

협회 네트워크

협회	설립 연도	계열/제도 유형	회원 특성	회원 수
AIA[1]	1857	교육인증받은 전문가 집단	건축 관련 학위를 받은 건축가	83,000
ACSA[2]	1912	고등 교육 기관	건축교육 프로그램이 있는 인가된 대학	134
NCARB[3]	1950	주/지역 정부	건축 면허 위원회	53
AIAS[4]	1956	고등 교육 학생 집단	건축 관련 학위 프로그램 내 학생	6,800

건축 학위 인증의 강화

협회/필요요건	설립 연도	목적/임무	영향
NAAB[5]	1940	미국 내 대학에서의 건축 관련 학위 프로그램에 대한 유일한 승인 주체; 프로그램 기준 설정	40개 주 위원회는 면허 부여를 위한 요건으로서 계속교육 학점을 의무화함[6]
EESA-NAAB[7]	NAAB에 의해 1940년 이후	미국 이외의 대학에서의 건축 관련 학위 프로그램에 대한 유일한 승인 주체	전 세계에서의 교육 인증 평가 구축

건축 면허 요건

학위/교육인증	계속교육	자격 시험
정식 인가를 받거나 EESA-NAAB가 승인한 프로그램으로부터 받은 학사 이상 학위 취득	면허를 유지하기 위한 학업 관련 단위 시간 충족; 단, 주별로 상이한 기준을 가짐 (연 평균 5-20단위 시간 수준)	다면 지필고사에서의 합격 점수 충족

1 미국건축협회(American Institute of Architects; AIA)
2 건축대학협회(Association of Collegiate Schools of Architecture; ACSA)
3 건축등록면허이사회 국가자문위원회(National Council of Architectural Registration Boards; NCARB)
4 미국건축공학과학생협회(American Institute of Architecture Students; AIAS)
5 전국건축인가위원회(National Architectural Accrediting Board; NAAB)
6 계속교육 학점 요건 도입 시기는 NAAB 설립 이후 주별로 상이하다.
7 건축 교육 평가 서비스(Education Evaluation Services for Architects; EESA-NAAB)

표의 첫 부분에 나타난 바와 같이, 미국 건축계의 초기 네 개 중 세 개의 전문직업 협회는 명시적으로 대학과 대학교에서의 건축 관련 훈련을 이수했는지 여부에 따라 협회원 자격을 결정하고 있다. 이들 협회 중 첫 번째는 미국건축협회American Institute of Architects인데, 19세기 중반에 설립된 가장 오래된 협회로서, 직접적으로 다른 협회의 형성과 역할에 영향을 미쳐왔다. 역사적으로 보면, 전문건축협회 네트워크는 미국건축협회에서부터 시작하여, 당초에는 장인적 훈련 전통을 지닌 공예협회에서 20세기 초에는 전문화된 대학 기반의 교육을 받아 떠오르는 전문 직업으로 전환함으로써, 건축계 전체에 학위 인증 요건을 확산시켰다Woods 1991. 몇몇 예외가 있지만, 현재는 83,000여 명의 미국건축협회 회원들은 하나 혹은 세 개 이상의 전문화된 고등 교육 학위를, 즉 건축분야의 학사학위, 석사학위, 박사학위를 지니고 있다. 대부분의 미국건축협회 회원은 자격을 갖춘 건축사68%이지만, 건축사 자격증이 있거나 없거나 상관없이 회원의 공통된 특징은 교육 학위를 지니고 있다는 점이다.

이 네트워크 초기의 두 번째 협회는 미국 건축대학협회Association of Collegiate Schools of Architecture인데, 이 협회는 고등 교육 기관에서 3개 건축 교육 학위프로그램의 이해관계와 향후 발전을 대표하기 위해서 20세기 초에 설립되었다. 미국 건축대학협회는 현재 134개의 인증된 건축가 교육을 위한 고등 교육 기관을 대표하고 있다. 세 번째 협회는 1950년대에 설립되어 인증된 건축학 학위프로그램 학생들의 이해관계를 대변하는 미국건축공학과학생협회American Institute of Architecture Students인데, 대부분의 회원들은 졸업하면 바로 미국건축공학과학생협회의 회원이 된다. 이 네트워크의 협회 중에서 회원자격이 명시적으로 건축학 교육과 관련되지 않은, 그럼에도 불구하고 교육 학위에 영향력을 행사하는 협회는 건축등록면허이사회 국가자문위원회National Council of Architectural Registration Boards이다. 이 협회는 건축가 면허 부여에 관한 규제와 촉진 정책을 수행하는 주별 면허이사회 간 협의회이다.

　이 네트워크의 두 번째 중요한 특징은 설립된 4개의 주요 협회가 건축가 교육 자격을 유지하고 강화하는 세 과정에 직접적인 영향을 행사한다는 점이다표의 두 번째 부분을 참조하라. 첫 번째 과정은 고등 교육에서 새로운 학위프로그램을 인증하고, 기존 고등 교육기관의 학위프로그램의 인증 효력을 연장하고, 각 학위과정을 위한 커리큘럼이라 불리는 교육 기준을 개발하는 과정 등이다. 미국건축협회와 건축대학협회에 의해 창설된 전국건축인가위원회National Architectural Accrediting Board는 14인의 위원으로 구성 되는데, 위원들은 각각 미국건축협회, 건축대학협회 및 건축등록면허이사회 국가자 문위원회를 대표하는 3인의 위원과, 미국건축공학과학생협회를 대표하는 2인의 위 원, 공익위원 2명, 그리고 독립성을 가진 위원장으로 구성되어 있다. 전국건축인가 위원회는 미국에서 건축분야의 전문가 학위프로그램을 인증하는 권위를 지닌 유일 한 기관이다. 전국건축인가위원회로부터 인증을 받은 프로그램을 졸업했다는 것이 건축가 자격 획득을 보장하지는 않지만, 전국건축인가위원회의 인증을 받은 프로그 램이 4개의 기관, 즉 미국건축협회, 미국건축공학과학생협회, 건축대학협회, 그리고 건축등록면허이사회 국가자문위원회와 협력을 통해 전국건축인가위원회가 설정한 교육 기준을 충족시켰음을 보증하기 위한 것이다.

　전국건축인가위원회는 건축가 훈련 과정을 표준화하고 보편화하기 때문에 건축 분야에 있어서 직업을 가지기 위한 교육 자격 강화라는 점에 있어서 건축전문가협 회 네트워크의 중심에 있다. 협회 헌장을 제정할 당시, 전국건축인가위원회의 점검 과정은 교육 학위의 실효성을 보증하는 공식화된 과정으로 되었고, 인증 과정을 적 용하고, 필요할 때 그 인증 과정을 개정할 수 있는 책임과 권한을 맡게 되었다. 4개 전문가 협회의 권위를 배경으로, 전국건축인가위원회는 건축교육에 있어서 건축기 술의 기능적 훈련뿐만 아니라, 수학, 자연과학, 사회과학, 인문학과 인문환경 등의 일반 학술과목이 전체 인증학점 중에서 2분의 1을 차지하도록 권장하는 표준 교육 과정을 개발하고 개정한다National Architectural Accrediting Board 2012.

전체 미국에서 이 네트워크의 주된 영향은 건축분야 직업활동을 위한 면허의 필수 요건으로 최소한 하나의 고등 교육 학위학사, 석사, 박사를 취득하도록 한 조치였다. 현재, 약 194,000명의 건축 근로자가 전국적으로 고용되어 있으며, 이중 46%는 건축사 면허를 취득교육적으로 인증되었다는 의미했다. 협회의 공식적인 표현을 통해서 명백히 알 수 있듯이, 네트워크를 통해 협회는 교육 학위 필수화가 건축분야에서 표준적이고 고품질인 노동력을 제공할 것이라고 하고 있다. 마지막으로, 기술적인 측면에서 말하자면, 건축 관련 경험이 있으면 건축학 교육 학위가 없이도 건축사 면허를 취득할 수 있는 방법이 여전히 있기는 하지만, 4개 협회 모두 거의 예외 없이 건축가가 되고 싶으면 교육 학위를 먼저 취득하고 나서 현장 경험을 하라고 충고하고 있다. 건축등록면허이사회 국가자문위원회는 다음과 같이 말하고 있다.[2] 전국건축인가위원회가 인증한 프로그램을 통해 건축 관련 전문 학위를 취득하는 것이 대부분의 미국 건축사등록 요건과 건축등록면허이사회 국가자문위원회 자격을 취득하기 위한 교육 요건을 충족하는 일차적인 방법이다National Council of Architectural Registration Boards, 2012.

이 네트워크에 의해 실행된 교육 학위 요건 강화의 두 번째 과정은 지속적인 전문 교육 요건과 자격을 유지하기 위한 프로그램과 필수요건을 구축한 것이다. 이제 40개 주에서 매년 5~20학점 이수라는 계속 교육 요건이 필수로 규정되었다. 미국 건축협회와 미국 건축대학협회는 건축가와 건축분야의 장기적인 발전을 위해 적극적으로 직업 수행 기간 동안 지속적이고 계속적인 교육, 학술적인 학점취득을 통한 적절한 검증을 촉진한다. 이들 협회들은 면허가 있는 건축가들에게 지속적인 교육 프로그램과 교육기회에 대한 안내를 제공한다.

세 번째 교육 학위 부여 강화 과정은 미국 외부와 미국 내의 미인증 건축교육프로그램의 검증을 평가하기 위해 전국건축인가위원회 표준을 적용하는 건축분야 교육평가서비스EESA의 시행에서 명백하게 나타난다. 이 서비스는 이 네트워크의 인증 절차와 전 세계에서 고등 교육분야 건축학 교육 간의 연계성을 강화하는 역할을 수행하면서, 동시에 건축 분야에 있어서 부실한 교육 학위 부여를 공개적으로 규정하

---

2 심지어 "경험을 쌓고 교육을 받는" 면허 방식에도, 지원자는 면허를 부여받은 (예를 들면, 교육적으로 자격을 부여받은) 건축가와 함께 일해야만 했다.

고 비난한다이하의 자격부여에 있어서 금기사항을 참고하라.

　　표의 마지막 부분에 보여지는 바와 같이, 면허 요건의 3분의 2는 교육적 내용이다첫 번째는 교육 학위로 검증된 자격, 두 번째는 지속적인 교육. 어떤 주에서도 자격 요건으로 비교육 학위 요건을 제시하는 전통은 없다예, 나이와 같은; 아래 미용학에 관한 논의를 참조하라. 세 번째 필요 요건인, 공식적인 형식교육의 일부는 아니지만, 위원회의 시험절차많은 사람들은 일반 건축가 자격 검증, 건축가등록시험(Architect Registration Examination)이라고 한다는 건축 교육 요건과 긴밀하게 연결되어 있다. 또한, 건축등록면허이사회 국가자문위원회의 주별 위원회 시험을 위한 표준 개발에 덧붙여, 미국건축인가위원회 인증 학위프로그램의 합격률을 공표하는데, 이는 어떤 의미에서는 이들 학위 프로그램에 대한 공식적 보증의 역할을 한다. 광범위한 교육 자격 취득에 의존하는 인증절차로부터 유추할 수 있는 바와 같이, 위원회의 검증 통과율은 대부분 65%~75%로 높은 범위에 있다. 마지막으로, 건축등록면허이사회 국가자문위원회NCARB는 검증의 목적을 기술하면서, 교육을 가장 기본적인 요소로 제시하였다. "건축가등록시험ARE은 그 동안의 경험에 의해 강화된 교육에 기초한 실천기반 검증시험입니다"전국건축인가위원회 2012.

　　콜린스와 그의 동료들이 이론화한 바와 같이, 교육 학위를 통제하는 것은 직업 분야를 통제하는 것이다. 하지만, 건축 분야 사례가 보여준 바와 같이, 그것은 경쟁을 제한하고 전문자격 프로그램의 정원을 엄격히 통제하기 위한 목적만으로 교육 학위를 요식행위로서 활용하는 방식의 밥그릇 지키기식 통제는 아니다. 오히려, 전체 협회 네트워크는 건축가에게 적용된, 교육혁명을 이끌어낸 인식에 충실하고, 건축분야 직업을 위해 교육 학위 중심의 인식을 강화하기 위해 지속적으로 노력하고 있다. 미국에서 의학학위를 받기 위한 의약 교육훈련과 다르게, 건축은 모든 교육훈련 과정을 완벽하게 통제하지는 않는다. 해당 학위가 전국건축인가위원회NAAB가 승인한 교육 표준을 충족시켜야 하지만, 자격을 받기 위해서 사람들은 아직도 몇몇 미인증 프로그램에서 필요한 학위를 받을 수 있다. 직업으로서 건축분야는 학위프로그램에 등록하는 인원을 통제하지는 않지만, 건축분야 진입과 지속적인 자격 유지는 전적으로 공식적인 교육훈련과 일련의 문화적 구성물cultural constructs에 영향을 받는다. 더욱이, 비록 면허부여 절차의 배경에는 뭔가 자명한 이유가 있을 것이라고 가정하지만, 자격부여에 관한 대부분의 연구들은 교육훈련과 자격부여를 통합했다는 영향 이외에 다른 재정적, 질적 통제와 관련된 부가적 영향이 전혀 없었다고 밝히고 있다.

이상은 한 면허 직업분야인 건축분야의 근거들이지만, 건축분야의 교육 학위 부여를 촉진하는 협회 네트워크 사례가 결코 건축분야에만 독특한 것이 아니며, 다른 많은 직업분야가 유사한 네트워크를 통해 교육 학위 수여를 강화하는 비슷한 상황을 보여주고 있다. 만약 교육 학위 부여가 교육중심사회의 근거라는 주장이 타당하다면, 다른 국가적인 직업분야의 구조에 있어 면허부여는 교육을 전제로 할 것이며, 교육 학위 수여 방식을 강화할 것이라는 근거들도 있을 것이다. 이와 같은 다른 하나의 사례로 캐나다의 건축가 면허/교육 학위 부여 네트워크가 있고, 이는 미국의 네트워크와 유사하며 미국협회 네트워크와 결연관계에 있다.

수직적 제도화의 마지막 형식은 직업분야에서 교육 이외 과정을 통한 자격부여에서 교육 학위 부여로의 이행에서 찾아볼 수 있다. 이러한 흐름을 설명하기 위해서 건축분야와는 특권과 소득수준에 있어서 정반대에 위치한 미용학 분야의 자격부여 방식의 변화를 검토해 보자. 미용학 분야의 직업에 있어서 교육 학위 수여 방식은 훨씬 덜 제도화되어 있지만, 면허부여 과정은 직접 직업 수행과정에서 배울 수 있는 선택지를 매우 적게 허용한 반면 교육적 필수 요건을 강화하고 있다. 예를 들면, 50개 주의 미용학 면허위원회는 미용실과 이발소에서 일하기 위해서는 인증 받은 교육 프로그램에서 1000~2100시간의 공식적인 미용학 교육 이수를 요구하고 있고, 32%의 주에서 대부분 고등학교 수준의 공식적인 교육 학위를 요구하고 있다. 동시에 교육 학위 부여보다는 보편적이지 않고, 흔히 교육 요구조건과 함께 활용되지만, 몇 가지 전통적인 교육 외적인 자격 부여방식도 몇몇 주에서 활용되고 있다. 예를 들면, 24%의 주에서 최소 연령기준16세~23세을 18%의 주에서 공식적인 훈련과정과 결합된 도제 경험을 오하이오 주에서는 도덕적 성실함 등을 요구하고 있다. 마지막으로, 몇몇 주에서 전기 분야의 직업이 면허취득을 위해 이발과 미용보다는 더 높은 학술적 학위를 요구하고 있지만, 미용학도 교육 학위수여에 있어 부분적으로 수직 제도화를 추구하고 있다.

직업분야에서 교육에 기반한 자격부여 방식이 강화되고 있는 것 이외에, 입직전 학력인증forward educational credentialing이라고 불리는 것, 즉 교육훈련과 자격부여는 직업분야에서 실제 직업을 수행하기 이전에 이루어져야 한다는 생각은 교육중심사회에서 보편적으로 받아들여지는 규준이 되었다[그림 7-1]의 세 번째 표를 보라. 이와 같은 "당

연하게 받아들여지는 생각"에 이제는 별다른 의문을 제기하지 않지만, 항상 그런
것은 아니었다. 예를 들어, 한때 광범위하게 활용되었던 전통적인 도제제도는 특정
한 순서 없이 훈련과 작업을 혼합하여 운영하였다. 또, 교육중심사회 출현 이전에
활용되었던 다른 종류의 직업훈련 과정은 입직전 교육 학위 수여 방식의 독특한 순
서를 따르기보다는 흔히 훈련과 작업 경험을 혼합하는 방식이었다. 토마스 무어의
봉건 잉글랜드에서, 젊은 사법서사는 처음에 법조계에서 일을 하면서 나중에 좀 더
공식적인 교육훈련을 받았고, 길드에 의해서 흔히 통제되었던 수공예분야는 회원이
되고 나서 훈련을 받았다Akroyd 1999.

이와 같은 순서는 직업을 가지기 전에 교육을 먼저 이수하는 경향 중시로 인해
급속히 변해왔다. 사실, 교육을 직업수행 이전에 이수하는 순서가 표준이 되면서 청
년들이 체험하는 직업분야의 학위취득 이전의 직업경험은 고등 교육 기관 자체에서
조직되어 지원되고 있다. 학교 학점이 부여되는 인턴십과 단기간의 전문 직업 경험
은 미국에서 학부학위 프로그램에 개설되었고, 지속적으로 인기가 높아져 대략 절
반 이상의 졸업생들이 수강하고 있는데, 명시적인 교육적 통제 하에 많은 직업 분
야에서 학생들에게 조기 직업 경험을 제공하고 있다National Association of Colleges and
Employers 2011; Valentino 2011. 새로운 직업을 찾기 위해 이미 노동시장에 나와 있는 사람
들은 이제 보다 많은 교육 학위 수여 옵션들, 즉 산업별 자격, 교육 재진입, 온라인
학습 등을 선택할 수 있다. 이런 교육적 다양성이 기존의 전방 교육 학위 수여에 관
한 공식적 교육 독점을 해체할 것인지가 향후 연구의 재미있는 주제가 될 것이다.
그럼에도 불구하고, 적어도 미국에서는 "새로운 교육 학위 획득 이후에 새로운 직
업 진입"이 널리 퍼져있는 규준이며, 이것이 직업전환을 위해 노동자들이 점점 더
선택할 만한 방식으로 인정되고 있다.

비록 실제경험에 비해 교육이 더 지배적인 영향력을 행사하는 데 대한 비공식적
인 냉소주의가 노동현장에 퍼져있지만, 전방 교육 학위 인증이 일반화되는 경향이
산업사회에서 심화되고 있듯이, 형식교육이 직업관행과 반드시 밀접하게 연계되지
는 않는다 해도 개인들을 특정 직업을 위해 준비시킨다는 가정도 널리 퍼져 있다.
예를 들어, 지난 수십 년간 현장 훈련의 내용과 형식은 그 특징에 있어서 확실하게
더 학술적으로 광범위하게 변해왔기 때문에, 현장 교육on-the-job education이 "경험 없
음"에 대한 현실적인 치유책이 되었다Scott and Meyer 1991. 마찬가지로 근로자의 실제

경험이나 작업 기술과는 무관하게 직업수행에 있어서 근로자들이 계속 교육을 받는 것이 정상적인 일로 받아들여지는 경향이 확연해지고 있듯이, 2005년 미국 근로자 성인 중 34%가 자신들의 직업은 법적으로 혹은 전문가적 필수 사항으로 계속교육을 요구하고 있다고 응답했다U.S. Census Bureau 2005.

입직전 교육 학위 수여가 일상적으로 강화된 결과는 젊은 학사학위 소지자들이 자신이 목표로 하는 직업을 향해 별다른 현장 경험 없이 바로 석사과정이나 전문석 사학위 프로그램으로 몰려드는 흐름을 통해 알 수 있다. 교육기관에 의해 개발되어 운영되며 관리되는 '학교공부 우선'점점 더 인턴십을 포함하고 있음 방식은 직업세계로 들어 가기 위한 "적절하고도 전략적 가치를 지닌 경로"로 인정되고 있다. 반면에, 집중적 인 교육을 받기 전에 해당 직업에 소질이 있는지를 검검하는 것과 같은 이전의 순 서는 바보 같고, 시간낭비이며, 해당 직업에서 성공하기 위해서는 위험한 짓이라고 까지 치부되는 경향이 강해지고 있다.

대학에서 학술학위로서 MBA 학위의 부상과 모든 형식 조직에서 관리직의 지배 력은 어떻게 교육기관이 인간활동의 다양한 분야에서 입직전 교육 학위 인증체제를 개발하고 강화하고 있는지를 보여주는 완벽한 사례이다. 현장 경험 이전에 취득하 는 자격인증인 전문경영석사MBA는 교육자격인증의 마지막 제도화 과정인 입직후 자격인증의 흥미로운 사례들을 제시한다.

[그림 7-1]에 나타난 바와 같이 입직후 교육 학위 수여backward educational credentialing 는 반대되는 순서이다. 즉, 직업 경험을 먼저 하고 나서 자격 인증으로서 교육 학위 를 수여받는 방식,3 처음에는 비합리적으로 보였지만, 교육 학위 수여가 수직적, 수 평적 제도화로서 등장하는 동안 여러 지점에서 대중적으로 인기를 얻은 교육프로그 램 세트는 개인들의 강한 요구에 기반하여 입직후 교육 학위 수여 논리를 성공적으 로 정착시켜 왔다. 몇몇 입직후 교육 학위 인증은 이미 직업분야에서 활동하고 있 는 개인에게 학력 인증이라는 요식적 포장을 제공하는 것에 불과하고, 비록 학위취 득 실패의 위험이나 학문적인 난이도로부터 일정한 정도로 완충되고 축약된 것일지 라도, 다른 한편으로는 학교와 유사한 경험을 제공한다. 이전의 자격인증에 관한 사

---

3 증가하는 입직전 교육 학위 수여의 규범적인 본질에 비추어 입직후 교육학위 수여 방식의 형성은 맥카 시(John McCarthy)와 문헌 연구조교 존 크라이스트(John Christ)와의 대화에서 착안하였다.

회학적 분석에서는 무시되었지만, 입직후 교육 학위 인증은 입직전 교육 학위 인증 forward educational credentialing이 이미 하나의 규범으로 자리 잡았음을 알려주고 있고, 교육 학위가 성공적인 직업적 성과에 대한 대중적 인식과 확신, 그리고 해당 직업에서 향후 발전 가능성을 보여주고 있다.

예를 들어, 1980년대 말 1990년대 초, MBA 학위가 중요성을 더해가고 있을 때, 많은 대학교의 비즈니스 스쿨에서 관리자 교육프로그램은 관련 학위가 없는 현장의 관리자들에게 단축되고 유연하게 설계된 형식교육 프로그램을 제공하고 MBA 학위를 수여하기 위해서 우후죽순으로 생겨났다Price 2004. 상당한 등록금을 내야 하고, 이미 직장이 있고 능숙한 관리자이지만, MBA 학위가 없는 경험의 양에는 상관없이 관리자들이 상당한 등록금을 내고 특별하게 설계된 2주짜리 교육을 1년에 예닐곱 번 참석하고, 과제와 온라인 시험을 마치면 MBA 학위가 수여된다.[4] 이런 프로그램의 그 이전 버전은 훨씬 적은 수업시간을 요구했다. 해당 직업경험이 없는 사람에게는 학위취득의 기회를 제공하지 않고 과거의 직업경험에 부분적으로 학술적인 학점을 부여하는 방식의 완전히 거꾸로 된 교육학위 인증방식이다.

왜 상당한 직업 경험을 지니고 성공적이며 직장 안정성까지 보장받은 관리자가 관리자 MBA 학위를 받으려고 애쓰는 걸까? 회사는 일 못하는 직원이나 곧 떠날 직원을 위해 상당한 등록금을 부담하려 하지 않을 것이다. 관리자나 고용주는 아무리 작은 교육 프로그램일지라도 교육 자격으로서 학위는 경험 많은 근로자에게 더 나은 기술을 익히게 해주고, 더 나은 지위를 보장해준다고 가정하고 있고, 게다가 현재의 교육중심사회에서는 고등교육 졸업자격만이 그 동안의 직업 경험을 인정해주고 실질화해 주는 권능이 있는데, 관리자가 취득한 MBA 학위가 이를 실현해주는 경우라고 가정하고 있다. 재학 중인 관리자나 고용주가 이런 식으로 사고하고, 또 그런 프로그램들이 광범위하게 성공적으로 운영되고 있는 이유는 교육혁명의 한 기능으로서 교육 학위 수여 방식의 부상에 있다. 또 하나의 중요한 이유는 의욕적인 관리자들을 위한 정규 MBA 프로그램을 통해 관리자를 양성하는 입직전 학력 인증이 팽창하던 초기에 이와 같은 프로그램들이 창설되고 인기를 끌게 되었기 때문이다. MBA 학위가 표준적인 학위가 되고 비즈니스 스쿨과 그 공급자들이 명성을 얻어감에 따라, 관리자를 위한 정

---

4 예를 들어, 1990년대 퍼듀대학교의 관리자 교육프로그램을 참조하라.

규 교육의 가치를 중시하는 강력한 논리가 형성되고, 그것이 다시 이미 경험을 갖춘 관리자와 그의 고용주들 사이에 MBA 학위를 얻고자 하는 욕망을 퍼뜨리게 되었다.

많은 직업 경험을 지닌 상당수의 사람들이 거꾸로 된 순서로 교육 학위를 추구한다는 사실은 직업 자격부여에 있어서 교육의 역할이 변화한 강력한 증거이다. 1990년대 중반까지 정규 MBA 프로그램이 포화상태에 이르자 이들 프로그램 중 일부는 학위수여 요소를 제거했다. 하지만, 다른 프로그램들은 관리자 학위 수여 프로그램의 안내문에 잘 나타나 있듯이, 현재 EMBA라는 명칭으로 입직후 교육 학위 수여 방식을 지속적으로 확대하고 있다.

> 컬럼비아 비즈니스 스쿨의 관리자 MBA(EMBA)는 자신의 경력관리에 방해 받지 않고 자신의 교육경력을 개선하고 싶어하는 성공적인 경영계 인사들을 위해 특별히 설계된 20개월 석사학위 프로그램이다. EMBA과정은 컬럼비아 캠퍼스에서 격주 금요일과 토요일에 수업을 진행한다. 이 프로그램은 9월과 1월에 시작한다. 본 프로그램의 혁신적인 교육과정과 협동적 학습 환경은 시장에서 직면하는 일상적인 문제를 해결하기 위해서 당신의 지식과 기술을 잘 활용하도록 돕는다. 뛰어난 교수진이 최첨단의 아이디어와 방법을 배우도록 도울 것이고, 그 아이디어와 방법은 곧 다른 사람들이 따라하고, 가르치고, 적용하는 것들이 될 것이다. 지금까지 800개 이상의 조직이 역량 있는 관리자 직원을 컬럼비아 EMBA 과정에 학생으로 보내 프로그램을 이수하게 하였다.

EMBA의 입직후 학위 수여 같은 현상은 비정상적이라고 치부되어 왔고, 여기에서 제시되는 것과 같은 새로운 관점에 기반한 분석이 필요한 상태로 머무르고 있다. 이와 같은 현상들에는 명예학위, 직업경험 기반 학위에서 고등 교육기관이 부여하는 학술학점예, 성인 경험학습 위원회, 즉 CAEL, 미국의 교원자격 미소지 교사를 위한 대안 교육 학위수여 등이 있다.[5] 또한 이와 같은 입직후 교육 학위 수여 사례에는 대학이

---

5 예를 들어, 미국 고등 교육의 역사에서 표준적인 접근법(브루바허(Brubacher)와 루디(Rudy)의 1958년의 권위 있는 '전환기의 고등 교육: 미국의 역사: 1636~1956'은 명예학위에 대해 고작 3쪽을 할애하고 있다.)은 명예학위에 대해 놀랄 만큼 언급이 없다. 그리고, 표준적인 참고문헌인 스테판 에플러(Stephen Epler)의 명예학위: 그 활용과 남용에 관한 조사(1943)는 이제 70년이나 지났다. 재미있는

창설한 공공 의료분야의 전문가를 위한 관리자 석사학위 등도 포함된다. 교육 학위를 통한 자격부여 방식의 제도화는 학술학위와 학력위조credential fraud 현상 등과 함께 연구가 가장 부족한 분야에 속하고, 여기에서 주장하고 있는 제도화가 맞다면, 학력위조는 교육중심사회에서 공개적으로 제재를 받을 금기사항이 되어야 한다.

교육중심사회의
일탈자들

오랫동안 권위를 인정받아온 사회학 논리에 따르자면, 사회로부터 추방된 예외적 일탈자가 어디에나 있는 모습은 일상적인 상황이다. 교육 학위 수여는 우리 사회에서 매우 중요하고 가치있게 인식되기 때문에, 그것이 대중적인 사기현상이라고 의문을 제기하게 되면 이제 광범위한 사회문제로 인식할 필요가 있다. 예를 들어, 학위 공장에서 부정한 학위를 찍어내는 사업은 수십억 달러 산업을 형성하고 있다고 추정된다Ezell and Bear 2005. 부정 학위에 대한 신뢰할 만한 자료가 없고 여러 추정치만 있지만, 학력위조에 대한 인식은 만연한 상태이기 때문에, 지금까지 미국에서 학력위조에 관한 대규모 의회 조사가 두 번 있었다. 몇몇 사례에 대한 조사에만 의존하였기 때문에, 의회 조사의 기조는 부정행위에 대한 우려의 수준만 더 크게 높이려는 의도를 드러내는 수준에 머물렀다. 말하자면, 학력위조와 관련 금기에 대한 두려움 때문에, 수여된 학위에 대한 조사와 인증 관련 산업을 만드는 결과만 남겼다. 외국 교육 자격증을 미국 교육 학위체계와 맞게 번역해주는 서비스다른 나라들도 지금은 비슷한 서비스가 있다와 같은 것인데, 당연히 점증하는 고등 교육 수준에서 교육과 직업 구조가 세계화되는 경향의 영향이고, 이런 경향은 자격부여 방식으로서 교육 학위가 중심적 위치를 차지하는 세계적 수렴현상에 의해 강화되어지고 있다.

사례로는 벤자민 프랭클린(Benjamin Franklin)을 들 수 있는데, 그는 2학년 말에 스스로 공식적인 교육을 그만두었지만, 자신의 일생 동안 "박사"라는 타이틀을 썼다. 이는 몇 개의 명예학위에 의해서 부분적으로 정당화되었다. 처음에는 종합대학교에서가 아니라, 하버드대학과 다른 유럽의 학술협회들로부터 주어졌고, 그리고 나서, 존스 홉킨스 대학교 총장 다니엘 코잇 길만(Daniel Coit Gilman)에 의해 주어졌는데, 그는 1887년에 스스로 취득하지 않은 학위는 "위선이며 수치"라고 주장했지만, 자신에게 주어진 9개의 명예학위를 수여받았다(David Bills, personal communication, January 2010).

교육중심사회에서 교육학력 인증 상의 금기를 파괴하는 행위의 사회적 비용은 막대할 수 있고, 뒤르켐의 설명에 따른다면, 대중매체는 그와 같은 자격증의 가치를 강화시켜주는 대중적 비판이라는 수단을 활용하여, 자신의 교육 학위를 속인 성공신화 주인공들의 몰락을 자주 보도한다. 최근에 널리 알려진 학위 위조사건으로 라디오쉑이나 보쉬＆롬의 대표이사, 재무이사, 미국 올림픽위원장, 유명한 대학의 입학처장, 유명대학의 스포츠팀 코치 등등이 비판받았다. 체계적인 고위층에 대한 사례연구가 이 금기의 범위, 강도, 의미 등을 드러내보여 주겠지만, 단지 몇몇 사례만 제시되고 있다.[6]

먼저 학위 사기에 대한 금기가 학력 인증 규범의 다른 측면을 보여주는 것이고, 그 규범은 모든 직업구조에서 강화되었으며, 이전의 자격부여 방식의 권위를 빼앗았다는 점을 생각해보라. 이런 현상은 새로 임명된 유명한 대학 스포츠팀 코치가 단지 프로그램을 이수하였으면서 석사학위를 취득했다고 거짓말을 하였기 때문에 불과 5일만에 해고된 일에서도 잘 나타나고 있다. 다른 코치들이 대중매체에 나와서 문제의 코치가 한 행위는 과거에는 관행이었고, 수여받은 교육 학위는 상대적으로 악질적이지 않은 구색 갖추기이며 암묵적으로 인정되던 분위기였다고 말했지만, 그들은 이제 세상이 변했다는 것을 알게 되었을 뿐이었다.

두 번째 사례는 학력 인증의 논리가 심지어 학술학위의 더 다양한 형태로 확장되어가는 경향을 보여준다. 2008년에 이란 내무부 장관이 옥스퍼드대학교로부터 받은 명예학사학위가 위조였음이 밝혀져 해임되었다. 이 사례는 반서구적인 신권정치의 나라에서조차도 이전 식민본국의 매우 세속적인 대학교로부터의 명예박사학위조차도 학력 인증의 금기로부터 자유로울 수 없음을 명백하게 보여주었다.

교육 학위가 실제 직업세계에 있어서의 직무수행 역량을 덮어버리는 정도는 몇몇 고위층과 연루된 사례에서 확인할 수 있다. 이 중에서 극적인 사례는 MIT 입학처장의 사퇴 사례인데, 그녀는 직전에 소속 대학교에서 가장 효과적인 행정능력과 탁월한 실무능력을 인정받아 상을 받았음에도 불구하고 불명예 퇴진을 해야 했다. 최상위 기업의 이사회에서 매우 뛰어난 CEO가 유명대학의 MBA 학위를 위조했다

---

6 여기의 사례들에 관한 상세한 내용은 월 스트리트 저널 웹사이트에서 "직업 경력들"이라는 제목의 2008년 11월 13일자 기사를 보면, 월스트리트저널의 본 기사를 요약해 보여주고 있다.

는 점을 발견하면, 심지어 회사이익이 최고에 이르고 회사가 탄탄한 상황에서조차
도 그를 공개적으로 비난한다. 매우 성공적인 CEO가 자신의 나이, 혼인 여부, 혹은
국적을 속였다고 해서 회사 이사회에서 그를 공개적으로 비난하는 경우는 거의 없
다. 마찬가지로, 매우 경쟁이 치열해서 유능한 코치가 엄청난 프리미엄을 받는 대학
스포츠 분야의 첫 번째 사례에서도 매우 노련한 코치가 학위 위조로 해임된 뒤, 다
시 다른 대학교의 주임 코치가 되기까지 수년 동안 별 볼일 없는 자리를 전전해야
했다. 마지막 사례는 매우 무능한 CEO였지만, 그의 학위가 위조되었다는 점이 공
개적으로 증명될 때까지 이사회는 그를 해임하지 않은 사례이다.

확실히 이와 같은 공개된 교육 학위 위조 사례들은 매우 특이한 경우들이고, 물
론, 부분적으로는 거짓과 신뢰를 배신한 데 대한 처벌이었다. 그러나 각각의 사례에
서 확실하게 확인할 수 있는 점은 후기산업사회에 있어서 학력 인증이 갈수록 중요
해지고, 이와 같은 형식의 자격인증 규범을 깨는 데 대한 금기의식은 더 강화되고
있다는 점이다. 따라서, 대규모 사회에 있어 공공적 신뢰라는 것은 낯선 타인의 자
격에 대한 신뢰에 기반하는 것이고, 이는 점점 더 공식적인 교육에 기반하게 된다
는 점에서 놀라운 일이 아니다Nock 1993.

마지막 사례는 교육 학위의 가치를 비정상적인 암거래시장의 관점에서 보여주
고 있다. 중국에서는 운이 좋은 소수만이 대학에 가는데, 중국의 공식 원본 문서는
학생들의 첫날부터 졸업할 때까지 대학교의 전체 학교생활 기록과 수여 학위를 수
기로 작성한 당안檔案이라는 종이문서이다. 몇 년 전에는 중앙관리되고 전산화된 출
석, 성적, 수여학위 등에 관한 기록이 당안 이외에는 없었기 때문에, 당안을 잃어버
리거나 도난당하면, 학생들은 교육 학위가 없거나, 혹은 그들이 다른 사람의 학위를
위조하려고 한다고 여겨졌다. 한 매체의 기사에 따르면, 도난 당한 당안이 그 학위
의 수준에 따라 3000달러에서 7000달러에 암시장에서 거래되고 있으며, 이는 2008년
에 평균적인 중국 근로자의 연간 수입의 두 배가 넘는 수준이라고 했다LaFraniere 2009.

직업세계에 있어서 교육 학위의 수직적·수평적 통합과 입직전 교육 학위 인증
규범성공적인 직업인에 대한 입직후 교육 학위 인증을 포함해서의 확산, 그리고 이 규범을 위반하는
데 대한 금기의식의 강화는 교육 학위 인증의 제도화를 더욱 강화하고 있다. 이와
같은 제도화에 대한 향후 체계적인 분석은 여기서 거론된 경험적 사례에 의해 제시
되고 있는 주장을 뒷받침하는 근거를 제공할 것이므로, 후기산업사회에서 직업세계

의 구조에 작용하는 교육 학위 인증의 중심적 위상은 더욱 확고해질 것이다. 그리고 그와 같은 근거들은 교육 학위 인증 현상을 "학력주의credentialism"라고 사고하는 방식에 대한 마지막 일격이 될 것이다.

교육 학위의
사회적 계층화 장악

교육 외적인 요소에 기반한 직업자격 인증이 교육적인 요소에 기반한 직업자격 인증으로 전환됨으로써, 교육혁명은 사회적 성취와 사회적 계층이동에 있어서 형식 교육이 지배적인 요인으로 작동하도록 핵심적인 안내자 역할을 수행했다. 이 점은 [그림 7-4]에서 나타나고 있는데, 1950년대부터 2008년에 이르는 기간에 미국 성인 노동자에 대해서, 교육 외적인 요소들과 일반적 요소의 영향력을 통제한 상태에서, 교육 학위를 소지한 개인과 교육 학위를 취득하지 못한 개인들 간의 직업상 특권을 비교해서 보여주고 있다보다 자세한 모델은 Faia, 1981을 참조하라.[7] 마름모 곡선은 직업상 특혜에 미친 4년제 대학 학위취득과 상관없이 등록의 영향을, 다른 곡선들은 다양한 고등 교육 학위취득준학사 학위에서부터 박사학위까지으로 인한 직업적 특혜를 지난 60년 동안에 걸쳐 나타내고 있다. 1950년에는 대학 이수와 학위취득 간의 차이는 별로 없었지만, 1960년대부터 시작하여 단순 등록자의 혜택이 감소하는 동안에도 학위취득자의 혜택은 더 많아졌다. 이와 같은 이수자와 학위 취득자 간의 간극은 20세기 말의 마지막 10년 동안에 더욱 더 커졌다see also Denny and Harmon 2001.

지난 연구에서는 학위 효과의 이와 같은 패턴에 대해, 흔히들 교육의 팽창이 광범위한 양피지 효과학력주의를 낳았다고 결론을 내렸다. 학교 교육을 받은 기간이 교육에 대한 자원투입의 자연스러운 측정기준으로 간주되었고, 학위취득으로부터 자원투입을 상회하는 수익을 얻는 것은 일종의 부당한 것으로 여겨졌다. 앞에서 논의한 바와 같이, 교육 학위는 보편적인 사회적 구성물이 되었고, 이제는 학위취득 없

---

7 응답자의 아버지의 교육은 교육 요인의 한 형태로 볼 수 있지만, 그것은 응답자의 교육정도를 측정하는 것이 아니므로, 보다 정확하게는 비교육적 요인으로 고려되어야 한다. 저자는 에밀리 스미스 그린어에이(Emily Smith Greenaway)가 모델측정에 도움을 준 데 감사한다.

이 학교의 교육과정을 이수만 하는 것은 장래 취업을 위해서는 부족한 것으로 여겨
지고, 따라서 그 결과는 이러한 학력주의의 확신을 반영한다.

직업지위 획득

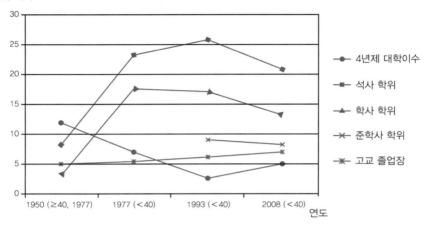

그림 7-4   미국 직업지위에서의 학위와 교육연한의 영향 비교(1950-2008)

　　　　주: 1950년대와 1977년의 통계는 일반사회조사(General Social Survey)를 활용한 Faia의
　　　　분석에서 가져왔다(Faia, 1981). 그리고 1993년과 2008년의 통계는 같은 조사와 같은
　　　　공식을 활용하여 직접 분석하였다. 직업지위 점수는 40세 이하 응답자의 학위, 교육연한
　　　　과 관련 통제변인들(사회경제적 지위(SES), 소득, 소득 로짓점수, 아버지의 직업지위,
　　　　아버지의 사회경제적 지위, 아버지의 교육연한과 학력)을 포함한 회귀분석을 통해 추정하
　　　　였다. 1950년의 통계는 40세 이상의 성인 중 1950년대에 노동시장에 참여하고 있는 사
　　　　람들의 현재 직업으로부터 추산되었다. 대학교육 4년의 효과는 대학교육 1년의 효과에 4
　　　　를 곱해서 추정하였다.

[그림 7-4]의 결과를 새로운 관점에서 바라보면, 교육 학위 취득과 직업적 성과
간의 역동에 관한 흥미로운 물음들이 많이 제기된다. 미국에서 교육혁명이 중등교
육에서 모든 학령기 아동으로 확산되기 전1960년대 중반까지도 순취학률은 낮은 수준에 머무르고
있었다., 그리고 1960년대 고등 교육의 가속적 성장 전인 1950년대에 4년제 학위취득
자와 단순 대학 등록자 간에 혜택이 얼마나 유사했던지에 대해 주목해보라.[8] 25년

8　학위의 수익률에 대한 비일상적 질서 지우기는 사회총조사 자료가 20세기 중반에는 없었기 때문에 이
　　들 추정치는 1950년대에 노동시장에 진입한 나이든 응답자들의 1977년 자료에서 추출되었으며, 직업

이후에 고등 교육 팽창이 성숙한 단계에 이르면 이런 것들이 모두 변했다. 학사 학위 취득자와 대학원 학위 취득자는 단지 대학에 4년 동안 등록한 것에 비해 월등하게 높은 직업적 특혜를 제공받았다. 20세기 말에 발생한 일은 또한 이와 밀접하게 연관되어 있다. 역동적인 교육 팽창으로 인해 학사학위 취득이 더욱더 정규적이고 일반적인 현상이 되었다. 또한, 앞서 언급한 것처럼, 대중적인 학사학위 취득이 이 시기에 이미 진행되고 있었다. 흥미로운 점은 이 시기에도 교육 학위에 따른 위계적 혜택이 있었고, 교육의 팽창에 따라 혜택이 1977년 수준으로 떨어졌다는 점이다. 학위를 취득하지 않는 4년제 대학 등록의 혜택이 1990년에 최저 수준으로 떨어졌다는 점에도 주목해보라.

교육중심사회로서의
학력사회

개인의 사회적 지위 획득의 핵심 수단으로서의 공식 교육 학위뿐만 아니라, 사회의 기본 제도로서의 교육이 지속적으로 교육적인 요소들의 영향력을 확대시키고 교육 외적인 요소들의 영향력은 감소시키는 방향으로 사회적 계층화 과정을 왜곡시켜 왔다. 교육을 필수요소로 하는 직업과 직장들과 함께, 교육 학위 인증은 이제 교육중심사회에서 모든 직업에 걸쳐 문화적 가치와 신조를 강화하는 지속적인 힘이 되었다. 교육 학위가 공식 조직 내에서 권력의 원천이 되었고, 그들이 초래한 변화는 더 깊어지고 더 넓어지고 있다. 대학의 지식생산 복합체성과 학위 수여권자로서의 자격에 근거하여 정당성이 인정되는 교육 학위는 일상의 직업적 역할을 수행할 때 지식을 적용하는 역량으로 인정될 뿐만 아니라, 특정 직업적 지위를 획득하고 관련된 지식을 적용하는 배타적 통제력과 권위를 지니기 위한 필수요소가 되었다.

교육을 신화로 보거나 학력주의credentialism를 교육 팽창의 유일한 결과로 보는 관점에 사로잡힌 사람들은 전통적인 훈련과 직업세계 진입이 대충 더 자연스럽고 더 효과적이라고 잘못 생각하는 경향이 있다. 그러나 이전 시대의 도제나 한직명목뿐인

에 있어서 알려지지 않은 상위의 학위을 반영하고 있다.

목사과 같은 방식이 사람들을 직업에 맞게 "정말로 준비"시켰을까? 그럴 수도 있겠지만, 지금 공식 교육이 하는 것 이상도 이하도 아니었다. 교육 학위에 의해 인증된 형식교육은 사람들을 직업에 맞게 "정말로 준비"시키고 있을까? 만약, 일과 직업의 핵심이 교육중심사회 문화에서 학습되고 특혜가 부여된 기술과 경향성에 의해서 더욱더 정의되어 간다면, 그럴 수 있고, 앞으로 더욱더 그럴 것이다! 핵심은 교육 외적인 방식으로 일과 직장에서 획득되는 지위에 준비시키는 방식이 그 자체로 자연스러운 것은 아니라는 것이며, 그 때에는 그것이 그 시기의 지배적인 사회적 구성개념이었을 뿐이다.

사회적 계층화와 계층이동성의 이면에 자리잡은 논리 역시 역사적으로, 사회적으로 형성된 구성개념이다예, Berger and Luckmann 1966. 교육 학위 인증과 함께 특권기반의 계층화를 대신하여 정당한 교육 기반의 성과주의에 입각한 계층화라는 사고방식은 문화 자체에 내장되었다. 학술 학위에 반영된 교육적 성과를 실적의 핵심적인 매개체로 삼는 관행은 한꺼번에 출현한 것은 아니다. 사실, 역사적인 흐름을 보자면, 적절한 최소한의 성과주의에 입각한 교황청 관료 선발기제로 작동하면서 중세 대학에서 증명된 학문적 재능이라는 초기 형식에서부터 시작되어, 19세기 프랑스의 에꼴 노말과 다른 나라들의 유사한 교육기관들에 선발되는 엘리트 지식인들에 대한 명백한 국가의 인증방식의 개발 등 세속적인 정치적 관심들로까지 이어진다. 하지만, 지난 세기 동안의 교육혁명의 속도는 교육적 성과를 사회적으로 능력과 철저히 동일화하였고, 교육 학위 인증의 강화는 이러한 과정을 더욱 강화하였다.

물론, 실제로는 공식 교육 체계가 다양한 교육 외적인 이유로 인해 결코 모든 사람들에게 동등하게 성공할 수 있는 기회를 제공하지 않는다는 점을 보여주는 많은 연구들은 교육에 의해 결정된 지위라는 개념을 자주 비판하고 있다예, Baker and LeTendre 2005. 하지만, 교육 성과주의에 관한 논쟁에서 간과된 점은 그 기본적 가정의 본질적 측면이 당연한 것으로 받아들여지고 있다는 점이다. 즉, 만약 공정하게 취득되었다면, 교육 학위는 광범위하게 정당한 성취로 인정되고, 만약 철저히 성과주의적이지 않다면, 최소한 어느 정도 정당한 성취로 인정되며, 모든 사람에게 장래에 제공되는 기회설령 불평등하더라도를 뒷받침하는 가장 정당한 성취로 인정되어야 한다. 이 점이 후기산업사회에 있어서 강력하고 패러다임 전환적인 신념이며, 제1부에서 제시된 바와 같이, 점점 더 사회적 계층화의 메커니즘 분석을 통해서 명백해지는 점이다.

어떤 의미에서는 암울한 풍자였던, 1958년에 발간한 *성과주의사회의 등장*에서 마이클 영Michael D. Young이 그렸던 세상은 이미 주변에 와 있다. 비록 그것이 그가 예언했던 것보다 덜 암울하고, 덜 억압적이고, 덜 단선적으로 계급적이지는 않을지라도. 중요한 점은 성과능력가 오늘날 교육적으로 정의되고 통제되는 학문적 지능 검증에 기반하고 있다는 점이며, 마이클 영이 주목했던 타고난 지능이 아니라는 점이다. 교육적 성취가 "진정한 성과능력"의 측정치인가가 우리가 물어야 할 올바른 사회학적 질문은 아니다. 지난 사회에서 교육 외적인 영역의 성과능력—즉, 군사적 유능함, 뛰어난 육체적 능력, 혹은 능숙한 장인적 기예—가 찬양받았던 것처럼, 교육적 역량이 교육중심사회에서는 능력의 절대적 영역으로 구성되어지고, 교육 학위 인증의 확산은 이러한 믿음을 현실화한다.[9] 상대적으로 짧은 사회학적 기간 동안에 교육은 능력을 증명하기 위해 경쟁하는 유일하게 적절하고 정당한 경연장으로 전 세계적으로 수용되어져 왔다. 현재까지를 돌아볼 때, 이와 같은 정규화된 믿음은 교육혁명의 가장 멀리까지 미치는 영향력과 가장 우세한 사회적 산물이라고 여겨진다. 비슷하게, 그 믿음이 가장 널리 영향을 미치는 인식론적 효과는 지식의 전환과 지식사회의 구성개념 그 자체이다.

---

9 사실, 현대의 군대는 효과적인 군인이 되기 위한 사전 훈련으로서 교육자격을 더 선호하는 것이 훨씬 일반적인 사례이다.

지식과 진리 주장의 변화

CHAPTER

8

지식과 진리 주장의 변화

권력을 가진 자의 지식이 곧 힘이 있는 지식이다.

마이클 영(Michael Young), 지식의 소환, 2008년.

나는 사실 다른 사람들의 책을 읽지 않는다. 책을 읽고 싶을 때는, 직접 책을 쓴다.

아일랜드 문학 비평가 테리 이글턴(Terry Eagleton)이
'최근 읽은 책 중 괜찮은 것이 있었는지'를 묻는
인터뷰 질문에 한 답변, 뉴욕 타임즈, 2007년 4월 22일.

소위 "지식정보화 사회"는 누적된 교육혁명의 결과가 있었기 때문에 가능했던 것인지도 모른다. 하지만, 지식정보화 사회가 정보 처리 기술과 인터넷을 통해 상호 연결된 세계로부터 자연적으로 만들어진 것처럼 언급되곤 한다. 사실은 교육중심사회가 지식정보화 사회의 각 방면에 필요한 모든 역량을 제공하였음에도 말이다. 역사상의 모든 사회가 지식에 기반했음에도 불구하고, 20세기 중반 이후의 지식의 양과 밀도, 그리고 그 활용 방법은 데이터를 포함하여 지식과 사회의 새로운 관계에 관한 광범위한 추측들을 이끌어냈다예, Lauder et al. 2012; Sörlin and Vessuri 2007a, 2007b. 물론, 지식을 이해하고 활용할 수 있도록 하는 개인 교육의 측면에서 대중 교육이 지식과 사회의 새로운 관계를 이끌어냈다는 것은 타당하지만, 그보다 더 중요한 사실은 교육 혁명이 지식 자체의 양 *뿐만 아니라* 지식의 성격 자체도 변혁시켰다는 것이다.

유구한 발전과 성장을 거치면서 대학이라는 기관은 지식과, "진리 주장(truth claims)"이라고 일컬어지는 지식을 진리로 인정될 수 있도록 하는 통용가능한 방법을 만들고 정의하는 데 있어서 중심이 되었다Frank and Meyer 2007; Young 2008. 교육 문화가 어떻게 전 세계 인류 사회를 특정한 성격을 가진 지식과 진리에 대한 주장으로 만연하게 만들었는가를 보면 교육중심사회가 지식정보화 사회에 필요한 여건을 만들어 왔음을 알 수 있다.

세상의
모든 지식

'까마귀 왕'으로 알려진, 15세기 말 헝가리의 봉건 영주 마티아스 코르비누스Mathias Corvinus는 중세 후기 한적한 마을이었던 부다Buda에 도서관을 건립하였다. 부다는 이후 다뉴브 강 양안에 걸친 복합도시인 부다페스트Budapest가 되었다. 도서관은 두 가지 면에서 주목할 만했다. 첫 번째는 장소의 의외성이었다. 당시 서유럽 사회에서 헝가리는 동방 이슬람 세력의 침입에 대항하는 전초기지로 인식되었기 때문이다. 둘째는 어마어마한 장서 수였다. 열정적인 애서가였던 마티아스는 32년이라는 긴 통치기간에 걸쳐, 당시로서는 경악할만한 숫자인 —약 2,200권의 책 분량인— 2,500여 권의 라틴어와 그리스어 필사본을 수집하였다. 유럽의 변방에 위치한 까마귀 왕의 도서관은 기독교 세계에서 규모나 범위 면으로 보았을 때 로마에 위치한 교황의 서고 다음이었다. 다른 어떤 도서관도 이 두 도서관 근처에도 이르지 못했다Tanner 2008.

마티아스의 유일한 사서이자 도서구매 담당자가 왕의 일반 지식, 과학, 그리스와 로마 고대철학에 대한 관심을 만족시키려 분투했으므로, 수집된 2,000여 권 이상의 도서는 500년 전 서구 사회에서 공식적으로 기록된 모든 지식을 대표하게 되었다.[1] 장인들이 직접 복제하고 만들어야 한다는 측면에서, 필사본은 옛것이나 새것 공히 매우 드물고, 대단히 비쌌으며, 진정 사치품에 속했기 때문에 손에 넣기가

---

1 교황 도서관의 대부분이 전례서였던 것에 비해, 왕의 소장도서는 상대적으로 전례서가 거의 없었다.

매우 힘들었다. 삽화가 많지 않더라도 필사본 하나의 가격은 이탈리아 법정에서 일하는 공무원의 일년치 임금을 넘었고, 삽화가 많으면 상당한 자산적 가치를 지녔다Tanner 2008. 마티아스 도서관에서 가장 값비싼 필사본들은 정교하게 장식된 스탠드에 체인으로 묶여 보관되었고, 모든 수집본은 오직 왕과 방문하는 소수의 지식인들만 볼 수 있었다.

까마귀 왕의 야심찬 도서관을 오늘날의 연구중심대학 장서들과 비교해보면 지식정보화 사회의 여러 측면에 대해 알 수 있다Stehr 2004. 예를 들어, 필자가 재직하는 대학의 도서관은 5백만 권 이상의 장서를 보유하고, 매년 마티아스가 30여 년에 걸쳐 수집한 것보다 40배나 많은 양의 책을 취득하고 있다. 500여 명의 도서관 직원이 지식에 대한 폭넓은 접근 시스템을 관리하는 데 참여하고, 매년 60만 건 이상의 서적이 대학 사회와 다른 도서관들, 학자들에게 회람되며, 도서관 웹사이트는 매년 150만 명 이상이 방문한다. 코넬 대학교의 유명한 대규모 연구 도서관은 단독으로 7백만 권 이상의 도서와 각종 자료를 보유하고, 미국 내 각 대학 출판부에서 발행하는 모든 서적을 수시로 사들인다. 물론, 지식의 보고라 할 수 있는 워싱턴 D.C.의 의회도서관은 1억 3,800만 건의 장서와, 지도, 고문서와 각종 인쇄자료를 포괄하는데, 장서만으로도 그 데이터의 양이 15테라바이트에 이른다"Data, Data Everywhere" 2010. 지속적으로 늘어나고 있는 인쇄 자료의 디지털화와 전자적 저장을 고려할 때, 머지않은 장래에 인터넷 접근이 가능한 모든 사람이 기록된 인류의 지식 전체를 문자 그대로 손가락 끝에 취득할 수 있을 것이다. 모든 분야의 논문 개요와 요약본 온라인 데이터베이스가 팽창하는 것에서 나타나듯이 인류의 지식은 급속도로 증가하고 있다. 예를 들어, 의학정보 온라인 데이터베이스인 메드라인Medline은 생체 의학 관련 저널에서만 7백만 건 이상의 논문 초록을 보유하고 있다. 물론, 중국이나, 이슬람, 혹은 다른 제국들에도 기록된 지식들을 모은 서고가 있었으므로, 봉건제 후기 유럽이 당시의 세계 전체를 대변할 수는 없다예, Rubenstein 2003. 하지만, 최소한 서구 사회에서는, 마티아스 도서관의 상대적인 크기로 수집가능한 지식의 양을 잴 수 있다면, 우리가 제기해야 할 질문은 '사회가 어떻게 방 몇 개 정도 길이의 서가에 맞는 지식의 양에서 소장 자료를 보관하기 위해서 의회 도서관에 1,000km가 넘는 서가가 필요한 양으로 변화되었는가'이다. 게다가 그 서가에는 매일470여 개의 언어로 된 10,000여 개의 새로운 자료가 추가되고 있으며, 봉건 도시 부다의 전체 성인 인구의 상당 부분에 버금가는 인력에 의해서 관리되고 있다고용인 수 3,700여 명.

이 질문에 대한 흔한 대답은 과학 발전, 계급투쟁, 복잡성의 증대 또는 이 모든 것들이 함께 작용함으로써 생겨난 기술의 정교화와 사회의 복잡화에 따라 지식정보화 사회가 나타났다는 것이다Castells 1996. 교육혁명이 지식에 끼친 잠재적인 영향은 설명에서 늘 배제된다Hoskin 1993; Young 2008. 배제되지 않는다 해도, 교육은 사회의 변화를 따르는 2차 기관이라는 전통적인 역할로만 이해될 뿐이다. 이상하게도 교육혁명의 효과는 제도 교육을 통해 각 개인이 지식이나 기껏해야 정보를 소비할 수 있게 된다는 식으로 격하될 뿐이고, 지식 자체를 생산하거나 지식이나 진리주장의 성격을 바꾼다고는 생각되지 않는다.

그러나, 이러한 관점은 교육중심사회의 문화에서 나타나는 지식과 그 생산, 진리 주장 성격의 심오한 변혁을 간과하고 있다.

2,500권의 텍스트를 통해 중세 유럽의 모든 공식적인 지식을 모을 수 있었던 까마귀 왕의 능력과 의회 도서관에 있는 이해할 수도 없을 만큼의 어마어마한 장서 간의 결정적인 차이는 교육중심사회가 대두되었기 때문에 나타난 핵심적인 결과이다. 교육중심사회의 지식 생산 규모가 어마어마한 것이 중요한 특징이기는 하지만, 지식의 양이 여기에서 논의할 유일한 새로운 측면은 아니다. 교육혁명이 없었다면, 지식에 바탕을 둔 사회는 가능하지도, 생겨날 수도 없었을 것이다.

마이클 영의
지식 패러독스

여기에서의 논쟁이 암시하는 것처럼, 지식의 성격은 사회적으로 구성되는 동시에 사회적으로 인식된다. 제1부에서 설명했듯이, 대학은 공인된 지식의 생산과 판정, 권위 부여, 전파라는 역할을 통해 근대 문화의 상당 부분을 형성한다. 이런 관점에서, 지식이란 확실히 제도적인 생산물이고, 따라서 사회적으로 구성되는 것이다. 하지만 동시에 대학의 지식 생산은 광범위하게 공유되는 실재를 창조하는데, 이 실재는 곧 진리로 받아들여진다. 어떻게 지식이 사회적으로 구성되는 동시에 실재일 수 있는가?

이 역설은 마이클 영에 의해서 제기되고 검토되었다.[2] 영은 교육과 지식의 성격의 관계에 대해 연구한 몇 안되는 사회학자 중 한 사람이다. 그는 1960년대 영국 학계 "신교육사회학"의 초기 설립자로, "신교육사회학"은 학교교육이 지식을 통해서 사회적 불평등을 어떻게 재생산하는가에 집중하였다. 이러한 사조의 중심에는 지식이 자연적인 실체라는 예컨대, 천부적으로 주어졌다거나 혹은 기술로부터 유래된다는 개념을 거부하고, 교육의 목적이 고유한 진리를 분별할 수 있는 지적 도구를 제공하는 것이라는 가정이 있었다.[3] 당시로서는 지식과 사회에 관한 급진적인 개념을 사용하면서, 1960년대 신교육사회학자들은 학교교육이 사회에서 강력한 이해관계의 산물이며, 따라서 무엇을 가르칠지 역시 권력자에 의해서 결정된다고 주장하였다. 이러한 관점은 지식의 내용과 성격을, 지식을 이해하는 사람들의 사회적 지위와 동일시하고, 특권적인 지식이나 지식의 사회적 지위 또는 지식과 그 이용에 대한 제한적인 접근으로 인해 생겨나는 사회적 불평등과 같은 몇 가지 발상을 낳았다. 이 이론은 본질적으로 마르크스주의의 교육과 사회에 관한 전통적인 관점을 학교교육의 교육과정 내용에 적용한 것으로서, 즉 교육과정은 사회적 힘의 불평등을 재생산한다고 보았다.

이러한 관점은 곧 지식은 요동치는 사회 권력의 우여곡절을 따라 전적으로 사회적으로 구성되며, 권력자는 사회 계급 간의 불평등 증대 같은 목적을 위해서 지식을 재구성할 수 있다는 전제로 이어졌다. 이러한 입장의 핵심적인 지지자인 마이클 애플이 학교교육과 지식, 경제적으로 파생되는 권력 간의 관계를 어떻게 묘사했는지 보자.

> 학교가 패권적인 목적으로 이용되는 방법 중의 하나는, 한편으로는 산업에서 필요로 하는 과학기술 지식의 생산을 극대화하는 데 기여할 "능력"이 있는 제한된 수의 학생들만을 상위 단계의 교육을 위해 선발하는 것을 "보장"하면서, 이른바 "모든 사람이 공유하는" 문화적, 경제적 가치와 지향을 가르친다고 하는 데에 있다(1990, 61).

---

2 제7장에서 언급된 영(Michael D. Young)과 혼동하지 말 것.

3 물론, 세기를 거쳐 내려오면서 지식의 본질에 관한 엄청난 수요의 철학적인 문헌들이 축적되었고 지식 사회학에 각기 다른 정도의 영향을 준 여러 사조들이 존재하지만 이에 관한 논의는 이 책의 범위를 넘어선다.

이와 유사한, 프랑스 지식인인 부르디외Bourdieu와 파세롱Passeron의 유명한 극단적인 발언도 살펴보자. "모든 *교육적인 행위*는 그것이 임의적인 권력에 의해 자행되는, 문화적으로 임의적인 조치인 한 객관적으로 상징적인 폭력에 다름없다"1977, 5.

뒤이은 몇 세기에 걸쳐, 신교육사회학 논쟁의 일반적인 형태는 학교 교육과정뿐만 아니라 대학의 지식 생산에 관한 많은 사회학자들의 생각에 영향을 주었다. 논쟁의 영향이 너무나도 강렬해서 어떤 체계적이며 실증적인 확인도 없이 종종 당연한 것으로 받아들여졌다. 따라서, 마이클 영이 "과도하게 단순한 사회적 구성주의"라고 폄하하면서, 자기 자신의 지식에 관한 극단적인 관점에서 돌아서는 데에는 예외적으로 지적인 용기가 필요했다Young 2008, 258; Young 1971; Young and Muller 2007. 영은 초기 마르크스주의자들이나 현대의 많은 포스트모더니스트들의 가정과는 반대로, 지식이 누구나 차지할 수 있는 것은 아니라는 것을 설득력 있게 주장하였다. 지식의 내용이 단순히 사회 권력만을 반영하는 것이 아니며, 사회적 목적을 위한 의지로 쉽게 바꿀 수 있는 것도 아니다. 더욱이, 사회적 계급에 상응하는 지식의 계급이라는 것도 존재하지 않는다Hoskin 1993; Young 2008. 하지만, 영은 지식이 자연적인 것이라는 과거의 가정으로 돌아가지도 않았다. 오히려 그는 여기서 검토하는 것과 같은, 즉 인간의 능력으로 구성되지만 당초 신교육사회학자들이 생각한 것보다 훨씬 더 영속적이며 보편적인, 사실로서가 아닌 지식의 제도적인 이미지를 강조하였다. 이러한 지식의 구성 중심에는 교육중심사회의 제도적인 힘이 있다. 신교육사회학의 핵심적인 문제는 대중 교육과 지식에 대한 접근에 있어 그것이 어떤 역할을 하는지를 전혀 이해하지 못했다는 것이다. 상당한 규모의 세계 인구가 공인된 지식에 대한 접근을 통해 능력과 권리를 얻는 상황에서, 마르크스주의자들의 논쟁은 엘리트들이 교육 제도 전반에 걸쳐 어떻게 적극적으로 통제하고 있는지에 관해 훨씬 더 복잡하고 실재적이지 않은 이미지들을 만들어내야만 할 것이다.

영이 예리하게 관찰한 것처럼, 대중 교육을 통해 많은 사람들, 특히 엘리트가 아닌 사람들도 때로 완벽하지는 않더라도 영향력 있는 지식에 접근할 수 있고, 이러한 접근은 비단 사람들뿐만 아니라 사회까지도 변화시킨다. 이는 지식과 학교 교육, 권력에 대한 마르크스주의자들의 관점으로는 예상할 수 없는 것이다. 동시에, 교육중심사회의 원기 왕성한 교육 문화는 지식의 성격을 변혁시키고, 특정한 진리 주장들에 대해서 특권을 부여한다. 다음과 같은 영의 관찰은 지식과 대중 교육에 관해 참신할 정도로 정직하다 할 수 있다. 만약 엘리트들이 정말로 지식을 구성할 수 있는 모든 권력을 독점한다면, 왜 지식에 대해 그렇게 폭넓은 접근을 허용하겠는가? 달리 말하자면, 패러독스에 대한 그의 답은 확실하다―*권력을 가진 자의 지식이 곧 힘이 있는 지식이다*―그러므로, 교육에 대한 보편적인 접근은 힘이 있는 지식에 대한 대중적인 접근과 같은 것이다. 학교교육은 단순히 좀 더 복잡한 경제나 기술적 세계의 반영이 아니라, 오히려 학교교육으로서의 제도 교육은 그 어느 때보다 복잡하고, 지식이 풍부한 인류 사회의 창조자이다. 그리고, 이러한 창조력의 핵심에는 다름 아닌 인식론적인 교육혁명이 있다.

교육혁명과
인식론적 변화

제1부에서 설명한 것처럼, 대학으로부터 구축된 오늘날의 인식론적인 기반은 지식의 어떤 특성이 중요하며, 어떤 연구방법이 타당한지 등에 관한 규범적인 사고방식이다. 교육혁명에 의해 야기된 인식론적인 혁명의 핵심에는 과학, 합리화된 연구, 이론, 실증적 방법들 등의 성장과 강화가 자리 잡고 있는데, 이 모든 것들은 학문적인 지능의 전반적인 인지화에 의해서 영향을 받고 또 강화되며 교육받은 사람들로 하여금 더욱 추상적이면서도, 설득력 있는 사고를 하게 만든다고 이해된다. 여기서 검토해야 할 문제는 "어떻게 대중 교육의 역동적인 전파력이 인류 사회에서 이러한 지식의 특성이 마치 다른 어떤 형태도 타당하지 않았고, 앞으로도 그렇지 않을 것처럼 완전히 '자연스럽고 정상적'이게 보일 정도로 깊게 뿌리내리게 했는가"이다. 커리큘럼을 통해, 교육중심사회에서는 이러한 특별한 인식론이 광범위하게 퍼지게 되었고, 이를 통해 어떤 의미에서는 "학교교육을 통한 지식" 또는 교육이 제도로서 생산, 정당화, 선택, 분류, 보급, 전파, 평가하는 지식에 의해 지배되는 세계적인 문화를 형성하게 되었다Bernstein 1971; Benavot et al. 1991; Sadovnik 1995. 학문적으로 만들어진 인식론의 결과물이라 할 수 있는 학교 교육과정을 형성하는 데에 있어 대단히 중요한, 최소한 세 가지의 주된 측면이 있다. 이에 대해서는 앞서 집중적으로 논의하였으므로, 여기서는 각 측면이 지식 및 진리 주장과 어떻게 연관되는지 만을

생각해본다.

첫 번째의 주요한 측면은 *인지 문화*, 즉 교육혁명으로 인해 인간 능력의 수준이란 인지적 성과를 의미하는 것으로 좁혀졌다. 물론, 역사적으로 어느 시점에서든 모든 교육과 지식은 인지와 관계가 있다. 하지만, 앞서 논의한 전 세계적으로 부상한 교육받은 사람들의 유동적 지능지수가 보여주듯이, 교육중심사회는 일련의 특정한 인지 능력들을 형성하고, 의미를 만들 뿐만 아니라 특별하게 고양시키는 것이다. 학문적 지능의 발전 및 번영과 함께, 암송, 논쟁, 암기, 형식적인 토론, 공식 활용, 반복에 의한 정확성, 권위적인 문헌 독해와 주석 등의 전통적인 정신적 능력들은 밀려나고, 문제 해결, 주의력을 요하는 추리, 추상적이며 고차원적인 사고, 지능의 적극적 사용 등이 중심을 차지하게 되었다. 후자의 능력들은 현대 교육에 있어 분명하고 핵심적인 인식론적 중심주제가 되었으며, 인지문화가 학교와 대학의 안팎에서 그 중요성을 더해갈 것이라는 데에는 의심의 여지가 없다.

두 번째의 주요한 인식론적 측면은 *과학 문화*이다. 지난 천년간 서구 대학에서 일어난 과학의 부상에서 설명한 것처럼, 이성적인 학자들을 뒤이어 과학이 근대 사회의 지배적인 진리 주장이 되었다Drori, Meyer, Ramirez, and Schofer 2003. 더 나아가, 대학에서 사회 과학이 부상하면서, 권위 있는 지식이란 인간과 사회에 관한 과학을 의미하게 되었다Frank and Gabler 2006. 이것이 지식인들을 포함해서 모든 사람들이 과학을 이해한다거나, 과학 실험을 하거나, 자기 자신을 과학자로 생각한다는 말은 아니다. 사실, 거의 대다수는 이런 것들을 하지 않는다. 하지만, 인식론적 체계로서 과학의 핵심적인 아이디어는―즉, 합리적인 사고에 의한 인지 혹은 이론과 실제적 증거의 관련성에 근거한 합리화된 지식이라는― 과학이나 사회과학이 아닐지라도, 모든 지식을 변혁시킨다.

세 번째의 주요한 측면인, *보편주의*에는 교육중심사회에서 지식의 특성과 관련된, 아주 두드러진 두 가지 인식론적 특성이 있다. 우선, 권위를 인정받은 지식이 보편성을 갖게 되면, 그 지식에 고유한 장소, 시기적 특성보다는 보편적이며 전 지구적이고 시간을 초월하는 진리와 유사한 성격이 더욱 중요해진다. 최근의 인식론에서는 모든 지식이 보편적인 성격을 가질 수 있을 뿐만 아니라 반드시 가져야 하며, 대학은 권위를 인정받은 과학과 합리적인 연구방법을 학습하고, 그것들을 모든 것에 적용할 의무를 부여받았다. 둘째, 보편성에 근거한 권위 있는 지식이란 인간 자신의 보편적 가치를 포함하게 된다Meyer and Jepperson 2000; Frank and Meyer 2007. 교육중심사회에서 지식은 지난 50여 년간 전 세계적으로 학교 교육과정에 포함되는 것이 확인된 보편적인 사회 정의의 규범에 따라 형성되는, 인간과 사회에 관한 평등의 이데올로기로 채워진다Baker and LeTendre 2005; Fiala 2006; Fiala and Lansford 1987.

인지주의, 과학주의, 그리고 보편주의라는 세 가지 측면으로 인해 어린이들과 청소년들의 교육과정은 50년 전과는 전혀 달라졌으며, 지식과 진리 주장에 대한 사람들의 생각에 교육중심사회가 주는 영향은 확대되면서 동시에 강화되었다. 이러한 측면들로 인해 나타난 변화의 정도는 일련의 초·중등교육 과정의 역사적인 발전에 관한 신제도주의적 연구 결과에 의해 자세히 설명될 수 있다. 간단히 말해서, 저학년에서부터 대학원까지의 학교 교육과정은 지식에 대한 이러한 새로운 개념과 그 내재적인 특성들에 기초하고 있으며, 대중 교육의 고유한 장점에 따라 만들어진 문화적인 실재는 모든 사람들에게 퍼져나가게 된다. 물론, 예전의 흔적들이 남아있기는 하지만, 전 세계적으로 그 어느 때보다도 많은 사람이 개인의 삶에서 더 긴 기간 동안 대중 교육 커리큘럼에 따라 초·중등 교육을 받게 되면서, 과거의 교육과 지식은 점차로 밀려나고 있다. 이하에서는, 고전주의와 중등단계의 직업교육이라는 교육과정의 목표가 주요한 두 번의 역사적인 변화를 겪는 데 있어 인지주의, 과학주의, 보편주의가 끼친 영향을 설명한다.

인지적
교육과정

역사적으로 학교에서 가르치는 내용이 어떻게 변해왔는지를 추적해보면 교육에서 인지 작용의 중요성이 증대되어 왔음을 잘 알 수 있다.[4] 미국 내에서 널리 사용된 교과서를 토대로 지난 한 세기 동안의 초등학교 수학 교육과정을 분석한 최근의

---

4 최근 몇십 년간 미국 학교교육의 질이 계속 나빠졌다고 광범위하게 오해받고 있음에도 불구하고, 전국적으로 수학 교육과정을 평가해봤을 때 사실은 그 반대일 뿐만 아니라, 수학 성취도 점수에 대한 장기적 추이를 분석해보면, 9세, 13세, 17세, 세 그룹의 학생들 모두 1973년보다 1999년에 성취도가 높았음을 알 수 있다(Campbell, Hombo, and Mazzeo [National Center for Education Statistics] 2000).

연구가 있는데, 이 연구는 각 시기별로 학생들이 배우고, 활용해야 하는 지식의 형태를 분석하는 데에 주안점을 주었다Baker et al. 2010. 1900년부터 2000년 사이에 발간된 141종의 초등학교 수학 교과서 28,000페이지를 분석한 결과, 특히 1960년대 이후로 계속해서 인지 작용에 대한 요구가 증가하는 방향으로 교육과정이 변해왔음이 확인되었다. 초등학교 수학 교육은 역사적으로 기계적 암기와 암송에서 수학적인 문제 해결과 비판적인 고차원적 사고를 강조하는 쪽으로 발전해왔다. 점점 더, 어린 학생들은 암기한 계산 공식을 사용하는 것이 아니라, 보다 복잡한 전략을 가지고, 주의 깊은 추리에 기반한 문제 해결을 위해 인지 능력을 활용하여야 한다. 1960년대 이래 미국 교과서에서 수학은 보다 주의 깊은 추리와 새로운 문제 해결 능력 적용, 억제적 통제, 작업 기억Working memory 등을 요구하는 것으로 제시되었다.

특별히, 역사적으로 학생들이 수학 문제를 해결하는 방법의 수가 늘어난 것과 동시에 이러한 방법들의 개념적인 복잡성 또한 증가했다는 점은 설득력이 있다. [그림 8-1]은 어린 학생들에게 가르치는 수학 지식에서 나타난 역사적인 변화를 보여준다. 예컨대, 인지적 능력에 대한 요구 증가와 관련해서, 점선은 지난 100년 사이에 어린 학생들이 경험하는 소수의 공식을 암기해서 사용하는 것에 대비되는 새로운 문제 해결 전략의 수가 평균 5개에서 20개 이상으로 증가하였음을 보여준다. 반면, 실선은 덧셈표를 외우는 것과 같은 비개념적인 능력을 요구하는 데에서 여러 단위의 묶음을 더하는 등의 좀 더 추상적인 능력을 요구하는 쪽으로 방향이 바뀐 것처럼, 연산 문제의 평균적인 추상성 수준이 증가하였음을 나타낸다.

20세기 초, 초등학교 고학년 수학 교육은 매우 경직되고 형식적이었으며, 반복 학습과 기계식 암기를 강조하였다. 예를 들어, 1890년대에 36곳의 도심 학교를 방문하였던 교육학자는 노골적으로 수학 교육이 우스꽝스럽다고 묘사하였다. 그는 "그 어떤 문제에서도 아이들이 생각할 수 있도록 허락되지 않았다"고 한탄하였다. "아이들이 해야 할 말은 정해져 있었고, 아이들은 그 말의 내용뿐만 아니라 그것을 어떤 태도로 말해야 하는지에 대해서까지 달달 외워야 했다"Rice 1893, 38. 반면, 오늘날의 교과서는 학생들에게 새로운 형태의 문제를 풀뿐만 아니라 그 풀이 속에 숨은 수학적 원리까지 깊이 있게 이해할 것을 요구함으로써 학생들을 마치 실제로 수학자인 것처럼 다룬다.

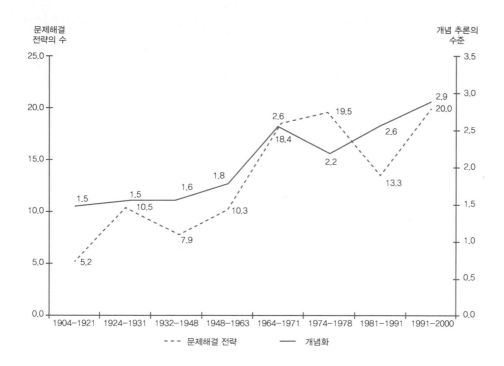

그림 8-1 미국 수학 교과서에서 나타난 평균 문제해결 전략 수 및 개념적 추상도

주: 1900－2000년간 미국 내에서 보편적으로 사용된 수학 교과서의 1학년 및 4학년 과정을 합산.

출처: Baker, Knipe, Cummings, Collins, Leon, Blair, and Gamson(2010). 전미수학교사협의회의 수학교육연구저널(Journal of Research on Mathematics Education)의 허락을 받아 게재함.

예를 들어, 1929년의 초등학교 1, 2학년 수학 교과서는 일반적으로 학생들을 수동적인 상황에 있거나, 때로는 심지어 수학과 아무런 상관도 없는 상황에 있는 것처럼 묘사하였다. 이 교과서들이 기하학적 도형을 보여주는 경우는 거의 없었다. 그러나 19세기 말에 이르면서 대부분의 교과서는 학생들이 기하학적 도형에 대한 문제를 직접 풀 수 있도록 바뀌었다. 문제만 바뀐 것이 아니라, 후기 교과서의 지문과 그림도 학생들이 훨씬 더 능동적으로 수학을 공부하게 되었음을 보여준다Salinas et al., 발간 예정.

이 연구의 분석은 지난 40년에 걸쳐, 제공된 교육과정이, 매우 기초적인 계산을 포함한 모든 형태의 수학을 배우는 데 있어 학생들이 좀 더 복잡한 전략을 가지고 더욱 주의를 기울여야 하는 추리에 기반한 문제해결방법을 사용하도록 어떻게 요구해왔는지를 보여주는 많은 유사 사례들과 참고 자료 제공에까지 나아간다. 교육과정에서 암묵적으로 드러나는 메시지는, 학생들은 스스로의 인지적 능력을 사용할 뿐만 아니라, 각각의 문제에 어떤 수학적 접근 방법을 사용할지를 결정하고 증명할 권리가 있다는 것이다Bromley, Meyer, and Ramirez 2011b. 아마도 교육에서 인지적 권리가 증가하는 이러한 문화는 다른 분야의 교육과정에서도 나타나고 있는 듯하다. 예컨대, 최근 1960년대 이후 읽기 교육과정에서 인지적인 요구가 증가하였다는 연구결과가 제시되었다Gamson, Lu, and Eckert 2013. 마지막으로, 이러한 추세는 국가 간에는 고소득 국가에서 저소득 국가로, 국가 내에서는 여건이 좋은 학교에서 불리한 학교로 전파되고 있는 것으로 나타났다Cueto, Ramirez, and Leon 2006.

대중을 위한
엘리트 지식

일련의 국제비교 연구를 통해서, 데이비드 케이먼스David Kamens, 아론 베나봇Aaron Benavot, 존 마이어John Meyer와 다른 연구자들은 역사적으로 수학과 과학이 대중을 위한 과목으로 부상하게 된 것을 보여주었다Kamens and Benavot 1991; Kamens, Meyer, and Benavot 1996. 학교 교육과정에 반영된 지식의 특성이 역사적으로 어떻게 발전해왔는지에 관한 대부분의 연구에서는 개별 국가의 사례를 따로따로 살펴보았다. 이러한 접근 방법이 가질 수밖에 없는 명백한 한계를 극복하기 위해서, 상기의 연구자들은 19세기 초까지 거슬러 올라가는 몇몇의 경우에는 18세기를 포함하여 기록을 보존하고 있는 모든 국가의 공식적인 교육과정 목록과 과목별 필수 교수 시간에 관한 자료를 집중적으로 수집하였다. 이로써 대중 교육이 부상하는 과정에서 학교가 무엇을 가르쳤는지에 관한 국제적이며, 역사적인 자료가 모아졌다. 이것은 각 과목들이 국가 교육과정에 언제 편입되었으며, 얼마만큼의 교수 시간이 부여되었는지를 전체적으로 보여주는 것으로, 그것은 대중 교육과정의 과학화를 보여준다.

교육과 사회에 관한 전통적인 관점에서 수학과 과학 지식은 언제나 엘리트 교육의 한 부분이며, 기술 사회에서 수학과 과학의 활용이 증가함에 따라, 보다 넓은 범위의 학생들에게 필요한 능력으로서 고등 교육에서 전 학교 교육과정으로 "자연스럽게" 내려오게 되었다고 간주되었다. 유사하게, 하위 단계의 교육과정으로 내려오면서 이 과목들이 보다 많은 대중을 위해 약화되거나 단순해졌다고까지 여겨졌을지도 모른다. 하지만, 실제 역사 기록을 대조해봤을 때 이러한 가정은 옳지 않다.

물론, 서구사회에서 수학은 이슬람 학자들의 초기 발견에 의해 활발하게 연구되었을 뿐만 아니라, 고대부터 내려온 학문이며 엘리트 지식의 주요한 부분이다. 예를 들어, 유클리드 수학을 연구하는 것은 중세 대학의 4과quadrivium 중 하나이며, 산술의 기본 원칙과 같은 수학 기초 능력은 오늘날의 초등수학에서와 마찬가지로 15세기 토마스 무어의 교육에서도 표준이었다. 하지만, 전반적인 교과목으로서의 수학은 대중 교육이 실시되기 전에는 대부분의 나라에서 "상업주의의 천박한 실습"과 연관지어졌다. 마찬가지로, 고대 서구 학문세계에서 수학은 때로 상위 단계의, 가장 고귀한 철학을 추구하기 위해 배우는 "하급의, 준비과목"으로 여겨졌다Marrou 1956, 97. 19세기가 되어서야, 어떤 경우에는 19세기 후반에야, 기초 수학은 교육 제도 내에서 표준적인 교과목이 되었다Kamens and Benavot 1991.

상대적으로 신생 교과목인 과학은 교육과정과 관련하여 더 심한 우여곡절이 있었다. 학교 교육이 시작된 이래, 최소한 어느 정도의 기초 수학을 가르치는 것은 유용하다고 생각되어온 반면에, 18세기, 과학은 신학의 정립된 진리와 확립된 사회 질서에 대해 너무 많은 질문을 제기한다는 의심의 눈초리를 받거나, 평범한 정신 세계가 감당하기에는 너무 진보적이거나, 전통적으로 훈련된 "보다 귀중한" 정신을 낭비하기에는 너무 기술적이고 편협하다는 식으로 생각되었다Kamens and Benavot 1991. 하지만 이런 부정적인 이미지들은 그 후 200년에 걸쳐 사라졌고, 수학과 함께 과학은 대부분의 경우 대학 내 학자들이 만들어내는 핵심적인 진리 주장이자 유효한 지식의 생산자가 되었다.

대중 교육이 퍼져나가면서, 수학과 과학은 —사회과학과 행동과학을 포함하여— 새로운 인식론의 주요한 부분이 되었다. 대중 교육이 출현하기 전에 대부분의 사람들은 이러한 종류의 지식과는 일면식이 거의 없었다. 하지만, 지난 세기 말에 이르자 전 세계적으로 초·중등 학생들은 일상적으로 엄청난 양의 수학과 과학에 노출되게 되었다. 오늘날, 163개 국가의 중등학교 교육 중, 대략 3분의 1은 수학과 과학 집중 프로그램을 가지고 있다Kamens, Meyer, and Benavot 1996. 언어 능력과 함께 이 두 과목은 모든 형태의 초·중등 학교 교육과정을 지배할 정도에 이르렀다Kamens and Benavot

1991. 수집된 교육과정들에서 현재 이 세 과목이 저학년에서부터 대중 학교 교육과정의 주춧돌이 되고 있음을 분명하게 보여준다.

흥미로운 점은 대부분의 국가에서 개별 국가 특성의 영향은 거의 받지 않으면서 수학과 과학이 부상했다는 것이다. 달리 말하자면, 모든 학생을 위한 수학과 과학이라는 변화는 특정 국가의 문화적 유산이나 제도적, 정치적, 기술적 조건에 영향을 받은 것이 아니라 지식과 무엇을 가르쳐야 하는가에 대한 생각의 근본적인 변화에 따라 나타난 것이다. 이 연구들은 또한 수학, 과학과 함께 중등학교 교육과정이 점차적으로—모든 과목을 동일한 공간에서 모든 학생들에게 최대한 유사한 교육과정으로 가르치도록 원래 미국에서 고안된 일반 중등학교comprehensive secondary school에서 시행되었음을 보여 준다Hammack 2004. 예컨대, 고전을 교육받는 중등교육 프로그램이 20세기 초반 이후 쇠퇴한 반면에, 1980년에 이르자 현대 언어, 수학, 과학에 의해 주도되는 일련의 교육과정을 포함한 종합comprehensive 프로그램들이 전 세계 중등교육의 90%를 차지하게 되었다Kamens, Meyer, and Benavot 1996.

이러한 추세를 보여주는 다른 지표로 전 세계적으로 학생들이 선택하는 고등학교미국의 10학년부터 12학년 교육과정 계열이나, 연계된 일련의 과정들의 비율을 들 수 있다Kamens and Benavot 2006. [그림 8-2]는 지난 세기의 세 시점에서 세계적으로 중등학교 교육과정이 어떻게 구성되었는지의 단면을 제공한다. 역시, 일반 계열의 부상이 명백하기는 하지만, 교육과정 중에서 강조되는 계열의 지식이 바뀌었다는 점 또한 명백하다. 여기에서 나타나는 1930년부터 1980년 사이의 변화와, 대학으로부터 발생한 사회와 과학의 개념에 대한 앞서의 논의가 유사하다는 점을 유의하자. 또한, 중등 단계에서, 1930년대에는 고전 과목이 지배적이었지만, 불과 50년 후에는 수학과 과학 계열 및 사회과학 계열은 늘어난 반면, 고전 과목은 학교 교과목의 10% 이하로 줄었다. 그렇다면, 대중 교육이 실시되면서, 어떤 직업을 갖게 될지에 상관없이 모든 학생들이 수학과 과학에 노출되어야 한다는 생각은 표준이 되었다고 할 수 있다. 나아가, 일반 학교에는 모든 어린이들과 청소년들은 동일한 지식과 진리 주장에 접근할 수 있어야만 한다는 숨은 의미가 있었다.

학교 교육 내용의 새로운 형태는 단순한 제도적 변화, 그 이상을 의미하지만, 이는 종종 과소평가된다. 오히려, 새로운 교육내용은, 이 책에서 설명하는 교육중심사회의 모든 교육과정을 통해서 전파되는, 지식과 지식에 대한 보편적인 접근성에 관한 문화적 합의의 변화를 보여주는 직접적인 증거가 된다. 마이클 영이 관찰한 바 대로, 지식과 관련된 핵심적인 메시지는, 한때 엘리트들에게만 제공됐던 교과목이 이제는 일반 학교라는 동일한 틀 내에서 모든 학생들에게 제공된다는 것이다.

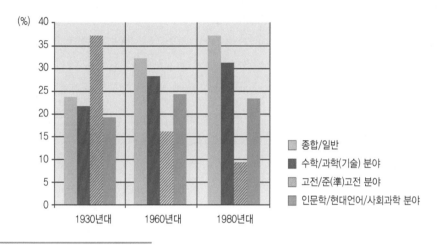

그림 8-2 **시기별 전 세계 고등학교 학문 계열/프로그램 분포**

  출처: Kamens, Meyer, and Benavot(1996). **비교국제교육사회**(Comparative and International Education Society)**의 허락을 받아 게재함.**

  이러한 변화는, 새로운 교육이 모든 학생들에게 적절한 것인가보수주의의 불만 혹은 모든 학생들이 교육과정을 배울 수 있을 정도로 적절한 수준의 교육이 제공되고 있 는가진보주의의 불만라는 불가피한 염려 속에서 종종 간과되곤 한다. 성급한 비평 속에 서, 양쪽의 입장 모두 교육중심사회가 초래한 지식 특성의 어마어마한 전환과 지식 에 대한 대중적인 접근성을 놓치고 말았다. 지식의 보편성 자체뿐만 아니라 보편적 지식으로 인해 어린이들과 청소년들이 세계에 대해 제기하는 질문이 바뀌었다는 점 역시도 간과되었다.

보편주의와
교육과정

　바람직한 지식과 앎의 특성으로서 보편성이 주창되는 데 있어서 대학의 역할은
제1부에서 설명되었다. 따라서 신제도주의적 연구가, 과학적 설명과 이론에 대한
선호라는 측면에서뿐만 아니라, 아마도 역사나 개별 민족의 특성과 그들의 지정학적 삶의 조건이라는
특정 주제의 측면에서까지도, 보편주의가 학교 교육과정에 침투하게 된 것을 밝혀
낸 것은 놀랄 일도 아닐 것이다. 수학과 과학에 더해, 학교 교육과정은 점차적으로
인간 사회 역사의 사회과학적 버전흔히 사회학이라고 불린다까지 포함하는데, 이에는 지식
자체, 그리고 지식과 사회의 관계에 관한 중대한 함축적인 의미가 있다. 국가주의의
쇠퇴와 지구촌에 살고 있는 세계 시민이라는 개념의 부상이 흥미로운 예시가 될 것
이다.

　인류 역사에 관한 학문의 성격이 바뀐 것은 지정학적 세계에 대한 지식에서 나
타나고 있는 보편적인 추세를 구체적으로 보여준다. 우선, 교육혁명의 초기부터 지
금까지 근대 국민 국가가 대중 교육의 유일하면서 가장 열렬한 지지자이자 재정지원자
였다는 것에는 다툼의 여지가 없다예, Fuller and Rubinson 1992. 그리고 20세기 초반 대중
교육 제도와 교육 내용이 정치적 목표로서 제국의 쇠퇴를 정당화하고, 일단의 사람
들과 땅덩어리를 바탕으로 한 유일한 지정학적 체제로서의 근대 국가가 부상하는
데 기여했다는 흥미로운 역사 분석이 있다예, Ramirez and Boli 1987. 둘째, 대학에 기반한
역사에 관련된 학문에서 장기적으로 나타난 변화와 1900년부터 20세기 말까지 대
학 교육과정에 대한 그 영향을 다룬 데이비드 프랭크David Frank와 그의 동료들의 연
구들을 통해 우리는 사람과 지정학적 체제, 인간의 노력의 역사에 대한 극적인 강
조와 새로운 접근이 나타나게 되었음을 알 수 있다Frank, Schofer, and Torres 1994; Frank,
Wong, Meyer, and Ramirez 2000.

　이러한 역사에 관한 새로운 보편적인 설명에는 네 가지의 주요한 부분이 있다.
첫째, 역사에 관한 거시적인 설명으로서의 문명이라는 개념의 종말이다. 대신, 국가
의 진화가 우위를 차지하게 되었다. 둘째, 사회적 진보는 전 세계적이라는 관점과
함께, 문명의 기원으로서의 특정 국가그리고 관련된 대도시들의 중요성이 줄어들게 되었
다. 셋째, 인류와 지정학적 역사가 "합리화된 사회 체제" 또는 사회사로서의 역사의

일부분으로서 기록되고 가르쳐지게 되었다.[5] 그리고, 마지막으로, 이러한 접근이 더 짧은 시대적 기간, 좁은 지리적 영역, 적은 수의 사람들에게 점점 더 적용되었다. 그러므로, 19세기 초 미국 대학의 역사 교육과정과 그에 상응하는 학문은 거의 전적으로 그리스 로마 문명이라는 서구사회, 특히 대부분 앵글로 색슨족인 유럽 문명의 발전에 따른 유산으로서의 미국에 초점을 맞췄다. 그러나, 20세기 말에 이르자 미국 대학의 역사학과들은 좀 더 짧은 기간에 걸친 세계 모든 지역, 미국 역사와 미국인에 대한 다양한 관점, 그리고 보편적인 틀을 전쟁, 여성, 민족과 같은 좀 더 다양한 범주의 사회 구성요소에 적용한 역사를 대표하는 학자들과 과정들로 채웠다.

이러한 측면들이 갖는 함축적인 의미를 정확하게 이해하기 위해서는, 지식의 사회적 구성에 관한 마이클 영의 논쟁으로 돌아가야만 한다. 확실히, 과거는 과거이지만, 과거의 이야기가 어떻게 연구되고 소통되는가에 따라 과거에 대한 현재의 지식이 구성되는 것이다. 흔히 "새로운 사실"이 발견되면 역사에 대한 설명이 바뀐다고 생각한다. 어떤 의미에서 맞는 말이기도 하지만, 어떤 새로운 사실이 발견될 만한 가치가 있으며, 그것을 발견하는 타당한 방법이 무엇인가에 관한 사회적 구성은 역사를 연구하는 데 있어서 본질적인 부분이다. 교육중심사회에서 이 구성은 철저하게 과학화되었고 보편성을 갖게 되었다. 따라서 역사적 지식의 새로운 특성은 낮은 단계의 학교 교육에까지 적용되었고, 대규모의 학생이 이를 접하게 되었다. 이것이 바로 사회학자인 숙잉 웡Suk-Ying Wong이 1900년부터 1986년 사이의 세계 여러 나라의 중등학교 사회, 정치 교육과정을 분석하여 찾아낸 결과이다1991. 전반적인 추세는 역사 교육과목이나 내용이 한 국가의 역사나 국가에 대한 충성심이나, 국가 우월주의라는 국가주의와 노골적으로 연관된 것에서 벗어나 모든 국가를 보편적인 사회, 즉 그 사회에 속한 시민들이 국가주의 지지자들이 아니라 모든 국가에 존재하는 사회의 구성원으로 보는 개념으로 변하고 있다는 것이다.

예를 들어, 웡은 세계 각 지역의 모든 형태의 나라에서 특정 국가의 지리나, 사회 구조, 개별 역사 등에 관한 과목이나 교육 내용이 급격하게 줄어든 것을 발견하였다. 이와 반대로, 사회과학 과목이나 교육 내용에서 자신들의 역사를 포함해, 인간과 사회의 보편적 개념을 가르치는—이를 통해 교육과정 내에서 보편적인 역사

---

5 이러한 추세는 의심의 여지없이 역사에 관한 아날학파에 부분적으로 뿌리를 두고 있다.

사회적 설명이 가능하게 되는— 추세가 늘어나고 있음을 확인하였다. 1920년대에 공식 교육과정에 사회과학이 있는 나라는 11%에 불과하였지만, 1980년대가 되자 60%에 이르렀다. 윙은 또한 20세기 후반부에 사회과학 교육과정의 내용이 국가 간에 놀랄 만큼 유사해졌음을 밝혀냈다. 세계의 정치적 조직과 지정학적 상황에 관한 지식의 변화는 데이비드 프랭크와 제이 개블러Jay Gabler가 대학에서 사회과학이 부상하였음을 발견한 것과 간접적으로 같은 맥락에 있다 할 것이다2006.

사회과학 과목들이 전통적인 지리학, 사회, 역사 등을 대체하였을 뿐만 아니라, 그 교육 내용 또한 인류와 사회에 관한 보편적 지식에 각별히 초점을 두는 방향으로 변화되었다. 예를 들어, 국가 지리가 보편적 지식으로 바뀐 것을 살펴보자. 기존에 도시명이나 강, 해양, 산맥과 같은 고유의 지리적 특성들을 암기하던 것은, 지구의 환경 구조, 지구과학, 환경과 관련된 국가 간 상호의존성의 개념 등과 같은 보편적인 지식으로 대체되었다. 60여 국가의 15세 학생들의 과학 성취도와 학습태도를 분석한 결과가 보여주듯이, 21세기 초 대부분 나라의 중등학생들은 지구와 그 환경에 대한 사회, 물리적 특성에 관한 보편적인 특성을 정확하게 알고 있다OECD 2009b. 후에 자세히 살펴보겠지만, 이와 유사하게, 사회 교육과정 역시 특정 국가의 지배구조에 관한 내용에서, 이론적으로 모든 나라들에 전파 가능한 이것이 교육에 있어서 핵심적인 메시지이기도 하다 민주 시민의식에 관한 일반적인 지식을 가르치는 것으로 변모하였다. 결과적으로, 국제 비교 연구가 밝혀낸 것처럼, 오늘날 중등 학생들 사이에서는 공격적이고 독자적인 국수주의의 태도와 신념이 쇠퇴하고, 지구촌 사회의 시민이라는 보편적 개념이 자라나게 되었다Rauner 1998; Schissler and Soysal 2005; Wiseman, Astiz, Fabrega, and Baker 2011. 또한, 많은 국가의 교육과정 정책에서 초국가적 시민을 기르기 위한 목적으로 영어를 통한 교육이 확산되고 있다Cha and Ham 2011. 근대 학교교육은 *보편적, 범세계적 사회*라는 개념을 통해, 개별 국가까지도 포함하는 편협한 지역주의를 완전히 깨트렸다 할 수 있다.

교육과정 영역에 관한 신제도주의 연구들은 역사와 사회학뿐만 아니라 수학과 과학Kamens and Benavot 1991; McEneaney 2005, 외국어Cha 1991; Cha and Ham 2008, 환경학Bromley, Meyer, and Ramirez 2011b, 세계시민의식 및 인권 교육Soysal and Wong 2007; Suárez 2007; Suárez and Bromley 2012의 영역에서도 지식의 보편주의에 대한 접근이 늘어나고 있음을 확인하였다. 이 역시 마찬가지로 교과목물론 교과목이란 것이 보다 큰 차원의 문화적 메시지를 전파하기는

^{하지만}을 개발하는 학교나 교육과정 전문가들의 조직적인 계획에 의해서 나타난 것 같지는 않다. 오히려, 그것은 교육혁명의 과정을 거치면서 바뀌게 된 선호되는 지식의 특성에 관한 문화적 합의의 결과라 할 것이다. 물론, 교육중심사회 이전의 모든 사회에서도 지식은 보편적인 것으로 생각될 수 있었다. 그러나 대학이 발전하는 과정에서 지식과 진리 주장의 명백한 보편주의는 강화되어 왔고, 이제 과학화된 세계에서 인지적 능력을 갖춘 개인과 공생하는 차원에 들어섰다.

교육중심사회에서 선호되는 지식과 진리 주장의 성격과 대중 교육이 보다 많은 이들을 그것에 노출시킨 방법은 의미 있는 변화를 만들어냈다. 아마도 가장 명백한 사례로 교육혁명이 무르익기 이전의 교육을 지탱하던 두 가지 중요한 문화적 이데올로기로부터의 이탈을 들 수 있을 것이다. 첫째는 고급 교육의 궁극적 목적으로서의 고전 지식과 그와 관련된 진리주장에 대한 분별 능력이며, 둘째는 고급 교육 이외의 다른 모든 학교교육의 목적으로서의 직업 기술 교육이다.

진리로서의
고전주의의 종말

아래의 보도 사례를 살펴보자.

오늘 예일대는 설립 이후 230년 동안 실시해왔던, 인문 학사 과정의 의무적 고전 교육을 없애고, 철학 학사 과정은 폐지하겠다고 밝혔다. ... [그리스어, 라틴어, 히브리어는] 다른 현대 언어들로 대체될 것이다. 예일대 당국의 공식 소식지인 예일 뉴스Yale News는 "학문적인 보호막에서 벗어난다면, 그리스어와 히브리어는 [쇠퇴할 것이다] ... 그리고, 라틴어는 경쟁적이고 실용적인 시대의 엄격함에 따라 그 값을 치러야 할 것"이라고 예상했다. 신입생들은 행진을 벌이며 축하했고, 라틴어와 그리스어 문법책을 불태우는 것으로 행사의 대미를 장식하였다(*뉴욕 헤럴드 트리뷴*, 2006).

예일대의 사례는 수십 년 전에 비해 대학의 수준이 떨어졌기 때문에 일어난 일도 아니고, 1960년대 후반기에 있었던 학문에 대한 불경스런 태도의 소산물도 아니다. 신입생들이 고전 교재를 불태운 것은 1931년에도 있었던 일이고 모닥불이 대학생들의 즉흥성에 기인한 것이라는 데에 의문의 여지가 없기는 하지만, 대학의 결정은 오랜 기간에 걸쳐 변화되면서 오늘날에 이르러서는 초·중등교육에까지 퍼지게 된 학문적 지식 특성의 대대적인 변화의 일부분으로 보아야 할 것이다.

19세기 중반, 교육혁명이 시작되기 직전에 중등학교 교육을 실시하던 나라들에서는 그리스어와 라틴어 때로는 히브리어까지도 일상적으로 가르쳤었다.[6] 하지만, 20세기 말이 되자, 이 언어들에 대한 교육은 극히 일부의 학생들을 위한 특별 과정 수준으로 축소되었다. 이러한 변화의 중요성은 단순한 언어교육의 차원을 넘어서는 것이다. 고전 지식은 신학과 더불어 모든 지식 중에 가장 중요한 지식으로 평가되었고, 고전 언어, 특히 라틴어는 고전 지식의 비밀을 해독하는 본질적인 열쇠로 인식되었기 때문이다. 물론, 라틴어는 교회의 언어였으며, 대학에서 교육받은 엘리트들의 언어이자, 곧 초기 대학의 언어로 파리의 라틴구라는 지역은 최초 유럽 대학 학자와 학생들의 첫 동네이기도 했다. 라틴어는 단순한 학문적 언어가 아니었다. 그것은 모든 봉건 유럽 엘리트들의 언어로서 온전히 실용적이고, 종교적인 동시에 세속적이었다. 그러므로 라틴어와 다른 고전 언어들의 쇠퇴는 지식과 진리 주장이라는 개념의 대대적 전환을 의미하는 것이다.

신제도주의 교육사회학자인 차윤경은 앞서 언급한 여러 시대에 걸친 국가별 교육과정 자료를 활용하여 1850년에서 1986년 사이에 전 세계적으로 국가 교육과정에서 언어 요건이 어떻게 변화되어 왔는지를 집중적으로 연구하였다. 그에 따르면 그리스어나 라틴어와 같은 고전 언어들이 모국어가 아닌 현대의 외국어로 대체되는 경향이 발견되었다Cha 1991. [그림 8-3]을 보면 데이터가 십자가 형태로 교차하는 경향이 나타나는 것을 알 수 있다. 한때 보편적으로 배우던 고전 언어들은 초중등교육 과정에서 지난 세기 내내 지속적으로 줄어들더니, 1980년대에는 국가교육과정의 30% 이하로 떨어지게 되었다. 한편으로는 19세기에 그리스어와 라틴어 교육이 전체 중등학교 교수 시간의 약 3분의 1을 차지하였으나, 1980년대에는 고작 1% 수준으로 격감되었음도 확인된다.

---

6 서유럽과 북미 외의 대부분의 나라에서는 20세기가 시작될 때까지 중등학교 교육이 실시되지 않았다.

동시에, 대략적으로 19세기 말 이후 현대 외국어 교육이 교육과정에 편입되기 시작했고, 1950년대부터는 점차 증가하여 1980년대에 이르러서는 60% 이상의 국가 교육과정에 외국어 교육이 포함되었다. 이러한 추세가 끝났다는 증거는 어디에도 없다. 그리스어와 라틴어가 고전 시대와 관련된 연구에 평생을 매진하게 될 소수의 학생들에게만 "필요"했다면, 지금의 대중 학교교육 커리큘럼에서 주요 외국어를 배우면서 언어적 다양성에 노출되는 일은 일상적이다Kamens and Benavot 1991. [그림 8-4]는 보편적인 다언어 국가에서는 공식 언어 외의 외국어 교육이 전 세계적인 현상임을 보여준다. 중간 정도의 학년국제적으로 중학교 교육을 일컫는다이 되면, 대부분 나라의 학교 교육에서는 최소한 한 가지의 외국어 교육을 실시하고 있다.

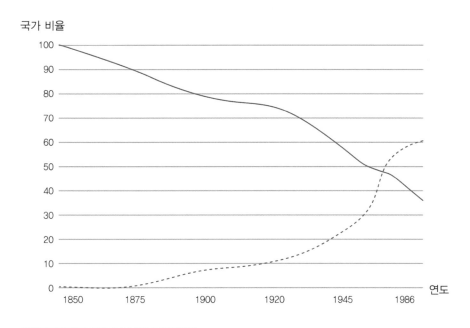

국가 비율

연도

그림 8-3   전 세계 국가 교육과정 내 고전 언어의 쇠퇴와 외국어의 부상
출처: Cha(1991, 23). 전미사회학회(ASA)와 저자의 허락을 받아 게재함.

20세기 초 미국에서는 절반 이상의 중등학교 학생들이 라틴어를 공부하였으나, 한 세기를 거치면서 그 비율은 지속적으로 줄어들었다. 최근 학생들 사이에서 라틴어

공부가 미세하게나마 증가하고 있으나, 대부분의 경우 고전 지식을 알기 위해서가
아니라 진학을 위한 SAT나 GRE 시험의 영어 어휘를 습득하는 데 도움을 받으려는
차원에서 라틴어 어원을 익히는 일종의 인지적 전략으로 보아야 한다. 예를 들어
*라틴어와 그리스어 어원에서 유래한 어휘집: 어족語族에 관한 연구*Vocabulary from Latin
and Greek Roots: A Study of Word Families와 같은 책들은 고전어의 제한된 활용을 위한 목적
에서 쓰인 것이다Osborne 2004. 시기별 교육과정 자료를 분석한 바에 따르면, 전 세계
적으로 중등학교 교육과정에서 고전 언어뿐만 아니라 고전 지식 전반이 상당히 축
소되어, 1930년대에는 3분의 1 이상의 국가 교육과정이 본질적으로 지식에 대한 고
전주의적 접근에 기반하였으나, 1980년에 이르러서는 그 비율이 겨우 9%에 불과하
였다Kamens, Meyer, and Benavot 1996.

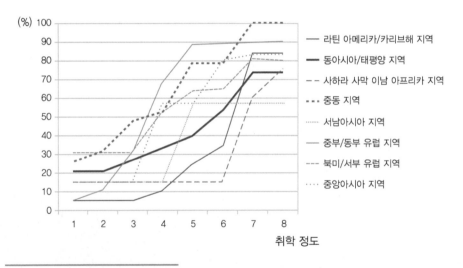

그림 8-4 2000년경 세계 지역별 초1-중2 교육과정 중 외국어교육 보급 현황
출처: UNESCO Institute for Statisticss.

초기 서구 철학 사조와 기독교 신학과 더불어 고전에 근거한 지식과 진리 주장의
강조와 함께 고전주의는 수세기에 걸쳐 학자들의 문헌에 반영되었고, 이 문헌들은
맹목적으로 암기되어 그리스어와 라틴어라는 고전 언어로 우아하게 암송되었다. 이
런 형태의 교육은 4세기의 성 어거스틴의 교육과 15세기 후반 런던의 토마스 무어
가 받은 정식 엘리트 교육의 대부분을 차지하였지만, 오늘날에는 전 세계적으로 교

육과정을 주도하는 교육혁명에 의해서 대부분 소멸되었다. 본 연구는 지식의 성격에 대해 대중 교육이 끼친 가장 변혁적인 영향 중 하나를 기록하고 있는데, 곧 고전 지식의 종말은 학교교육의 초석일 뿐만 아니라 사회 자체의 초석이기도 하다는 것이다. 이 말은 초중등 교육 자체로 고전주의가 종말에 이르게 되었다는 뜻이 아니다. 오히려, 18세기와 19세기에 걸쳐 대학에서 싹튼 아이디어들이 서서히 고전주의의 막을 내리도록 했으며, 점차적으로 학교 교육과정의 근간을 이루게 되었다. 여러 국가에서 관련 요소들이 이러한 변화를 강화시켰다. 예를 들어, 19세기 전통적인 문화적 가치와 일맥상통하던 미국 교육과정 안의 고전 지식들은 그 시대 국가 건설이라는 문화를 상징하는 과학적 지식에 대한 선호로 대체되었다Richardson 2009. 근대 학교교육을 거친 많은 사람들이, 특히 20세기 중반 이후로는, 고전적 언어나 지식에 대한 고전주의적인 접근을 경험하지 못하게 되었다. 교육중심사회에서는 기존과 다른 지식이 권위를 인정받게 되면서, 오늘날의 학생들은 한때는 그렇게도 보편적이던, 고전주의에 근거한 지적인 도구들과 진리 주장을 이상하고 이해할 수 없는 것으로 여기게 되었다.

　일련의 고전적인 질문과 답변을 배우고, 배운 지식을 적절하게 소비하거나 보여주는 것과 같은 과거의 지적인 목표들은 앞서 설명한 세 가지의 인식론적인 측면의 진리 주장으로부터 만들어지는 지식에 의해서 대체되었다. 그러므로 한때 칭송받던 삼학과trivium—문법, 수사학, 형식주의적인 논쟁으로서의 변증법— 는 역설적이게도, 수리적이며 논리적인 분석이나, 새로운 문제해결, 학생들의 독창적인 이론이나 추론과 같은 평범하고 고전적인 형태보다 하급이라고 여겨지던 기술들에 자리를 내주게 되었다. 지식과 진리 주장에 관한 이러한 새로운 생각들이 문화에까지 퍼지게 되면서, 이러한 생각은 보건에서부터 역사에 이르기까지 모든 분야의 학문들에 있어 "자연스럽고 현대적인 방법"이라고 여겨지게 되었다. 라틴어, 그리스어, 히브리어의 제한적인 보편성은, 고전적인 지식과 그것을 표현할 수사적인 기술과 함께, 학교 교육과정에서 보다 넓은 보편주의와 지식의 인지적 경향에 자리를 내어주게 되었다.

　이와 관련하여 현대의 문학에 관한 연구를 생각해보자. 고전 문헌의 암기와 텍스트의 본래 의미, 즉 무엇이 "참된" 것인가한때 권위 있는 지식의 주된 정의이기도 했다에 관한 논쟁으로 시작하는 고정된 텍스트에 대한 주석달기는 교육중심사회에서는 텍스트에 적용할 이론을 이해하고 평가하는 것으로 대체되었다. 여기에서 텍스트란 데이터나 실증적인 관찰의 형태로 기능할 뿐이다. 텍스트가 쓰여질 당시의 역사적인 시기나 사회적 상황들 같은 사회적 맥락과 사회사적 중요성은 텍스트가 영원불멸한 고전이라는 주장을 위한 것이 아니라, 텍스트의 진리를 "배울" 수 있는 하나의 방법으로 역할하게 되었다.

마찬가지로 중요한 것은, 사회적 맥락에 대한 새로운 강조가 어떤 고정된 것을 의미하는 것이 아니라는 점이다. 오히려, 저자와 저자의 역사적인 시기, 사회적 발전에 대해서 사회과학이 무엇을 배워왔는지 등과 관련하여 적용된 사회 이론이라는 의미에서 그것은 보편화된다. 사회과학에 의해서 사용되는 것과 본질적으로 동일한 진리 주장인 사회 이론은 저학년 학생들의 문학 교육에까지 흘러들어간다. 문학은 보편성을 갖게 되었고, 그것을 공부하는 방법은 일반적인 문화적 맥락에 대한 고려뿐만 아니라 상당한 사회과학적 특성을 갖게 되었다. 따라서 종종 서구 고전주의의 지배에 대한 반응으로 나타나는 폐쇄적인 문학의 강령이라는 이미지와 같이 우리가 예상할 수 있는 부정적인 반응에 대해, 고전주의적으로 교육받은 사람이 아니고서야 불쾌해 할 필요가 없는 것이다예, Bloom 1987. 대신에, 교육중심사회에서 받아들여지는 진리란 어떤 사회에 대한 연구든 가능하다는 것이므로, 어떤 유형의 저자가 쓴 어떤 문학이든지 의미가 있을 뿐만 아니라 더 나아가, 학계에서 종종 주장되듯이, 어떤 문화적인 유산이든 배제하는 것보다는 가능성을 열어놓는 인식론적인 입장이 도덕적으로 우월한 것이다예, Said 1978.

문학 비평 또한 실제 책에 대한 논의보다, 문학에 대한 직접적 언급은 거의 없이 일반적인 문화 비평이 되는 경우가 많다. 예를 들어, 1942년 발간되어 격찬을 받은 알프레드 케이진Alfred Kazin의 *고국에 서서On Native Grounds*, 일련의 미국 소설과 문화의 상호작용에 대한 그의 거장다운 논의 내내, 소설은 언제나 주제가 되고 있다를 제8장 서두에 인용된 테리 이글턴Terry Eagleton의 답변이나 또는 성공한 포스트모더니즘 문학 비평가의 어느 논평이런 글들에서 문학은, 그게 조금이라도 언급되었다면, 점점 더 문화 분석의 동기에 불과할 뿐이다이든 비교해보자. 따라서 언젠가 신제도주의자인 데이비드 프랭크David Frank가 비꼰 것처럼, "계속적으로 늘어나는 대중 고등 교육으로 인해서 머지않아 책을 실제로 읽는 사람보다 쓰는 사람이 더 많아지게 될 것이다!"[7] 교육에 대한 고전주의적인 접근에 반대함으로써,

---

7 온라인 블로그의 성장, 특히 인터넷 소설들의 인기가 늘어나는 것은 이러한 교육적 인식론의 경향에

모든 학생들은 수학자나 작가, 시인, 문학비평가 등등처럼 행동하도록 초대받고 있다누군가는 그렇게 강요받는다고 말할지도.

예술을 창작하는 예술가와 그것을 비평하는 평론가들 사이의 전통적인 구분이 사라진 것은, 비평가들이 원하는 것처럼, 그들이 조언해야할 만큼의 문화적인 위기가 있어서가 아니다. 그것은 예술에 대한 학문적 연구를 포함하여, 유치원부터 대학까지의 대중 교육이 드러나지 않으면서도, 모든 것에 만연하게 되는 모든 지식에 대한 폭넓은 접근과 연결된 '자율적 권리self-empowerment'라는 개념 때문이다. 이를 통해 평론가와 예술가의 구분이 자연스럽게 사라졌고, 예술은 문화이론을 실증하고 또는 보다 정확히 말해서, 문화이론과 경쟁하고, 동시에 이론에 타당성을 부여하는 실증적인 관찰의 한 유형으로써 스스로를 활용하는 것이다. 예술가, 작가, 과학자, 수학자 대 그 외의 사람들이라는 과거 인위적이며 인식론적인 구분은 대중 교육과 함께 쓸모없고, 사회적으로 불공정한 계급적보편적이지 않은 구분으로서 점점 더 금기시된다Frank, Schofer, and Torres 1994. 전통적인 교육은 실제로 모든 대중을 의미하는 것은 아니나, 그 시작으로서의 대중들에게 정확하게 이해하고 적절한 경외의 방식으로 다루어야 할 고급 예술이자 지식으로서 고전의 규범을 가르쳤다. 유명한 시의 암송, 위대한 시각 예술작품의 복제, 저명한 소설의 플롯과 주요 인물에 대한 암기는 예술과 지식을 다루는 가장 높은 수준으로 평가되었다. 그러나 이러한 태도는 근본적으로 바뀌게 되었다. 교육과정의 모든 부분은 과학적 이론의 특성을 본따 만들어지며, 이제 유치원에서 대학원에 이르는 모든 교육과정에서 거의 일관되게 전해지는 메시지는 바로, 실제적인 정보의 가치, 새로운 아이디어와 데이터에 기반한 재창작에 대한 허용, 이론 간의 경쟁, 지식의 실행자로서의 학생, 일상적인 문제 해결에 사용할 수 있는 가능성대중적 활용 등이다. 고전 철학, 신학, 문학 등으로부터 보편적인 과학 이론에 대한 강조라는 교육과정의 전환은 단지 과학 교육과정에서만 나타나는 것이 아니다. 이제 일반적인 이론에 대한 메타지식meta-knowledge을 포함하여 이론적 지식이 점점 더 역사와 같은 인문학, 언어 예술, 그리고 심지어 동료와의 사회적 관계에 관한 응용과정에 이르기까지 모든 교육과정의 개념적인 설계자가 되고 있다.

충분히 예상할 수 있는 일이지만, 오늘날 대학에서 고전학과는 더 이상 과거처

따른 결과로 볼 수 있을 것이다.

럼 모든 고차원적인 지식의 중심으로서의 고전주의를 실천하지 못한다. 우리 시대
대학의 고전학과 커리큘럼에서 발견할 수 있는 일반적인 과목에 대한 설명을 살펴
보자.

> 가축 사육과 농업의 시작에서부터 유일신주의의 발전과 사회화에 이르기까지, 성
> 경과 고대 이스라엘 세계는 최초 문명 사회 중 하나였다. 이 과목은 성경적 텍스트
> 를 다른 고대 자료와 인류학, 역사학적 방법을 통해 분석함으로써, 성경적 세기의
> 사회적 특성과 진화, 종교, 사조 등을 설명한다. 문명이 어떻게 부상하였고, 국가
> 는 자신의 목적을 위해 종교를 어떻게 악용하고 이용하였는지 배우게 될 것이다.
> 서구 사회가 발전하면서 통치 방법들이 어떻게 개발되고, 고유한 아이디어에 더해
> 어떤 이데올로기적 방법들이 사용되었는지 또한 다룰 것이다. 이 과목은 종교적,
> 학문적으로 관습적인 고정관념들을 상당히 뒤엎을 것이다. 누구보다 논리적인 독
> 자의 권위 외에 다른 어떤 권위도 수업 중 인정되지 않을 것이며, 종교적이든 정치
> 적이든 간에 교조주의는 허용되지 않을 것이다(펜실베이니아주립대 고전 및 고대지
> 중해연구학과 개설과목 일람, 2008).

여기에 설명된 과목은 본질적으로 고전 지식 자체에 기반한 것이 아니라, 사회과학
과 고전 세계에 대한 보편적인 역사학적 분석에 기반한 과정이라고 할 수 있다. 여
기에는 고전적 형태의 절대적 진리에 관한 언급이나, 그것을 재생산할 것에 대한
요구, 또는 그것들의 현대 사회에 대한 적용 능력과 같은 대중 교육 이전에 만연했
던 지식 체제로서의 고전주의가 전혀 나타나 있지 않다. 오히려 그 반대이다. 고대
사회는 과학적이며 보편적이라는 의미에서 현대적으로 분석될 수 있고, 또 분석되어야 하며,
여기에는 18세기와 19세기 서구 대학에서 개발된 사회 이론들을 사회 분석에 적용
할 수 있다는 우월감이 암묵적으로 깔려있다 할 것이다.

마찬가지로, 근대 학교교육은 과거 고전주의적 지성주의의 본질적인 관문이었
던 장애물들을 없애고, 여기 그리고 현재 세계를 온전히 이해하는데 필요한 "지적
인 능력"이라는 개념으로 대체하였다. 한 때 필수 언어였던 고전 히브리어, 그리스
어, 라틴어를 이해하는 것은 더 이상 성공적으로 교육받은 개인을 나타내는 표식이
아니다. 대신 한두 가지 현대 언어를 아는 것이 교육받은 사람들의 세계에 들어가

기 위한 일반적인 능력으로 여겨진다. 또한, 교육중심사회가 지식이란 열린 것이며 물론, 때로 기술적으로 집약적이며 이해하기 힘들지만, 이 경우에도 의도적으로 감춘 것은 아니다, 라틴어, 그리스어, 히브리어가 모든 사람들에게 접근 가능한 것이어야 한다는 생각을 이끌어내기 전에 있었던, 권위적 지식을 둘러싼 신비로운 특성과 비밀주의 역시 사라지게 되었다. 한때 고전주의적 교육의 완벽한 본보기였던 '박학다식한 다중언어사용자'는 학계에서 거의 멸종되었다Marrou 1956. 마찬가지로, 3학과를 이뤘던 문법, 수사학, 논리학 역시 사라지게 되었다. 문법은 이제 소통하는 능력을 성장시키는 데에 필요한 인간 개발 목표로 이해되며, 수사학은 지식적인 기술이나 형태로서는 거의 소멸되었으나 시민들의 권리 확대라는 차원에서 중등학교나 대학에서 대중연설 과목들이 널리 가르쳐지고 있다. 논리학은 인지 작용의 수학, 과학적 모델에 의해 주도되고 있다즉, 전통적으로 훈련받은 변증가보다 넓은 의미.

이러한 변화의 강도가 높았고 지금은 거의 완성되었다고는 하지만, 과거를 그리워하는 학자들은 고전주의의 종말을 한탄하는 글들을 꾸준히 발표하였고, 이런 글에는 종종 인류 문명이 곧 몰락하리라는 암울한 예견이 더해지곤 한다예, Bloom 1987. 그럼에도 대중 교육이 고전주의를 몰락시킨 것이 실수였거나, 대중 교육제도에 문제가 있었기 때문이 아니라, 오랜 시간에 걸쳐 대학으로부터 나온 학문적 지식들이 지식의 생산 방식과 사용법에 대해 새로운 관념을 형성하고 새로운 사회의 이미지를 창조했기 때문이라는 점은 거의 이해되지 못하고 있다예, Frank and Gabler 2006. 60년대에 쏟아져 나온, 명백하게 인지적인 미국 수학 교육과정은 학습에 대한 고전주의자들의 접근을 무엇이 대체했는지 보여주는 좋은 사례이다. 물론, 공부하는 과목은 여전히 수학이지만 저학년 학생들까지도 이론을 일상생활의 문제 해결에 적극적으로 활용할 수 있게 만드는 방식으로 수학적 지식을 배운다. 일반적인 인지 능력은 형식적인 고전주의적 학습을 대체한다. 지식과 교육의 기반이었던 고전이 몰락한 것은 교육중심사회가 불러온 중요한 변화이다. 한때 대중들을 위한 교육의 인식론적 목적이었던 중등단계의 직업교육 중심주의 역시 고전주의와 마찬가지의 과정을 거쳐 극적으로 쇠락하였다.

중등직업교육
중심주의의 쇠퇴

1990년대 초반 필자는 한 남미 국가의 중등교육 개선과 관련된 전반적인 개혁 프로그램을 평가하기 위해 세계은행World Bank 국제평가단의 일원으로 참여한 적이 있다. 그 나라의 중등교육은 급속하게 팽창 중이었는데, 평가는 그 나라에 대한 세계은행의 대규모 국가개발 차관의 일부로 진행되었다. 여러 회의가 진행되던 중 중요한 시점에, 대표단은 두 학교를 방문하여, 그 나라 중등직업교육훈련 상황을 시찰하였다. 첫 번째 학교는 그 나라의 일반적인 직업교육을 보여주는 좋은 사례라고 여겨졌는데, 10대 학생들로 가득찬 수업에서 아날로그식 다이얼 전화기를 분해하고 다시 조립하는 것을 반복 중이었다. 학생이나 교사들 모두 이러한 실습에 대단한 자부심을 가지고 있었다. 다이얼식 전화기는 곧 구식 기술이 될 거라고 조심스럽게 말을 꺼냈을 때, 학교 책임자는 단순한 수작업 기술도 "결국 직업 훈련의 일부가 되는" 것이라며 커리큘럼을 옹호하였다. 그 나라에서 최고의 직업교육 학교 중 하나였던 두 번째 학교에서는 10대 소년들이 널찍한 야외 공장에서 1960년대 것으로 보이는 미국산 쉐보레의 엔진 섀시를 수리하기 위해 애쓰고 있었다. 자동차 기술이 이미 1960년대를 훌쩍 벗어났다고 누군가 지적하자, 학교 책임자는 그것을 인정하면서도 그 경험의 진정한 가치는 교사가 학생의 태도와 업무 습관을 판단하여 고용업체에 추천서를 써주는 데에 있다고 덧붙였다.

첫 번째 학교에서 사용된 단순한 기술 전수나 두 번째 학교의 산업 기술 견습 모두 전 세계적으로 대부분 사라진 것들이다. 그것은 단순히 기술을 현대화하는 문제가 아니다. 그 변화란 좀 더 깊게, 교육중심사회에서 교육이 갖는 핵심적인 의미로 나아가는 것이다. 당시 그 나라의 교육부 관료들은 두 학교의 교육과정에 대해서 매우 비판적이었고 학교 방문의 목적은 대표단으로 하여금 이 나라의 장래를 위한 중등교육 개혁의 필요성을 시찰단에게 설득시키는 데에 있었다. 교육과정을 통해서 아이들에게 주입되는 인지적 능력이 모든 직업에 두루 쓰일 수 있어야 한다는 생각에서 그들의 비전은 학문적인 교육과정에 완전히 기반한, 모든 아이들을 위한 일반적인comprehensive 중등교육을 설립하는 것이었다. 그것이야말로 국가의 장래를 위해 모든 국민에게 가장 필요한 준비라고 믿었던 것이다.

고작 반세기 만에 학교교육이 대부분의 학생들에게 특정한 직업 기술을 훈련시켜야 하는 것이라는 생각은 사라지고, 대신 실천적이고, 복합적이며, 인지적으로 주의력 깊은 보편적인 인간을 길러내기 위한 인지적, 사회적 개발에 관한 것이라는 생각으로 바뀌었다. 인간 삶의 보다 많은 측면이 교육의 영역으로 들어오면서 교육중심사회에서 학생의 이미지는 단순한 장래의 직업인 이상을 의미하게 되었다. 물론, 미래를 위한 준비 과정으로서의 학교교육이라는 개념은 여전히 교육적 이데올로기의 일부를 차지하고 있다. 그러나 이제 교육은 몇몇 특정한 직업이나 기술 습득에 중점을 두는 것보다 교육적 경험 이후에 갖게 될 모든 종류의 활동을 위한 인지적, 사회적인 성장에 기반한 훨씬 더 광범위한 프로그램으로 비춰지고 있다. 직업훈련에 참여하는 학생 수가 줄어들었을 뿐만 아니라, 중등단계의 직업교육의 개념자체가 바뀐 것이다.

흔히, 직업 훈련이 감소한 것을 학교 교육이 지난 세기 과학기술의 급격한 변화를 "따라가지" 못했기 때문이라고 본다. 마치, 학교교육은 고급 과학기술을 가르칠 능력이 없는 것처럼 말이다. 사실, 이런 생각은 위의 사례를 바라보는 한 관점이기도 하다. 정말로 학교교육은 능력이 없는가? 혹은 사례에 대해 좀 더 생각해보자면, 이 제한된 직업교육이 직업세계를 위한 단순 기술의 전파와 청소년들에 대한 직업세계에서의 근무 습관 배양이라는 과거의 그리고 현재로서는 쓸모없는 교육적 목적에 의해 만들어진 편협한 직업교육 이상의 것인가? 그 국가의 교육 기관을 맡은 리더들이 자신들의 직업교육과정을 더 이상 쓸모없을 뿐만 아니라, 혹은 한 관료가 한탄했던 것처럼, "귀중한 재능을 낭비시키는" 것으로 보고 있었다는 사실은 중등직업교육의 전반적인 쇠퇴에 관해서 많은 것을 말해준다. 그들이 최신 기술 훈련과정을 쉽게 설계할 수 있었음에도 불구하고, 교육부 관료들은 직업훈련 기술의 수준을 첨단 디지털 전화나 자동차급으로 올리기 위해서 세계은행 차관을 요구한 것이 아니었다. 오히려 그들은 차관을 통해서 이런 종류의 훈련을 모두 없애고 학문적인 인지 개발로 대체하고자 했다. 세계은행 대표단 또한 전적으로 동의하였다. 세계은행을 포함하여 교육과 국가 개발에 관련한 모든 종류의 다자기구가 한때는 직업훈련에 최우선의 주안점을 두었음을 고려할 때 그것은 많은 의미를 가지면서도 한편으로는 아이러니한 변화였다Heyneman 2005.

비교사회학자인 아론 베나봇Aaron Benavot은 두 연구1983, 2006에서 중등직업교육의

전 세계적인 흐름을 분석하고, 급격한 부상 후에 끊임없이 쇠락하는 과정을 설득력
있게 보여주었다. 20세기 초 북미와 유럽에서 대중 학교교육이 시작되었을 때, 중
등직업교육은 핵심적인 아이디어 중 하나였다. 공적 학교교육 이전에 제도 교육이
란 대부분 엘리트 아이들만의 예외적인 경험이거나 혹은 기껏해야 장차 중산층이 될 소
수의 신흥 사업가 자녀들을 위한 것이었다. 대중 교육이란 급격하게 산업화하고 있
는 국가에서 산업인력들의 상당 부분을 차지하게 되는 노동자 계급의 자녀들도 학
교교육을 받을 수 있게 된다는 것을 의미했다. 중등직업교육주의는 대부분의 국가
에서 도래하는 산업화 시대의 새로운 일꾼들을 기르기 위한 다양한 중등직업교육
학교의 형태로 구체화되었다Baker 1999.

이 과정은 베나봇의 연구에서도 드러난다. 1950년까지 북미와 서유럽 중등학생
들의 3분의 1 이상은 직업교육 프로그램에 등록되어 있었고, 전 세계적으로는 약
4분의 1이 직업교육을 받고 있었다동유럽의 경우에는 정확히 절반이 직업교육을 받았다. 그러나
1950년을 정점으로 직업교육 비중은 더 이상 증가하지 않게 된다.

1975년에 이르자 직업교육 비율은 16%까지 떨어졌고 계속 감소하여 현재 직업
훈련은 전체 중등교육 프로그램의 10% 남짓만을 차지하고 있다. 더 나아가 베나봇
은 이러한 흐름이 대부분의 나라에서 동일하게 나타났을 뿐만 아니라, 산업 생산
수준이나 산업인력 규모의 성장에도 불구하고 직업교육의 쇠퇴를 막지 못했음을 보
여주었다. 이는 중등직업교육의 종말이 산업화 사회의 변화에 대한 반응 차원을 넘
어, 학교 교육과 그 커리큘럼의 핵심적인 가치와 개념이 변화했기 때문이라는 것을
의미한다. 분명히 현재의 직업교육 프로그램으로는 특정한 직업에서 필요로 하는 최종 학위
를 받을 수도 없을 뿐만 아니라, 훈련생들이 추후에 좀 더 학문적인 교육을 받도록
강조하는 것을 포함해서, 프로그램 자체가 학문적으로 인지적 능력을 강조한다
Benavot 2006. 미국 교육부에서 시행된 연구 역시 미국에서 직업교육이 쇠퇴하는 경향
이 지속되고 있음을 보여준다. 공립 중등학교 학생 중 직업중심 교육과정 이수자의
비율은 1980년대 초반부터 1990년대 내내 감소하였다U.S. Department of Education, NCES
2003. 컴퓨터 기술을 제외하면, 모든 형태의 직업 중심 교육과정은 중등학교 커리큘
럼 전반에 걸쳐 쇠퇴하였다. 동시에, 학문중심 과정 이수 학생 수는 증가하였고 나
머지 직업교육 과정들도 학문적인 내용들을 점차적으로 포함하게 되었다.

가장 가치 있는 지식이란 직업 세계에서 필요로 하는 한정된, 특정한 것이라는

가정에 따라, 학생들을 고정된 그리고 어느 정도는 사회 내에서 차별화된 위치에 맞게 준비시킨다는 의미의 광범위한 직업교육중심주의 개념은, 지식에 이어 학교교육 자체에까지 적용된 심오한 보편주의로 대체되었다. 1부에서 언급된 것처럼, 애초 봉건시대 직업적 사명을 위해 설립된 대학은 궁극적으로 직업교육중심주의를 넘어섰으며, 이것은 확실히 지난 세기 학교교육을 거치면서 직업교육중심주의가 쇠퇴하게 된 한 가지 원인요소인 것이다. 동시에, 이것은 학위가 직업에 있어서의 자격증으로 집중적으로 쓰이는 것뿐만 아니라 교육받은 인력이 증가한 직접적인 원인이기도 하다. 이러한 현상이 그렇게 전면적이고도 급격한 방식으로 일어났다는 점은 학교교육과 사회에 관한 전통적인 관점의 실증적인 취약성을 분명하게 보여준다. 만약 교육이 대부분 외부의 힘을 따라가는 것이라면, 주요 산업인력을 가진 나라들 특히 신흥 산업국가들에서 교육의 주된 목표로서의 직업교육중심주의가 몰락하지는 않았을 것이다. 하지만, 그런 일이 일어났으며 계속되고 있다.

　이 과정의 상당 부분은 교육중심사회에서 지식의 특성과 지식에 대한 믿음이 어떤 영향을 주는지와 직접적으로 관련된다. 많은 사람들이 짐작하는 것과 반대로 외부적인 사회의 힘은 대학을 직업교육화하지 않는 경향이 있다. 대신에, 대학은 지속적으로 팽창하는 직업 활동을 아우르기 위해 고유의 학문적이고 과학적인 인식론을 확대해나가게 된다. 교육중심사회가 온전히 완성된 오늘날, 대학은 직업과 관련된 많은 것들을, 직업 훈련을 통해 얻은 안정적인 일련의 기술로 장기간 유지하는 고정된 직업이라는 옛 의미와는 전혀 다른 것으로 보편화시켰다. 예를 들어, 세계에서 가장 거대한 미국의 형벌 제도조차도 직업교육에서 지식과 일반적인 학문 교육에 접근하는 것으로 상당 부분 방향을 바꿨다. 예컨대 연방 수용소의 80%는 수감자들에게 대학 과정을 제공하고 있다U.S. Department of Justice 2003. 비록 교육 프로그램이 재범률을 낮추는지 미심쩍기는 하지만 교육중심사회는 수감자들에 대한 교육도 요구하고 있는 것이다Harer 1995.

　직업교육중심주의의 쇠퇴를 확인할 수 있는 또 다른 방법은 공공 또는 민간기관이 자신들의 채용인력을 학교교육 이후에 어떻게 훈련시키는가와 비교해보는 것이다. 현장 교육 또는 직업에 필요한 지식과 관련한 교육 역시 교육 문화에 의해 변화된다. 만약 학교교육이 사회 흐름을 그저 따라가기만 한다면 전체 인구의 교육 수준이 올라갈수록 현장 교육은 감소할 것이라고 생각할 수 있을 것이다. 다시 말해

서, 학력이 높은 인력은 더 이상의 훈련이 "필요"하지 않은 것이다. 그러나 정반대
의 현상이 일어나고 있다. 지속적인 직원 교육은 조직의 주요한 자산으로 인식되고
있으며 그 결과, 산업체 내의 훈련 프로그램은 계속 성장하여 이제는 모든 형태의
직장에서 폭넓게 제도화되었다. 모든 직장의 훈련생 수나 교육 과정을 파악하기는
힘들지만, 1990년대 초반 리처드 스콧Richard Scott과 존 마이어John Meyer의 연구는 다
음과 같이 추정하였다.

> 어떤 기준에 의해서든, 미국 산업체들이 운영 중인 훈련프로그램은 해당 연도 4년
> 제 대학에 등록한 전체 학생 수의 절반 이상의 인원이 참여하고, 전통적인 고등 교
> 육프로그램 예산의 4분의 1에서 3분의 1에 이르는 자원이 소비되는 엄청난 규모의
> 산업이다(1991, 301).

그들의 추정에 따르면, 매년 거대한 규모의 근로자가 참여하는 수백만 개의 훈련
과정이 운영되는 것이다. 동시에 교육중심사회에서 유용한 지식과 이러한 지식에
의해 형성되는 다면적 인간상은 실무 교육 내용도 변화시킨다. 여전히 세부 기술
훈련이 운영되기는 하지만 실제로 증가하고 있는 것은 인지적 능력을 포함하여 인
간관계 기술에서 자기계발 방법에 이르는 보다 다양한 주제의 교육이다Monhan, Meyer,
and Scott 1994. 교육받은 인력의 등장과 함께 근로자 교육은 좁은 의미에서 덜 직업적
이며, 보다 광범위한 인적자원 개발과 인지적 문제해결능력을 목표로 삼게 되었다.
　목공업과 같은 특정 직업의 구체적인 기술을 학생들에게 가르치는 것의 가치가
줄어들게 된 것은 더 이상 목공업이 존재하지 않거나 직업 훈련이 위기에 처했기
때문이 아니다. 오히려 그것이 문화 전반에 걸쳐 교육혁명이 심어놓은 내재적 논리
에 맞지 않기 때문이다. 75년도 더 전에, 비엘리트비고전주의적인 교육에서 만연하였던
특정 직업기술로서의 지식이 쇠락한 것은 기술상의 변화 때문이 아니라 엄청나게
팽창한 제도 교육이 모든 사람이 인지적, 과학적, 보편적 성격의 지식이런 지식이야말로
목공을 위시한 모든 활동에서 쓸모가 있다을 배울 수 있다는 강력한 믿음을 심어주었기 때문이
다. 현대 학교교육은 특정 직업기술의 필요성에 대해 부정했는데, 이는 학교교육이
그것을 어떤 직업을 수행하거나 문제를 해결하는 데에 본질적으로 필요하다고 보는
*인지적 능력*으로 대체하였기 때문이다. 학교교육은 또한 직업교육중심주의를, 교육

은 보편적이며 따라서 삶의 모든 측면에서 보편적으로 유익해야 한다는 관념으로 대체하였다. 이러한 유형의 수사는 교육과 경제 개발과 관련한 다자기구의 정책 제안에서 계속해서 발견된다예, Rychen and Salganik 2003. 그리고 상대적으로 새로운 이러한 교육적 목표는 전 세계적으로 퍼지게 되었다. 분명히 이것은 1990년대 초반 직업훈련을 개혁하기 원했던 세계은행 평가팀의 교육분야 리더들이 가지고 있던 생각이었다.

심지어, 직업교육중심주의의 마지막 수호자라는 사람들의 교육관마저 변하고 있다. 예를 들어, 독일인 사회학자인 유스틴 포웰Justin Powell과 하이케 솔가Heike Solga는 독일에서, 직업교육중심주의와 교육이 여전히 공공연하게 칭송받고 있는데, 이는 그 나라의 고등 교육 확대와 교육 일반에 대한 시대착오적 관점에 기인한 것으로, 현재로서는 교육제도와 노동시장의 실재와도 별 연관이 없는 가장 잘못된 믿음이라는 것을 설득력 있게 주장하였다Powell and Solga 2011; Baker and Lenhardt 2008. 때때로, 독일을 참고하여, 미국 교육자들은 직업교육중심주의로 회귀하는 것이 국가에 이익이 될 것이라고 주장한다. 그러나 그들은 직업교육중심주의가 교육중심사회에서 얼마나 타당성이 없으며, 교육이 사회를 심지어 독일에서조차 개인과 직업에 대해 본질적으로 19세기적 사고들로부터 얼마나 변화시켰는지를 모르고 있다Hamilton and Hurrelmann 1994.

교육중심사회로서의 지식정보화 사회

교육중심사회의 인식론적인 기반이 지식 사회와 그에 상응하는 정보 경제의 근간이 되고 있다는 것은 부인할 수 없는 사실이다Cha and Ham 2011; Richardson 2009. 이것은 학교와 대학에서 정보통신기술 과정 교육이 빠르게 퍼지고 있는 데서 확실히 드러나는데, 함승환과 차윤경은 이를 처음에는 국가별 과학생산성대학 지식생산 복합체의 크기를 결정하는 것으로, 일단 시작되면 모든 형태의 국가에서 교육 제도 속으로 전파되는 것을 보여주었다2011. 하지만, 교육중심사회와 지식정보화 사회가 대중 교육을 통해 지식 이해, 통신과학기술, 인구 대다수에 대한 훈련 요구 등을 만들어 낼 수 있는 능력이 있다는 측면에서만 연결되어 있는 것은 아니다. 이에 더해 그리고 결정적으로, 교육중심사회는 지식이 누구나 접근할 수 있고, 사람이 구성할 수 있으며, 인류의 진보에 활용가능하며, 합리적인 것이라는 기본적인 문화적 합의를 창출한다. 이러한 특성들은 후기산업사회에서의 지식 생산과 그 가치의 기저를 이루고 있다. 교육중심사회는 지식 생산의 가치를 높이 평가하게 되는 상황을 조성하고, 이는 보다 많은 보편적 지식이 인류 사회에 이롭다는 상당한 믿음까지 낳게 되는 것이다. 지식과 사회 진보에 관한 이러한 사람들의 신뢰는 대학에서 발전한 문화로부터 생성되며, 교육혁명의 힘을 통해 광범위하게 퍼지고, 지식을 집중적으로 활용하게 되는 문화의 기저를 이루게 된다. 지식정보화 사회가 역사적으로 새로운 사회체제인가에 관한 논쟁이 계속되고 있기는 하지만, 이러한 흐름에서 핵심적이면서도 종종 간과되는 사실은 지식정보화 사회가 역사적으로 구별되는 교육중심사회의 부상에 의존하고 있다는 점이다Lyon 1988; Webster 1995.

광범위한 제도 교육은 보다 많은 지식을 생산할 뿐만 아니라 대규모의 활동을 강화하는 문화적 가치까지도 생산한다. 그러므로 제도 교육이 광범위하게 실시되는 오늘날, 지식과 진리 주장에 대해 예전의 지적 모형을 옹호하는 사람들로부터 제도 교육이 계속해서 비난을 받는 것이 무리는 아니다. 후기산업사회에서 교육이란 첨예한 비판과 충족되지 못한 기대로부터 오는 비난 사이에 있다. 한편에서는, 보수적인 엘리트들이 고전주의라는 표준과 전통적 교육방법의 영광, 혹은 블룸Bloom이 지칭한 것처럼, 정신세계의 몰락에 대해 조바심을 내고, 또 다른 한편에서는, 경영자 단체들이 엉뚱한 교육과정 때문에 대학졸업생들이 구체적인 기술을 하나도 모르게 되었다는 경고를 끊임없이 하는 상황이다. 동시에 모든 방향에서 서로 다른 불평이 쏟아지고 있다. 하지만, 무능력하거나 뒤처지는 것이 아니라 교육 기관들은 좋건 나쁘건 간에, 사회에서 대부분 존중 받는 한편 그 사회에 필수적인 지식과 진리주장의 종류를 바꿈으로써 문화를 변화시켜 왔다.

이와 함께 학생들은 저학년부터 지식을 알고 사용하고 심지어 창조할 수 있는 자격을 부여받은 개체라는 이데올로기가 보급되었다. 1970년대부터 현재까지의 각국 교과서들을 분석한 결과에 따르면, 어린이들의 학생으로서의 권리를 옹호하고, 학생들의 능력과 흥미뿐만 아니라 적극적 참여를 촉진하는 인간의 권리 행사를 강조하는 메시지가 다수의 커리큘럼 속에 내재되어 있는 것을 알 수 있다Bromley, Meyer, and Ramirez 2011b. 이 교과서들은 학생들이 지식에 대해 생각하고메타인지, 지식을 어떻게 사용하고 비평할 것인지 "결정"하도록 자율 권한 유도하는 내용으로 가득하다. 대중 교육과 고등 교육에 대한 대중적 참여는 지식 과정에 있어 학생 중심의 독특한 문화적 형태를 만들어낸다. 학교 안의 어린이들과 대학에 있는 청년들은 그들이 직접 참여하는 방식을 통해 자연과 사회를 알아가는 이면에 숨은 "참된" 과학적, 학문적 과정을 이해할 때, 좀 더 완벽한 사람이 될 수 있다고 여겨진다Frank and Gabler 2006; Frank and Meyer 2007. 그 어느 시기보다도 강화된 인간 능력의 인지화와 모든 사람들이 과학, 수학, 사회과학 그리고 세계에 대한 보편적, 국제적 관점에 의해 주도되는 학문적 교육과정을 섭렵해야만 한다는 광범위한 믿음을 지탱하는 일련의 생각들이 직업교육중심주의와 고전주의를 대체하였다. 엘리트만을 위한 교육이 갖는 배제성뿐만 아니라 엘리트적 지식의 이미지들은 예일대 학생들이 한때 불 속으로 던져버렸던 라틴어 교과서만큼이나 구닥다리가 되었다.

교육혁명이 전개되는 논리처럼 모든 이들이 교육기관에 들어갈 권리가 확립되기만 하면, 모든 사람이 학자가 된다는 것은 마치 강력한 법칙과도 같게 된다. 원칙적으로 누구든지, 능력이나 재능에 관계없이 스스로를 지식인이나, 시인, 수학자, 과학자, 심리학자 등등이라고 여길 권리가 있고, 또 그렇게 생각하도록 장려된다. 그것이 바로 교육중심사회가 앎이라는 행위와 지식을 개념화하고 조직화하게 된 방법이다. 앎이라는 행위와 지식은 개방적이며 누구에게나 접근 가능하도록 설계되었다. 그것은 경외감에 사로잡힌 군중에 의해 찬양되거나 힘 있는 소수만을 위해서 까다로운 형식에 얽매인 비밀주의 형태로 남아있는 것이 아니라, 누구에 의해서든 계속해서 시도되어야 하며, 도전하는 것이 당연하게 여겨져야 하는 것이다.

자아의 실패, 회복, 그리고 형성

9

자아의 실패, 회복, 그리고 형성

현대사회에서 학교교육의 중도탈락이란, 곧 실패를 의미한다.
졸업자들이 살아가면서 그들의 졸업장이 사회에서 갖는 의미를 알게 되는 것처
럼, 학교를 졸업하지 못한 사람들은 졸업장이 없다는 것이 무엇을 뜻하는지 알
게 된다.

존 마이어(John Meyer), 미국사회학회지(American Journal of Sociology), 1997년.

검정고시를 보려는 사람들은 이 프로그램을 너무 좋아하고, 다른 사람들에게도
주저 없이 이야기하고, 참여하라고 권하기도 합니다. 그들은 이 프로그램이 뭔가
자랑스러운 것이라고 생각해요.

플로리다 주 성인교육프로그램 담당자, 2006년.

공부에 어려움을 겪는 아이가 가까이 있거나, 또는 본인이 그렇다면 학교에서 잘 하지 못할 때 겪는 고통과 좌절에 대해서 알 것이다. 학교교육이 아이들과 청소년들의 삶 전체를 아우르는 엄청난 것이 되면서, 그것은 단순히 직업 세계로 나아가기 위한 길을 넘어섰다. 한 사람의 교육적 위치는 그의 공적이며 *또한* 사적인 자아의 상당 부분을 형성할 정도로 중대한 의미를 갖게 되었다. 교육적 성취가 대다수 사람들의 공적이며 사회적인 위치를 결정하는 다른 모든 요인들을 대체했을 뿐만 아니라, 사적이며 주관적인 자아까지도 결정짓는 주요 요소가 된 것이다. 점점 더, 온전히 "성공적인 삶"을 살기 위해서는 교육적 경험과 그 성공이 핵심이며 당연한 것으로 요구되고 있다예, Meyer 1986, 1992; Pallas 2002, 2003.

학교에서 상대적으로 성공하느냐 실패하느냐에 따라 개인이나 그 가족 전체의 성공 여부까지 평가된다. 제도로서의 교육 과정은 교육혁명 이전에는 생각도 못했을 정도로 한 사람의 성공과 실패의 조건을 결정짓게 되었다. 이로써 오늘날에는 교육을 받은 이후에 성인이 되어서 이룩한 업적이 아니라 자신이 받은 교육과 관련된 위치에 따라 스스로에 대한 이미지를 갖게 된다. 이것은 짧은 기간 내에 나타난 놀랄 만한 문화적 변화이다. 성공한 사업가들이 뒤늦게 학위를 취득하는 것과 마찬가지로, 성인으로서의 성과는 어렸을 때 받는 제도 교육에 달려있다는 것이다. 공부를 잘 하는 것은 학생들에게 장래의 교육이나 직업적 기회를 배분하기 위한 것 이상이 되었다. 그것은 성인 시기에까지 이어져서 그 자체로 중요한 지위가 되고, 주관적 자아에 깊게 뿌리내리게 된다. 대학을 포함하여, 제도 교육을 통해야만 인지적, 심리적, 그리고 어느 정도는 도덕적인 발달이 가능하다는 이미지가 생겨나면서, 교육이 가지고 있던 선발이나 사람들을 선별해내는 것의 전통적인 의미는 그 가치가 상당 부분 축소되었다. 교육혁명이 시작되기 전에는 상류층이든 하층민이든 관계없이 대부분의 사람들에게 학문적인 무능력이 외적, 내적 성공에 관한 중대한 장벽은 아니었다. 물론, 결점으로 비춰지기는 했지만, 장기간에 걸쳐서 개인의 사회적 가능성에 영향을 주지 않았고, 설령 사회적인 낙인이 있다고 해도 미미했다. 하지만, 이 모든 것이 바뀌었다.

사람들이 미국 사회에 넓게 퍼져있는 문제라고 믿고 있는 학교 중도탈락과 "그 문제를 해결하기 위해" 고안되는 대중 교육 프로그램에 얽힌 이야기를 통해 우리는 학교 교육이 한 사람의 성공을 결정지을 수 있는 제도적 힘을 장악하고 있을 뿐만 아니라, 그것이 교육중심사회에서 어떻게 자아상의 문화적 형성에까지 깊게 침투하는지를 알 수 있다.

비정상으로서의
중도탈락

"중도탈락자dropout"란 학위 과정을 마치지 못하고 학교를 떠나는 학생들을 부르는 미국식 표현이다. 원래 이 단어는 대부분의 경우 고등학교 중퇴자를 의미했지만, 이 용어나, 혹은 약간씩 변형되어 유사한 표현들이 곧 *고등 교육*을 그만두는 학생들에게도 널리 쓰일 것이 확실하다. 중도탈락자란 그 개념이 어디서 유래했고, 교육과 관련한 논의에서 그리고 무엇보다도, 사회 프로그램의 대상으로써 어떻게 사용되어 왔느냐 하는 의미에서 사회적으로 유의미한 범주이기는 하지만, 그렇다고 중도탈락자가 단지 주목할 만한 교육의 역사적 발전 과정 중 하나에 국한되는 것은 아니다. 그것은 대중 교육의 보급과 그것의 광범위한 제도화를 통해 사람과 사람의 능력, 그리고 점차적으로는 그들 자신의 정체성에 대한 정의를 얼마나 바꾸어놓았는지도 보여준다. "중도탈락자"라는 용어는 한 개인의 가치 없음을 집약적으로 보여주는 지표와 다름 없다. "중도탈락자"는 "학교 졸업자"의 반대말이며, 이 둘은 함께 교육적 지위를 정의하게 된다. 교육중심사회에서는 그 누구도 이 정의를 벗어날 수 없다. 누구든지 일정 시점에서는 정상적인 학교교육을 마친 졸업자이거나, 혹은 중도탈락자일 수밖에 없다. 모든 교육적 지위를 망라하는 이 용어의 탄생이 낳은 효과는 엄청나다. 1960년대 중도탈락 문제의 사회적 발현 역시 마찬가지이다. 당시이 문제는 과도한 교육이 위기라는 논쟁의 형제격이었는데, 아이러니하게도 전자는 사회가 과소 교육 때문에 위험에 처했다고 주장한 반면, 후자는 과도한 교육을 두려워하였다. 그렇지만, 이 두 입장에 대한 지지자들 모두 부상하는 교육중심사회의 본질을 오해하고 있었다.

인구학적으로는 동일 연령대의 많은 비율의 아이들에게, 그리고 발달학적으로는 개별 아이들의 삶에서 더욱 긴 기간 동안에 학교교육이 보급되면서, 교육 정책가들은 제때에 교육을 받지 못하거나 정해진 기간보다 적게 교육받은 아이들을 격정하게 되었다. 탁월한 사회사 및 제도분석 연구들이 있는데, 이 연구들을 통해 19세기 말과 20세기 초 무단결석을 막기 위한 행정 규정들과 의무적 등교에 관한 법들이 만들어졌고, 이러한 법규들로 인해 모든 아이들이 초등 교육을 받아야 한다는 의식이 강화되었다예, Boli and Thomas 1985; Richardson 1994. 하지만, 이러한 흐름이 확대되는 한편으로 중도탈락자에 대한 이미지는 질적으로 다른 방향으로 계속해서 강화되어 왔다. 여기에서 논의의 핵심은 학교교육이 오래 전부터 의무화되어 대부분의 아이들이 초등교육을 마치거나 청소년들이 중등교육을 받는 시기에 중도탈락자의 의미 역시 동시에 심화되었다는 것이다.

　　1960년대에 고등학교 중퇴 현상이 나타나자 언론들이 이를 우후죽순으로 다루기 시작했고, 정치적 관심을 받게 되면서 중도탈락은 사회에 위협이 된다는 인식이 급속하게 퍼졌다Dorn 1996.[1] 마찬가지로, 지식인들과 영향력 있는 교육자들도 이 문제가 사회에 미치는 부정적 영향에 대해 다루었다. 예를 들어, 하버드대 총장이자 교육 개혁가였던 제임스 코넌트James Conant는 1961년에 아래 발언으로 중도탈락자에 관한 논쟁에 끼어들었다.

> [중도탈락자는] 그가 속한 사회의 건설적인 시민이 되지는 않을 것이다. [대신에] 좌절한 개인으로서 그들은 아마도 반사회적이거나 저항적인 성향을 갖게 될 것이며, 소년범이 된다고 해도 무리가 아니다. 길거리에서 받을 부정적인 영향으로 그들은 고교 중퇴에 일자리도 없는 청년들로 이루어진 패거리가 될 것이다(Conant 1961, 35, Dorn 1996에서 재인용).

당시 대중적인 매체들과 전문적인 연구들에서도 졸업 전에 학교를 그만둔 10대들에 의해 곧 사회에 혼란이 도래할 것이라는 인식이 가득했다. 심지어 당시에 유행하던 거세 공포를 포함하여 프로이트적 해석의 대중적 버전까지도 중도탈락 문제에 적용되었다. 1962년의 중도탈락자 연구는 아래와 같이 선언하고 있다.

> 중도탈락한 남학생들이 [스포츠와 같은] 이런 영역의 어떤 것에서든 능력을 갖고자 하는 것은 무의식적으로 자신의 아버지보다 나아지려는 것을 표상하며 거세공포를 수반했다. 그들은 자신이 성공하지 못하거나 목표를 이루려는 과정에서 상처

1　제9장 전체에 걸쳐 저자는 학교 중도탈락자 문제에 관한 철저한 연대기적 연구인 셔먼 돈(Sherman Dorn)의 *중도탈락자의 탄생: 학교 실패의 제도사와 사회사*(Creating the Dropout: An Institutional and Social History of School Failure)에 의존하였다. 비록 제9장의 논의가 다른 결론에 이르기는 했으나 저자의 논의가 돈(Dorn)의 저서가 이룩한 탄탄한 기초에 의존하고 있음을 밝혀둔다.

입지 않을까 하는 두려움을 자각하고 있었다. 이루지 못하는 편이 … 훨씬 더 편안하고 안전했다(Scholarship and Guidance Association 1962, Dorn 1996에서 재인용).

1961년, 포드 재단Ford Foundation은 중도탈락자 문제에 관한 대중적인 캠페인 운영이라는 특정한 목적을 가지고 전미교육협회National Education Association, NEA 내의 연구 및 홍보센터의 재정을 지원하였다. 포드 재단은 공공의 선을 위한 교육을 주창하는 자선단체이자 사회과학과 진보적 개입에 따른 합리적인 사회 개혁의 안내자였다. 당시 교육 관련 전문학술지들은 중도탈락에 관한 수백 건의 논문들을 게재했고, 미국인이라면 중도탈락을 주요 국가적인 문제로 보는 관점에 노출될 수밖에 없었다. 돈Dorn이 1960년대 정기 간행물들의 게재 목록을 분석한 바1996에 따르면, 중도탈락이라는 용어가 대중들에게 알려지자마자, 모든 종류의 대중 인쇄 매체들에서 관련 글들이 쏟아지기 시작했다. 당시를 연구한 대부분의 역사학자들은 중도탈락이 대학을 중심으로 한 연구에 의해서 구체화되었고, 매스미디어를 통해 대중적인 비평들이 폭넓게 전파되면서, 중도탈락에 대한 개념은 미성숙한 상태로 학교를 떠나는 행위와 개인적 실패가 결합하게 되는 한편, 현대 문화에서 지속되는 한 부분이 되었다고 보고 있다Papagiannis, Bickel, and Fuller 1983.

1960년대에 들어서면서, 미국에서 중도탈락자 문제는 더욱 큰 반향을 불러일으키게 되었는데, 이는 이 시기가 "중도탈락자들의 시기"가 되면서 대중의 눈에는 중도탈락자 문제가 여러 청소년 문제의 온상으로 보였기 때문이다. 전후 베이비부머 세대가 청소년기에 접어들면서 갑자기 나라 전체가 생경하고도 폭력적인 10대 문화에 직면한 듯 했고 중도탈락이 문제의 주범으로 여겨졌다. 지금은 대다수 사람들이 당연하게 알고 있는 빈곤과 도시화, 청소년 범죄 간의 관계를 당시의 정치인들과 급속하게 팽창하던 중산층들은 막 "배워가는" 중이었다. 더불어, 열악한 처지에 있던 남부 흑인들이 대거 이주한 후 거주지와 경제적 측면에서 상당한 인종차별에 부딪치게 되면서 많은 북부 도시들은 엄청난 변화를 겪게 되었다Lemann 1992. 물론, 이런 종류의 환경과 그것들 간의 악순환의 고리들은 인류가 대규모로 모여 살게 된 이래 늘 있어왔던 것이었고, 사실 교외로 나가려는 신흥 미국 중산층의 많은 가정들은 이와 동일한 환경을 가진 도시 인근에서 나타났다. 하지만, 1960년대 초에는 이러한 사회 흐름들에 대한 유별난 관심이 있었고, 대학의 사회과학 분야에서 생성되는 용어의 도움으로 인해 중도탈락 현상은 공공의 선을 위한 사회라면 제기해야 하는 광범위한 사회 문제로 재구성되기에 이르렀다.

예를 들어, 다음은 당대의 관찰자가 1960년대 후반에 수많은 청소년들이 고등학교를 마치지 못함으로써 나타난 장기간의 악영향들을 어떻게 여기고 있는지 보여준다.

폭력배, 불량배, 약물중독자, 공공보조 수급자, 장래의 무책임하고 무능한 부모들의 상당수가 아마도 중도탈락자들로부터 나올 것이다(Cervantes 1965, 197).

당시는 위협적이고 다루기 힘든, 어떤 의미에서는 그래서 유명해진 청소년들에 대한 관념이 무르익은 시기였다. 레너드 번스타인Leonard Berstein의 뮤지컬 *웨스트 사이드 스토리* West Side Story는 도시 폭력배들과 문제 청소년들의 언어와 형상 속에 셰익스피어의 *로미오와 줄리엣* Romeo and Juliet을 차용한 뮤지컬로, 거기에 등장하는 제트파와 샤크파의 감미로우면서도 흥을 돋우는 가락과 곡조를 통해 미국인들은 사회에 대한 위협 중 하나로 10대 중도탈락자 문제를 이야기하였다. 놀라운 일은 아니지만, 중도탈락자 논의에 관한 세밀한 분석들은 1960년대에 그리고 아마도 오늘날에는 더욱 소외되고 억압받는 인종, 계급, 언어 그룹에서 중도탈락자들이 불균형적으로 많이 나타나고 있음을 정확하게 보여주었다Dorn 1996; Fine 1991.

중도탈락 흐름에 관해 연구한 모든 역사학자들이 몹시 역설적이라고 느끼면서 지적하는 것은, 고등학교 졸업률이 미국 그리고 다른 선진국들의 역사상 가장 크게 증가하기 시작하던 그 때 동시다발적으로 중도탈락 문제가 나타나기 시작했다는 것이다. 그러나 아래에서 논의하는 것처럼, 이는 역설적인 일이 아니다. 중도탈락률의 반대인 졸업률은 1940년대부터 세기 말에 이르기까지 엄청나게 증가하였다. [그림 9-1]이 보여주는 것처럼, 1950, 60, 70년대에 고등학교 졸업률은 크게 증가하였는데, 절대적인 증가폭은 1960년대가 가장 크다. 1950년에는 24세 미국인 중 절반만이 고등학교 졸업장을 취득하였으나, 1970년에는 취득자가 80%에 이르게 되었다. 흑인 청소년들의 졸업률 역시 증가하여, 1950년 20%에서 1970년 60%로 놀랍게 성장하였다.

미국 중등교육의 이러한 엄청난 팽창과 함께, 사회 계층 사이의 졸업률 격차 역시 극적으로 줄어들었다. 예를 들어, 중도탈락의 시기였던 1960년대 초반에 여학생들의 졸업률은 남학생의 2배에 가까웠으나, 남학생들의 졸업률이 증가하면서 1970년에 이르자 이러한 불균형은 30%나 줄어들었다. 1940년에 평균적인 흑인 청소년은 백인 청소년에 비해 고등학교를 졸업할 확률이 3분의 2 가량 적었으나, 1970년에는 인종 간에 고등학교 이수율의 차이가 사라지게 되었다Dorn 1996.

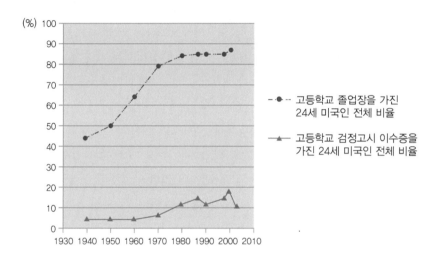

그림 9-1 24세 기준 미국인의 고등학교 졸업률 및 고등학교 검정고시 이수율(1930-2000)
출처: U.S. Census Public Use Samples.

사실, 20세기에 미국 청년층에 나타난 가장 주된 변화를 꼽으라면, 보다 장기간 교육을 받게 되면서 노동 시장에 진입한 나이가 점점 더 늦어졌다는 것이다. 이러한 주된 사회 흐름의 궤적 속에서 1960년대는 미국이 교육중심사회로 전환하는 거대한 분기점이었다. 그렇다면, 왜 미국 역사에서 하필이면 바로 이 때, 즉 대중 교육이 급속하게 성장하던 때에 중도탈락자들이 공공연한 문제가 되었는가? 급증하는 졸업률과 중도탈락 문제의 역설적인 등장은 미디어가 거짓된 이슈를 광분하여 몰고 간 결과라고 본다. 그러나, 이것은 사실이 아니다.

무엇이 중도탈락을
사회 문제로 만들었는가?

이 질문에 답하기 위해서는 우선 중도탈락 이슈가 시작된 시점을 고려해야 한다. 교육중심사회의 관점에서 보자면 그것은 사람들이 이러한 사회 문제가 일어날 것이라고 예상했던 시기에 정확히 일어난 것이다. 교육중심사회에서는 사람들이 자신과 다른 사람들에 대해 생각하는 방식이 문화적으로 엄청나게 바뀌었고, 교육혁명에 따라 심화된—누구나 교육받아야 한다는— 관념으로 인해 중등학교를 마쳐야 한다는 규범적 압박과 동시에 중도탈락자는 비정상이라는 이미지가 공생하게 된 것이다. 사람들의 행동 방식과 깊게 박혀있는 신념들이 바뀌는 것은 중요한 일이며, 이러한 변화가 상대적으로 단기간에 수십만의 가정, 수백만의 사람들에게서 나타난다면 이것은 실로 엄청난 일이다. 개인의 수준에서 보자면, 위에서 언급한 통계상의 졸업률과 중도탈락률은 점점 더 많은 사람들이 스스로를, 학교교육과 삶에서 나타나는 교육의 가치에 연관지어 생각하게 되었다는 것을 의미한다. 심해에서 일어나는 눈에 보이지 않는 지진이 점차 눈 앞의 해일의 원인이 되듯이, 사회에 관해 기저를 이루는 문화적인 관념들에서 나타나는 근본적인 변화는, 그것이 눈에 보이지 않을지라도 점차 1960년대 중등학교 교육의 팽창과 같은 인구학적 해일을 일으키는 것이다. 그러므로 1960년대 초반에 미국에서 중도탈락 문제가 왜 갑자기 일어난 것처럼 보이느냐는 옳은 질문이 아니다. 오히려, 누가, 얼마나 오래 학교에 다녀야 하는가에 관한 기준에 대한 사람들의 생각이 역사적으로 바뀌게 된 원인이 무엇이며, 이러한 관점에서 중도탈락이란 무엇을 의미하는가를 묻는 것이 이론적으로 생산적인 질문이다.

제1부에서 묘사한 바와 같이, 교육혁명 흐름의 핵심에는 150여 년에 걸쳐서 만들어졌고 이제는 확고해진, "모든 이를 위한 교육"이라는 가치와 "더 많은 교육은 더 좋은 것"이라는 믿음이 있다. 그렇다면 학교 중도탈락은 중도에 탈락하는즉, 교육을 끝마치지 못하는 사람의 숫자가 줄어드는 바로 그 때 큰 문제가 되는 것이다. 중도탈락이란 사실 숫자의 문제가 아니라, 교육중심사회에서 "비정상적인 행동"의 표식이기 때문이다. 사회 문제로서 중도탈락은 어느 날 갑자기 하늘에서 떨어진 것처럼 보이지만, 이는 일부 지식인들이 당시에 그리고 여전히 믿었던 것처럼 허구적인 문제이

기 때문이 아니라, 오히려 그것이, 대다수의 사람들이 사고하고 행동하는 문제에 있어 충분히 광범위하게 수용된 새로운 문화적 질서의 대전환을 예고한 것이었기 때문이었다.

학력 위조에 대한 금기가 커짐과 동시에, 비정상적 상태의 성격이 규범적 질서를 정의하게 된다. 따라서, 학교 이탈자가 줄어들면서 허구의 사회 문제를 드러내는 것이 아니라, 오히려 그 반대이다. 고교 졸업자가 전체적으로 증가하면서, 무엇보다도 중도이탈의 위험에 처한—즉, *학교에 다니고는 있으나 교육 이탈자가 될 위험에 놓인*—청소년들의 숫자가 늘어나면서 새로운 실재가 사회적으로 구성된다. 4년간의 중등 교육을 마치기 위해 고된 학업을 떠안는 청소년들이 20년 만에 50%에서 80%로 늘어났다는 것은 학교교육과 사회를 둘러싼 규범적인 문화에 있어서 나타난 상당한 변화를 의미한다. 교육혁명의 발전에 있어 전초기지라 할 만한 미국이, 바로 이러한 시점에 교육적으로 무엇이 비정상인지를 정의함으로써 교육중심사회가 무르익게 된 것은 놀라운 일이 아닐 것이다.[2]

전통적 관점에서 교육을 생각하던 사람들은 이러한 사회적 사실을 이해하지 못한 채, 중도탈락 문제를 실제로는 존재하지 않는 "사회적으로 구성된 것"으로 비유하였다예, Cervantes 1965; Papagiannis, Bickel, and Fuller 1983. 그들의 생각은 "중도탈락"이라는 말이 만들어진 것이므로, 그 현상 역시 만들어진 사회문제라는 것이었다. 그러나 이것은 사회적 구성에 관한 이론적 이해는 부족하면서, 언론과 대중문화에서 보여주는 추론적 비방은 과도하게 신뢰함으로써 균형을 잃은 것이다. 사회에서 학교 교육의 문화적 의미가 실질적으로 바뀌었음을 보여주는 지표로써 교육 이탈자가 형성되었음을 인식하지 못하고, 중도탈락 문제를 거짓, 허구라는 의미로 치부한 것이다. 그들에게 중도탈락이라는 용어와 그 그룹에 속하는 사람들은 어느 정도, 아무도 주의를 기울이지 않고 있는 사이에, 사회 안으로 몰래 잠입한 것과 같았다. 그렇지만 그런 의미의 사회적 구성은 사회 내의 여러 힘들을 경시하게 되고, 때로는 완전히

---

2 과거에도 이와 유사한 사례가 있었다. 예컨대, 매사추세츠만 식민지에서 제정한 북미 최초 의무교육법인 "1647년 오래된 현혹자 사탄 법(the Olde Deluder Satan Law of 1647, '사탄은 인간이 성경에 관한 지식에 접근할 수 없게 하려 한다'는 법률 첫 문장에서 유래한 이름)"과 그에 앞서 모든 가구주로 하여금 가구 내에 거주하는 모든 아이들의 문해 터득을 의무화했던 1942년 법이 있었다. 그러나 1960년대의 중도탈락 현상은 근대 사회에서 유례없는 수준으로 "교육 이탈자"의 의미를 심화시키는 동시에 확대하였다.

잘못 이해하게 만든다. 안타깝게도, 역사적으로 중도탈락 현상이 허구라는 설명은 지식인들과 대중들이 똑같이 궁극적으로는 믿게 되었던 것이며, 따라서 그들 역시 1960년대 미국에서 교육중심사회라는 새로운 사회적 질서가 나타난 것의 진정한 사회학적 중요성을 놓쳐버렸던 것이다.[3]

허구로 진단된 사회 문제는 교육적 비정상이 사회적 실재로 구성되는 과정 이상 으로 나아갈 수가 없다. 그러나 왜 현상을 잘못 이해하게 되었는지를 파악하기는 쉽다. 어떤 것의 역사적 발전과정, 특히 광범위하게 퍼져있는 문화적 합의처럼 동시 다발적이며 그래서 경계가 모호한 것을 관찰하는 데에 있어서는, 심대한 문화적 전 환에 대한 찬성이나 지지가 실제 변화를 이끌어내는 것이라고 결론 내리고픈 유혹 이 존재한다. 또한, 언론의 주목 이상의, 오히려 애매한 과정을 거쳐 심오한 문화적 변화가 일어난다고 보려는 경향 역시 마찬가지이다. 분명히, 문화적 전환 그 자체로 설명이 되지는 않는다. 그 안에서 살아나가고 관찰하는 사람들이, 종종 미디어를 통 해 말하는 것이다. 하지만 정부, 노동자, 대중 매체, 심지어 문제에 관한 뉴스를 전 파해야 하는 기관 그 누구도 학교를 중도에 떠나는 것이 비정상이라는 관념을 만들 어내지 않았다. 대신에, 그들은 교육중심사회의 기저에서 일어나고 있던 심대하고 강력한 문화적 전환, 즉 *근대인이 되기 위해서는 중등교육이 필요하다는 새로운 사 회 모델*을 요약하고 전파했던 것이다.

이러한 핵심 가치는 노동 시장을 위한 기술 훈련의 개념을 훨씬 뛰어넘는다. 물 론 이를 포함하지만, 중도이탈자를 심각한 문제로 인식하는 관념은, 제도 교육에 참 여함으로써 온전히 개발될 수 있는 개인들이 모인 집합체로서의 현대 사회가 어떤 도덕적 기초 위에 서있는지를 보여준다. 모든 성인들을 위한 준제도 교육을 촉진하 고자 하는 "평생학습"이라는 슬로건이 보여주듯이, 교육에의 참여는 초기 성인 교 육과 그 너머까지로 쉽게 확장된다. 그러므로 10대 고교 중도탈락자는 모든 청소년 들이 의무 중등교육을 이수해야 하는 새로운 사회 모델과 씨름하던 국가에 대한 핵 심적인 비유라 할 것이다예, Hammack 2004.

---

3 진정한 아이러니는 교육중심사회에서 많은 사람들이 사회 문제에 관한 진실을 파헤치는 것을 단순한 거짓 신화쯤으로 여기는 것에 대한 선호 자체가 광범위하게 퍼진 교육의 기능이라는 것이다. 보편화된 교육은 사회에 관한 조잡한 "사회학화"의 대량 소비를 낳았고 이러한 현상은 미디어에서 뿐만 아니라, 확대시키자면, 대규모 사회학 강의에서도 나타나고 있다.

당대 다양한 엘리트들과 사회 평론가들 사이에 있었던 중도탈락 문제에 관한 사회적 논쟁들은 이러한 과정을 정확하게 보여준다. 당시 주목을 받았던 중도탈락에 관한 전미교육협회NEA 신규 센터 책임자였던 다니엘 슈라이버Daniel Schreiber가 중도탈락을 어떻게 묘사했는가 살펴보자.

> "중도에 때려치운 일과, *중간에 그만둔 학교*에서 떠나," 그는 선언하기를, "어떻게 *미국 교육이* 중도탈락 문제를 해결할 것인가가 미국의 미래를 결정하게 될 것이 당연하다."(Schreiber 1962b, 234, 강조 추가; Dorn 1996, 66에서 재인용).

중도탈락을 조사할 의무를 부여받은 선도적인 지식 센터에서 나온 이러한 입장은, 이탈의 성격이나 제도로서의 교육을 고려한 해결책의 성격 두 측면 모두에서 중도탈락 문제를 대중 교육 맥락 안에 정확하게 위치시킨 것이다. 슈라이버는 미국이 직면한 진정한 도전은 범죄나 폭력 자체의 증가 원인으로서의 중도탈락이 아니라, 모든 사람을 위한 교육중심사회를 어떻게 성공적으로 이룩할 수 있을 것인가라는 점을 분명하게 지적하였다.

심대한 문화적 전환으로 인해 나타난 또 다른 의견으로, 1962년 널리 읽히던 *새터데이 이브닝 포스트Saturday Evening Post*에 게재된, 오늘날 교육의 "인적 자원" 모델이라 불리는 것에 대한 설명이 있다.

> 우리는 매년 백만 명 이상의 아이들을 낭비하고 있다. 우리가 한때 천연가스나 삼림, 표토를 낭비했던 것처럼, 오늘날 우리는 가장 중요한 천연자원들—*젊은 두뇌들과 근육들의 생산력*, 젊은 상상력과 감정들의 창조력—을 낭비 중이다(Kohler and Fontaine, 16쪽, 강조 추가; Dorn 1996, 66에서 재인용).

이는 과소교육undereducation으로 인해 젊은이들의 두뇌의 힘을 전체적으로 낭비하고 있는 것에 대한 우려이다. 20세기 초반, 즉 중등교육의 큰 성장과 그것을 이끌었던 신념이 있기 전에는 이러한 이야기가 공개적으로 언급되는 것은 훨씬 덜 일반적이었고 의미 있지도 않았을 것이다.

중도탈락에 관한 사회적인 논의에서 드러난 교육중심사회의 근본적인 규범적 변화를 좀 더 확실히 보여주는 사례는 소위 "똑똑한 중도탈락자들의 위기"라고 불린 현상에 대한 관심이었다. 당시의 무수한 연구들이 학문적으로 역량이 뛰어난 중도탈락자들을 찾아내서 다른 중도탈락자들로부터 분리해내려고 시도하였다. 이들은 "똑똑한 중도탈락자들"이라 불리게 되었고, 많은 전문가들 논의의 초점이 되었다 논의의 핵심은 Voss, Wendling, and Elliott 1996을 통해 알 수 있다. 똑똑한 중도탈락자들에 대한 이 연구자들의 묘사에 흐르는 강한 규범적인 메시지를 살펴보자.

> [심지어] 적절한 읽기 능력과 IQ를 가지고서도, 그의 성적은 사실상 대부분 D나 F
> 가 될 것이다. 이런 경우에 *똑똑한 중도탈락자는 시민권이나 학교 출석* 등과 관
> 련한 이유로 낙제를 하게 되는 것이다. ... 오늘날 사회 문제라고 여겨지는 것들은
> 바로 똑똑한 중도탈락자들이다. 왜냐하면 그들의 능력이나 잠재력이 발현되지 못
> 하고, 이는 곧 사회적 낭비로 이어지기 때문이다(Voss, Wendling, and Elliott
> 1966, 367, 강조 추가).

여기에는 교육중심사회에 치명적인 결함이 있는데, 그것은 바로 *학업적 재능이 있으면서도 학교를 중도에 떠난다는 것*이다. 이것은 "교육중심사회에서 비정상으로서의 중도탈락자"를 가장 잘 보여주는 사례라 할 수 있겠다.

여기에서 또한, 교육적 실패와 학교교육에 있어서 참여적 시민성의 결여가 짝을 이루게 되는 것은 중도탈락 논의에 있어서 결정적인 이슈가 더해지는 것이다. 이 문제는 학업능력이 부족한 학생들이라는 식으로 단순히 기계적으로 정의되는 것이 아니라, 새로운 교육적 질서에 부가되는 문제로서 정의된다. 이러한 규범적 환경을 더욱 중요하게 만드는 것은 당시에 전체 중도탈락자들의 절반에서 4분의 3이 고등학교를 마칠 수 있는 능력을 가지고 있다고 추정되었다는 것이다. 교육중심사회의 부상 위에 이런 아이디어가 더해지면서 최악의 교육적 비정상들재능이 있는 중도탈락자들-역자 주로 구성된 거대한 계급이 생겨나게 되었다Voss, Wendling, and Elliott 1966.

몇몇의 경우에 1960년대 중도탈락 문제에 관한 논의는 초기에 학교를 떠나는 것 자체를 완전히 비정상으로 여기는 데까지 나아가게 되었다. 예를 들어, 당시 한 예리한 관찰자는 "중도탈락의 이유는 실제로 청소년 범죄의 원인과 동일하다"고 지적하였다O'Neill 1963, 157. 하지만 이것은 관련 논의가 문화적 변환에 관해 바탕에 깔

린 진리에 접근했던 것만큼이나 교육중심사회와 밀접한 것이었다. 그러나, 대중 중
등교육을 향한 규범적 전환이라는 넓은 맥락은 널리 다루어지지 않았고, 따라서 이
후에 발생하는 일들이 아니라, 중도탈락 자체가 비정상적인 행위의 핵심이라는 중
도탈락 확대의 진정한 의미가 당시 다양한 해석 사이에서 종종 간과된 것이다. 분
명히 비정상적인 청소년 범죄와 중도탈락과의 연관성은 당시 전문가들이나 대중들
의 발언을 차지하는 대부분이었지만, 그것은 대부분 학교 중도탈락자들이 비행 청
소년이 되는 경향에 관한 제한적인 논의에 지나지 않았다. 그리고 학교를 일찍 떠
나는 것이 그 자체로 범죄로 이어지지 않으면서, 그 연관성이 그다지 강하지 않거
나, 적어도 그 관계가 단순히 중도탈락이 범죄로 이어진다는 것보다는 훨씬 복잡하
다는 것이 드러나게 되었다예, Jarjoura 1993; Staff and Krieger 2008.

   만약 교육중심사회의 만개를 향한 대대적인 변화로 인해, 교육이 가진 문화적
힘이 개인적인 실패와 학업적 결함을 동일시할 수 있게 되었다면, 우리는 근본적인
규범이 바뀌면서 학교에서는 무슨 일이 일어나고 있는지에 관한 의미 있는 논의를
발견할 수 있어야 한다. 그리고 실제로 그러한 논의들이 있다. 이러한 주요한 팽창
으로 인한 고군분투는 당시의 교육자들이 중도탈락 문제로 인한 학교의 중압감을
어떻게 평가하고 있는가에서 아주 분명하게 드러난다. 미국교육의 역사에 관해 저
명한 학자인 로렌스 크레민Lawrence Cremin의 요약이 이를 잘 보여준다.

   팽창하는 중등교육기관의 포괄적 성격에 따라 고등학교 교육은 보편 교육으로 인
   식되기에 이르렀다. 고등학교가 대중 교육기관이 되었기 때문에 "중도탈락 문제"
   도 나타날 수 있었던 것이지만, 그것은 동시에 고등학교가 기초적인 임무의 일부를
   제대로 해내지 못하고 있다는 것을 의미하기도 하였다(1990, 12).

중도탈락자와 졸업자는 20세기 중반에 나타난 교육중심사회에서 피할 수 없는, 단
하나의 보편적인 지위의 양면이었다. 중도탈락이 고등학교 교육 이수의 미덕을 보
여주는 일종의 범죄라면, 역설적이게도 지적인 면에서 폄하되는 검정고시GED는 그
죄로부터 회복될 수 있는 길이었다.

고령자 사회로의
회귀

유명한 코미디언인 빌 코스비Bill Cosby, 웬디스 버거 체인의 창업자 고 데이브 토마스Dave Thomas, 전 델라웨어주 부지사 루쓰 앤 미너Ruth Ann Minner, 영화배우 크리스챤 슬레이터Christian Slater, 전 미국 상원의원 벤 나이트호스 캠벨Ben Nighthorse Campbell의 공통점은, 성공한 공인이며, 모두 검정고시를 통해서 고등학교 졸업 자격을 취득하였다는 것이다. 이들의 검정고시 합격 이야기는 이와 유사한 다른 이야기들과 함께, 검정고시와 관련된 성인 교육 프로그램에 관한 수많은 정보 제공 웹사이트와 광고에서 계속해서 되풀이되고 있다. 마치 주문처럼, 검정고시는 보다 많은 교육과 더 나은 일자리, 그리고 전반적인 성공에 이르는 길이라는 메시지가 반복된다. 일단 이런 메시지를 접하면, 이야기의 교훈은 명백해진다. 성공한 그들이 한때 실패자였으나, 검정고시를 통과하고 중등학교 학력을 취득함으로써 삶의 궤도에 다시 오를 수 있었고, 이 정규학교 졸업에 대한 대체 수단을 통해 그들은 계속해서 중요한 성공을 이룰 수 있었다는 것이다. 이런 유명하면서도 영향력 있는 사람들의 이야기를 통해 좀 더 암묵적으로 전해지는 메시지는 검정고시를 통해 정규학력을 회복하는 것에 더 이상 낙인이 존재하지 않는다는 것이다. 오히려, 유명인들의 검정고시에 대한 줄기찬 찬양들이 증명하는 것처럼, 그들은 스스로의 삶에서 교육적으로 정의된 성공을 쫓기 위해 그간의 행동을 자랑스러워한다는 것을 알 수 있다. 이러한 짧은 사례에서 보여주는 궁극적인 메시지는 이 유명인들이 검정고시를 치기 위한 과정을 시작하지 않았더라면 분명히 삶에서 계속해서 실패를 경험했을 것이라는 점이다. 그에 대한 주목할 만한 유일한 예외로는 데이브 토마스의 사례 밖에 없다. 그는 백만장자가 된 후 오랜 시간이 지나서야 검정고시를 봤기 때문이다. 그런 의미에서 그의 사례는 아마도 대단히 중요한 메시지, 즉 검정고시를 통한 고교졸업 학력 취득은 중도탈락이라는 비정상적인 상태를 털어버리고 교육중심사회로 재진입하는 것임을 알려준다. 학교 졸업연령 이후 그가 사회에서 어떤 경험을 겪었는지에 관계없이 말이다.

보통 약어로 불리는 검정고시GED는 고등학교 졸업학력 검정시험General Educational Development test을 의미한다. 준 공문서에서조차 검정고시가 고졸자격증General Equivalence

Diploma으로 잘못 표기되는데, 이는 이 시험이 고등학교 졸업장과 동일하다는 측면에서 이 오기가 좀 더 맥락에 어울리기 때문일 것이다. 고등학교를 중퇴한 18세 이상의 성인이라면 누구든 200달러 미만의 돈으로 읽기, 쓰기, 수학, 과학, 사회과학 등 다섯 과목에 걸친 7시간 반이 걸리는 시험을 볼 수 있다.[4] 만약 시험에 합격하면, 수험자는 대부분의 경우에 정규 고등학교 졸업장을 대체할 수 있는 고졸 검정고시 합격증을 부여받게 된다. 검정고시 합격증은 일반적으로 구직이나 고등 교육기관 지원 시 "고등학교 졸업자와 동등한 학력"으로써 사용될 수 있다. 18세 미만이라도 임신이나, 건강, 여의치 않은 가정 형편 등의 이유로 4년의 정규 고등학교 교육을 받을 수 없다면 검정시험을 볼 수 있다. 미국만 이러한 졸업자격 취득을 위한 대체 시험제도를 가지고 있는 것이 아니다. 예를 들어 중국에서는 성인 고등 교육 입학 자격 시험Entrance Examination of Adult Higher Education제도를 운영 중이다.[5]

미국교육위원회American Council on Education, ACE에서 운영하는 검정고시는 2차 세계 대전 기간 중 처음으로 시작된 이래 상당히 성장해왔다. 당시 검정고시는 전쟁에서 돌아온 군인들을 고등학교로 돌려보내는 일 없이, 고등학교 교육을 마치도록 고등 교육기관이나 취업 시장으로 진입시키기 위한 수단이었다. 원래 그것은 국가에 대한 봉사에 보답하는 일종의 혜택이었지만, 그 후로는 고등학교를 마치고 싶어 하는 누구나 사용할 수 있는 수단이 되었다. 예를 들어, 캘리포니아나 플로리다처럼 큰 주에서는 고등학교 졸업자격을 취득하는 네 명 중 한 명이 검정고시를 이용하고 있다Smith 2000. 미국교육위원회는 고졸학력을 가진 7명당 한 명 혹은 대학생 20명당 한 명은 검정고시 출신인 것으로 추산한 바 있다.

종종 검정고시가 그저 중도탈락자 개인을 돕는 저렴한 수단으로 여겨지긴 하지만, 사실 보다 넓은 의미에서 검정고시는 교육중심사회의 규범을 보좌하는 기제이다. 검정고시 합격증을 고등학교 졸업장과 동일하게 취급해야 한다는 주장이 공공연하게 제기된다. 다음은 시험을 운영하는 기관인 GED Testing Service1993가 시험의 목적과 검정자격의 지위를 어떻게 설명하는지 보여준다.

---

4 시험 수수료는 무료부터 200달러까지 주마다 다르다.

5 2007년에 292만 명의 중국 성인들이 이 시험에 응시했고, 그 중 2백만 명이 졸업자격을 취득했다.

고등학교를 졸업하지 못한 성인들에게, 일반적으로 고교 학업프로그램을 통해서 갖게 되는 능력을 증명함으로써 고교 졸업 자격을 취득할 수 있는 기회를 제공하기 위해 ... 검정시험을 통과함으로써 취득하는 합격증은 고교 졸업장과 동일하게 사용될 수 있다.

어떻게 제한된 목적으로 단기간만 운영하려 했던 관료주의적이며 군사적인 임시방책이 그렇게 많은 부류의 사람들을 위한 안정적이며 대규모의 사업이 될 수 있었는가? 그리고, 검정고시가 교육중심사회의 제도 교육에 대해 전반적으로 말해주는 것은 무엇인가?

밴더빌트 대학의 교육사회학자인 토마스 스미스Thomas Smith는 여기에서 제안하는 관점을 가지고 검정고시에 대한 종합적인 분석을 실시하였다Smith 2000, 2003. 그는 검정고시의 활용과 그로 인한 혜택에 관해 실시된 실증 연구들을 검토하고, 10년 넘는 기간에 걸친 전국적인 대규모의 청소년 표본을 토대로 자신이 분석한 데이터를 덧붙였다. 그는 현재 검정고시가 미국 교육에서 가지고 있는 역할에 관한 흥미로운 패러독스를 발견하였는데, 이를 해결하려면 검정고시 현상에 관한 길고 긴 설명이 필요하다.

패러독스는 곧, 검정고시가 노동 시장에서 자격증으로서의 단기적이고 경제적인 수익이 낮음에도 불구하고 인기가 지속되고 있다는 것이다예, Heckman and Cameron 1993; Cameron and Heckman 1994; Gareth, Jing, and Kutner 1995; Maloney 1992. 검정고시를 통해 고등학교 졸업학력을 갖춘 노동자의 평균 수입이 정규 졸업장을 가진 노동자보다 적을 뿐만 아니라, 검정고시 자격증을 가진 사람의 수입은 평생 중퇴자로 남은 사람들과 별반 다르지도 않았다. 스미스는 분석 결과를 아래와 같이 요약하고 있다.

고용주들에 대한 서베이 결과는 그들이 일반적으로 고용 단계에서는 검정고시 자격증을 전통적인 졸업장과 동일한 것으로 간주하지만, 검정고시 자격증을 취득한 사람들의 경제적 수익에 관한 많은 연구들은 이들의 수익이 전통적인 고교 졸업자보다 상당히 낮고 ... 고교졸업 동등학력을 취득하지 않은 중퇴자들의 소득보다 별로 나을 것이 없음을 보여준다(2000, 64).

그러나 단기적 혜택이 낮음에도 불구하고, 고등학교 졸업장이 없는 대략 백만 명의 미국인들이 2005년에 검정고시에 도전하였다. 1972년부터 1995년까지, 즉 근 사반세기 만에 1,700만 명이 검정고시에 도전했고, 그 중 천만 명은 검정고시 자격증을 취득하였다GED Testing Service 1993. 또한 2008년에는 전국적으로 50만 명의 중도탈락자가 검정고시에 합격했는데, 이는 그 해 고등학교 졸업자격의 12%에 이르는 수치이다Heckman, Humphries, and Mader 2010. 왜 그렇게 많은 사람들이 하루 종일 걸리는 시험을 보는 것일까?

미미하고 즉각적인 혜택만을 고려한다면 우리는 대단히 많은 사람들이 스스로 혹은 강제로 또는 속아서 바보처럼 행동했다고 결론 내리게 되는 우를 범할 것이다. 대신, 노동시장에서의 즉각적 혜택의 부재는 실제로 무슨 일이 일어나는지를 부각시켜준다 하겠다. 교육중심사회에서 중도탈락자들이 처하게 되는 비정상이라는 신분과는 반대로, 검정고시는 교육중심사회에서 교육적 실패를 정상으로 복구시키고, 아마도 가장 핵심적으로는 보통의 자아를 규정하는 기본적인 자격을 취득하는 절차이다. 그러므로 역사적으로 나타나는 검정고시의 성장 패턴은 위에서 설명한 동일한 문화적인 전환을 증명해주는 것이다. [그림 9-1]에서 본 것처럼, 고등학교 출석률이 그리고 이수율이 급증함에 따라 중등학교에 다니는 청소년뿐만 아니라 중도탈락자가 될 수도 있는 위험에 처한 청소년들 또한 늘어나면서, 검정고시는 고등학교 졸업장을 위해 빈번히 이용되는 경로가 되었던 것이다. 제2차 세계대전에 따른 원래의 용도가 끝난 후에도, 검정고시는 교육의 풍경에 오래도록 살아남았고, 전체 고교 졸업장의 5% 밖에 안 되던 것이 1970년에 이르자 증가하기 시작하여 2001년에는 미국 전체 중등학교 졸업장의 18% 수준에까지 도달하였다Smith 2000.

당연히, 검정고시에 대해 비판적인 사람들은 검정고시가 "진짜" 고등학교 졸업장의 값싼 모조품에 지나지 않으며, 소외계층으로 하여금 그들이 학력을 취득하고 있다고 생각하도록 속이는 것이라고 주장한다. 실제로는 그것이 개인적으로나 집단적으로 진정한 혜택을 주지 못하는데도 불구하고 말이다. 이러한 평가는 앞서 설명한 신화로서의 교육이라는 주장과 유사하다. 정책적 차원에서 이 비판자들은, 지속적인 효과성을 증명할 수 있는 값싸고 손쉬운 방법으로서, 복지 프로그램, 사회 프로그램, 그리고 심지어 교정기관들에서도 측정 가능한 목표로 검정고시 이수를 점점 더 사용해왔고 이를 통해 검정고시가 정치적인 집단 신화의 일종으로 쓸데없이 유지되어 왔다고 주장한다요약을 보고 싶다면 Smith 2000을 참조할 것. 사실, 이러한 우려가 앞에서 언급한 1990년대 중반의 검정고시의 경제적 효과에 관한 연구 돌풍을 초래한 것이다. 1960년대 후반의 중도탈락 문제에 관한 허구 논란과 마찬가지로, 검정고시에 관한 기초적인 사실들만 가지고도 유사한 결론을 내릴 수 있을 것이다. 하지만, 비판자들이나 허구론자들은 많은 증거들이 존재하는, 보다 거대한 검정고시의 제도적 그림을 간과하고 있다.

교육적 회복과
자아존중

만약 검정고시가 비정상적 지위를 벗어나, 보다 큰 차원의 교육적 질서에 재진입하는 것과 직접적으로 관련이 있다면, 이것은 검정고시 응시자들이 자신의 지위와 검정고시에 대하여 어떻게 생각하는지에 분명히 반영되어 있어야 한다. 첫째, 그들은 교육적 실패로부터 돌아가는 길이 그들의 장래에 대해 미치는 영향처럼 현재의 직업에 대한 어떤 즉각적인 급부를 바라는 것이 아니라는 것을 인식하고 있어야 한다. 둘째, 검정고시를 보려는 이유 중 하나로 고등학교 졸업 학력을 취득하고 난 후에 가능한 추가적인 교육 계획이 분명히 있어야 한다. 마지막으로 가장 중요한 것은, 검정고시를 성공적으로 통과하였을 때 스스로의 가치에 대해서 강렬한 긍정적 반응이 있어야 한다. 존 마이어John Meyer가 교육중심사회에서의 실패에 관해 지적한 것처럼 제9장 첫머리의 인용구를 보라, 검정고시를 통해 교육적 일탈로부터 돌아오는 것은, 이 수험생들을 둘러싸고 일어나는 다른 교육 이수에 비하면 하찮아 보일지는 모르지만, 단지 제한된 미래를 위해 필요한 협소한 전략에 불과한 것이 아니다. 그것은 교육중심사회의 도덕적 질서에 재진입하였다는 확정이며, 데이터가 이러한 예측을 뒷받침한다.

검정고시 수험생들을 대상으로 한 여러 조사에 관해 스미스Smith가 기록한 것처럼, 대부분의 검정고시 수험생들은 왜 검정고시를 보려고 하는지에 대한 질문에 대해 당장 직업을 얻기 위한 것은 아니라고 답하였다. 통계자료가 검정고시 출신자들의 임금이 올라가지 않는다는 것을 보여준 것과 마찬가지로, 검정고시를 보는 사람들 대부분도 검정고시가 즉각적으로 혜택을 줄 것이라는 거짓된 약속에 속지 않았을 뿐만 아니라, 그들은 현재 직업에 그다지 영향이 없을 것이라는 것도 당연히 이해하고 있었다. 대신에, 이후에도 교육을 받을 수 있다는 것, *그리고*, 고도로 교육받은 사회에서 스스로의 가치를 위해서 적절한 교육적 지위를 재취득하는 것에 대한 복합적인 기대가 압도적이었다. 3분의 1 정도는 검정고시를 통해 고등 교육기관, 직업학교 또는 직업훈련이 가능해짐으로써 그들을 교육제도 안으로 복귀시켜줄 것으로 생각하였다Baldwin 1991. 또 다른 3분의 1은 검정고시의 가장 중요한 장점으로 "한 사람으로서 자기 자신에 대해 보다 긍정적으로 느끼게 되는" 길이라고 하였으며, 나머지 3분의 1은 검정고시를 통해 장래에 보다 나은 직업을 얻게 될 것이라고 생각하였다. 엄청난 에너지가 필요하며 7시간 반이나 걸리는 시험을 보기 원하는, 대부분의 경우에는 오래 전 어떤 교육 환경으로부터도 적응하지 못했으며 스스로가 교육적 실패자라는 것을 명확하게 알고 있는 사람들수험생의 63%가 2년 이하의 고등학교 교육만을 이수에게서 나타나는 이러한 동기의 패턴은 검정고시가 교육중심사회에서 표준적 지위로 복구시켜줄 것이라는 위안이 된다는 강력한 지표라 할 것이다. 수험생들의 장래 교육 계획이 단지 희망사항이기만 한 것은 아니다. 검정고시를 통과한 사람 절반이 고등 교육기관에 진학한다Smith 2003. 대학 진학에서부터 바람직한 대학 생활 옷차림을 위한 쇼핑에 이르기까지 모든 것을 조언해주는 검정고시 관련 사이트의 팝업창 광고들로 인해 계속교육에 대한 이러한 기대는 더욱 충만해지게 된다.

검정고시를 통과하여 합격증을 받은 사람들의 자아존중감은 수험생들보다 훨씬 더 확연하게 나타나며, 한 사람으로서의 사회적 지위에까지 파급효과를 가진다. 검정고시 합격자들에 관한 여러 조사는 70%에서 90%에 이르는 합격자가 고졸 학력을 취득함으로써 인간으로서 자기 자신에 대해 훨씬 더 낫게 여기게 되었다고 보고하였다Darkenwald and Valentine 1985; Iowa Department of Education 1992; Mally and Charuhas 1977. 예를 들어, 메릴랜드주의 검정고시 합격자들에 대한 조사를 보면, 73%의 검정고시 합격자가 스스로의 능력에 대해 좀 더 자신감을 갖게 되었으며, 93%는 검정고시를 통해 새로운 기회를 얻게 된 것으로 나타났다. 또한, 합격자의 절반은 삶이 좀 더 방향성을 갖게 되었고, 더욱 많은 책임을 기꺼이 떠맡을 것이며, 그들이 해낸 것에 대해 가족들이 기뻐한다고 말하였다Reed 1985. 미국 교육을 분석하는 데 있어 검정고시가 종종 소외되기는 하지만, 검정고시가 시험을 치르고 통과하는 수백만의 사람들에게 그저 사소한 일에 불과했다면, 긍정적인 반응들이 그렇게 폭넓게 나타나지 않았을 것이다.

실제로 검정고시는 개인적으로나 사회적으로 사소한 성취가 아니다적어도 시험을 치르는 물리적인 행위 이상의 것이다. 그것은 교육중심사회에서 궤도에 다시 들어선다는 것만큼이나 중도탈락자라는 비정상적 지위를 떠나는 것을 의미한다. 지난 40여 년간 검정고시가 부상한 것은 미국 사회에서 교육에 대해 미증유의 가치를 부여하는 방향으로 문화가 전이하였고, 이 문화의 전이가 어떤 이유로든지 중등교육을 마치지 못한 사람들에게 작용하였기 때문이다. 충분히 예상가능한대로, 대다수의 검정고시 합격자들은 보다 많은 제도 교육과 직업훈련을 받게 되고 이를 통해 장기적으로 경제적, 사회적 보상을 받게 됨이 드러났다Murnane, Willett, and Boudett 1994; Gareth, Jing, and Kutner 1995; Kroll and Qi 1995. 검정고시 합격자들의 주요한 변화는 바로 교육중심사회에서 스스로의 가치를 회복했다는 것이며, 이는 교육이라는 제도가 얼마나 사람의 자아를 형성하게 되었는가를 보여준다 하겠다.

이 부분에서 검정고시에 대한 비판론자들은 언제나 정규 중등교육 졸업자들에 비해서 훨씬 더 적은 수의 검정고시 출신자들이 고등 교육의 학사학위 과정을 마친다고 쉽사리 지적하곤 한다. 실제로 그렇다. 예를 들어, 1990년대 초에 추정한 바에 따르면 27세를 기준으로 고등학교 졸업자들의 25%가 학사학위를 소지한 데 비해, 검정고시 합격자들은 그 비율이 5%에 불과했다Smith 2000. 그렇지만, 현재 고등 교육을 시작하는 학생의 40% 이상을 차지하는 전문학사 과정의 경우에는 27세 기준 2년 전문학사 과정의 이수율은 두 그룹이 좀 더 유사하다. 아울러, 검정고시를 통과하는 것은 이후 교육을 위한 재정보조 혜택을 받을 수 있는 자격을 확보하는 핵심 수단이다. 학자금 지원 기관들이 검정고시 합격을 고등 교육을 받을 수 있는 능력의 증표로 사용하기 때문이다. 또한, 검정고시 합격증은 18세 이전에 고등 교육을 받기 원하는 청소년들에 의해 사용되며, 미국의 대부분의 홈스쿨러들도 물론 고등 교육에 대한 준비가 되었음을 증명하고자 검정고시를 사용한다. 대다수의 검정고시 합격자들이 처한 사회경제적 환경을 고려할 때, 그들의 절반이 고등 교육을 받고자 움직인다는 것은 대단한 성취라 할 수 있다검정고시 합격자들의 3분의 2 가량이 일생 중 계속해서 교육을 받을 계획이 있는 것으로 추정되었다; GED Testing Service 2001. 설령 성인기 초반에는 소수의 사람만이 학사과정을 마칠지라도, 그들은 스스로가 그 어떤 낙인도 없이, 아마도 재정 보조를 받으며 계속해서 교육을 받을 수 있다는 것을 알고 있다.

검정고시 합격이 교육중심사회에서 구원의 한 형태가 된다는 것은, 수많은 웹사이트가 검정고시를 보려는 사람들을 열정적으로 맞아들이는 과정에서 보여주는 태도에서 알 수 있다. 아울러, 검정고시는 급성장하는 성인교육 산업과도 완벽하게 맞아떨어진다. 검정고시 합격자가 시험을 통과한 후 보여주는 아래의 반응은 이를 잘 보여준다.

> 제가 [검정고시] 합격증을 받은 그 날은 제 인생에서 가장 중요한 날들 중의 하나였다고 생각해요. 결혼식보다도 나았고, 아이를 낳았을 때보다도 좋았죠. 그것은 내가 일찍이 경험해본 적 없는 그런 성취였고, 당연히, 정말, 정말 기분이 좋았어요 (Prins and Toso 2008; see also Snider 2009).

심지어 검정고시가 일반적인 교육 사업으로서 운영되는 방식에서도 그것이 단순히 기계적인 교육 증서를 넘어, 한 개인을 재건시키는 주요 역할을 하고 있음이 드러난다. 만약 교육중심사회로 재진입하는 것의 가치가 단순히 최소로 교육받은 근로자의 기술적 능력을 평가하는 문제에 불과한 것이라면, 우리는 검정고시와는 매우 다른 절차를 생각해 보아야 될 것이다. 예컨대, 중도탈락자들이 고등학교에서 이수한 학점 수만큼을 공식적으로 인정하고, 노동 시장에서는 이를 일종의 부분적 자격증으로 받아들일 수 있을 것이다. 나아가, 시험을 활용할 수도 있겠지만, 그것은 본질적으로 훨씬 더 실무적인 것이 될 것이며, 노동 시장에서는 시험에서 몇 점을 받았는지 또한 중요할 것이다. 하지만, 엄밀히 따졌을 때 이러한 합리적인 방법 중 어느 것도 미국 사회에서 중도탈락자들을 노동 시장으로 유입시키는 수단으로 사용되지 않고 있다.

이제 검정고시는 정규 고등학교 졸업장에 부여되는 모든 사회적 의미를 충분히 가진 유효한 교육 증서가 되었으며, 이는 시험의 전반적인 학문적 성격에서도 명백히 나타나 있다. 검정고시 역사 전반에 걸쳐, 시험 문제들은 일반 학문 과목의 경향성을 가지고 있었고, 학교 교육과정의 인식론적 전환과 마찬가지로, 검정고시도 고차원적이거나 문제해결적 사고를 활용한 학문적 지능을 명백하게 필요로 하는 문제들처럼, 좀 더 많은 인지적 내용을 포함하도록 개선되어 왔다Smith 2000, 2003. 노동시장이나 고등 교육에 있어 시험에서 몇 점을 받았는지는 중요하지 않다. 대신, 검정고시는 일반적인 중등학교 졸업장으로 역할한다. 이 사소해보이나 강력한 변화는 미국교육위원회ACE가 계속해서 시험을 통과하기 어렵게 만들고 있다는 데에서도 드러난다. 1940년대에는 전체 수험생의 90%가 합격할 수 있는 수준으로 맞춰졌다면, 최근에는 70%만이 합격할 수 있도록 기준이 조정되었다.

검정고시가 낙오한 개인을 교육중심사회로 되돌릴 수 있는 진정한 규범적 절차라면, 비정상적 지위에 남아있음으로써 가장 많은 것을 잃고, 교육적 질서로 복귀함으로써 가장 많은 것을 얻을 중도탈락자들이 검정고시를 이용할 것이라고 생각해볼 수 있는데, 실제로 그런 현상이 나타나는 것 같다. 스미스가 설명한 것처럼2003, 검정고시를 보려는 고령의 학생들이 계속해서 성인 교육 과정에 등록하고 있음에도 불구하고, 최근 10여 년간19세에서 22세에 이르는 젊은 수험생들이 눈에 띄게 많아지고 있다. 더욱이, 중도탈락자로 남아있는 사람들에 비해서, 검정고시 합격자들은 시민 활동에 보다 많이 참여하고Reder 1994, 더 낮은 재범률을 보이며Nuttall, Hollmen, and Staley 2003, 사회 규범을 좀 더 완벽하게 내면화하는 등Smith 2000 교육중심사회의 규범에 좀 더 훌륭하게 진입하고 있다. 그러나 가장 극명한 것은 바로 검정고시 합격자들이 중도탈락자들보다 학문적으로 좀 더 우월하다는 것이다Cameron and Heckman 1994.

어떤 이들에게는 검정고시를 보는 것이 그저 아주 쉬운 일인 반면에, 시험을 위해서 정말 열심히 공부하는 사람들의 숫자가 늘어나고 있는 것도 사실이다. 1980년에서 1989년 사이, 단지 9년 만에 미국 전체적으로 시험 준비에 100시간 이상을 쏟는 사람들의 숫자는 두 배 이상 증가하여 전체 응시자의 4분의 1 가까이에 이르게 되었고, 평균 준비 시간은 이보다 훨씬 짧긴 하지만, 전체적으로 시험 준비 기간이 증가해온 것으로 나타났다Boesel, Alsalam, and Smith 1998. 흥미로운 점은, 읽기 수업과 공부에 100시간 이상을 쏟는다면 평균적인 고등학교에서 한 학년을 월반할 수도 있다는 것이다Mickulecky 1990. 하지만, 이는 검정고시가 한 사람의 인적 자본, 다시 말해 학습된 기술을 한꺼번에 직접적으로 증가시켜준다는 의미는 아니다. 오히려, 검정고시는 개인에 대한 온갖 긍정적인 효과들을 수반함으로써 추가적인 교육을 위한 공식적인 관문과 중요하게는 비정상적인 위치로부터 벗어나는 경로로써 역할을 한다Smith 2000.

검정고시가 사회에서 소외된 사람들을 기만하는 값싼 학위에 지나지 않는다고 생각할 것이 아니라, 반대로 검정고시와, 실현될 수 있었지만 실현되지 않은 가능한 대안들을 비교해볼 수도 있을 것이다. 교육에 기반하지 않은 사회라면 한 개인, 특히 소외된 그룹의 사람들이 영구적인 학문적 실패에 머물 수밖에 없는 과정을 쉽게 떠올릴 수 있다. 예를 들어, 미국에 비해 교육혁명의 문화적 함의를 충분히 흡수하지 못했던 독일의 경우에, 중등학교 중 가장 낮은 수준의 학생들이 가는 학교하우프트슐레, Hauptschule는 9학년을 마치면 졸업하게 되는데, 노동 시장에서 낮게 평가되는 졸업장을 받을 뿐만 아니라, 졸업생들은 어느 정도 영구적인 학문적 실패자라고 규정된다. 아울러, 그들 중 대다수에게는 이것을 벗어날 길이 거의 없다. 그리고 당연히, 외국 태생의 부모를 둔 많은 아이들이 하우프트슐레를 다니게 된다.[6] 마찬가지로, 학문적으로 뛰어난 소수의 중도탈락자들을 발굴하여 교육을 계속 받을 수 있도록 특별한 지원을 하는 과정 역시 쉽게 상상해볼 수 있다. 독일 역시 능력에 따라 하우프트슐레에서 나와서 진급할 수 있는 소규모 프로그램들을 운영하고 있다.

교육중심사회에서 진정한 낙인은 검정고시를 통해 학교로 돌아가는 데 있는 것이 아니라 학교에서 중도탈락하는 것에 있다. 검정고시란 이러한 부정적인 지위를 벗어나도록 회복시켜주는 것이다. 검정고시는 출구가 없는 막다른 길도 아니고, 재능 있는 소수만을 찾는 것도 아닌, 최대한 누구나 접근할 수 있도록 의도적으로 만들어진 대중 프로그램이다예, 교정시설에서도 검정고시는 정기적으로 실시된다. 그리고, 학문적인 재능을 가진 수험자에게는 시험이 "쉬울"지 몰라도, 검정고시 제도의 목적은 가능한 많은 사람들이 동일한 중등학교 학력을 취득할 수 있는 방법을 제공하는 것이다.

그런 면에서, 검정고시가 상대적으로 중도탈락률이 높은 소수인종 그룹에서 중점적으로 사용되고 있는 것은 당연한 일이다. [그림 9-2]가 보여주는 것처럼, 최소 2년의 중등교육을 마치고, 고교 졸업장을 취득하는 흑인 및 히스패닉 학생들 중 약 20%는 검정고시를 이용하고 있다. 또한, 모든 인종이나 종족을 막론하고 경제적 소외계층이 검정고시를 절대적으로 많이 이용하고 있다Smith 2000. 미국 사회에서 가장 혜택을 받지 못하는 사람들을 대상으로 운영되는 Job Corp청년 대상 무료 교육 및 직업 훈련 프로그램, Even Start가족 대상 직업 훈련 및 자녀 교육지원 프로그램, 그리고 노숙자 대상 프로그램

---

6 교육혁명이 계속해서 세계 문화에 영향을 줌에 따라, 어떤 이유에서든 뒤쳐졌던 국가들은 국민들이 보다 많은 제도 교육을 계속 받을 수 있는 대규모의 구제 조치들을 마련할 것으로 보는 것이 타당하다. 실제로, 독일에서도 하우프트슐레(가장 수준이 낮은 학생들이 가는 중등학교)를 바꿀 계획인 듯하다.

등 많은 사회복지 프로그램들은 이들이 검정고시를 통해서 중등학교 학력을 취득할
수 있도록 돕는다.

이렇듯 소외 계층이나 소수 인종들이 교육중심사회로 재진입하는 방법으로 검
정고시를 이용하는 것은, 검정고시 제도 전체가 미국 내 대부분의 고등 교육기관과
관련 기관들의 거대하면서도 유력한 연합체인 미국교육위원회ACE에 의해서 재정적
으로 지원받고 있다는 점에서 더욱 특기할 만하다. 미국교육위원회는 고등 교육과
관련된 모든 목소리를 통합하는 것에 대해 봉사하는 것을 자랑스럽게 여기며, 검정
고시 제도는 바로 이 목소리의 일부인 것이다. 노동조합도, 직원 교육에 관심 있는
회사도 아니며, 중등교육기관도 아닌, 미국 고등 교육기관이 검정고시의 유지와 재
건을 떠받치는 제도적 원동력인 것이다. 만약 검정고시가 단순히 기계적으로 학위
증을 부여하는 제도에 불과했다면, 최고의 대학 연합체가 지난 60여 년간 검정고시
의 주된 후원자가 되어왔다는 것은 이상한 일일 것이다.

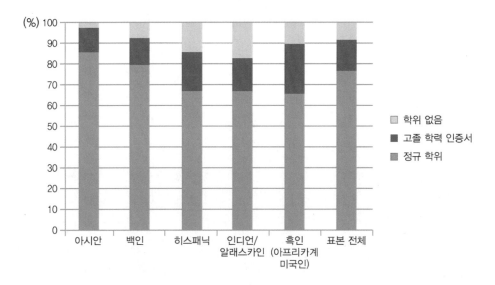

그림 9-2 1980년 당시 미국 고등학교 2학년 전국 표본 집단의 1992년 시점에서의 고교졸업학력
취득 현황(인종별)

출처: 미국 교육부, 국가교육통계센터(U.S. Department of Education, National Center
for Education Statistics), 1995.

검정고시는 참전병사들을 위한 고등 교육이라는 당초의 임무를 완수한 후에 쉽게 폐기될 수도 있었을 것이다. 그러나 검정고시를 확장시킨 것은 다름 아니라 더 많은 잠재적 학생들을 양산하겠다는 교육혁명의 일반적인 제도적 논리였으며, 이러한 생각은 미국 고등 교육이 가지고 있는 민주주의에 대한 사명에 완벽하게 맞아 떨어지는 것이었다. 실제로, 우리가 대다수의 교육 분석가들이 검정고시에 대해 가지고 있는 낙인을 극복한다면 미국 사회에서 이런 부정적인 인식을 가지고 있는 것은 이들이 유일할 것 같기 하지만, 검정고시는 사회적으로 엄청난 교육적 성취로 이해될 수 있을 것이다. 물론 이 성취는 교육혁명이 가장 발전된 사회에서 고등 교육기관들이 가지고 있는 상당한 제도적인 힘에 의해서만 이루어질 수 있는 것이다.

교육중심사회에서
교육받은 자아의 의미

마찬가지로, 고등 교육의 팽창과 함께 점점 더 많은 학생들이 "고등 교육 중도탈락자"가 될 위험에 놓이면서, 고등 교육 이수율은 사회 정책 이슈가 되어 왔다. 사회 운동을 연구하는 사회학자들이 말하듯이, 중도탈락은 이미 충분히 "사회적인 현상social frame"이 되었기 때문에, 고등 교육기관을 떠나는 학생들이나, 심지어는 머지않은 장래에 대학원 프로그램을 떠나는 학생들에게도 중도탈락이라는 개념은 상대적으로 빠르게 적용될 것이다.[7] 때마침 대학 내의 전문가들도 이미 중도탈락이라는 틀을 고등 교육 이수율에 적용시키기 시작했다. 곧 "대학 중도탈락자"라는 말이 광범위하게 사용될 것이다. 교육학자, 사회학자, 심리학자, 그리고 인적 개발 전문가들은 학사학위 취득률의 대상, 분야, 학교 등을 연구함으로써 모든 이를 위한 대학교육이라는 교육중심사회의 가장 최신의 팽창을 언급하기 시작했다예, Grodsky and Jackson 2009; Hess, Schneider, Carey, and Kelly 2009; 이 문제를 베이비부머 세대의 고등 교육 이수와 관련하여 초기에 예견한 것을 보려면 Pervin and Rubin 1967을 볼 것.

---

7 현재 대부분의 대학들은 공식적으로 대학원 프로그램의 평균 "학위 취득 기간"에 관한 통계를 관리하는데, 이는 학위를 마치지 못하거나 늦어지는 학생들을 문제로 여기는 것을 의미한다. 이러한 견해는 불과 50년 전만 해도 별 의미가 없었던 것이다.

고등학교 중도탈락 문제가 폭넓게 제기되었던 1960년대 중반의 고등학교 이수율에 비하면 청년들의 학사학위 이수율은 3분의 1 정도 밖에는 안 되지만, 고등학교 졸업장을 가지고 대학에 가려는 사람들의 비율은 최근 몇 년간 급증했다. 현재 정규 또는 검정고시 고등학교 졸업장을 가진 25세에서 29세 성인의 절반 이상이57% 2년제 또는 4년제 고등 교육기관에 일정 기간 다니고 있는데, 이는 지난 10년 동안 미국뿐만 아니라 다른 많은 나라에서도 꾸준히 증가해온 것이다U.S. Department of Education, NCES 2006; Schofer and Meyer 2005. 졸업은 아닐지 몰라도, 최소한 고등 교육을 받는 것은 빠른 속도로 중등교육 이후에 해야 하는 규범적 모델이 되고 있는 것이다. 흥미로운 것은, 학사학위가 점점 규범화되면서, 미국 연방 정부가 중등교육 이수를 학교가 직접 담당해야 하는 의무로 요구하면서 검정고시의 본래 기능은 약해지고 있다는 점이다.[8]

고등 교육사회학자인 레지나 데일-에이먼Regina Deil-Amen과 루쓰 로페즈 튤리Ruth López Turley가 고등 교육 이수율 관련 연구들을 집중적으로 검토한 바에 따르면2007, 주요 연구들의 결과물들이 1980년대 중반 6권에 불과했지만 1990년대 중반에서 현재에는 24권이 넘는 분량으로 성장해왔다. 이것은 1960년대 대중매체에서 고등학교 중도탈락 문제가 출현하기 직전과 유사한 빈도이다Dorn 1996. 예상 가능하듯이, 이 연구들은 어떤 학생들이 학업을 포기하며, 학교의 어떤 요인이 이수를 방해할지 그리고, 문제를 해결하기 위해 무엇을 해야 할 것인지 등을 논의하고 있다. 데일-에이먼과 튤리가 요약한 것처럼, 연구 결과는 새삼스러울 것이 없다. 한 가지 두드러진 차이를 제외하면, 학사학위 과정에 들어가지만 끝마치지 못하는 학생들에 관한 설명은 40년 전에 고등학교 중도탈락자들에 대한 설명과 완전히 똑같다. 사회적 약자 그룹에 속한 학생들, 가난하고 덜 배운 부모를 둔 학생들, 그리고 고등학교에서 공부에 어려움이 있었던 학생들은 청년기에 학위과정을 마치기 더 어려운 것으로 나타났다물론 그들 중 일부는 성인이 된 이후에 학업을 마칠 것이다.

중등학생들의 중도탈락 현상과는 다르게, 2년제 고등 교육기관의 예외적인 성장을 고려할 때, 떠오르고 있는 대학생들의 중도탈락 문제는 약간 다른 면이 있다. 사

---

8 예를 들어 낙오방지법(No Child Left Behind)은 학교의 중도탈락률 산출 시 검정고시 합격은 포함하지 못하게 하고 있다.

회학자인 케븐 다우티Kevin Dougherty, 1992, 1994는 몇 편의 연구에서 일관되게 커뮤니티 칼리지community college 입학생과 4년제 대학 학생들 사이에 11%에서 19%에 이르는, 상당한 학사학위 이수율의 차이가 나타나는 것을 발견하였다. 그는 이어서 학생들이 학교를 옮기기 어렵게 만드는 커뮤니티 칼리지와 그 분위기의 특징들을 목록화하였다. 예컨대, 사회적으로 통합될 가능성이 낮고, 재정적 보조를 받기 어려우며, 4년제 기관으로 옮겼을 때 잃게 되는 학점 등과 같은 것이었다. 검정고시가 소외된다고 종종 언급되듯이, 2년제 고등 교육기관들 역시 그러하다. 하지만, 사람들에게 검정고시와 마찬가지로 2년제 대학의 환경 역시 학사학위과정으로 계속해서 나아가는 흐름이 좀 더 본질적인 경향이 되었다Fleishman and Baker 2012. 고등학교의 진학 컨설턴트들이 학생들에게 주는 조언에 관한 연구를 마무리하면서 교육사회학자인 제임스 로즈바움James Rosenbaum, 2001은 학생들의 성적이나, 노력, 준비도와 관계없이 통용되는 "모든 이를 위한 대학"이라는 규범이 만연해있음을 설명하였다. 그리고 이러한 메시지는 커뮤니티 칼리지 자체에서도 이미 광범위하게 그리고 분명히 나타나고 있다Deil-Amen and Rosenbaum 2002; Labaree 1990을 볼 것.

검정고시와 팽창하고 있는 2년제 대학들은 모두 교육적 야망을 "진정시키는" 제도로 언급되어 왔다. 이 용어는 교육 제도가 높아지는 교육적 규범을 충족하기에는 능력이 부족한 사람들을 "진정시키는" 그런 기제들을 정말로 만들어내고 있는 것은 아닌지에 관해 교육사회학자들은, 오랫동안 문제를 제기하고 거대한 논의를 전개했다. 그러므로 이 주제는 교육중심사회의 성장과 밀접한 관련이 있다예, Alexander, Bozick, and Entwisle 2008; Brint and Karabel 1989; Clark 1960, 1980; Deil-Amen 2006; Dougherty 1994. 2년제 기관들이 성장하면서, 이 용어는 교육과 사회에 관해 몇 가지 상반되는 가정들을 나타내게 되었다. 한편으로, 교육을 신화라고 보는 사람들에게 이 '진정제 가설'은 2년제 기관과 검정고시가 사회경제적으로 열악한 처지에 있는 사람들에게 결국에는 노동자 계급의 직업과 삶으로 인도하는 교육적 경험들을 제공함으로써 그들을 달래는 것이라는 의미를 갖는다예, Brint and Karabel 1989. 그러나 앞서 논의한 이러한 사회 재생산 가설의 모든 개념적, 실증적 문제들은 여기서도 역시 유효할 뿐이니 다시 반복할 필요가 없겠다.

다른 한편으로는, 2년제 기관에서 얻는 교육적 경험의 "진정" 효과에 관한 원래의 가정은 중요한 사항들이 빠져있기는 하지만, 여기에서의 논의에 좀 더 가깝다고 할 수 있다. 작고한 고등 교육 사회학자인 버튼 클라크Burton Clark가 1960년에 이 용어를 처음 만들었는데, 그것은 2년제 기관들을 가짜라던가, 혹은 사회적 재생산 과정으로서가 아니라, 도래하는 교육중심사회와 그 사회가 갖는 일반 중등교육에 대한 민주적 개방성, 그리고 교육의 규범이 올라감에 따라 사회가 직면할 수 있는 도전들을 말하기 위한 방법으로 고안된 용어였다Hammack 2004를 또한 볼 것. 클라크는 이 문제들을 사회가 교육중심사회로 나아가는 길에서 풀어야 할 잠재적인 문제들로 봤다. 그는 교육적 규범이 높아지는 현상이 계속될 것이며, 모든 청소년들을 포괄하기 위해서는 상위 단계의 교육시스템이 필요할 것이라고 예견하였다. 그리고 당연히 그는 옳았다. 하지만 이후에 인정했다시피 그는 과잉 교육의 위기가 나타나지는 않을 것임을 간과했는데, 이는 교육이 많은 다른 제도들 또한 변혁시켰기 때문이다. 2년제 영역은 집중적으로 성장하였고, 점점 더 학문적으로 변모하였으며 시간이 흐르면서 4년제 기관들과의 관계도 긴밀해졌다. 따라서 높아지는 교육적 규범은 당초에 생각했던 것보다 사회적 도전과제들을 적게 낳았다. 더욱이 2년제 기관들은 교육을 축소시키는 것이 아니라 확장시키는 데 더 큰 역할을 했다. 마지막으로, 검정고시처럼 이 기관들은 어떤 이들을 진정시키는 것만큼이나, 다른 이들의 학문적 야망을 "가열"시켜 온 것으로 보인다Deil-Amen 2006; Fleishman 2013.

2년제 고등 교육기관에 관한 연구와 정책 논의에서 우리는 앞서의 진정 효과 비유가 교육중심사회가 지향하고 있는 규범적 질서를 충족시킨다는 것을 알게 된다. 이런 기관들을 통해서 주어지는 공부에 대한 장려가 기만적인 진정제라면, 그것은 의도하지 않은 종류의 것이며, 당연히 모든 규범적 질서에는 그것에 순응할 수 없는 개인들과 교육기관 자신들도 피할 수 없는 어려움이 있기 때문이다. 데일－에이먼과 로젠바움Deil-Amen and Rosenbaum 2002도 지적한 것처럼, 커뮤니티 칼리지 교수진들은 가장 취약한 학생들에게도 2년제 기관에서 대학 과정을 듣고, 4년제 학교로 옮겨서 학사학위 취득을 시도하라고 장려한다. 그렇지만, 학생들은 대부분 자신들이 겪게 될 학문적인 어려움이나, 이수가능성이 낮다는 것은 인식하지 못하는 경우가 많다.

이것을 사회적 불평등을 재생산하기 위한 집단적인 기만이라고 볼 것인가? 아니면, 학업을 마칠 수 없을 것은 뻔하지만 교육중심사회의 현재 상황을 감안한 적절한 조언이라고 볼 것인가? 학문주도 문화의 승리로 인해 대부분의 최협의의 직업교육중심주의를 의미하는 직업 훈련은 사라졌으며, 미국에서 증가하고 있는 직업들은 본질적으로 안정적이지도 않고, 협소한 기계적인 것들도 아니다. 교육 증서들은 노동시장에서 계속해서 중심을 장악하고 있고 미국과 다른 여러 나라에서 학사학위 소지에 따른 임금 효과가 커지고 있음이 언론에서 주기적으로 논의됨에 따라 학생들 역시 어느 정도는 이를 알고 있다. 교육중심사회에서 교육이 개인을 발전시킬 수 있는 막대한 잠재력을 떠받치는 강력한 논리를 감안할 때, 학사학위 과정 등록과 이수율이 모두 계속해서 증가할 가능성이 매우 크다. 이와 함께 비정상이 되는 대학 중도탈락자들의 위기도 깊어질 것이다. 1960년대 고등학교 중퇴자들이 그러했던 것과 마찬가지로.

"모든 이를 위한 고등 교육"이라는 개념에 대한 흔한 불만은 모든 사람이 학문적 성취를 이룰 만한 능력이 있지 않다는 것이다. 물론 1970년대 고등학교 졸업이 거의 보편화되기 직전에도 비슷한 우려의 목소리가 있었다. 현재의 논의에서는 임의로 잊어버렸거나 혹은 교수방법의 진보와 함께 사라졌다고 믿어버리는 그런 염려 말이다. 하지만 사실, 그 때나 지금이나 교육중심사회의 문화적 논리는 각각 다음 단계의 대중 교육을 현실로 구현해낼 정도로 막강하다. 고등 교육이 전 세계적으로 팽창하면서 이러한 흐름이 약해질 것이라는 징후는 거의 없다. 예를 들어, 대부분의 대학에서 널리 이용되는 보충강좌들은 이제 "학생들을 대학 수준으로 끌어올리고" 있는데, 이는 대부분의 엘리트 교육기관에서도 동시에 일어나고 있는 일이다. 또한 일부 대학들에서 최근에 개발된 지적 장애 학생 대상 프로그램들은 대중고등 교육이라는 기준이 얼마나 넓게 퍼져있는지를 보여준다Schmidt 2005. 대중 중등교육의 사례에서 일어났던 것과 마찬가지로, 고등 교육기관으로 향하는 청년 대중들과 기관 그 자체 사이에는 상호 합의가 존재하는 것 같다. 즉, 이제 중등학교를 마치는 것과 마찬가지로, 비슷한 규범이 머지않은 장래에 고등 교육 학위에서도 나타나게 될 것이다.

이 모든 것을 고려할 때, 모든 젊은이들을 학사학위로 몰고 가는 규범이 고등교육판 검정고시 같은 것을 만들어내게 될 것인가? 아마도 동일한 형태는 아니겠지만 유사한 논리와 필요는 존재할 것이다. 실제로 미국에서는 이와 관련된 일정한 움직임이 이미 있으며 우리는 2년제와 4년제 기관들 간에 좀 더 표준화된 학점 이전 방법을 떠올려 볼 수도 있다. 사실, 유럽연합 내의 대학과 기타 고등 교육기관들은 공통의 학점 시스템을 개발하여, 2006~2007학년도에 처음으로 사용하였다. 또한 이미 학사학위를 받을 수 있는 많은 온라인 프로그램들도 존재한다. "생활 속" 학습을 위해서 학사학위를 위한 학점을 이수할 수 있는 시험을 보거나, 좀 더 현실적으로는 상업적인 과외 회사나 온라인 과정을 통해서 내용을 공부하는 것도 상상해볼 수 있다Davies, Quirke, and Aurini 2006. 대학원 교육이 계속해서 늘어나면서 고등 교육기관들이 그런 과정을 조율하거나 지원할 가능성은 매우 높다예, González 2012.

중도탈락과 검정고시제도는 이론적으로 어떻게 제도 교육이 교육중심사회의 사회적 질서를 구성하고, 그에 따라 제 역할을 하는 개인을 위한 표준 절차에 대한 인식에 어떤 핵심적인 영향을 주게 되는지를 보여준다. 여기서 제안한 관점은 교육의 팽창과 학교 이탈자들 사이에 일반적으로 보여지는 세 가지의 역설에 대한 답을 준다. 첫째, 인구 전반적으로 학교교육이 계속해서 가파르게 성장함에도 불구하고 왜 중도탈락 문제가 절대로 사라지지 않는지가 분명해진다. 사회 문제로서의 중도탈락은 모든 이를 위한 규범화된 제도 교육의 도덕적 질서가 확대되면서 그 속에서 중도탈락은 비정상이라는 것을 명확히 보여주는 것이다. 둘째, 학교교육은 학생들에게 더욱 많은 학문적인 정교함을 요구함에도 불구하고, 상대적으로 힘들지 않은 검정고시는 그리고 아마도 고등 교육 중도탈락자들을 위해 생기게 될 것 같은 기제 역시 왜 오히려 타당성이 커지기만 하는 것인지 또한 분명해진다. 검정고시란 교육에 기반하여 도덕적 질서로 돌아갈 수 있는 길이기 때문이다. 마지막으로, 우리는 왜 제도 교육이 교육과 무관한 사람들의 문제예, 폭행, 성폭력 문제들, 아동 방치, 약물 중독 등 해결을 위한 사회적 자원이 되는 것인지를 비로소 이해할 수 있다. 교육중심사회 질서에서 가장 효과적이라고 생각되는 개선 조치는 인적 자원을 개발하기 위한 교육을 어느 때보다도 정교하게 실시하는 것이기 때문이다.

교육받은 정체(Polity)

– 보편적 해결책과 정치적 역설

CHAPTER

10

교육받은 정체(Polity)
– 보편적 해결책과 정치적 역설

교육받은 사람은 교육받지 않은 사람과는 다른 정치적 행위자이다.

가브리엘 알몬드와 시드니 버바(Gabriel Almond & Sidney Verba),
The Civic Culture, 1963년.

숫자가 돈을 움직인다.

구 워싱턴 D.C., 어떻게 정부재정이 인구변화라는 기술적 분석을 따라가는가에
대한 격언; 1993년 오하이오주 공화당 의원이었고, 나중에 2006년 선거에서
인구조사에 의한 민주당의 선거구 재획정으로 인해 낙선한
토마스 소여(Thomas Sawyer), Wright, 1994년.

후기산업사회 당시, 삶에서 교육은 개인의 정치적 동기, 능력, 그리고 시민참여 경향을 결정하는 가장 결정적인 요인이었다. 지난 60년 동안 민주주의 체제에서의 정치적 행동에 관한 최초의 체계적, 경험적 연구로부터 최근의 연구에 이르기까지 교육은 지속적으로 개인의 정치적 역량과 참여에 강력한 영향을 미치는 요인으로 보고되어 왔다예, Lazarfeld, Berelson, and Gaudet 1944; Almond and Verba 1963; Nie, Junn, and Stehlik-Barry 1996. 교육성취수준은 다른 어떤 인구통계적 특성보다도 훨씬 강력했고, 그 효과 역시 정치적 문화와 유산을 철저히 달리하는 국가들에서도 점점 더 증대되고 있다Wiseman, Astiz, Fabrega, and Baker, 2011. 형식교육과 개인에 대한 모든 정치적 요인들 사이의 상관성은 교육이 "보편적 해결책"으로 오랫동안 언급될 정도로 일관되게

나타나고 있다. 여기서 "보편적 해결책"이 뜻하는 바는 중의적 의미로서 비교육적 전통사회에서의 낡은 패턴의 정치적 행동을 약화시키고, 비교육적 특성들이 현대 개인들의 정치적 수준에 미치는 영향도 약화시킨다는 의미이다Converse, 1972. 정치에 대한 교육의 영향력이 강력해짐에 따라 그 관계 역시 더욱 복잡해지고 예기치 못한 결과를 가져왔다.

'교육-정치'의
역설

20세기 중반 직전, 교육혁명이 점점 강화되기 시작하면서 정치학자들은 교육과 정치적 행동 사이의 상관성에 대한 더 많은 증거를 찾기 시작했고, 급기야는 세계 적으로 등장하고 있는 유권자 정치체제 하에서 교육받은 정체政體의 앞날에 무슨 일 이 발생할지를 예측하는 노력을 시도하였다. 하지만 역설적이게도 개인들 간 정치 적 경향성과 보다 넓은 사회적 공간 속에서 보이는 정치적 행태와 지향성에 대한 추정은 큰 오류가 있는 것으로 드러났다. 덜 교육받은 사람들과 비교하여 교육받은 사람들이 보다 분명한 정치적 지향성을 드러냈고, 또한 지금도 그러하지만 투표에 참여하는 행위, 애국적 국가주의의 표현, 그리고 전통적 시민활동과 태도는 많은 국 가들에서 교육수준이 높아감에 따라 크게 변하지 않거나 심지어 후퇴하는 경우도 있다. 1960년대 이래 미국을 비롯한 여러 국가들에서 공식적 민주주의는 국가적 수 준에서 정당정치에 대한 참여의 약화에서 보듯이 "축소"되었다Crenson and Ginsberg 2004; Kamens 2009. 다수의 노동계층과 중산층 이하 계층들이 미국 정치와 정치적 생활 로부터 마음을 접었다는 증거이다예, Brody 1978; Burn-ham 1984; Luttbeg 1984; Ladd 1978, 1979; Piven and Cloward 1988; G. B. Powell 1986; Teixeira and Rogers 2000; Wolfinger and Rosenstone 1980. 그리 고 점점 더 많은 사람들이 1960년대 이후 시기의 양분된 정치의 공간에서 "집과 같 은 편안함"을 느끼지 못하고 있었다예, DiMaggio, Evans, and Bryson 1996; Lane 2001; Teixeira 1990. 이러한 경향은 그동안 폭넓게 논의된 교육-정치 역설을 만들어냈다. *보편적 해결책으로서의 교육은 개인들 사이에서 강력하지만 왜 민주주의 체제 하에서는 더 욱 결속력 있는 전통적 시민들을 만들어내지 못하는가?*

대체로 이 역설을 해결할 종래의 시도들을 '왜 교육받은 시민들은 전통적 시민으로서의 역할에 적극적으로 참여하지 않는가'라는 질문을 던졌다. 이러한 주제를 다룬 책을 저술한 정치학자들은 노만 나이Norman Nie, 제인 준Jane Junn, 그리고 케네스 스텔릭－베리Kenneth Stehlik-Barry이고, 이들은 *"교육의 총량은 변화할 수 있지만 정치 극장의 좌석의 숫자와 순위는 한정되어 있다"*는 통념적 가정에서 출발하였다1996, 100. 이는 교육과 정치에 관한 종래의 연구들이 가졌던 개인들에 대한 상상으로서, 개인은 변화하더라도 그들의 생각은 민주사회에서 시민의식에 관한 변하지 않는 정치적 규범 속에 갇혀 버린 것으로 본다. 놀랍지 않지만 이러한 인식에는 교육과 사회에 관한 전통적 모델이 자리잡고 있다. 그래서 저자들이 이 역설에 대해 제시한 해결책은 교육효과는 대체로 제로섬 경쟁의 상황에서 발생한다는 것이다. 즉, 교육수준이 올라감에 따라 엘리트의 정치참여와 그들의 네트워크가 보다 높은 수준으로 상승하지만, 종래 엘리트 수준의 교육을 받은 대중들은 그럼에도 불구하고 지속적으로 덜 정치적인 비엘리트로 행동하게 된다는 것이다. 그러나 이 주장에는 여러 가지 문제점들이 있다. 절대적 교육수준이 교육받은 개인들에 지속적인 영향을 미침에도 불구하고 그들이 여전히 덜 정치적인 상태로 존재한다는 주장은 압도적인 다수의 연구들이 주장하는 바와 차이가 있다. 또한 이는 왜 교육받은 이들이 전통적 시민계층의 활동에 덜 참여하는지, 또는 아래에 서술한 새롭고 강화된 형태의 집합적 정치행위의 증가를 가져왔는지를 설명하지 못한다. 교육과 사회에 관한 교육중심사회의 관점은 이러한 역설을 해결하기 위한 방법으로 교육받은 정체政體가 후기산업사회에서의 정치적 차원들에 대해 어떤 영향을 주었는지 의문을 제기한다. 노만 나이와 그의 동료들의 상상과는 대조적으로 기초적 제도로서의 교육에 관한 최근의 연구는 정체가 교육을 받음에 따라 *그것은 낡은 극장을 허물어버리고 그 자리에 완전히 다른 극장을 세운다*는 것을 보여준다.

미국 고등 교육고등 교육 참여와 졸업이 개인에 미친 효과에 관한 30년에 걸친 약 4천 개 이상의 연구물을 광범위하게 검토한 고등 교육학자인 어니스트 파스카렐라Ernest Pascarella와 패트릭 테렌지니Patrick Terenzini 2005는 정치에 대한 교육의 다양한 영향에 대하여 적고 있다. 물론 개중에는 미국 내 교육－민주주의 역설의 관점에서 다른 학자들이 발견한 것들을 검증하는 것도 있다. 다른 요인들의 영향과 비교하여 고등 교육과 투표의향의 상승 간의 관계는 별로 크지 않았다. 그러나, 주지하듯이 투표행위는 매우 제한적인 정치 참여행위일 뿐이다. 마찬가지로 비록 최근 보다 높은 수준의 인지적 성취가 더욱 진보적인 태도와 정치과정에 대한 더 큰 신뢰와 관련이 있다는 증거가 나왔지만예, Astin, 1993; Schoon et al., 2010, 고등 교육이 학생들의 다수를 좌파 또는 우파 진영과 특정 정당에 가입시키는 등 극단화시킨다는 증거도 없다.

그러나 종종 간과하는 것은 고등 교육으로부터 생겨나는 "과잉시민참여hyper-civic involvement"에 대한 충분한 증거는 있다는 것이다. 사람들은 반드시 대학경험을 통해 자유주의적이거나 보수적이 되지 않는다. 반대로 그들은 자신들의 전반적인 이념적 지향성과 상관없이 광범위하게 지역공동체와 정치적 이슈에 대한 폭넓은 참여를 가능하게 하는 인지적 능력과 태도를 확보한다. 파스카렐라와 테렌지니의 완벽하면서도 설득력 있는 연구가 말해주듯이, 상당한 분량의 연구들은 대학생들이 덜 교육받은 젊은 성인들과 비교할 때, 더욱 기꺼이 "공적으로 활동적"이려 하고, 전통적 정치 견해에 도전하고, 사회적 가치에 대한 영향을 미치고, 정치적 구조의 개선 작업에 더욱 헌신하려고 한다. 또한, 고등교육을 이수하는 노력이 정치적 변혁을 위한 추상적인 전략의 형성을 가져오게 되고, 이로 인해 실제 개인의 학문적 지성과 일반적 인지 능력을 고양시킴과 동시에 과연 누가 집권하며, 정부의 역할과 헌법적 원리는 무엇인지에 대해 판단할 수 있는 특별한 정치적 지식을 높인다예, Dalton 2008; Emler and Frazer 1999; Fiske, Lau, and Smith 1990.

교육이 효과적인 시민사회 및 지역사회의 참여를 위한 기술들을 증진시키는 데 기여한다는 많은 증거들이 있다. 예를 들어, 한 연구는 학사학위BA를 가진 개인이 중등이후 교육을 받지 못한 개인들보다 30% 더 공동체 서비스 집단에 자원하여 참여한다는 것을 밝히고 있다Kuh et al., 2001. 중요한 것은 대학경험이 보다 많은 "활력과 사회적 효능감"을 불어넣어 준다는 증거가 있다. 그래서 교육받은 개인들이 자신이 속한 지역을 비롯한 다른 지역에서 무언가 차이를 만들 수 있다는 견해를 갖게 한다는 것이다예, Sax and Astin and Sax 1998. 이와 관련하여, 교육이 학생들이 전 지구적 범위에 걸쳐 정치적의문과 회의를 형성하는 데 엄청난 영향을 미치고 있는데, 이는 학생들을 과학적 방법과 대학의 권위적 지식생산에 노출시킨 결과에 따른 일반적 반응에 불과한 것이다Giddens, 1991. 교육받은 사람들은 이러한 전 지구적 관점 중 하나라고 할 수 있는 기성의 정치적 권위에 대한 불신에 노출되면, 그 권위에 대한 공개적인 의문을 기꺼이 제기하려고 한다. 마지막으로 고등 교육을 받은 개인들은 정치적 자원으로 얼마든지 변화가 가능하고 또 정치적 행동을 얼마든지 자극할 수 있으며, 그들이 가진 네트워크의 밀도와 질을 바탕으로 보다 큰 사회적 자본을 확보할 수 있게 된다Elmer and Frazer 1999.

이러한 모든 연구들은 교육받은 시민들이 국내적으로나 세계 질서 속에서 실질적으로 정치를 변화시키고 시민의식의 차원들을 변형시킨다는 추정을 낳고 있다. 예를 들어, 2011년에 발생한 '아랍의 봄'의 배경과 계획은 상당 부분은 지난 20년에 걸쳐 진행된 현대적 교육 발전이 대중 속으로 침투한 결과라고 주장할 수 있다. 외형적으로는 그 지역의 압제적 체제들이 교육받은 정체政體로 인해 체제의 안정에 위협이 될 것으로 보기보다는 교육에 따른 인적 자본의 효과가 더 있음을 잘 알고 있었다.

이 책에서의 나의 가설은 신제도주의 사회학자로서 교육과 정치의 관련성을 연구한 데이비드 카멘스David Kamens에 의해 개발되고 검증을 거쳤다. 후기산업사회에서의 대학교육의 확대가 정치에 미친 결과에 관한 그의 연구는 개인에게 미친 교육의 효과와 완전히 상반된다. 비록 그가 활용한 사례의 대부분이 미국에 한정되기는 하나 그의 연구 결과는 전 세계에 걸쳐 쉽게 적용할 수 있다. 카멘스는 교육중심사회가 전통적 사회에서는 경험하지 못한 방향으로 팽창하고 정체政體를 동원하고 있다고 주장한다.

> 고등 교육의 팽창은 민주주의 사회에서의 확장되고 동원된 정체(政體)를 만들어낸다. 그 결과는 통상적 정치수준의 경계를 벗어나는 높은 수준의 정치적 행동이다. 최종적 결과는 보다 더욱 포괄적인 정치체제이고 더욱 고도로 동원된 사회이다. 이 모든 것들이 과격한 개인적 권능확대에 의해 과다하게 빚어진 결과이다(2009, 99-100).

그의 연구는 계속해서 두 가지 중요한 새로운 발전에 의해 만들어진 21세기에, 교육받은 정체政體의 효과와 정치의 본질 사이의 상관을 밝혀나간다. 첫 번째는 날로 증가하는 사회적 능력과 더욱 복잡해지고 집합적인 행위를 인식할 수 있는 정체政體 그 자체의 확대이다. 후기산업사회에 옹호조직들과 전문적 사회운동단체들을 아우르는 사회운동들이 더욱 세련된 조직적, 정치적 전략들을 동원하여 자주 발생하고 있다는 점이다예, Minkoff and McCarthy 2005; Schofer and Longhofer 2011; Walker 1991. 사회운동전략을 통해 실행되는 정치의 본질은 더욱 기술관료적이고, 사회과학에서 발견되는 방법론과 가정들을 기반으로 하고 있으며, 이렇게 함으로써 고등 교육의 효과와 정치적 행위 사이의 상관성을 더욱 밀접하게 만들고 있다예, Dobbin and Kelly 2007; McAdam 1982. 일에 대한 교육적 전환을 위한 공식적 조직의 확대와 매우 유사하게, 대학교육을 받은 전 세계 수백만 명의 개인들은 심대한 정치적 격변을 유발할 수 있는 세련된 사회운동들을 발생시키고, 지탱할 수 있는 엄청난 능력을 소유하고 있다. 두 번째 발전은 정치화된 집합적 행위를 도출하기 위한 이 거대한 능력이 더욱 더 많은 주제들을 겨냥하고 있다는 점이다. 많은 정치적 일상들이 대학 내 지식집단들에게 포섭되는 만큼 헤아릴 수 없는 삶의 국면들이 정치화된다.

　　새롭게 교육받은 정치의 질에 관한 좋은 예시는 성 정체성sexual identity의 정치화이다. 비록 각국 정부들이 공공적 관점에서 성이 가진 몇몇 명백한 측면들을 항상 규제해왔지만 아마도 성애 활동sexual activity만큼 비정치적인 이슈는 없다. 그러나 1970년대 이래 강력하게 성장하는 글로벌 사회운동의 조류는 가장 은밀한 일상의 국면을 정치화시키는 것을 목표로 하였다. 이러한 점은 "새로운 시민"이라는 단체가 표방한 정치적 행동의 요청을 통해 명확히 드러난다.

> 성적 시민(sexual citizen)은 남녀, 노소, 흑백, 부자나 빈자, 이성애자나 동성 연애자일 수 있다. 사실 어느 누구든 될 수 있다. 그러나 한 가지 핵심적 특성만 있으면 된다. 성적 시민은 현대 사회에서 성적 주관성(sexual subjectivity)에 부여된 새로운 우선권(primacy) 때문에 존재한다. *새로운 인간(personage)은 친밀성과 일상성을 앞세운 새로운 정치의 전조이다*(Weeks, 1994, 35).

"친밀함과 일상 생활을 앞세운 새로운 정치"는 전 세계적으로 레즈비언, 게이, 양성애자, 트랜스젠더, 성정체성 고민자, 동맹 시민단체들LGBTQA: Lesbian, Gay, Bisexua, Transgender, Asexual이 추구하는 작금의 공공 및 정치적 지위에 대한 권리, 문제 및 대중 인식을 목적으로 하는 수많은 정치적 활동에서 목격되고 있다. "LGBTQA"는 성적 열정과 친밀성을 정치화하는 미국 대학 내 학생단체들을 돋보이게 한다. 그리고 물론 이 목록이 제시하듯이 성적으로 정치화된 이익단체들은 쉽게 확장되고 있다.

때때로 특별히 과잉된 정치적, 사회적 행동을 형성하면서 특정 정치적 주제가 다른 이슈와 결합되기도 한다. 예를 들면, 성적 정체성에 관한 정치는 그럴듯하게 AIDS 치료에 관한 정치와 결합한다. 또한, 파스카렐라와 테렌지니의 연구에서 밝혔듯이, 전통적인 좌파 또는 우파 정당들은 성정치 이슈를 다루는 단체들과 운동들이 너무나 다양한 이념적 스펙트럼 속에서 등장하고, 심지어는 단일의 성적 정체성 운동 내에서조차도 보다 전통적인 이데올로기를 혼합하는 일들도 있기 때문에 성정치 이슈를 잘 다루지 않는다Bell and Binnie 2000. 성정치는 종종 전통적 정당정치와 서로 교차되기도 하지만 독자적인 정치 현상으로 보는 것이 타당하다. 인간과 자연환경 Longhofer and Schofer, 2010, 동물Jepperson and Meyer, 2007, 그리고 어린이들의 인권Suárez, 2007 간의 관계 등 전통적으로 비정치적 삶의 영역이었던 주제들이 정치화된 사례에 속한다.

교육혁명은 정치적 행동을 감행할 사람들의 능력 신장을 통해 이루어진 이 새롭고, 끝을 알 수 없는 정체政體의 형성에 주된 역할을 수행해 왔다. 이는 앞선 장들에서 이미 언급한대로 교육혁명과 여러 부분들 간의 상호공생적 효과를 통해 발생한다. 그래서 교육－민주주의 역설이 어떻게 그러한 능력을 갖는지와는 상관없이 교육받은 세대는 정치적 행위를 감행하는 데 대한 관심과 동기가 충분하다. 오히려, 교육받은 세대는 이전의 덜 교육받은 세대들보다 삶의 더 많은 국면에 대하여 더욱 역량이 있고, 정치적 성향을 띠게 된다. 그러나 신세대는 이를 비전통적 방법으로 행하다 보니, 종종 비정치적 또는 반정치적으로 오해를 받기도 한다. 시민사회의 모든 국면에서 비전통적 시민동원과 단체조직에 익숙해진 세계는 파스카렐라와 테렌지니의 광범위한 검토가 밝힌 정치적 행동에 대한 고등 교육의 영향과 정확히 그 궤를 같이 한다. 모든 가능성을 고려해도 교육－정치 역설은 존재하지 않는다. 오히려 "보편적 해결책"으로서의 상급교육 단계에 대한 참여는 집합적 수준에서의 정치를 변화시키는 강력한 용해제meta-solvent인 것이다.

교육중심사회에서의
정치

　카멘스는 개인 간 상호작용과 교육의 집합적 효과의 관점에서 미국인들의 정치적 삶의 중요한 경향들을 재평가한 바 있다. 그는 이러한 경향들은 혼란스럽고 위험한 반정치적인 것으로 공공연하게 인식되어 왔으며, 이 모든 것이 정치적으로 초연한 세대들의 영향인 것임을 말하고 있다. 이러한 동향들이 기실 시민차원의 문제인지는 논쟁이 필요하지만, 분명한 것은 이 경향들이 정치적 동원의 부족 때문에 생겨난 것은 아니고, 오히려 상당 부분 교육중심사회의 새롭고, 충분히 충전된 정치에 의해 발생한다는 것이다.

　첫 번째 경향은 오늘날과 같이 발전된 사회들에서 양극화된 공적 논쟁들이 증가하고 있다는 것이다. 이러한 논쟁들은 환경보호주의, 경제적 세계화, 인권과 같은 전 지구적 차원의 추상적인 주제들에 대한 담론을 포함한다에, PEW Research Center for People and the Press 2004a, 2004b; Saunders and Abramovitz 2003. 만약 교육이 개인적 역량과 더 많은 주제의 수용 면에서 정체政體를 팽창시킨다면, 그것이 공적 담론 역시 팽창시킬 것임은 당연한 이치다. 주지하듯이, 교육이 반드시 보수적이거나 자유주의적 민중을 만든다고 할 수는 없으나, 한 가지 이슈에서 파생되는 광범위한 집단행동이 다른 어떤 공적 담론보다 그 이슈를 더욱 논쟁적인 것으로 부상시킬 정도로 거의 모든 이데올로기들에 대한 민중들의 정치적 역량을 높여준다. 더욱 세련된 미디어 기술들의 지속적인 발전 역시 이러한 경향의 원인이 되지만, 대체로 대중매체 기술의 활용의 배후에 자리 잡고 있는 교육받은 정치적 전문가들과 날로 증가하는 교육받은 시청자들의 새로운 요구들 역시 한몫을 하고 있다. 또한, 교육혁명이 이루어 놓은 교육과정과 학문적 콘텐츠는 교육받은 사람들을 더욱 자신 있게 세계공동체의 멤버로 활동하고, 더욱 추상적이고 덜 편협하게 생각하고, 인간행위를 통해 해결이 가능한 모든 사회적 문제들의 보편화라는 주제에 개방적인 자세를 갖도록 초대하고 있다. 이렇게 교육받은 사람들의 인지력은 다수의 민중들에게 확산되면서, 온갖 종류의 글로벌 이슈들은 정치적 행동과 심지어 타 지역 사람들마저도 흔들어놓는다.

　두 번째로 목격되는 경향은 투표, 정당원, 노조가입과 같은 공식적 민주주의에 대한 전통적 참여가 쇠퇴하고 있다는 점이다예, Crenson and Ginsberg 2004; Reich 1994; Skocpol 1997. 교육받은 정체는 자신들의 이익과 선명한 정체성, 그리고 개성과 같은 것을 취사선택할 수 있는 권리와 권한을 확보한 사람들로 구성된다. 이들은 전통적인 공식적 정당정치에 대한 참여를 희생하고서라도 이상의 것을 위해 행동할 수 있는 능력이 부여되었다고 느낀다Frank and Meyer 2002; Judd and Downing 1990. 다른 연구는 외부적으로 형성된 권위에 대해 더 이상 경외심을 보이지 않는 특성, 그리고 더 큰 사상의 자유를 낳게 하는 이른바 고등 교육의 쌍둥이 효과를 지적하기도 한다예, Kohn and Schooler 1969; Meier 1982. 일례로 혁신적인 국가횡단적 연구가 있는데, 이 연구의 결론은 개인주의에 기반한 국가적 문화와 전문화된 심리학의 학문적 성장 사이에 상관관계가 존재한다는 것이다Frank, Meyer, and Miyahara 1995. 이념적 학문으로서 경제학에 이끌려진 진보를 지지하는 정치엘리트들을 오랫동안 보유해온 국가일수록 개인이 사회의 주된 행위자라는 관념에 토대를 둔 수준 높은 전문 심리학을 발전시킨다.

교육중심사회에서 개별화된 정체성을 띤 정치적 동원은 전통적 정치의 자리를 대신하게 된다. 전통적 참여에 의해 뒷받침된 공적 시민성은 줄어들고, 대신 집단적이면서 이슈에 기반한 정치적 동원이 사회 전반에 걸쳐 생겨난다. 공식적, 비정부적, 자원 봉사 단체들에 대한 참여를 유도하는 요인들에 대한 광범위한 국가 간 분석을 수행한 쇼퍼와 롱호퍼Schofer and Longhofer 2011는 국가의 부유함과 다른 특성들의 관계를 설명하면서, 1970년과 2006년 사이에 한 국가 내에서 전반적 교육의 수준이 높아질수록 보다 더 높은 국가적 부가 도출됨을 밝혔다. 주지하듯이, 고도의 응집력을 가진 자원봉사단체들은 국내 정치와 정책결정에 영향을 미치는 정치화된 사회운동에 직접적인 관련이 있다예, Minkoff, Aisenbrey, and Agnone 2008; Minkoff and McCarthy 2005; Skocpol 2003; Reger and Staggenborg 2006.

세 번째 경향은 특이한 최고 정치단체로서 국민국가nation-state의 쇠퇴이다. 명백히 국가주의는 후퇴하고 그와 더불어 사회경제적 진보를 성취하려는 국민국가의 능력에 대한 국민적 신뢰 역시 사라져간다. 정치적 우파는 전자최고 정치단체로서의 국민국가의 쇠퇴에 경악하고, 정치적 좌파는 후자국민국가에 대한 국민적 신뢰 쇠퇴에 당황한다Fourcade 2006; Fourcade-Gourinchas and Babb 2002; Pierson and Skocpol 2007. 그러나 이 모두 교육받은 정체의 영향을 받았을 개연성이 높다.

예를 들어, 저자와 동료들은 27개 국가들의 중등학교 학생들의 정치적, 시민적 지식과 참여에 대한 설문조사 분석을 수행한 바 있다Wiseman, Astiz, Fabrega, and Baker 2011. 수십년 전에 수행된 연구결과와 비교할 때, 학생들 사이에서 국가적 이성과 감정은 추락했고, 가장 학업성취가 뛰어난 학생들 사이에서 그 추락의 정도가 컸다. 예상하듯이, 시민교육에 참여하면서 공부를 잘하는 학생일수록 집단행동 참여에 높은 능력을 보인다. 더욱이 그들은 보편적 인권, 지구적 환경, 양성평등과 같은 국민국가적 이슈를 넘어서는 시민참여에 대하여 긍정적 태도를 보일 가능성이 높다OECD 2009b. 이들 학생들 사이에는 특정 국가에 고유한 정치적 역사의 결과물이 아닌 공식적 교육에 의해 형성되는 일반화된 세계 정체generalized world polity가 있다는 증거가 있다. 따라서 비록 이 연구가 서구 민주주의와 역사적으로 민주적 전통이 약한 동유럽 국가와 비교를 하였다고 하더라도, 학업적 성취는 학생들의 민주적 절차에 대한 지지, 정치적 지식, 그리고 그들의 시민적 태도, 생각, 행동성향, 그리고 그러한 행동들 간에 상관이 있었지만, 국가 간 편차는 거의 없었다. 달리 말하자면, 학생들의 출신국가와는 상관없이 교육받은 학생들의 정치적 동원을 위한 준비도는 유사하다Castillo 2013. 이 점과 관련된 것이 앞에서 언급한 지식의 교육적 전환인, 지정학적 세계에 대한 대학 및 학교의 교육과정을 통해 소통되는 메시지들에 대한 역사적 연구이다Sobe 2011.

또한, 대중 교육에서 국민국가의 원초적 역할을 두고 보았을 때, 이 경향은 약간의 아이러니를 보인다. 유권자 민주주의가 발전했던 19세기와 20세기 초 서유럽과 북아메리카에서 기초 교육은 국민국가의 지원 속에서 중요한 역할을 수행하였다Ramirez and Boli 1987. 물론, 민주주의는 대중 교육의 재정지원자이면서 정치적 후원자였다Fuller and Robinson 1992. 그러나 교육혁명은 교육의 관점을 글로벌 수준으로 확장시켰으며, 이것은 어느 정도 예상된 결과였다.

네 번째 경향은 민중을 구성하는 일부 집단들의 정치적 해체이다Brody 1978; Crenson and Ginsberg 2004; Nie, Junn, and Stehlik-Barry 1996; D. Powell 1986; Skocpol 2003; Wuthnow 2002. 이러한 경향은 덜 교육을 받은 사람들 사이에서 가장 강하게 나타나고, 결국 교육수준에 따라 시민적 동원에 상당한 격차를 발생시키고 있다. 교육중심사회가 갖는 강화된 정치가 교육을 통해 신장된 능력, 태도, 그리고 자강력empowerment에 기반하고 있다면, 이를 덜 가진 사람들은 교육받은 정체가 만들어내는 새로운 정치로부터 소외감을 느낄 가능성이 크다. 마찬가지로 미국에서의 Tea Party미국의 조세 저항 운동으로, 특정 정당이 없는 무정형의 형태로 정치적으로는 보수 성향을 띠어 '극우 반정부 운동'을 뜻함-역자 주와 유럽연합

프로젝트를 통해 형성된 '유럽의 분노'와 같은 정치적 운동들은 못 배운 사람들_{물론}

^{높은 수준의 교육을 받은 소수의 사람들에 의해 조직화는 되어 있다}이 더 많이 배운 사람들의 특권과

정치적 감성에 대항하여 펼친 반동으로 볼 수도 있다_{Cahn and Carbone 2010, Fligstein 2008}.

정반대의 경향 역시 분명하다. 팽창하는 교육받은 정체는 교육혁명을 위한 정치적

연대를 형성한다. 이러한 현상은 1970년대 후반 동유럽의 사례에서 찾아볼 수 있

다. 자신들의 자녀들에게 더 많은 교육을 제공하기를 바라고 교육받은 정체에 대항

하여 동유럽 공산주의 구혁명수비대는 급격히 증가하는 고등 교육 등록자의 수를

줄이는 잔인한 정책을 펼치기도 하였다. 이 조치는 교육받은 시민들로부터 후폭풍

을 몰고 왔고, 체제 정당성의 위기를 불러와 결국 20년 후에 체제 붕괴를 초래하였다

_{Baker, Köhler, and Stock 2007; Reisz and Stock 2007}.

교육받은
정체(政體)의 미래

이상의 증거들은 지속되는 민주적 혁명을 만들어 가는데 교육혁명이 중요한 역

할을 수행하였음을 알려준다. 인간능력에 대한 교육의 투자는 놀랍게도 많은 방향

으로 정치를 확장시켰으며, 교육을 관통하는 문화는 정치에 대한 관념들과 가치들

을 변화시켰다. 이 과정은 앞으로도 계속 지속될 것이다. 교육혁명이 개인의 정치

적, 시민적 능력에 영향을 주었다는 점은 분명한 반면, 정치에 대한 영향은 그렇게

분명하지 않고, 추정만 낳을 뿐이다.

앞으로 대학 안에서 확대되는 지식집단, 세련되고 유연한 사회운동, 그리고 일

상적 삶에서 더 많은 국면들의 정치화가 빚어내는 강력한 시너지가 계속 생겨날 것

이다. 토마스 소여_{Thomas Sawyer, 서두언을 보라}는 사회·행동과학이 만들어낸 정치적 전략

과 정책결정수단들은 인간을 더욱 진보적이고 사회적으로 구성된 모습으로 변화시

켰고, 대학이 과학적 연구를 통해 빚어낸 사상들과 민주적 정체 사이에는 높은 연

관이 존재한다고 했다. 사회·행동과학이 단순히 정략적 수단만을 제공한다는 것이

아니라, 근본적으로 과학적 연구와 정치는 유사한 문화적 가정을 하고 있다는 점이

다. 만물을 연구_{과학화}하는 대학의 사명과 역할은 대중적 민주정치 영역으로 흘러들

어가서 만물을 정치화하려는 후자정치의 경향을 더욱 강화한다. 동시에 정치적 전략으로서 사회운동은 그 사회운동들이 팽창하는 정치적 환경과 잘 맞아떨어지기 때문에 정당과 같이 유연성이 떨어지는 기성 정치질서에 대항하여 승리를 거둔다. 더욱이, 사회운동들은 대학의 사명과 역할로부터 발생하는 사회적 프레임을 둘러싸고 급속한 속도로 조직될 수 있으며, 증가하는 교육받은 시민들을 동원할 수 있으며, 정치적 행동의 측면에서 그들의 능력을 신장시킨다. 디지털 기술의 지원을 받는 "유동적 민주주의"liquid-democratic 정치 운동들이 여러 국가 사회들에서 등장할 것이고, 국민들에게 높은 수준의 교육적 효과를 가져다주는 기능을 수행할 가능성이 크다. 이 과정은 점점 증가하는 교육받은 대중이 정치에 불어넣는 기대들과 이해들에 의해 지지를 받게 된다. 대학지식집단, 유연한 사회운동, 그리고 일상생활의 정치화 사이의 삼원적 공생관계는 현재의 정치환경이 앞으로 얼마나 더 강화될 것인지에 대한 흥미로운 추정을 불러일으킨다. 작금의 정치에 관하여 일부가 혐오하듯이, 이세 가지 역시 앞으로 계속 현 상태로 머무를 가능성이 크다.

마지막으로 사회운동을 통하여 삶을 정치화시키는 프레임을 만들어내는 대학의 힘에 대하여 살펴보자. 1952년에 발생한 비극, 4일간 역류하는 찬 공기층에 가로막혔던 심각한 석탄 스모그로 인해 4천 명의 런던시민들이 순식간에 죽었다. 몇주가 흐르고, 8천 명이 또 죽음을 맞았다. 동시에 자연자원의 사회적 이용이 중요한 사회 문제로 등장하게 되었다. 영국의회는 1957년에 「청정공기법」을 제정하였다. 그러나 그 시사점들은 오늘날 글로벌 환경 이념현재는 행동을 위한 표준 프레임이 됨이나 유사한 사회적, 정치적 동원예, 녹색운동과는 전혀 같지 않았다. 데이비드 프랭크David Frank의 통찰력 있는 분석은 자연환경에 관한 글로벌 정치화는 인간사회와 자연과의 관계— 19세기 분리와 반대로부터, 활용가능한 자원으로서의 비전과 최근 인간과 환경이 서로 의존하는 과학화된 생태시스템에 이르기까지— 에 대한 개념의 전환에서 파생되고 있음을 알려준다1997. 이러한 이데올로기와 함께 대학은 수많은 지구과학자들에 의해 만들어진 권위적 지식을 정의하고 생산해내고 있다. 그 전체 과정은 정치화하기에 충분히 숙성되었다. 프랭크는 계속하여 대학주도의 과학학회들이 내린 자연과 인간에 대한 정의는 사회운동들, 조직화된 정치적 행동들, 그리고 공식적 국가 조치들을 통해 전 세계적으로 확산된 환경 이슈들이 정치화되는 데에 핵심적 요인이 되었다고 주장한다예, Frank, Hironaka, and Schofer 2000; Long-hofer and Schofer 2010. 예상한 대로 이러한 재개념화, 그리고 이 재개념화와 정치적 행동 간의 결합은 초중등교육을 통해 다음 세대 학생들에게 보편적으로 받아들여지는 현상으로 확산된다 Pizmony-Levy 2011.

이 주장에 대한 회의론자들은 환경주의는 오직 과학이 지식의 자연적 진보를 통해 하나의 이해를 생산해냈을 때 세계적 이슈가 된다고 확신에 차 대답한다. 그러나 이는 지식을 구성하는 대학의 역할을 과소평가하는 것이다. 환경주의 역시 사회제도로부터 분리된 진리와 지식의 자연적 진보를 가정하고, 이는 곧 철학적, 사회학적 비판주의의 영역으로 옮아간 주장이다예, Young 2008. 이는 새로운 지식그리고 함축적으로는 "더욱 진리에 가까운"에 의해 대체된 낡은 지식의 사례들이 많이 있기 때문에 공공연히 지식의 상대성 주장을 하자는 것은 아니다. 요점은 대학의 헌장이 날로 정치화될 뿐만 아니라 이 모든 프로세스에 심각한 영향을 미친다는 것이다.

여기서 후기산업사회로 변화하는 데 대중 교육이 유일한 요인이었다는 것을 가정하자는 것은 아니다. 국가들에 걸쳐 많은 기여요인들이 있다. 예를 들어, 미국에는 앞에서 제시한 경향들의 이면에 구조적이면서도, 정부기관들 사이에 헌법적으로 구체화된 연계가 존재하는데, 이는 정체 내부에 정치적 갈등과 좌절을 증가시킨다예, 한 정당소속의 대통령이 있고, 의회 다수당이 다른 정당이 차지하고 있을 때 국정은 교착상태에 빠진다(Linz 1990). 그러나 교육혁명의 다른 결과들을 두고 볼 때, 요점은 교육이 유일한 요인이 아니고, 오히려 교육은 사회를 구성하는 많은 제도들의 변화를 유발하는 주된 요인이라는 점이다. 앞으로의 숙제는 어떻게 다양한 정치적 구조들이 앞서 기술한 교육적 효과들을 강화하고 또는 완화하는지를 탐색하는 일일 것이다.

보편적 해결책으로서의 교육은 정치에 등장하였으나 그것의 광범위한 변화의 효과는 잘못 이해되고 있다. 한때 논리적이고, 합리적이며, 전통적인 정치 생활로 진화할 것으로 예상된 것과는 달리, 교육중심사회는 정반대의 효과를 지닌 열정적이고 과부화된 시민문화를 창조해내고 있다. 결과적으로, 지난 세기에 벌어졌던 주요 이념 논쟁들 —예를 들어 파시즘과 공산주의와 같은— 의 자리에는 오늘날의 소소한 이념적 차이들이 온갖 종류의 이슈들 간의 경쟁으로 점철되고 있고, 누가 과연 정치적 동원을 많이 할 수 있을 것인가, 누가 역량이 뛰어난가, 그리고 누가 강한가를 두고 싸움을 벌이고 있다. 기념비적인 이념 전쟁의 쇠퇴가 "역사의 종언"으로 대변될 수 있을 만큼 교육혁명도 주요한 역할을 수행하여 왔다는 주장도 펼칠 수 있다Fukuyama 1992. 그러나 동시에 교육중심사회의 도래는 팽창하는 정치의 끝이 어디인지 알 수 없음을 알려준다.

교육받은 신도들

– 교육과 종교에 관한 패러독스

CHAPTER

11

교육받은 신도들

– 교육과 종교에 관한 패러독스

미국이 교회와 국가가 철저하게 분리된 곳이며, 그 어떤 천주교 사제도 대통령에게 —설령 그가 천주교인이라 할지라도— 어떻게 행동해야 할지 말하지 않고, 그 어떤 개신교 목사도 성도들에게 누구에게 투표하라고 이야기하지 않는 곳이라고 믿습니다.

대통령 후보이자 천주교인이었던 존 F. 케네디(John F. Kennedy)의
휴스턴지역목회자연합회 연설 중, 1960년 9월 12일.

고도로 교육받은 사회와 가장 상반되는 현상을 꼽으라면, 그것은 바로 종교에 대한 광범위한 믿음일 것이다. 그러나 만약 교육중심사회가 미국에서 시작되었으며 유지되고 있다고 한다면, 그러한 가정의 반대야말로 참이 될 것이다. 미국은 선진국 중에서 가장 교회와 연관이 깊고, 종교적인 사회 중 하나인데 교육혁명을 거치면서 더욱 그렇게 되었다. 1775년 미국 독립 혁명이 시작될 당시 전체 인구 중 17%에 불과하던 종교인구는 20세기 말에 이르자 60%의 국민이 등록 교인이 되었으며, 하나님이 있다고 믿는 미국인은 95%가 넘게 되었다Finke and Stark 1992; Froese and Bader 2008. 교육과 종교 중 어느 것도 감소하고 있다는 증거는 어디에도 없다Greeley 2001. 교육과 민주주의에 관한 패러독스와 마찬가지로, 미국에서 나타난 교육과 종교의 동시적인 인구학적 성장은 교육중심사회가 종교에 주는 영향에 관해 생각해볼 흥미로운 패러독스를 제공한다.

교육과 종교에
관한 패러독스

후기산업사회에서는 교육이, 특히 대학원 교육 이상의 경우, 여러 가지 이유로 종교적 신앙을 없앨 것이라고 여겨졌기 때문에 교육과 종교에 관한 패러독스는 교육과 민주주의에 관한 패러독스와 다를 수밖에 없다. 왜냐하면 앞서 이야기한 것처럼, 18-19세기를 거치면서 대학에 의해서 일어난 인식론적 혁명의 핵심은 사회란 인간의 산물이며, 신적인 존재의 영향과 아무 상관없이 실증적 과학 탐구에 의해 사회와 관련한 지식이 축적될 수 있고, 이러한 관념은 이후 지대한 영향을 끼치게 되었기 때문이다Frank and Gabler 2006; Shermer 2002; Watson 2010. 이러한 인식론의 주창자들 중 가장 많은 영향력을 남긴 카를 마르크스Karl Marx는 "종교에 대한 비판은 인간에 있어 신이란 곧 인간이라는 명제로 끝날 것이다"라고 말한 바 있다Bell 1977, 421쪽에서 인용. 이와 유사하게, 막스 베버Max Weber나 에밀 뒤르켐Émile Durkheim처럼 대학에 자리한 초기 사회이론가들 역시 종교란 결국 서구적 대학들이 만들어내는 지적 사고의 성장에 따라 쇠퇴하게 될 것이라고 예언하였다. 이러한 논리로, 교육혁명의 시작에 있어 대학의 역할은 가장 세속적이며 또한 학교들을 세속화시키는 방향으로 전개되었고, 대학에 대한 직접적인 종교적 관리 권한이 존재할 때조차, 과학적 세계관이 교육의 핵심을 차지하였다Cherry, DeBerg, and Porterfield 2001.

사회 과학의 탄생과 부상에서 나타났던 것처럼, 교육의 확대와 함께 종교적 권위가 쇠퇴할 것이라는 가정은 관습적으로 사실이 되었다. 사실 후기산업사회에서 종교적 권위란 줄어들었거나, 적어도 과학, 세속적 정치체제로서의 국가, 그리고 교육을 포함한 수많은 다른 비종교적 권위들과 자리를 나누어야만 했다예, Chaves 1994. 예를 들어, 이 장 서두에서 인용한 것처럼, 1960년 케네디John Kennedy가 교황의 권위에 세속적 한계를 둠과 동시에당시 천주교 지도자들에게는 꽤나 불쾌한 일이었을 것이다, 개신교인들과 제도적으로 깊게 뿌리박힌 미국 내의 반천주교 정서에 대항하기 위해 연설에서 할애한 시간을 생각해보라. 그러나 사회 제도로부터 종교적 권위를 제거하기 위한 이러한 세속화의 과정이 후기산업사회의 주요 특성 중 하나임에도 불구하고, 교육중심사회에서 종교는 살아남았고, 오히려 더욱 번창하였다. 이것이 바로 교육과 종교에 관한 패러독스이다.

교육혁명의 전 세계적 규모를 생각해보면, 대중 교육이 사람들에게서 종교를 멀어지게 할 것이라는 가정은 잘못 되었다. 이 잘못된 예언은 고도의 교육중심사회에서는 두 가지 일이 일어날 것이라는 전제에 기반하고 있는데, 즉 주류로 자리 잡은 종교의 신자 수는 감소하는 한편, 소규모의 신흥 종교나 종파들이 나타났다가 단기간에 사라지는 것이다. 결국, 이 논리에 따르면, 이러한 두 과정을 통해 사회는 온전히 세속화되고, 설령 종교가 살아남는다 해도 사회의 가장 바깥으로 밀려나게 된다는 것이다. 그러나 실제로는 미국뿐만 아니라 다른 많은 나라들에서 정반대의 현상이 일어났다.

미국 종교 교파들의 발흥과 쇠퇴, 재기에 관한 기념비적 사회학 연구인 *미국의 교회*/The Churching of America, 1776-1990에서 종교사회학자인 로저 핀케Roger Finke와 로드니 스타크Rodney Stark는 미국 역사 속에서 조직화된 종교들은 유사한 생명주기를 보여왔음을 발견하였다. 즉, 종교적인 그룹이 작지만, 호기로운 분파를 형성하고, 이들 중 성공적인 이들이 교회를 설립하게 되며, 어떤 경우에는 대규모의 "주류" 교파로까지 성장했다는 것이다. 대부분의 경우, 신자 수나 대중적 인기 측면에서 최정상을 지나게 되면 주류 교파는 장기간 상당한 침체를 겪게 되는데, 이 때 생명 주기의 초기에 있는 다른 교회들은 주류 교파를 능가할 정도로 성장하게 된다. 한편, 주류 교파에서 쪼개져 나온 이들은 새로운 분파로 재성장할 수도 있다. 핀케와 스타크는 이를 '종교적 시장'에 비유하면서, 종교 단체들이 신자들을 놓고 경쟁하게 되면서 개인들은 수많은 종교적 선택지를 갖게 된다고 주장하였다. 이러한 동력은 아마도 종교단체에 참여하는 미국인들의 비중이 역사적으로 늘어나게 된 원인일 것이다. 교회 설립에 관한 정부의 제재가 없는 상황에서, 현재 미국에는 말 그대로 수천 개의 종파들과, 독립 교회들, 그리고 영적인 신자들이 모든 종류의 교리를 가지고 활동 중이다. 물론 이들 중 상당수는 단명하지만, 다른 그룹들이 재빨리 그 빈자리를 채우고 일부는 초대형 교회와 대규모의 영적 운동, 또는 새로운 교파를 형성하여 완전히 자리잡는 데까지 성장할 것이다Stark and Bainbridge 1985. 종교의 탄생, 성장, 쇠퇴, 재기라는 이 지속적, 반복적 주기는 많은 지식인들이 교육이 팽창하면서 일어날 것이라고 예견했던 현상의 정반대 지점에 있다. 하지만 미국 내 종교에 관한 역사적 기록들은 분명히 핀케와 스타크의 가설이 옳았음을 보여준다. 예를 들어, 19세기 중반에 이르자 미국에서 새롭게 나타난 분파였던 침례교, 감리교가 초대 미국을 세웠던 회중파본래의 청교도들, 성공회, 장로교의 자리를 차지하였다. 또 다른 예로는 19세기말 새로이 나타난 교파인 흑인오순절교회the African American Pentecostal Church of God in Christ를 들 수 있는데, 현재 이 교회는 대규모 교단인 미국침례교의 두 배에 이르는 규모로 성장하였다. 동일한 조직 생장 주기는 기독교가 아닌 종교에서도 동일하게 나타났다. 현재 미국에는 약 1,500개의 교파가 존재하며, 그들 중 25개는 백만 명 이상의 신도를 가지고 있고, 다른 교파들도 모두 매년 수십억 달러 이상의 기부와 후원을 받고 있다Melton 1989. 미국 교육혁명과 동시에, 핀케와 스타크는 역동적인 종교 문화가 성장하고 있음을 생생히 보여주었는데, 이는 많은 지식인들이 진보적이며 고도로 교육받은 후기산업사회에서는 결코 일어나지 않을 것이라고 한때 예언했던 일인 것이다.

교육-종교
패러독스의 해제

교육과 종교에 관한 패러독스를 푸는 데 있어서 가장 난제는 어떻게 삶의 핵심적인 측면에 관한, 설득력 있지만 상반되는 관념들이 공존할 수 있는지를 설명하는 것이다. 아마도 근대 교육과 종교가 양립할 수 없다고 여겨지는 주된 까닭은 교육혁명이 과학과 이성, 인간이 만들어가는 사회에 기초한 세계관을 가르치는 반면, 종교는 신의 계시, 믿음, 초자연적 존재 등에 기반하고 있기 때문일 것이다. 본질적으로, 종교란 관념들의 집합이며, 만약 어떤 사회에서 동일한 현상에 관해 비종교적인 해석이 강력한 의미를 갖게 된다면, 종교적 설명은 아마도 평가절하될 것이다. 교육을 많이 받을수록 교육을 적게 받은 사람보다 세속적인 이데올로기에 많이 노출될 것이고, 그들은 아마도 종교로부터 돌아서게 될 것이다. 따라서, 사회가 교육을 많이 받은 사람들로 채워질수록 종교는 소멸할 것이다. 그러나 합리적 의심과 인간이 사회를 만들어간다는 개념을 가진 교육과, 인간 삶 속에 관여하는 초자연적 존재라는 개념을 가진 종교는 오히려 공존의 범위를 더욱 넓혀가고 있다.

간단히 말하자면, 교육과 종교에 관한 패러독스는 후기산업사회에서 대중 교육이 종교에 대해서 가지는 의미에 대한 판단착오로부터 비롯된 것이다. 다른 장에서 분석한 주제들이 교육을 이차적인 제도로 보는 전통적인 관점에 과도하게 입각해서 나타난 문제라면, 종교에 관한 패러독스는 역설적이게도 교육의 영향이 가장 중요하며, 강력하다고 보는 데서 기인한다. 사실, 학자들이 교육이 종교적 쇠퇴를 불러올 것이라고 예측한 이유가 자명하기도 하거니와, 다른 사회 제도들의 탈종교화라는 관념을 이끌어 내는 데 있어서도 제도로서의 교육이 중요한 역할을 해온 것은 확실하다. 하지만, 보다 면밀한 연구들로부터 나오는 결론은 교육이 종교를 근절시키지 않았다는 것이다. 오히려, 교육은 교육혁명의 핵심적인 관념의 상당 부분과 양립할 수 있는 방향으로 신앙을 변모시킨다. 더 나아가, 교육혁명이 실제로는 새로운 유형의 종교 조직들이 번창할 수 있는 가능성을 높여준다는 주장도 나올 수 있다.

앞서 언급한 것처럼, 대부분의 미국인들이 신을 믿지만, 중요한 점은 교육 수준이 다른 개개인이 믿는 신의 속성이 서로 다르다는 것이다. 종교사회학자인 폴 프뢰스Paul Froese와 크리스토퍼 베이더Christopher Bader가 집중적으로 연구한 미국인들이 믿는 신의 이미지가 이를 분명히 보여 준다2010. 교육 수준이 낮은 사람들에 비해 학사학위 이상 소지자들은 "멀찍이 떨어져 있는 신", 즉 보다 추상적이고, 우주적이며, 성별이 없고, 신비로운데다, 인간의 약함을 용서해주는 신을 두 배 이상 믿는 것으로 나타났다. 반대로 고졸 이하의 사람들이 두 배 이상 믿는, 활동적이며, "권위주의적인 신", 즉 엄격한 아버지 같은, 초자연적이며, 구체적이고, 활동적인, 분노에 찬 신의 이미지가 있다.

교육혁명에서 유래하는 사고방식과 종교의 공존에 관해 프뢰스와 베이더 연구가 추가적으로 밝힌 것은, 교육받은 사람들의 절반이 신이 우주를 창조했으나, 대부분의 경우에, 혹은 절대로, 일상생활에는 관여하지 않는다고 믿는다는 것이다. 동시에, 교육 수준이 낮은 사람들의 거의 대다수는 신이 일상생활의 매순간마다 활동하며, 개인의 삶에 직접적으로 관여할 수 있고, 심지어 사람들의 주의를 끌기 위해 나쁜 일까지도 일으킬 수 있다고 믿는다는 것이다. 소극적인 이미지의 신을 믿는 사람들에게 교육혁명으로부터 유래하는 '사회란 사람들이 만드는 것'이라는 세속적인 관념은 거의 문제가 되지 않는다. 마찬가지로, 과학이 초기 대학에서의 경우처럼 신의 세계도 포함하여 세계를 이해하기 위한 합리적인 방법이라는 관념 역시 상대적으로 소극적인 신을 믿는 사람들에게는 쉽게 받아들여진다. 설명되지 않는 것들이 초자연적인 현상이라고 여겨질 필요도 없다. 교육 수준이 높은 신자들은 이런 문제들이 결국에는 합리적, 과학적 탐구에 의해서 설명될 것이라고 믿기 때문이다. 실제로, 최근 정반대의 증거들로 미국 과학자들도 교육수준이 비슷한 다른 사람들만큼이나 종교적이며, 사회과학자들 중에 무신론자들이 더러 있기는 하지만, 인간이 사회를 만들어간다는 가정을 명백히 보유하고 있는 사회과학자들의 상당수가 종교인이다Ecklund, Park, and Veliz 2008; Stark and Finke 2000.

교육받은 사람들이 믿는 신은 한편으로는 초자연적이며, 삶의 도덕적 규범을 만들었으나, 다른 한 편으로는 사회에 관한 세속적인 관념과 부딪칠만한 강력한 특징들은 거의 가지고 있지 않은 존재일 것이다. 반대로, 교육 정도가 낮은 이들의 신은 대개의 경우 교육중심사회의 이데올로기와는 양립할 수 없다. 따라서, 교육 정도가 낮은 사람들은 또한 불가사의한, 과학으로는 거의 설명되지 않는 현상들의 존재를 더욱 믿는 것이다Bader, Mencken, and Baker 2010.

종교사회학자인 필립 슈와델Philip Schwadel이야말로 교육이 미국 기독교에 준 영향에 관해서 가장 광범위한 연구를 해왔다. 그가 미국 내 전체 기독교인을 모집단으로 하여 믿음과 종교적 행위에 관해 실시한 표집 연구는 교육받은 개인들이 가지고 있는 신의 이미지에 관한 결론을 전적으로 뒷받침해준다2011, 2003. 상당한 수준에서, 대학 이상의 교육을 받은 기독교인들은 문화적으로 인정되는 실재와 모순되는 믿음을 가질 가능성이 적은데, 즉 성경이 문자 그대로의 정확한 신의 말씀이라거나, 사람이 악령에 씌울 수 있다거나, 또는 인간의 삶의 기원에 관한 성경적 해석이 쓰여진 그대로 옳은 것이라고는 대부분 *믿지 않는* 것이다. 또한, 슈와델은 고등 교육 이수가 조직화된 종교로부터 이탈하게 만든다는 그간의 흐름이 최근 몇 세기를 거쳐 바뀌었다는 것을 발견하였다. 이러한 증거 역시 고등 교육이 종교적 믿음을 없애버리는 것이 아니라, 아마도 후기산업사회의 중심인 세속적 관념과 양립할 수 있는 형태로 종교를 변형시킨다는 것을 보여준다.

슈와델이나 프뢰스, 베이더가 사람들의 일생에 걸쳐 연구를 한 것은 아니기 때문에, 장기간의 교육이 좀 더 추상적이고, 소극적인 신이라는 믿음으로 이끈 것인지, 아니면 이러한 신에 대한 믿음이 교육을 더 받도록 만들었는지는 알 수 없다는 점을 명확히 해야 할 것이다. 그러나, 이 책 전반에 걸쳐 주장된 것처럼, 아마도 교육이 동력이 되었을 것이다. 이러한 주장은 대학 교육 참여가 종교성에 미치는 영향에 관한 연구들에 대해 조사한 파스카렐라와 테렌지니에 의해서도 뒷받침된다

2005. 그들은 대규모의 학생 샘플을 대학 생활 동안 추적한 연구들과, 고등 교육 경험이 종교를 버리도록 만드는 게 *아니라*, 오히려 대학 이전의 종교에 대한 믿음 수준을 강화한다고 결론 내린 모든 연구들을 검토하였다예, Graham and Donaldson 1996; Lee 2002. 동시에 대학 교육은 종교를 가진 개인들로 하여금 종교적인 권위에 대한 신뢰와 전통적인 교리들에 대한 복종을 줄이고, 개인적인 종교적 가치를 보다 정교화해가도록 만든다. 교육받은 신도들은 늘어나는 독립교회들, 즉 공고히 위계화된 교회에 속하지 않은 교회들에 이와 같은 특징을 지닌 사람들이 모여든다see also Hout and Fischer 2002.

교육과 종교가 함께 존재할 수 있음을 보여주는 또 다른 지표는 미국인들에게 어떤 경우에 종교에 대해 의심을 갖게 되는지 물어보면, 악마의 존재나 현실 속에서의 고난, 개인적 불행 같은 전통적인 이유들이 종종 순위에 오르고, 인간 사회에 관한 과학이나 세속적 관념은 어쩌다 한 번씩 나온다는 점이다Smith 1998. 심지어 종교와 아무 관계가 없다고 하는 5 내지 10%의 미국인들마저도 비종교적이라고 할 수 없다. 그들도 초자연적인 존재를 믿거나, 종종 기도를 하니 말이다Stark and Finke 2000.

교육중심화 된 만큼이나 교회화 되기도 한 미국 사회에서 교육받은 사람들을 돌아서게 만드는 것은 무신론이 아닐 것이다. 사실, 가장 교육을 많이 받은 사람들이 좀 더 무신론자가 되기는 하지만, 무신론자는 대학교육을 받은 전체 인구 가운데 고작 5% 정도를 차지할 뿐이다. 대신, 교육받은 사람들은 교육혁명에 따라 심대하고도 넓게 형성된 후기산업사회의 관념들과 많은 면에서 양립 가능하거나, 적어도 모순되지 않는 신을 경배한다. 많은 종교사회학자들이 설득력있게 주장하는 것처럼, 초자연적 존재에 대한 믿음이 합리화된 세상에 효과적으로 참여하는 것 자체를 배제하는 것은 아니기 때문이다예, Stark and Finke 2000. 대부분의 사람들이 자신들의 삶 속에서 초자연적 존재에 대한 믿음과 사람들이 만들어가는 사회에 대한 신념을 분리하여 지킬 수 있으므로 영적인 불일치라는 파국을 피할 수 있게 된다. 교육이 초자연적 존재에 대한 사고를 반드시 방해하는 것이 아니라, 오히려 교육중심사회에서는 신의 이미지가 변하게 된다. 그리고, 이러한 변화가 종교적 신에 대한 비하로 이해되는 것이 아니라, 교육받은 신자들과 그들이 믿는 것은 후기산업사회 문화에서 오히려 종교를 더욱 견고하게 한다.

교육받은 신도들과
강력해진 종교 문화

교육과 종교가 상호 배타적이라는 가정을 걷어내면, 최소한 미국과 아마도 다른 많은 나라들에서도 나타나고 있는, 교육으로 인해 변화된 문화와 교육받은 신도들이 풍부한 종교 문화를 이끌어내는 몇 가지의 장점들을 식별할 수 있게 된다. 첫 번째 장점은 교육을 많이 받을수록 확대되는 개인들의 참여적 속성이 그들의 종교적 행동에도 적용된다는 것이다. 예를 들어, 슈와델은 교육을 더 많이 받은 기독교인일수록 예배를 포함하여 교회의 조직화된 활동에 더 참여한다는 것을 발견하였다 2003. 이러한 경향은 성별이나 재정 여건 등 개인적 특성을 통제한 후에도 유지되었다. 기독교인에 관한 슈와델의 데이터나 비기독교인에 관한 연구들에서는 모두 왕성한 시민 참여—대중 연설, 권위에 대한 도전, 인적 물적 자원의 동원력, 행동의 자율성, 자기효능감 등—를 이끄는 능력이나 동기가 교육받은 개인들로 하여금 더욱 효과적인 종교 집단의 구성원이 되게 한다는 것을 설득력있게 보여 준다Stark and Finke 2000. 교육받은 사람들이 특정 종교의 모든 교리에 동의하지 않음에도 불구하고 교육받은 사람들이 종교 활동에 더욱 왕성하게 참여한다는 것은 사실이다Finke 2003. 따라서 미국에서 종교적 시장을 들끓게 만든 것은 바로 교육혁명이라 할 것이다. 새로운 종교 분파나 신흥 종교가 쉽게 시작될 수 있기 때문에, 확대된 교육으로부터 얻은 창업가 정신이나 다양한 능력과 자질들이 분파의 생존을 위한 경쟁에서 더욱 가치가 높아지고, 교육받은 신도들과 성직자들은 종교적 집단을 조성하고 동원하기 더욱 용이해지는 것이다.

교육중심사회가 종교에 대해서 가지는 두 번째 장점은 교육혁명이 사회 전반에 주입하는 사조로부터 나온다. 작금의 종교사회학자들은 후기산업사회에서 주류 종교가 쇠퇴한 주된 이유로 그들이 종교적 핵심 메시지는 약화시키면서 교회 운영과 인사에 있어서는 전통적전근대적 방식을 고수했기 때문이라는 많은 증거를 제시하였다. 반대로, 미국 종교 시장에서 가장 성공한 분파들은 정반대의 세속화된 사회 맞춤형 조정을 감행하였는데, 즉 핵심적인 메시지는 유지하면서 현대 조직 방법들을 선택하고 혁신했다는 것이다[1]Finke 2003. 교육받은 신도들과 성직자들이 미국 종교문

---

1 교육을 많이 받은 성직자들이 비효율적인 전통 조직 방법들은 고수하면서 핵심적인 신학적 메시지들은

화를 고양하기 위해서 교육혁명으로부터 나오는 사조들을 어떻게 이용했는지 보여주는 여러 사례들은 종교에 대한 교육의 긍정적인 영향을 보여준다.

첫 번째 사례는 기성의 종파와 관계없는 기독교 교회들이 놀랄 만큼 성장했다는 것이다. 이들은 독립교회라고 불리는데, 이들 중 매주 예배에 최소 평균 2천 명 이상이 참여하는 교회는 현재 1,200개가 넘는다. 이들을 합치면 수백만 미국인들의 종교적 요구를 이들이 채워주고 있는 것이다. 이들 중 일부는 매주 35,000명 이상이 모이는 초대형교회로 발전하였다Hartford Institute for Religion Research n.d.. 대부분의 초대형교회들은 영적 측면에서는 복음주의에 속하며, 기본적인 개신교 신학이 변주되면서 나타나는데 50년 전만 해도 알려져 있지 않았던 수준으로 각각의 조직이 성장하였다. 여기서 논의되는 것처럼 교육은 보다 많은 제도적 조직들을 만들고 그 규모와 복잡성의 증가를 감당할 수 있는 사회적 역량을 높여주는데, 이는 종교적 조직에도 동일하게 적용되는 것이다.

참으로 적절하게 제목을 붙인 *거룩한 독불장군: 복음주의적 개혁가와 종교적 시장* Holy Mavericks: Evangelical Innovators and the Spiritual Marketplace에서 셰인 리Shayne Lee와 필립 시니티어Phillip Sinitiere는 초대형교회의 부상과 그들이 관리, 마케팅, 참여를 통한 멤버십 등을 아우르는 혁신을 통해 이룩한 조직 규모와 복잡성을 기록하였다2009. 예를 들어, 혁신가이자 "웃는 설교자"인 조엘 오스틴Joel Osteen이 이끄는 텍사스 휴스턴에 있는 레이크우드교회Lakewood Church는 미국 내에서도 가장 큰 초대형교회로 900억 달러 이상을 들여 보수한 교회의 운동경기장에서 열리는 다양한 예배에 매주 43,000명 이상의 사람들이 참여한다. 이 정도의 조직을 관리하고 운영하려면 능력 있고 교육받은 직원들에 의존할 수밖에 없는데, 레이크우드교회 역시 350명의 유급 종사자들이 스페인어 동시통역을 포함, 각종 예배 프로그램 운영을 위해 5천 명의 자원봉사자들을 관리하고 있다. 이에 더해, 다른 많은 초대형교회들처럼 레이크우드 역시 이미 엄청난 수의 교인들 외에 다른 사람들과도 접촉하기 위해 첨단 기술들을 사용하고 있다. 교회는 고유의 오디오 팟캐스트 프로그램을 만들고 있는데 5,200만 번 이상 다운로드되고, 교회 텔레비전 프로그램은 매주 약 100개국의 7백만 명 이상의 사람들이 시청하고 있다. 이 프로그램은 넬슨미디어리서치Nielsen Media

---

약화시키는 (세속화하는) 적응 전략을 선택했기 때문에 주류 종파들이 쇠락한 경우들이 여럿 있다는 점을 언급해야 공평하다고 할 것이다(Finke 2003).

Research의 종교 부문 최고 프로그램으로 평가되기도 하였다Scheitle and Finke 2012. 이러한 현상이 복음주의 운동이 대학 졸업자만을 끌어 모은다는 의미는 아니지만, 복음주의 운동의 규모를 고려해보면 신도들 중 적어도 어느 정도는 교육받은 사람들임이 틀림없다. 주지하다시피, 레이크우드나 다른 초대형교회들이 이용한 혁신기법들은 교육받은 직원들과 신도들의 자발적 참여 양쪽에 기댄 것이다. 일반 구성원들의 자발적 참여란 교육을 더 많이 받은 사람들에게 훨씬 더 흔한 일이라 할 것이다.

연구자들은 흔히 이런 종류의 종교적 조직들을 돈을 벌기 위한 장사치들의 작업이나 저급한 영성운동 정도로 평가절하하곤 한다. 몇몇의 독립교회들에게는 분명 이런 평가가 합당하지만, 대규모 독립교회들 대부분은 증가하는 주류 미국인들의 영적인 요구를 일상적으로 채워주고 있으며, 이들은 매우 잘 조직화되어 있다. 작은 분파로 시작하며, 종교에 관한 보다 전통적인 메시지를 유지하면서 초대형교회들은 상당한 규모의 교육받은 사람들을 포함해 많은 신도들을 모집했다. 이것이 가능했던 까닭은 초대형교회들이 지난 세기 동안 대학의 지식 생산에 근거한 현대 조직 이론, 관리, 마케팅, 집단 참여 심리학, 사회운동 기술 등의 개념들을 포용하고 적용하였기 때문이다.

이러한 조직 관리 외에, 교육받은 신도들 또한 초대형교회가 분야별 전문가인 직원들과 교인들 중에서 고도의 자발적 참여를 실천하는 신도들에 의해 운영될 수 있는 능력을 높여준다. 초대형교회들이 교육중심사회에서 성공할 수 있었던 것은, 그들이 핵심 교리는 거의 손대지 않으면서, 조직 설계, 교인들의 모집, 예배, 리더 선출, 그리고 많은 다른 전략들에 있어서 엄청난 혁신을 보여줬기 때문이다Finke 2003. 많은 경우, 이러한 복잡한 조직들의 현대 경영이나 조직 패러다임에 맞춘 혁신 의지는 그들로 하여금 새로운 조직 기술을 개발하고, 종국에는 비종교적 집단으로 변질되도록 하였다. 예를 들어, 하버드 비즈니스 리뷰Harvard Business Review에 게재된 MBA 학생 교육을 위한 사례 연구 중 초기 초대형교회였던 윌로우 크리크 커뮤니티 교회Willow Creek Community Church가 "교회화되지 않은" 사람들을 모으기 위해서 개발했던 조직 혁신방법에 관한 것이 있다Schlesinger and Mellado 1991. 그리고 앞서 언급한 경영아카데미Academy of Management의 사례도 있는데, 조직 관리에 관한 학자들과 사회과학자들의 주류 전문가 협회인 이 곳에는 "경영, 영성, 그리고 종교"라고 불리는 이익단체도 있다는 것이다.

미국에서 교육이 종교 문화에 긍정적인 영향을 준 두 번째 사례는 혁신적인 대중 종교 운동에서 발견할 수 있다. 성공한 운동 중 일부는 초대형교회와는 다른 방법으로 세속화된 후기산업사회를 받아들였다. 많은 복음주의 초대형교회들처럼 그들은 현대의 혁신적 조직방법들을 사용하지만, 핵심적인 종교적 메시지를 고수하기보다는 고도로 교육받은 사회인 후기산업사회에 맞는 종교적 메시지들을 택한 것이다. 명백히 종교적*이면서도* 다수의 교육받은 개인들이 선호할 만한 신념의 속성과 양립할 수 있는 신학이론을 개발하는 신흥교회운동Emerging Church movement이 좋은 사례가 될 것이다. 이 사례에서, 비슷한 생각을 가진 복음주의 신학자, 성직자, 그리고 종교인들이 함께 모여 교육중심의 후기산업사회에서 기독교인은 어떠해야 하는가를 모색하였고, 이들은 지도자들의 네트워크인 신흥그룹Emergent을 구성하였는데, 이 그룹의 멤버들은 신학적, 조직적 전략과 전술을 공유하였다. 널리 언급된 신흥그룹의 목적은 복음주의적 영성의 강도와 오래 교육받은 개인들의 신학적 감수성을 결합하고, 초대형교회가 발전시켜온 조직방법들을 활용하여 이러한 메시지를 전파하자는 것이었다. 예를 들어, 신흥그룹 리더 중 일부는 "과학과 기독교의 건강한 결혼"을 옹호하기도 하였다Lee and Sinitiere 2009, 93. 아래는 리와 시니티어가 요약한 신흥교회운동의 선구자 중 하나인 브라이언 맥라렌Brian McLaren의 전략이다.

> 너무 나갔다는 이유로 포스트모더니즘을 배척하기보다, 맥라렌은 기독교인들이 포스트모더니즘의 도덕적 지향성을 포용하고 서구의 식민지배와 오만을 반성할 것을 촉구하는 진보적 기독교 신앙을 펼쳐야 한다고 주장하였다.

신흥교회운동의 추종자가 얼마나 되는지를 추정하는 건 불가능하지만, 저자들은 신흥교회가 많은 사람들에게 대안적 종교로서 인기를 얻게 되었음을 암시하였다. 이러한 접근은 기독교가 아닌 종교에서도 마찬가지로 발견되는데 시나고그 3000Sinagogue 3000이라는 새로운 운동과 연관된 유대교 지도자들은 후기산업사회 문화적 환경에서 고대의 믿음을 표현하는 것을 공공연한 목표로 삼는다.

확대된 교육이 종교 문화에 주는 마지막 영향은, 종교적 관점에서 볼 때, 꽤나 역설적인 것이라 하겠다. 만약 세속화를 타당하게 만드는 관념의 공급과 전파에 있어서 교육이 행한 주요한 역할이 없었더라면 후기산업사회에서의 미국과 세계 다른 곳들에서 나타난 종교적 문화의 융성은 절대로 일어나지 않았을 것이다. 근대 사회와 교육혁명의 등장 전의 사회들은 핵심적인 문화적 사조 및 사회적 제도와 얽힌 하나의 지배적인 종교가 존재하는 경향이 있었다. 제도로서의 교육의 영향으로 사회는 종교적 근간에서 세속적인 것으로 바뀌었고, 그 과정 속에서 사회의 제도들은 탈종교화되었다. 하지만, 탈종교화의 과정이 절대적인 종교다원주의 ―많은 종교가 동시에, 거의 동등한 정도로 존재하는― 로까지 종교를 청산한 것은 아니다.

그 본질적 성격으로 인해서, 모든 종교는 자신들이 유일한 진리임을 주장한다. 그러므로 집중적인 탈종교화에 앞서, 인류 역사는 기성의 유일한 종교로부터 벗어난 종교들에 대한 박해로 가득 차 있다. 17세기 유럽의 30년 전쟁처럼 사회 간 그리고 사회 내의 종교적 차이로 인한 정치적 박해나 물리적 전쟁은 역사에서 흔히 있었던 일이다. 하지만, 탈종교화는 하나의 참된 종교와 다른 모든 사회 제도들 간의 굳건한 연계를 깨트렸다. 이 과정은 오랫동안 세속화의 형태로 이해되어 왔다 Chaves 1994. 하지만 이러한 탈종교화가 반드시 완전한 세속화된 사회로 이어지는 것은 아니다. 놀랍게도, 그것은 종교적 다원주의를 위한 여건들을 조성할 수도 있다.

교육에 관한 가정들과 마찬가지로, 어떤 학자들은 한 사회에서 종교적 다원주의가 결국에는 모든 종교들을 와해할 것이라고 주장했다. 서로 다른 수많은 종교가 공존하는 상황에서 어떻게 유일한 하나의 종교가 있다고 생각할 수 있겠는가? 그럼에도 불구하고, 수세기에 걸친 종교 연구들에 따르면 종교적 다원주의는 오히려 전반적으로 종교를 더욱 유지하게 만드는 것이 분명하다. 이것에는 추종자를 놓고 경쟁하는 것을 포함하여 몇 가지 이유가 있다 Smith 1998. 사실 이러한 관계는 스타크와 핀케의 종교적 시장 모델의 핵심이라고 할 수 있는데, 이를 통해 미국 사회에서 번성하고 있는 종교문화가 폭넓게 설명되고 있기도 하다 2000. 최근의 사회학 연구들은 종교적 집단의 급증이 사회의 세속화를 가속시키지 않는다는 가설을 입증한다. 오히려 인구 전체적으로 전반적인 종교성을 높일 뿐이다. 예를 들어, 크리스티아노 Christiano 1987와 스타크와 핀케 2000는 미국 역사 여러 시기에서 종교적 다원주의가 강화될수록 더욱 많은 종파들이 생겨나고 어느 곳이든 종교적 집회에 정기적으로 참여하는 사람들의 숫자는 더욱 늘어남을 발견하였다. 동일한 관계는 유대교와 같이 소수의, 기독교가 아닌 종교에서도 유효하다 Silberstein, Rabinowitz, Ritterband, and Kosmin 1987.

미국이 예외적인 것인가
아니면 전 세계적 현상인가?

미국의 종교적 다원성과 역동적인 종교적 시장의 원인은 종종 국가에서 허가한 공식적인 교회가 관리하는 독점적인 종교의 공급이 부재하기 때문이라고들 한다. 종교와 정치의 분리에 관한 헌법의 보장과 함께 미국의 환경은 종교적 성장과 변화에 특히 유리한 면이 있다.

아마도 누군가는 그러한 요인들이 나아가 다른 세속화하는 문화적 요인들—흔히 종교를 약화시킬 것이라고 추정되는 교육의 효과와 같은— 까지도 넘어서지 않을까 생각할 것이다. 간단히 말하자면, 미국 사례는 예외가 될 수도 있고, 따라서 사실상 다른 국가에서 교육은 어쩌면 종교성과 종교 조직의 혁신을 저해할 수도 있을 것이다. 하지만, 증가하는 일련의 증거들은 교육혁명이 전 세계적으로 퍼지면서 종교가 쇠락하지 않았음을 보여준다Stark and Finke 2000. 탈종교화와 함께, 미국에서 발견되는 광범위한 교육의 영향으로 인한 종교의 변화는 다른 곳에서도 역시 일어나고 있으며, 전 세계가 온전히 세속화하고 있다는 흐름은 전혀 보이지 않는다. 교육이 대중화된 미국 사회의 왕성한 문화와 그와 공생관계에 있는 종교에 관한 영향은 미래의 세계를 예표하는 것이지 예외적 현상을 나타내는 것이 아니다.

아마도 가장 자주 인용되는, 광범위하게 교육받아 세속화된 사회로는 서유럽의 국가들을 들 수 있을 것이다. 그러나 이 국가들에서조차도, 국가 교회와 종교적 시장을 억누르는 정부권한으로 인해 완화되기는 하지만, 국민 전체적으로 종교적 믿음을 갖고 있다는 증거들이 있다. 가장 좋은 사례는 아이슬란드가 될 것인데, 이 나라는 국가적 차원의 루터교가 존재하며 2%라는 가장 낮은 평균 교회 출석률을 가진, 고도로 교육받은 사회이다. 하지만 다양한 심층 조사에 따르면 이 공식적으로 세속화된 사회에서조차, 80%의 사람들이 사후 세계와 인간의 영혼을 믿으며 초자연적 존재에게 자주 기도하고, 성인 인구 중 겨우 2%만이 스스로를 "확신이 있는 무신론자"라고 대답하였다Stark and Finke 2000; Swatos 1984. 어떤 종교학자들은 오늘날의 후기산업사회에서 유럽은 대체적으로 종교화된 다른 지역에 비해 유일한 예외라고 여기며, 심지어 중국조차 계속해서 종교적으로 변하고 있다는 증거가 있다Jenkins 2007. 그러므로 역시, 과거 공산주의 사회에서와 같이 종교를 근절하려는 극단적이며 조직적인 시도는 단 한 번도 성공한 적이 없으며, 어떤 경우에도 이러한 시도는 종교성을 오히려 증가시켰을 것이다Froese 2008. 이에 더하여, 미국의 종교 운동과 유사한 증거들이 있는데, 무슬림들 사이에서 현재 일어나고 있는 것처럼, 해당 사회의 고학력자들의 리더십과 재정적 지원으로 다른 종교들이 부흥하고 있다Martin 1991.

마지막으로, 대학의 부상과 천주교 교회 간의 오래된 역사적 관계에 더해 교육혁명에서의 대학의 역할은 고유한 교육제도를 만드는 것 이상을 해왔다. 교육제도의 가장 중심에 있는 핵심 가치들은 본질적으로 종교적인 것으로 유대-기독교의 도덕률과 밀접히 연관되어 있다Baker forthcoming. 이것이 대중 교육이 초월적 믿음과 초자연적 존재를 선언했다는 의미는 아니다. ― 대중 교육은 분명히 그렇게 하지 않았다. 그러나 대중 교육은 인간 발달, 사회적 발전, 그리고 많은 종교적, 도덕적으로 양립 가능한 사회 정의에 관한 메시지들을 깊숙이 주입하고 있으며, 이는 교육중심 사회에서 계속될 것이다Meyer 2000; Ramirez, Bromley, and Russell 2009.

결 론

- 교육중심사회의 미래:
어디에나 있고, 만만치 않고, 소란스러운!

결 론

교육중심사회의 미래:
어디에나 있고, 만만치 않고, 소란스러운!

교육은 현대사회에서 세속적인 종교다. ... 교육은 시민들의 역량에 대한 합리적인 판단기준이 되고, 엘리트에게 권위를 부여하며, 그리고 불확실한 상황에서 사회시스템이 적절한지를 판단하는 준거를 제공한다.

존 마이어(John Meyer), 미국사회학회지(American Journal of Sociology), 1977년.

서구대학의 기원에서부터 오랫동안의 발달 과정, 초등교육과 중등교육의 대중적인 확산, 그리고 이제 고등 교육의 대중적 확산에 잘 반영되어 있듯이, 교육혁명은 개인, 사회 제도, 인간 사회 모두를 변화시켜 왔다. 여기서 제시한 많은 근거들을 통해 알 수 있듯이, 형식교육은 다른 제도들을 수동적으로 따르기보다는 독자적인 영향력을 사회에 행사해 온 제도로, 그리고 재생산하기보다는 새롭게 형성되는 근원적 제도로 발전해 왔다. 교육에 관한 광범위하고 강력한 이데올로기 혹은 문화는 제도로서의 교육이 성공을 거두었다는 점에서 비롯된다. 다른 말로 표현하면, 이것은 과잉교육 위기, 학력 인플레이션, 우매한 민중, 사회적 계급을 재생산하기 위한 음모, 폭주하는 대중 인기영합주의, 기술 진보, 언론의 과장, 혹은 자주 거론되는 어떤 외부적인 이유 등으로부터 창출된 것이 아니라는 말이다. 현재 인간사회의 중심에서 기반이 되는 다른 사회제도와 같이, 공교육이 떠안고 있는 막중한 임무에 대한 이해는 많은 교육 외적인 차원으로 광범위하고 심대하게 확산되어 있고 우리의 삶에 영향을 미치는 문화적 측면에 대한 이해를 요구하고 있다. 이렇게 본다면 전 세계에 걸친 교육의 팽창과 세대에 걸쳐 이루어지는 규범적 차원의 학업 성취 수준의 상승은 이미 막을 내린 근대사회의 상승적 측면, 이어진 후기산업사회의 특질들, 그리고 미래 글로벌 사회의 그럴듯한 전망에 대한 이해를 높여줄 것이다.

대략적으로 말하자면, 경험적 증거들을 통해 교육혁명을 추동하는 두 개의 동시적 과정이 있음을 알고 있고, 이들은 후기산업사회에서 교육제도의 놀라운 성공을 설명해준다. 첫 번째 과정은 독립적이지만 동시에 수많은 교육받은 개인들이 함께 뭉쳐 집합적으로 발휘하는 사회에 대한 영향력이다. 교육혁명의 가장 명백한 산출물은 두 번째 과정 안에서 발생하였고, 이 과정에 의해 유지되는데, 두 번째 과정 안에서 제도를 떠받치고 있는 문화적 사고방식은 교육의 콘텐츠, 의미, 기능의 지속적 발전에 영향을 주면서, 다른 사회적 제도들에 스며 들어간다. 다른 사회제도에 대한 교육혁명의 영향에 대한 분석에서 제시한 바와 같이, 이 두 과정은 복잡하게 상호작용을 하면서 상당한 연계효과를 발생시키고, 그 영향은 현재 광범위하고 강력하기 때문에, 후기산업사회와 그 미래에 대한 지적인 설명에 있어서, 이전과 같이 무시되거나 과소평가되어서는 안된다.

도처에 존재하는 교육받은 개인

대부분의 연구에서 첫 번째 과정, 즉 모든 개인을 포괄할 정도로 교육이 팽창한 현상은 단지 개인의 삶에 미친 영향이나 과잉교육의 전주곡 정도로 언급되지만, 대중 교육의 잠재적이고 집합적인 영향력은 거의 무시된다. 하지만, 이 책에서 제시된 근거들을 종합하면 일반적인 형식으로 진행된 대중 교육이 전 세계적으로 확산되어 발생한 광범위한 영향력을 알 수 있다. 대다수의 대중에게 미치는 대중 교육의 일상적 영향력은 교육혁명의 핵심적인 부분이다.

주로 대중 교육의 인구학적 범위 때문에, 알렉스 잉켈레스Alex Inkeles가 1960년대 개발도상국의 농촌에서 발견한 "새로운 근대 민중"이 세계적인 보편규범적 규준 norm이 되었다1996. 단지 몇 년간의 학교교육이라도 대다수에게 제공되어 사람들이 친족, 종족, 그리고 종교적 지도자 등과 같은 전통적인 권위로부터 벗어나게 되어, 세속적인 권위는 절대적이지 않으며, 자신의 삶에는 수단-목적 관계의 수단적 합리성이 적용되어야 하고, 사람들은 숙명론을 버리고 사회적 진보 관념을 받아들여야 하고, 과학을 진리의 주요 원천으로 수용하며, 세계시민적 글로벌 관점을 포용해야 한다고 믿게 된다면 전혀 다른 세상이 전개된다. 전 세계의 인류는 이제 이러한 차원의 권리를 부여받은 개인들의 흐름을 형성하고 있고, 이전 사회의 구성원들과 비교해보면, 상당한 수준의 학문적 인지 능력과 그것을 활용할 수 있다고 느끼는 사람들이 되었다. 이런 주장이 물론 모두가 동일하게 공교육적 성취를 추구할 수 있다거나, 모두가 동일하게 변할 수 있다는 말은 아니다. 하지만, 대부분이 학교에 취학하지 않았고 문맹이었던 한 세대 전과 비교해보면, 오늘날의 교육받은 인류는 많은 분야에서 사회를 실질적이고 예상치 못했던 방식으로 변화시키고 있다.[1]

교육받은 노동자, 시민, 혹은 신도들이 노동의 본질, 이익추구, 정치와 교육의 본질을 변화시키고 있다. 세계 대부분의 지역 사람들이 곧 교육을 받게 되면, 비록 흔히 초기의 대중 교육 지지자들이 예상했던 방식은 아닐 지라도, 위와 같은 변화들이 다른 사회 제도들을 근본적으로 재구성하게 될 것이다. 교육받은 사람들과 이미 교육중심사회의 발전된 형식 속에서 사는 사람들에게는 자녀들에게 읽고, 쓰고, 셈하고, 자연과학과 사회과학에 대한 초보적인 이해를 지니도록 가르치는 것은 매우 복잡한 사회 현실과 비교해보면, 상대적으로 간단한 일이고 사회학적으로도 사소한 일이다. 하지만, 학교가 대중화되지 않았던 전통적인 사회와 비교해보면, 모든 아동을 학교에 취학시키는 일은 우리 삶의 모든 측면에 영향을 미친다.[2] 기본적인 학문적 능력을 가르치는 상대적으로 간단한 일도, 의도하지는 않았지만 새로운 유형의 사회적 구성원을 만들어내는 것과 같이 잠재적 영향을 미칠 것이다. 비록 문자해독력, 계산능력, 일반적 학교 경험이 근본적으로 얼마나 다른 인간을 창조하는지에 대한 최근의 연구는 여기 논의 범위 밖이지만, 최근의 과학적 결론은 비록 아

---

1 개인에 대한 학교교육의 효과가 정확하게 단순 선형적으로 증가하는 함수인지는 심화연구가 필요한 질문이다. 하지만, 여기 근거들이 제시하는 바는 이 사례가 그런 사례라는 점이다(예, Pascarella and Terenzini 2005).

2 이 말이 전통 사회에서 비공식 교육이 없었다는 것을 의미하지는 않지만, 지금 전 세계적으로 확산된 형식교육이 전통사회의 비공식교육에는 없었던 독특하게 상이한 결과들을 많이 초래하고 있다.

주 초보적인 학문적 수준에서도 교육을 통한 개인의 변화는 심층적인 인지발달과 정서발달을 강화·개선시키며, 교육받지 못한 개인들 속에서는 보기 어려운 수준까지 실질적이고 전면적으로 개인 발달에 지속적인 영향을 미친다예, Baker, Salinas, and Eslinger 2012. 그리고, 이제 그런 사람들이 주류로 등장하면서 그들이 집합적으로 사회를 변화시키고 있다.

이 책의 후반부에서 검토했던 6개 사회부문 뿐만 아니라, 사회의 더 많은 분야에서 최소한의 교육을 받은 개인들의 집합적 영향력에 의해 심층적인 변화가 진행되어 왔다. 행동, 태도, 준거틀frames of reference과 가치에 대한 계속되는 연구들은 사람들의 소비패턴에서부터 친밀한 성애행위와 여가활동에 이르기까지 교육적 성취와 강한 관련성을 지니고 있다고 보고하고 있다. 비록 일반적으로 사회과학자들에 의해 다음과 같은 교육 외적인 요소들이 개인의 특성을 더 잘 나타내는 요소라고 당연시되고 있음에도 불구하고, 교육적 성취는 성, 인종, 민족, 나이, 종교, 정치적 성향과 경제적 자원 등과 같은 인구학적 특성들과의 연관관계를 거의 항상 압도한다.

앞에서 기술한 이유 때문에, 대규모의 교육적 성취educational attainment 향상은 개인의 행동, 신념과 삶에 대한 일반적 성향을 이해하는 데 있어서 여타 개인적 특성의 중요성을 감소시켰고, 그래서 상대적으로 짧은 역사적 기간 동안 형식교육이 대부분의 개인적 특성에 대한 가장 정확한 인구학적 예측요인이 되었다. 만약 사람들에게 만나본 적도 없고 알지도 못하는 사람을 예상하는데 도움이 되는 하나의 인구학적 특성을 고르라고 한다면, 수많은 연구들은 교육적 성취를 강력한 후보로 거론한다. 교육중심사회에서는 개인의 자기 개념에 깊게 침잠하는 방식, 그리고 교육적 일탈과 구제가 자아에 대한 인식을 형성하는 방식에 교육적 성취가 반영되어 있다. 중요한 점은, 인구학적 핵심 특징인 교육적 성취로 인한 효능감이 특정 학위가 부여하는 기회나 미래 지위가 아니라는 점이다. 차라리, 그것은 개인이 생각하고 느끼고 행동하는 방식을 교육이 변환시켜서 심리적 발달의 중요한 측면에 스며들어가는가에 관련된 기능이다. 확실히, 대부분의 대중들이 교육적 성취를 미래의 기회와 그후의 지위획득과 거의 직결되는 통로로 받아 들이는 것은 이러한 과정의 한 부분이지만, 학교 경험의 개인에 대한 전체적인 효과는 훨씬 더 크다.

예를 들면, 만약 초기 사회학자 오거스트 꽁트Auguste Comte가 "인구학적 구성은 운명이다Demography is destiny."라고 주장하였다면, 이제 우리 운명은 교육적으로 변환된 인구학적 구성이다. 비록 여기서 특별히 관심 있게 검토되지는 않았지만, 집적된 인구학적 구성이 변천하는 핵심적 과정에 형식교육이 강력하게 연관되어 있다고 많은 연구들이 지적하고 있다. 19세기 이후에 배우자 선택, 가족 형성, 출산율, 영아 생존율, 건강상태와 사망률, 그리고 이민과 같은 인구구성의 역동적 변동 패턴을 변화시키는 데 중요한 역할을 교육혁명이 수행했을 것이다. 인구 중에서 교육을 통해 창출된 인적자본이 한 국가의 경제성장에 영향을 미쳤다는 경험적 연구결과는 이 점과 관련이 있다예, Birdsall, Pinckney, and Sabot 2008; de Barros, Ferreira, Vega, and Chanduvi 2009; Hanushek and Woessmann 2007; Pritchett 2001; Ramirez, Luo, Schofer, and Meyer 2006. 나이와 성별의 특성이 여전히 중요한 역할을 하지만, 이제 확실하게 교육이 인구통계학에 있어서 가장 중요한 사회적 변수라고 주장할 수 있을 것이다예, Baker et al. 2011; Lutz and Samir 2011; Lutz, Sanderson, and Šerbov 2004. 더 나아가, 교육받은 개인들의 대규모 계층은 특정한 사회적 제도나 인구 역동을 초월하는 정도의 영향을 행사하고 있다.

지난 150년간, 교육혁명은 세계 인구를 균질화한 가장 큰 요인이었다. 형식교육이 지속적으로 모든 곳의 교육 목적, 내용, 기능을 균질화하는 요소가 되는 동안, 각 지역마다 존재하는 상당한 차이점에도 불구하고 개인에 미치는 교육의 영향 자체도 균질화 되었다Baker and LeTendre 2005; Inkeles 1996. 따라서, 전 세계의 더 많은 비율의 인구가 동일한 전환적 경험을 갖게 되면서, 어느 곳의 사람들이든지 다양한 측면에서 교육에 의해 영향을 받아 더욱 더 유사해지고 있다. 또한, 확실히 교육혁명은 개인적 차원의 특성을 더욱 세밀하게 만들었지만, 이러한 세밀함은 비슷한 교육 수준에서는 일관되게 나타난다. 전통적인 사회에 있어서 친족, 가족 그리고 다른 1차 집단들의 지위와 비교해 볼 때, 교육혁명은 가장 효율적인 사회적 행위자이며 *정당한* 사회적 주체로서 개인의 지위 상승, 강화, 표준화 그리고 문화적 찬양개인의 작은 차이에 대한 찬양까지 포함해서 이면에 작용하는 가장 중요한 요인이었다Jepperson and Meyer 2007. 개인의 모든 측면이 교육 수준과 연관되어 있다. 결과적으로 동일한 교육적 경험을 지닌 개인은 대략 비슷한 방식으로 행동하고, 생각하고 느끼며 믿게 된다. 여기에 다양한 사례가 있다. 하나의 사례는 앞에서 기술한 학문적 지식인의 등장과 적어도 교육혁명이 강화되고 나서 태어난 사람들 속에서 다양한 배경과 직업에 걸쳐 일어난 인지적 기능의 표준화이다Weakliem, McQuillan, and Schauer 1995. 교육혁명은 지역의 전통적인 문화의 영향력을 무력화시켰고, 가상적인 국가 문화의 영향력도 또한 무력화 하는 것처럼 보인다예, Wiseman, Astiz, Fabrega, and Baker 2011. 이와 같은 모든 교육받은 개인들의 응집된 강력한 영향력은 교육혁명이 지닌 문화에 대한 막강한 영향력에 의해서 유지되고 강화되어진다.

문화
변환

　사회적 제도에 관한 이론 만들기가 처음에 인기를 끌었을 때, 사회학자 루이스 코저Lewis Coser 1974는 사회적 생활의 모든 측면을 지배하려는 제도를 언급하면서 "탐욕스러운 제도"라는 용어를 만들어 냈다. 많은 전통사회에서 종교와는 다르게, 초기 설계에서 교육은 모든 부분을 포괄하려는 의도가 없었지만, 그 이후의 문화적인 성공으로 인해, 제도적으로 탐욕스러워졌다. 다음은 존 마이어John Meyer의 머리말의 요지이다. 교육은 세속적 종교와 같다, 교육의 문화적 영향은 그것의 기능적 특성을 초월한다. 이 책 전반부 주제인 이 과정은 교육받은 개인의 특성을 넘어 후기산업사회의 모든 문화적 측면에 걸쳐 깊은 함의를 지니는 교육제도의 핵심에 대한 이해, 의미 및 가치의 등장을 포함하고 있다. 공식적으로 훨씬 덜 교육받은 사회와 비교해보면, 지난 세기와 20세기의 반세기에 걸쳐, 이제는 익숙해진 교육과 인간에 대한 관념의 변화가 교육중심사회를 이해하는 데 기반이 되었다. "교육은 인간의 자기실현이다" "개인의 교육적 발달은 집단적 선의 핵심 원천이다" "학문적인 고등사고능력은 인간의 능력 중 고등한 능력이다" 등등이다. 이러한 사고방식들은 사회제도로서 교육의 심화된 성장과 중심화 경향을 떠받치고 있으며, 많은 사람들이 강력하게 지지하고 믿는 이데올로기를 형성하고 있다. 그래서 동시에 지식생산 복합체에 의해 지지되고 보편적 권위를 지닌 지식은 그와 같은 지식이 직업영역에서부터 인간성 실현에 이르기까지 선호되는 지식사회와 과학화된 사회를 창조한다.

　사회제도가 '후기산업사회에서 교육이 어떠해야 하는가', 그리고 '교육이 사회에 어떻게 기여해야 하는가'에 관한 문화적 의미에 미치는 영향력은 개인의 교육적 지위와 직업적 지위 간의 연계성에 미치는 영향력보다 훨씬 더 강력하다. 첫 번째 사례로는 '교육이 인간의 기본권리이다', 그리고 '인지 능력은 인간의 최고급의 능력이다'라는 두 신념은 교육에 대한 세 가지의 보편적 관념과 신념을 형성한다. 하나는 모든 아동과 청소년그리고 이제는 성인도은 공식 교육환경에서 배워야 하고 배울 수 있다. 두 번째는 이런 환경은 모든 능력에 대해서 제공되어야 한다. 그리고 마지막으로 고등 인지 능력은 모든 사람에게 주입되어야 할 가장 가치 있는 능력이다. 두 번째 사례로는 교육은 인간의 기본권리라는 신념과 개인을 취학시키는 것은 공공선을 증진한다는 신념의 결합이다. 이 신념은 개인에 대한 교육투자는 사회적 진보를 위한 핵심 통로라는 논리에 의거하여 인생의 전반에 걸쳐 교육이 확대되는 경향을 지지해준다. 마지막 사례는 성과주의에 기반한 학문적 성취, 보편적 지식, 그리고 인지적 능력이라는 관념이, 한편으로는 교육의 목적으로서 오랫동안 깊숙이 내재되어 있던 직업주의와 고전주의적 형식의 쇠퇴를 촉진하는 영향을 미치고, 다른 한편으로는 학문적 지식의 우세를 상호상승적으로 강화하는 영향을 미치고 있다는 점이다. 비록 아직도 일부 지식인에 의해 연모되고 있지만, 토마스 무어식의 15세기 고전적 형식주의 교육과 그 이후 여러 세기 동안 교육의 목적으로 널리 퍼져있는 직업주의는, 사실 현재 교육 제도의 논리가 지속되어 사람들로부터 상당한 문화적인 합당함이 인정된다면, 급속히 사라지고 다시는 회복되지 않을 형식이다.

교육제도의 강화와 진화 과정은 학문적 지능을 천부적이며 특권적인 인간 능력으로 여기며, 학문적 성취를 성과주의적이며 사회적으로 정의로운 것으로 받아들이는 정교한 문화적 관념들이 후기산업사회에 퍼지게 하는 데 기여했다. 이러한 관념들과 유사한 관념들, 그리고 이들의 상승적 상호작용은 직업과 일의 변환에서 보여진 바와 같이 다른 사회적 제도, 직업 자격증, 그리고 지식경제에 대한 교육혁명의 영향에 따른 결과들의 분석을 통해 확연하게 드러났다. 유사하게, 교육중심사회는 최근에 관찰되는 창조적 계급creative class의 등장, 신경제, 그리고 글로벌화의 핵심적 요소와 같은 다양한 사회적 경향의 토대를 형성하고 있다고 주장할 수 있다Florida 2001; Reich 2010. 이와 같은 가치와 문화적 관념들이 확대됨에 따라, 그들은 스스로 자기강화하고 추가적인 문화적 이해들을 형성하게 된다. 강력한 개인적 정체성을 구성하는 일부분으로서 고교졸업증 취득 현상과 학교 중도탈락 증가가 사회적 이슈가 되는 현상이 확대되는 과정으로 논의되었다. 제도로서의 교육이 지니는 이와 같은 구성적 기능은 교육을 더욱더 현대 사회의 중심제도로 강화시킨다.

또한 앞에서 언급한 교육제도 이외의 사회적 제도들에 대한 교육제도의 영향력 분석이 여전히 절실한 상황이다. 그런 분석들은 교육중심사회의 전체적인 실상을 평가하는 데 도움이 될 것이다. 예를 들면, 앞에서 언급한 바와 같이 상당히 많은 경험적 증거들은 교육혁명이 다른 많은 인구학적 변화들뿐만 아니라 인간의 건강에도 큰 변화를 가져오고 있다는 점을 시사한다. 교육받은 사람들의 증가는 결혼, 이혼, 청혼과 같은 가족 제도에 대해서도 영향력을 행사하고 있다. 마찬가지로, 부모역할과 아동기childhood도 교육혁명에 의해 큰 변화를 겪었다예, Schaub 2010. 몇 가지를 더 열거하면, 현대사회에 있어서 사회 운동, 군대, 사법체계, 근대적 인간성, 그리고 삶의 과정에서 사회적 구성개념과 같은 주제들에 대한 연구가 더 필요하다. 대부분의 사회과학자들의 연구결과는 삶의 다양한 활동에서 교육적 성취와 개인의 기술, 행위, 태도와 사고 간 관련성에 대해 언급하고 있고, 교육혁명에 의해서 제시된 가치와 관념들이 어떻게 특정 제도를 재형성하고 있는가에 대한 거시적 이야기를 많이 제공하고 있다. 개인과 사회제도에 대한 교육의 영향력은 함께 진행된다. 정치와 종교에 대한 교육의 변환적 영향에 대해 밝히는 과정에서 보여졌듯이, 이 관계를 보여주는 일은 조각들을 맞춰 더 큰 그림을 보여주는 작업이다.

교육 이외의 제도에 대한 교육의 영향력뿐만 아니라 다양한 제도에서 발생하는 사회적 문제나 그 해결책과 같은 일반적인 과정은 지속적으로 "교육화" 되어질 것이다. 특이한 사람들이나 다양한 종류의 문제를 지닌 사람을 다루는 가장 좋은 방법은 그들을 교육하는 것이고, 그리고 나서 사회적 문제에 대해 사회 전체를 교육하는 것이라고 가정하는 것은 가장 중요한 문화적 변화이다. 격리, 육체적 처벌, 추방 그리고 종교적인 처치 등과 같은 다양한 전통적인 전략을 차치하고, 교육혁명은 사회의 도덕적 질서를 바로잡고 미래의 변화에 대비하도록 하는 가장 효율적인 방식으로 교육전략을 생각하도록 만들었다. 형식교육을 행동에 대한 교정 수단으로 보는 시각은 교육중심사회의 문화에 깊게 스며들어 있다. 이상의 논의들은 교육이 사회제도에 미치는 영향에 대한 추가적 분석을 기다리고 있음을 보여준다.

후기산업사회의
기반을 형성하는
제도

교육혁명의 문화적 영향은 개인에 대한 영향에 비해 훨씬 덜 명확하다. 왜냐하면, 모든 성공적인 제도는 그 제도가 조장하는 개념, 가치, 의미를 자연스럽고 당연시되는 특질들로서 받아들이도록 강화하기 때문이다. 따라서, 해당 사회의 지식인들은 당연히 교육중심사회의 문화적 영향력을 지속적으로 저평가하게 된다. 하지만, 근대사회의 근원을 설명하는 데에 있어 상대적으로 덜 인식되었기 때문에 "조용한 혁명"이라고 불리는 이 현상은 총체적인 영향력 면에서 보면, 사회 변화의 역사에 있어서 새로운 사회학 모델에 전면적으로 통합될 필요가 있는 매우 커다란 사회적 현상이다.

이 책의 전반부에서 몇몇 세부사항들을 기술한 바와 같이, 대학에서 발전된 인식혁명의 지속적인 영향력은 인간 사회가 사회적으로 구성되어진다는 인식이며, 이 개념은 역으로 사회에 관한 가장 거대한 지적 노력, 다시 말해 전 세계적인 차원에서 이루어진 모든 형식의 전통사회 종식, 현대사회의 출현과 현대사회에서 진행되고 있는 세계화와 밀집화를 가져온 핵심적인 원인 요소를 규명하려는 지적인 노력으로 등장했다Collins and Makowsky 1998. 칼 마르크스, 에밀 뒤르켐, 그리고 막스 베버와 같은 사회학적 탐구의 선구자들은 이러한 전환을 이해하는 데 자신의 학자로서의 삶을 바쳤으며, 그들의 일반적 통찰은ー비록 그 통찰력들이 경험적 근거를 지닌 주장은 아닐지라도, 20세기 전반에 걸쳐 이루어진 사회과학의 엄청난 팽창을 설명하려는 탐구의 핵심 모티브를 형성하고 있다. 성장하는 교육제도의 함의를 인식하기에는 이와 같은 지식인들의 작업이 너무 일렀다는 사실은 하나의 아이러니다. 대신, 경제적, 정치적 요소들은 매우 중요한 지위를 차지하며 학자들의 관심을 끌었다.[3]

당시 선도적 사회학자였던 탈콧 파슨스Talcott Parsons는 제2차 세계대전 이후의 대

---

3 물론, 대학과 교육혁명 이야기에서 언급한 바와 같이, 뒤르켐(Durkheim)과 베버(Weber)는 그들의 사회 대변환 분석에서 대학과 과학의 역할을 고찰하였지만, 그들에게 세계적인 전환 혹은 전환의 강화 속에서 형식교육의 독립적인 역할과 향후 전개될 막중한 역할을 고찰하도록 기대할 수는 없었다(예, Durkheim 1938/1977; Weber 1958).

학에 대한 탁월한 분석들과 함께 "교육혁명"이라는 용어를 만들어 이 현상에 대해 정확히 지적하였지만, 그의 분석은 경제적 갈등과 불평등에 집중하는 마르크스주의의 수용과 기능주의 사회학 이론을 거부하는 풍조로 인해 이 분야에서는 곧 잊혀졌다. 결과적으로 교육제도는 사회적 재생산, 즉 특권적 계급이 자신의 계급적 이점을 다음 세대에게 물려주고, 소외계층은 순응과 낮은 노동 지위에 사회화되도록 하는 사회적 재생산 과정으로 역할이 국한되었다. 물론 교육이 항상 어느 정도 재생산 과정에 관여하지만, 이는 제도가 해당 사회에 영향을 미치는 유일하거나 주된 방식은 아니다. 앞에서 설명하였듯이, 교육적 성과에 의해 사회적 지위가 직접적으로 구성되는 상황에 직면해서는 사회제도가 계급 재생산에 미치는 영향의 수준은 감소하고 있다. 교육혁명은 사회적 재생산social reproduction 역할을 넘어 교육이 사회적 생산social production을 직접 수행하는 단계로 진입했다. 교육혁명은 지위획득의 개념과 사회적 위계의 본질을 변화시켜 전통적인 사회적 계급 구조 이론을 교육중심사회라는 점을 염두에 두고 새롭게 연구해야 하는 상황을 만들어 냈다.

교육과 사회에 대한
신제도주의 이론

전통적인 사회에서 근대사회로, 그리고 후기산업사회로의 이행에 관한 총체적인 이야기는 아직 미완의 상태이고, 사회학과 관련된 연구들은 진행 중인 후기산업사회를 이해하는 데 있어서 교육혁명의 문화적 영향을 통합해야 하는 중요한 과제에 직면해 있다. 심각한 이론적 무기력증이 극복되어야 한다. 교육중심사회라는 주장은 당초 사회의 기능적 이론화와 관련이 있었던 신제도주의라는 보다 큰 개념적 틀에 더 잘 부합한다. 기능주의적 이론들은 인간이 사회를 구성하고 유지하는 과정을 설명하려고 시도한다. 기능주의 이론은 갈등을 주요 과정의 하나로 간주하지만, 경제적 계급에 기반한 갈등혹은 어떤 사회적 갈등이든을 유일한 추동 요인으로 보지는 않는다. 이와 같은 일반적인 이론적 흐름을 따라, 신제도주의 이론은 당초의 기능주의적 관점이 지니는 약점을 개선하려고 시도한다. 첫째로, 신제도주의 이론은 사회적 구성 개념the notion of social construction을 충분히 수용하고, 사회를 구성하는 데 있어서 기술적이거나 자연적인 혹은 보편적인 필요와 같은 개념을 참조하지 않는다. 둘째로 신제도주의는 제도화 개념을 대부분 문화를 생산하고 유지하는 핵심적 과정으로 간주한다. 셋째로 신제도주의 이론은 사회적 제도의 내부적 작동 원리를 특정 사회분야 내에서 활동하는 개인의 상식적인 개념 지도, 대본, 도식과 이해의 표명을 통해서 드러나는 가치, 아이디어, 구성개념, 그리고 의미 등으로 구성되어 있다고 이론화한다. 마지막으로 신제도주의 이론은 사회의 복잡성에 있어서 기하급수적인 성장으로 설명하려고 노력하지만, 복잡한 사회에서 나타나는 순전히 물질적이거나 혹은 공개적인 정치적 권력 과정들을 충분히 설명하지는 못한다. 신제도주의적 관점에서 보면, 사회적 변화는 정도의 차이는 있지만 특정한 분야의 의미와 사회적 활동에 대한 제도화와 함께 발생한다.

다음과 같은 주제들이 교육중심사회를 탐구하는 데 활용되었다. 첫째로 교육혁명의 근원에는 어떤 자연적 경향이 있는 것이 아니며, 기술적으로 기능적이거나 불가피한 면이 있는 것이 아니라는 점이다. 서구형의 대학이 발생하지 않았다면, 지금에 비해 훨씬 제한된 유형의 형식교육과 같은 다른 모습의 교육이 발전했을 것이다. 사실, 150년 전의 조직된 사회에 관한 기록에 나타난 인류학적 규범anthropological norm은 형식교육을 매우 제한된 소수에게 매우 특별한 형식예, 엘리트 종교교육으로 제공하는 것이었다. 두 번째는 교육혁명의 주된 결과는 대중 교육의 인구학적 구성의 변화와 더불어 더욱 커다란 규모로 문화적 아이디어들을 구성해내고 유지하는 것이었다. 세 번째는 다른 제도의 변화에 교육이 미친 영향력에 관한 이야기의 대부분은 가치, 아이디어, 구성개념, 그리고 의미의 형식을 지닌 문화적 생산물이 후기산업사회의 삶의 여러 차원으로 침투하고 상호작용하면서 사회적 복잡성을 상호상승적으로 증가시키고 있는 과정을 보여주고 있다. 마지막으로는 이러한 문화적 생산물에 반영되어 있는 형식교육의 더욱 강화된 제도화는 교육혁명의 영향력 이면에 있는 추동요인이다.

교육과 사회에 대한 초기 기능주의 이론과 마르크스 이론의 약점을 보완할 뿐만 아니라, 또한 교육중심사회schooled society 관점은 교육과 사회에 대해 사고하는 방식으로서의 인적자본이론의 개선에도 기여한다. 비록 인적자본이론이 사회학이 아닌 경제학에서 발전된 사고방식이지만, 사회적 재생산 이면에 있는 교육현상을 설명하려고 하는 사회학자들이 여러 가지 측면에서 선택하는 이론이 되었다. 인적자본이론은 이 점에서는 성공적이었지만, 매우 제한적이었다. 직업과 노동시장의 자격인 증이 교육을 중심으로 전환된 과정은 어떤 방식으로 신제도주의적 이론체계가 개인, 회사, 그리고 이윤추구에 미친 교육의 전환적 영향에 관한 이해를 인적자본이론에 결합시켰는지를 보여준다. 이와 같은 새로운 관점을 이용하여 인적자본이론은 형식교육에 이루어진 투자에 대해 통찰할 수 있었고, 교육과 사회에 대한 보다 넓은 관점을 갖출 수 있었다.

대부분의 신제도주의 이론에 대한 문서들은 일반적으로 동일한 사회적 분야에 속한 조직들이 조직 구조와 운영에 있어 세부적으로 동일화 경향이 얼마나 강한가에 관심을 기울인다. 그리고 이런 관점이 학교와 학교취학에 적용되어 왔다예, Baker and LeTendre 2005; Jepperson 2002. 이 책의 주장은 여전히 중심적이지만 별로 고찰되지 않았던 과정, 즉, 특정한 제도가 유의미한 동형화특정 사회영역 내 모든 조직의 구조와 기능 등이 형태적으로 수렴되고 서로 닮아가는 현상을 말함-역자 주 압력isomorphic pressure을 형성할 정도로 강한 영향력을 지니게 되는 최초의 지점으로 관심을 이동한다. 이와 같은 초점이 교육에 관한 신제도주의 연구에서 그렇게 중요시되지 않았다는 사실은 동형화isomorphism 이론의 형식과 수준에 논의를 묶어두는 결과가 되었다. 교육이 어떻게 후기산업사회의 현실 대부분을 구성하게 되었는가에 관한 더 많은 연구는 이 이론을 검증하는 중요한 계기가 될 것이다.

다른 성공적인 이론들과 마찬가지로 교육과 사회에 대한 신제도주의 이론도 그 유효성이 다할 때까지 유용한 이론으로 남을 것이다. 전통적인 이론들이 수많은 교육적 현상과 그 영향들을 설명하지 못한 채로 남겨두고 있기 때문에, 그 때가 되면 신제도주의적 관점은 전통적 관점에 의존하고 있는 모든 유형의 이론을 개선시킬 것이다. 신제도주의는 강력한 영향력을 행사하는 교육 분야의 전면적인 사회적 영향력에 대해 사고하는 가장 합리적이고 세밀한 이론체계가 될 것이다. 다른 성과에 비해 우월한 학교교육의 성과 중의 하나에 관해 설명하기 위해 너무 복잡한 이론에 의존할 필요는 없다. 그들은 사회에 누적적으로 영향을 미치는 패키지를 형성할 것이다. 유사하게, 이 주장은 매우 합법화된 지위획득 과정과 문화적 이해에 대한 학교교육의 영향력을 인식론적이고 심리학적인 차원까지도 하나의 이론으로 통합하고, 또 이 모든 분야에 걸친 상호상승적 영향력의 잠재력도 인식하는 이론이 될 것이다. 나아가서, 교육중심사회 관점은 보다 일반적으로 분석되어지는 상대적 차이 절대적 성취와는 무관한 학교교육의 많고 적음와 함께, 저평가되어 있는 어떤 수준의 교육을 받을지에 대한 학교교육의 절대적 영향력을 올바르게 인식하는 길을 열어준다. 상대적 차이는 그동안 너무 많은 일방적 관심을 받았지만, 절대적 영향력은 사회학적 분석에 있어서 거의 찾아볼 수 없다.

마지막으로, 여기에서 살펴본 주장과 연구들은 교육과 사회에 관한 전통적인 관점들이 모든 다양한 버전에서 학문적 취약성을 지니고 있음을 보여준다. 전통적인 관점이 교육적 현상의 풍부한 영향을 설명하는 데 실패했고, 전통적인 관점의 좁은 시야는 교육과 사회에 관한 부당한 냉소주의를 가져왔다. 이런 관점에서 사회에 있어서 억압의 근원은 실제 근거와는 무관하게 교육의 탓으로 돌려졌다. 그리고, 교육이 사회적 불평등을 재생산한다는 것 뿐만 아니라, 교육에 관한 다른 모든 것은 완전히 신화이다. 따라서, 적어도 거의 완벽하고 성취불가능한 가설적 형식과 비교한다는 측면에서 검토하면 교육은 완전히 부패했다. 이와 같은 입장은 초보적인 학문교육을 개인에게 가르치는 일이 초래하는 가장 단순한 해방적 영향만 검토해 보아도 매우 엉터리라는 걸 알 수 있다. 마찬가지로, 기술적 발전 주위를 맴도는 기계적으로 구성된 세계의 일부로 교육을 보는 사람들에게 교육은 가치있지만, 제한적이고 부차적인 것이다. 그러므로, 제도로서의 교육은 집합적 전체의 기술적 요구사항을 따라야 한다. 만약 교육이 많은 새로운 문화적 이해를 구성해 낸다면, 새로운 문화적 해석들을 제도적인 무력함이라고 냉소적으로 치부하고, 사회학적으로, 경제학적으로, 심리학적으로 무시해 버린다.

그러고 나면, 다시 한번, 2008년 시장 침체 이후로 미디어에서는 커져가는 과잉학력 위기를 주장하는 전문가들이 득세한다. 그래서 다시 높아가는 고등 교육 비용 문제는 "누가 정말로 고등 교육을 받아야 하는가"에 관한 논의를 촉발시킨다. 시계바퀴 돌 듯이, 전통적인 관점은 이 케케묵은 엄청난 교육위기라는 전문가적 식견을 떠받치고 있다. 하지만, 그때처럼 지금도 이 관점은 교육과 사회에 대한 매우 제한적이고 부정확해진 모델에 기초하고 있다. 이는 경제와 다른 기본적인 제도에서 발생한 큰 변화들이 교육의 진행에 영향을 미칠 수 없다고 말하는 것이 아니다. 왜냐하면, 그들은 교육에 영향을 미칠 수 있고 앞으로도 그럴 것이 명백하기 때문이다. 하지만, 교육이 이제 사회의 기본적인 제도가 되었다는 전제에서 출발하면 사회의 다른 부분에서 발생한 어떤 경향이나 위기가 교육과 교육의 광범위한 제도적 영향에 어떤 작용을 할 지에 대해 정확한 평가를 할 수 있게 된다.

만약 교육혁명으로 인해 도래한 교육중심사회가 이후 예측가능한 미래에도 계속된다면, 교육중심사회가 개인에게 어떠한 영향을 미칠까? 교육중심사회의 기반 제도들과 대학들의 미래는 어떻게 될까? 그리고, 교육중심사회가 인간 삶의 교육 이외의 측면의 미래에 어떤 영향을 미칠까?

교육중심사회의
미래

교육혁명의 여러 영향들이 확연해지던 1970년대, 존 마이어는 교육중심사회 관점을 처음으로 도입하였는데, 그는 교육혁명이 지속적으로 유지될 것이며, 향후에 더욱 지배적인 힘을 얻을 것이라고 말했다1977. 강력한 제도의 등장을 예언하면서 존 마이어는 여기에 적용된 신제도주의 연구를 30여 년간 촉진했고, 예언적 통찰력을 보여주었다. 마이어는 교육혁명은 두 가지의 사회적 과정이 상호상승적으로 작용하면서 중요한 제도적 영향력을 지닌다고 가정하였다. 하나는 점점 강해지는 교육의 분배적 정당성이고, 다른 하나는 학문적 지능을 강화하는 효과이다.[4] 제2장에서 서술하였듯이, 분배는 형식교육이 사회적 지위를 획득하는 데에서 수행하는 사회학적 속기록shorthand이다. 학문적 지능은 (1) 명확한 교육과정을 이수하고, (2) 심화사고력, 문제해결력, 이성적 사고 등과 같은 모든 영역에 걸친 일반적 인지 능력, (3) 이제는 개선된 대중 교육으로 강화된 잉켈레스Inkeles의 새롭게 교육받은 세대에게서 일어난the lines of Inkeles's newly educated peasant 자아와 세계에 대한 개념적 이미지의 확장, 그리고 그 영향으로서 사고과정과 자아정체성에서 발생한 변화를 의미한다.

특히, 마이어는 시간이 흐를수록, 더 많은 사람들 간에 학교교육의 배분적 결과와 학문적 지능의 결과들은 상호 강화하면서 형식교육의 중심적 역할에 관한 중요한 이데올로기를 형성하고, 이들은 역으로 각각의 과정을 향후에 합법화할 것이라

---

4 "학문적 지능"은 마이어(Meyer)의 "사회화"라는 용어의 본래 용법을 대체하고 있는데, 전자는 보다 정확하게 학교교육이 수행하는 것을 표현하고, 후자는 요즘은 좀처럼 사용하지 않는 구식 용어인데, 다른 불필요한 의미들을 내포하고 있기 때문이다.

고 가정하였다. 이 책에서 교육혁명의 다양한 측면들과 결과들에 대해 분석하면서 설명한 바와 같이, 이 가설은 매우 그럴 듯하다. 이와 같은 형식교육의 자기강화적 본질을 받아들임으로써, 후기산업사회에서 교육적 문화는 미래에 더욱 강화될 것이라고 예측할 수 있다. 형식교육의 분배적 영향력과 학문적 지능을 특권화하는 경향 간의 상호강화적인 관계는 이 책에서 분석한 후기산업사회의 모든 부분에 영향을 미친다. 마이어의 이 같은 선구자적 통찰은 신제도주의자들에 의해서도 제대로 탐구되지 않았지만, 이러한 관계는 교육중심사회의 핵심부에 자리잡고 있으며, 이 통찰은 다양한 분야의 현상을 설명해 낼 수 있다. 마이어는 교육혁명의 두 가지 가장 명백한 전환적 과정교육의 분배적 정당성, 학문적 지능의 강화을 선택했지만, 그의 가설은 앞에서 논의한 바와 같이 교육중심사회의 다른 주요 문화적 차원들에도 적용될 수 있다. 이러한 논리를 적용하면, 미래에는 형식교육의 영향력이 개인, 전 세계 문화, 그리고 그들의 상호상승적 결합에 지배적인 영향을 미칠 것이라는 점을 알 수 있다.

개인적 차원에서 보면, 그와 같은 미래가 예측된다는 점은 개인의 평균적 인생 과정에 교육적 성취와 학위취득이 얼마나 영향을 미칠 것인가라는 질문을 제기한다. 많은 사람들이 분명히 어느 정도 한계가 있을 것이라고 제시했지만, 중등교육과 고등 교육이 구가했던 팽창의 흐름은 예전에 개인이 학교에 머물렀던 물리적 시간의 테두리 안에 멈추지 않았다. 앞으로 박사학위와 전문학위를 넘어서는 새로운 상위 학위를 만들어 낼 것 같지는 않지만, 미래에도 확장적일 것이라는 점은 이미 명백하다. 고등 교육기관에 등록하고 다양한 전공을 이수하는 청소년의 증가, 경영학 석사 학위 및 경영 관련 연계 학위 프로그램의 증가, 다수의 석사학위 취득, 성인의 평생교육 과정 등록 등은 향후 개인의 삶에서 다양한 방식으로 교육이 확대될 것이라는 점을 보여주는 사례들이다. 반대편에서 우리는 이미 대중적인 유아교육유치원 이전의 중대한 증가를 목격하고 있고, 궁극적으로 어떤 모습을 지니게 될 지는 불분명하지만, 교육혁명의 일반적 사고방식으로 가득 찬 조기 유아교육 이데올로기에 대한 지지가 존재하고, 그 실현을 위한 노력이 멈출 것 같지는 않다Schaub 2009. 앞에서 지적한 바와 같이, 사회적 문제와 그 해결책이 점점 더 교육중심사회의 가치에 입각해서 정의되는 상황에서, 사회적 개입은 그 핵심적 내용이나 목표에 있어서 점점 더 교육적이고 학교화 될 것이므로, 많은 사람들을 삶의 다양한 국면에서 교육적 가치와 과정에 노출시키고 또 다시 노출시킬 것이다. 또한, 이렇게 점증하는 교육의 혁신적 확장은 자연적 한계를 언급하는 것이 난센스이고, 인생의 전반에 걸쳐서 형식교육은 수많은 방식으로 확대될 것이라는 점을 보여주고 있다. 그리고, 교육의 가치와 문화적 의미가 중요성을 지니는 한, 미래에 개인들은 더욱 심층적으로 교육에 참여하게 될 것이다.

꼭 지적해야 할 바는 교육중심사회가 아직 상대적으로 초기단계이며, 그래서 모든 청소년들에게 일정한 고등 교육 기회가 보장되는 수준을 향해서 현재의 흐름을 지속할 것이라는 점이다. 매우 학력주의적인 미국에서조차 전체 인구의 절반은 겨우 고등학교 이하의 학위를 지니고 있다. 조만간 이러한 경향은 세대 간 인구학적 흐름과 교육 규범의 확장으로 인해 급격하게 변할 것이다. 여전히 일부 전문가와 교육자들이 교육 팽창의 한계에 대해 연구하고 있지만, 제도로서의 교육은 다른 제도나 전문적 교육가들에 의해 통제될 수 없음을 입증해왔다. 교육의 중심적 가치는 현대사회에서 매우 높게 존중되어 왔으므로, 교육제도는 어떤 외부적 통제에 대해서도 면역력을 지니게 되었다. 지금이나 미래에도 교육의 모든 측면에 대한 집중적인 대중적 논의가 있을 것이고, 다른 많은 정치적 이데올로기로부터의 논쟁도 있겠지만, 개인과 집단을 위해 더 적은 교육이 가장 좋은 대안이라고 결론이 날 리는 만무하다. 모든 논의의 결론으로 불가피하게 도달할 지점은 교육의 보편존재성ubiquity, 사회에 있어서 교육의 내용과 의미를 강화하는 것이 될 것이다예, Rury 2013; Tyack and Cuban 1995.

지난 10여 년간 인적자본 경제학자들은 인지적 능력과 뇌과학을 탐구했고, 이 연구들은 언제 형식교육을 통해 인지 능력 향상을 위한 투자를 하는 게 최적인가— 조기 혹은 후기, 우수학생 투자 대 보완 교육 투자 등등— 에 관한 점증하는 논쟁에 활용되어 왔다예, Cunha, Heckman, and Schennach 2010. 여기에서 말하려고 하는 핵심은 이러한 논쟁에서 교육 확장을 한정하고 배정하는 어떤 사회적 능력과 동기가 있다고 가정하고 있지만, 그런 일은 일어나지 않는다는 점이다. 앞 장에서 서술한 논리적 추론과 경험적 흐름을 모두 고려하면, 다른 사람의 교육을 위해서 어떤 사람의 형식교육을 제한하는 것은 광범위한 증오의 대상이 되었으며, 정부가 어떤 수준에서든지 이러한 시도를 할 수 있고 할 것이라는 가정은 매우 비현실적이라는 점을 교육혁명은 명확하게 하였다. 또한 앞에서 언급하였듯이, 교육에는 모든 형태의 교육적 팽창을 적극적으로 촉진하는 사람이 선진적이고 역량을 발휘하는 인간이라는 관념과 결합되어 교육에 강력하고 긍정적인 가치를 부여하고 있다.

하지만, 여기에서 제시하는 예측이 현대사회에서 교육중심사회의 지속적 팽창을 절대 막을 수 없다는 주장으로 받아들여져서는 안 된다. 제도로서의 교육이 다른 제도와 완벽하게 분리되어있거나 건드릴 수 없는 것은 아니다. 사회에는 다양한 문화적 의미와 힘들이 서로 경쟁하고 있다. 자본주의가 국가와 자주 충돌한다는 점은 두 개의 기본적 제도들이 힘을 두고 어떻게 경쟁하는가를 보여주는 좋은 본보기이다. 교육과 다른 제도들이 서로 어떻게 경쟁하고 적응하는가에 관한 많은 사례들이 있다. 이러한 사례들은 의도적으로 논의에서 제외되었다. 왜냐하면, 그 사례들은 교육이 부차적인 제도임을 의미하는 것으로 자주 오해되었고, 이점이 여기에서 제기하는 핵심 주장의 성장을 가로막았기 때문이다. 교육중심사회 관점에서 바라보면, 교육과 다른 주요 제도들과의 경쟁과 갈등은 교육과 사회에 대한 향후 분석의 중요한 분야가 되어야 한다.

마지막으로 그리고 아이러니하게도, 강력한 세계화에 대한 중요한 연구들이 세계화 현상에서 교육혁명이 수행하는 역할을 무시하는 경향이 있다. 전 세계적으로 초기 학년에서 대학원 훈련에 이르기까지 교육에 있어서 상대적으로 거의 동일한 관습들이 세계화의 산물이 아니라, 역으로, 대중적 교육과 역사적으로 가치, 관념, 전제들의 동일성 증대가 세계화 역량을 증가시키고, 대학이 초기에는 지리적으로 더 제한적인 방식이었지만, 항상 그래왔듯이 핵심적 이데올로기를 지속적으로 공급하는 세계를 만들었다.

대학의
미래

파슨스의 통찰이 옳았다. 서구적 대학의 형식이 전 세계의 문화를 엄청난 수준으로 변환시켰다Meyer, Ramirez, Frank, and Schofer 2008. 그럼에도 불구하고, 이러한 변환이 그렇게 명백한 것도 아니다. 왜냐하면, 매우 점진적이었고, 이제 그 영향은 매우 일반적이기 때문이다. 지난 세기 동안 대학은 인간사회, 물리적 우주, 종교, 즉 삶의 모든 것들이 이론과 과학적 방법을 포함하는 이성적이고 보편적인 학문을 통해 이해될 수 있다는 이데올로기를 강화시켜 왔다. 대학, 일반적으로는 교육이 사람들이 이러한 이데올로기를 배우고 교육적 발달을 통해 그것을 실현하기에 가장 적합한 제도라는 점이 광범위하게 받아들여지고 있다. 앞에서 언급한 바와 같이, 대학이 모든 관념을 창출했다고 말하는 것이 아니다. 오히려, 대학은 중심적 원칙과 고급의 지식을 창출하고 그것들로 사회를 변화시켰다. 그리고 만약 이러한 힘이 충분하지 않았을 때, 대학은 교육의 다른 많은 문화적 산출물을 합법화시켜 왔다. 예를 들면, 학문적 지능의 인식과 중요성, 그리고 인생에 대한 매우 인지적인 접근법이 교육심리학, 뇌과학, 인공지능, 정보기술, 인지심리학 등등의 분야에서 대학이라는 지식생산 복합체에 의해 명백하게 지지되어 왔다. 그리하여, 사회는 형식교육의 반영체 reflection가 되었고, 이 반영체의 핵심 차원을 대학이 결정하게 되었다.

따라서 대학은 교육혁명의 모델이자, 그 이면에서 작용한 제도적 촉매였다. 민족국가도 당연히 대중 초등교육 그리고, 그 이후의 대중 중등교육을 강화했지만, 민족국가는 형식교육, 산업화, 도시화, 민주화, 자본주의, 그리고 점증하는 사회적 복잡성이 어떤 모습을 지닐지에 대한 관념을 생성하지는 않았다. 대학의 독특하고도 다양한 면모를 지닌 헌장은 중등교육까지, 그리고 이제는 고등 교육에도 일어나고 있는 인구학적 팽창 이면에서 이데올로기를 창조했다. 권위있는 지식 생산능력과 일상생활에서 그 지식을 활용할 자격을 개인에게 부여하는 자격증으로서의 학위를 창출하는 능력 간의 결합은 교육중심사회의 기반을 형성하는 보편적 모델이다. 대학의 역사는 교육혁명의 역사이고, 교육혁명의 전체 이야기는 모든 사람, 모든 직업, 그리고 핵심적인 문화적 의미를 대학 속으로 대규모로 편입해 온 것으로 집약될 수 있다. 많은 면에서 대학의 미래는 교육중심사회 그 자체의 미래이다.

대학의 미래를 예측하는 논의에서 자주 빠뜨리는 주제는 대학의 전환적 영향력의 규모에 대한 적절한 평가이다. 이 주제는 기술적 지식에 관한 것이든 민주적 가치를 함양하는 것에 관한 논의든 항상 너무 편협하게만 고려된다. 두 주제 모두 전체 이야기의 일부분이지만, 대학의 사명과 역할의 범위는 여전히 저평가되고 있다. 노동, 이윤전략, 직업 내용, 그리고 자격증의 교육적 변환이 대학과 대중 고등 교육의 광범위한 사회적 영향력을 잘 설명해주고 있다. 또한 대학이 지식의 본질과 내용에 대해 미치는 영향력은 이와 같은 심대한 전환을 더 잘 설명해주고 있다. 권위를 지닌 지식은 특수하거나 지엽적이지 않고 대신 보편적이고 일반적인 특성을 지니며 특별한 것예, 노하우이 아니고 이론적이며 체계적인 특성을 지닌다. 그것이 아이스크림, 젠더, 경영 혹은 나노과학이든 상관없이, 대학은 해당 분야의 실제 내용을 확장하는 데 덧붙여 사회, 물리적 우주, 그리고 그 근원에 대한 기초적 이해를 형성한다. 모드 2Mode 2 지식생산 복합체의 도래를 대학 역할의 퇴조와 함께 예언했던 사람들은 대학의 사명을 잘못 이해했다. 반면, 생생한 초활성 모드 1hyper-Mode 1 지식생산은 핵심적으로 대학의 인식론적 이데올로기와 고등 교육의 팽창과 함께 발전하였다. 이러한 경향은 미래에도 지속될 것이다.

　이와 같은 현대사회의 강력한 헌장은 초기의 연구중심대학을 관찰했던 사람들에게는 이미 명백한 것이었는데, 그들은 대학에서 근무하는 사람들, 소위 대학 기반의 학자들과 그들에 의해 훈련된 학생들의 확대를 통해, 개인들을 변화시키고 권위있는 지식을 창출하는 대학의 잠재적인 역량을 이해하고 있었다. 예를 들면, 1800년대 초엽에 독일의 지성이자 교육자였던 빌헬름 폰 훔볼트Wilhelm von Humboldt는 팽창하는 독일의 연구중심대학에서 권위있는 지식의 창출이 어떻게 학자와 학생들을 근대적인 자율적 정신modern autonomous mind으로 향하도록 중대한 변환을 가져올 것인지에 대해 글을 썼다Lenhardt 2005. 고등 교육 등록자들이 사회의 더 많은 부문을 포괄하게 됨에 따라, 더 많은 사람들이 학문연구와 권위있는 지식을 접하게 되어, 자신의 근대적 정신을 활용하는 데 있어 개인적 자율성을 더 발휘하게 되었다. 이는 소수의 특질이었다가 모든 다른 사회적 제도로 퍼져나가 대부분의 사람들이 동의하는 사회적 규범으로 널리 확산되었다.

　대학은 사회에서 의미있는 지식을 창출하는 유일한 기관일까? 명백하게, 아니다. 하지만, 지식을 창출하는 다른 기관은 많지 않고, 지금 다수의 사람들이 많이 교육받은 현재의 사회에서, 대학은 사회에서 의미를 창출하는 데 있어서 더 중요성이 높아지고 있다. 물론 다른 제도들도 후기산업사회의 형성에 중요한 역할을 한다. 대규모 자본주의, 자유시장과 시장 조직의 지배, 헌법에 기반한 대의민주주의도 또한 중요한 이데올로기를 형성하고 합법화를 지속적으로 강화한다. 하지만, 자본주의와 자유시장이라는 두 개의 강력한 제도는 지식과 전문성을 창출하는데 제한적인 역할만 수행한다. 이 주장은 관념들이 창출되고 논의되는 인간의 삶에 수많은 활동이 있다는 점을 부정하는 것은 아니다. 분명히 관념은 사회의 다양한 장소에서 창출되지만, 현재는 대학이 관념들을 이데올로기로 창출하고 재형성하고 정의하며 심사하고 체계화하는 과정을 통해 의도적으로 권위있는 지식을 만드는 중심적이고 독립적인 기관이다. 대학은 후기산업사회 문화의 대부분을 형성하는 지배적인 이데올로기의 중추 구조를 생산하고 있고, 대학의 제도적 영향력은 교육적 맥락 안에서 작용하기 때문에, 대학은 교육 문화에 기반한 사회적 질서의 토대를 형성한다.

교육이 다른 제도들을 맹목적으로 따라간다는 가정을 인정하지 않는다면, 대학의 영향력과 교육혁명을 창출하는 역할은 명확해진다. 연구들을 통해 알 수 있듯이, 경영과학의 권위있는 지식 분야, MBA 학위의 설치와 대중적 팽창은 주로 자본주의적 기업의 수요가 있었거나 그것이 필요하기 때문은 아니었다. 비록 자본주의의 강건한 제도들이 이러한 발달을 위한 상황을 자연스럽게 형성했지만, 경영과학과 MBA 학위는 자본주의의 차원을 전환시킨 대학의 교육적 산출물이고, 이런 과정을 통해 대학의 동일한 산출물에 대한 기업의 미래 수요를 강화한 것이다.

마지막으로 교육중심사회에서 대학의 미래를 나타내는 발달 경향을 우리는 이미 보고 있다. 고등 교육 기관에 더 많은 사람들이 등록하고 있고, 보편적 고등 교육에 관한 논쟁은 비록 산발적이기는 하지만, 지속되고 있다. 전형적이지 않은 고등교육기관미국의 2년제 교육기관을 포함해서들도 가능한 한 대학교와 같은 특성을 많이 지니려고 할 것이다. 마찬가지로, 가능한 때 언제라도 대학교들은 슈퍼 연구중심대학의 특성을 가지려고 노력할 것이다. 모든 고등 교육 기관이 대학의 가장 지배적인 모델을 향해 나아가게 되면, 매우 특화된 고등 교육 분야에 대한 개념적 인식은 지난 시기에 생각되었던 수준에서 일어나지는 않을 것이다. 고등 교육 기관이 낮은 수준의 교육으로 내려감에 따라 고등 교육과 그 이하 교육 간 견고한 경계가 무너질 것이다. 학부와 대학원 간의 경계도 무너질 것인데, 이는 학·석사 연계프로그램과 많은 온라인 학위프로그램의 증가를 보면 명백해지고 있다. 교육과정은 갈수록 적극적으로 학문적 유형으로서의 특성을 지니게 될 것이고 더욱 지적인 경향을 띠게 될 것이다. 교육중심사회에서는 '대학' 모델이 강점을 지니기 때문에, 대학이 "기업화" 모델을 따라가지 않을 것이고, 적어도 많은 사람들이 우려하는 기업모델의 지배를 통한 "기업화"는 일어나지 않을 것이다. 대학이 과거의 고전주의나 직업주의를 포섭하는 방식으로 회귀하지도 않을 것이고 대신에, 인간과 그 환경에 관한 과학적 연구는 모든 학문과 교육과정의 핵심동력으로 강화될 것이다.

교육중심사회,
선인가 악인가?

현대 사회의 조건들이 과거 사회의 조건들, 혹은 상상하는 미래의 조건들에 비해 도덕적으로 더 나은가에 관한 논쟁은 끝이 없다. 일반적으로 사회의 미래를 위해서는 매우 중요한 논쟁이지만, 종종 혼란을 초래하는 사회학적 이론화로 번진다. 이론은 사회가 어떠한가를 설명하려고 시도하지, 필연적으로 어떠해야 하는가에 관한 것은 아니다. 교육혁명과 사회에 대한 과학적 이론과 도덕적 태도 간의 혼란은 교육중심사회에 대한 합당한 평가를 방해하는 장애물이다. 마르크스 — 포스트모던주의자는 교육을 자본주의적 억압의 전도체로 여기기 때문에, 신제도주의가 이 주장의 이론적·경험적 토대를 부정할 때, 신제도주의 이론이 교육을 포섭하기에는 도덕적으로 파산되었고 불평등을 간과한다고 비난을 가한다. 그러나 어느 쪽도 사실은 아니다.

마찬가지로, 경제학이 우울한 과학이라면, 교육학 연구는 당연히 낙천적 과학이다. 학교 운영 기법을 개선하고 싶은 대중과 정책입안자들과 함께 많은 연구자들은 공교육이 매우 긍정적인 재화가 되어야 한다고 가정하기 때문에, 회의적인 학자들의 입장에서는 도덕적으로 우월한 세상이 도래할 것이라는 지나치게 낙관적인 예언에 대해 거의 본능적으로 의심하게 된다. 물론, 교육에 대한 긍정적인 신념은 교육중심사회 자체의 산물이지만, 이로 인해 강력한 교육문화가 필연적으로 도덕적인 선이거나 악이라는 것을 의미하지는 않는다. 이런 방식의 과학적 이론과 도덕적 주장의 혼합물은 미래의 학문연구와 교육혁명의 비용과 효용을 균형 잡힌 시각에서 평가하는 데 방해가 된다.

모든 성공적인 제도들에서처럼 교육의 중심적 가치에는 상당한 도덕적 가정이 포함되어 있지만, 교육적 가치에 관한 과학적 연구가 일정한 도덕적 질서를 촉진하는 것을 의미하지는 않는다. 이 혼란에 더해, 신제도주의자들의 논문들은 특별히 이 부분에 대해 명백히 신경을 쓰지도 않는다. 그럼에도 불구하고, 교육중심사회 관점은 모든 사회학적 이론과 같이 어떤 도덕적 판단을 가정하지 않는다. 저자들과 함께 지난 30여 년간 신제도주의자들에 의해 사용된 교육혁명과 그 사회적 영향들을 서술하기 위해 사용된 용어들 —출현, 승리, 확대, 구축 등과 같은 단어들— 은 의도

하지는 않았지만 도덕적으로 긍정적인 색조를 덧씌웠다. 이 어휘들은 그동안 세속적이고, 그래서 지적인 관점에서 저평가되어 왔던 것들에 대한 사회학적인 관심을 불러들이는 시도로 시작되었지만, 이 이론이 도덕적 주장을 담고 있다는 인상은 지속적으로 남아있다. 이 문제를 더욱 복잡하게 만든 것은 신제도주의 관점이 제도로서의 교육이 후기산업사회에서 지지하는 긍정적인 도덕적 태도를 경험적으로 기록하기 위해 동일한 용어를 사용하였다는 점이다. 또한, 교육제도의 핵심적 특징은 학교교육 뿐만 아니라 사회 자체에 대한 도덕적 이해를 변화시킬 수 있다는 점이다. 교육은 사회에서 지배적인 도덕적 과정인데, 이는 교육과 사회에 관한 모든 이론이 해명해야 하는 지지해야 하는 것은 아닌 과정이다. 종종 이상하게 여겨지는 용어와는 무관하게, 교육중심사회 관점은 하나의 과학적 주장이며, 도덕적 평가는 아니다.

사회학을 넘어서서, 이론과 그 이론의 도덕적 중립성은 차치하고, 후기산업사회에서 교육에 관한 탐구를 교육혁명이 사회를 위한 긍정적 발전이었는지에 관한 성찰로 마감하는 것은 매우 적절한 것 같다. 어떤 합리적인 이유를 대든 공식적으로 교육받지 못하는 세상보다는 학교를 다닐 수 있는 세상을 대부분이 선택할 것이라는 점에서 출발해보자. 기초적인 학문적 훈련만으로도 해방적이고 능력 향상을 가져오는 영향력을 부정적으로 보기는 어렵고, 고등 교육의 더욱 세련된 영향력에 대해서도 긍정적으로 말할 수 있다. 교육혁명의 전반적인 차원에서 긍정적인 영향력은 명백한데, 대부분의 사람들은 교육혁명의 부정적인 측면을 과대평가하고 있다. 교육혁명에 대한 이와 같은 큰 찬양에도 불구하고, 부정적인 측면들도 동반되고 있으며, 그 중 세 가지는 교육중심사회의 더 어두운 측면들을 보여주고 있다.

첫 번째로, 그리고 가장 중요하게, 모든 규범적 사회 질서는 개념 정의상 일정 정도 억압적이다. 인간의 어떤 역량과 관념이 지배적인 제도로 고착되는가와 상관없이, 다른 관념과 역량은 변방으로 밀려나고, 사소한 것으로 취급받고, 앞에서 보여진 바와 같이 금기가 되기도 한다. 하지만, 일정 정도 교육적 제도가 억압적이라는 본서의 전체적인 논점을 유지하면서, 교육제도가 단순히 다른 제도의 억압적 힘을 전달하는 것이 아니라, 자체로 억압적이라는 점에 더 강조를 둔다. 이 점은 교육중심사회가 학문적 지능을 더 축복한다는 점에서 이미 확인할 수 있다. 교육혁명은 이전 사회에서 권력의 지배적인 원천이었던 육체 노동, 전투 능력, 종교적 카리스마, 공예 장인, 성적인 능숙함과 같은 다른 역량의 제도화를 가치 절하한다. 교육에 의해 생성된 관념과 이해의 문화적 영향력이 강해질수록 다른 형식의 의미들은 약화되고, 이는 개념 정의상 그것의 규범적 질서에 의해서 일정한 억압이 행해진다는 것을 의미한다.

개인에게 있어서 이러한 종류의 비용은 명백하다. 사회의 지배적인 제도적 틀 안에서 능숙하지 못한 사람은 고통을 받는다. 그러므로, 중차대한 압력과 수요를 감당하기 위한 광범위한 행위와 산업이 사회의 모든 계층들에게로 침투한다, 옛날 방식의 개인 과외에서부터 심리학적 개입까지, 약리적 지원을 통한 학습에까지 이르는 모든 것들 속으로예, Baker and Mori 2010. 동일한 동기요인이 학교교육의 운영진과 학습과학자들 속에서 "특별교육special education"으로 알려진 것들이 합당한 근거를 가지고 확대되도록 했다. 이와 같은 학교교육은 학문적 지능을 개발하는 데에서 다양한 어려움을 경험한 학생들을 위해서 변경되었다그리고 이제는 학문적 지능이 매우 뛰어난 학생들에게 추가적인 지원을 하기 위해서 변경되었다(예, Hibel, Farkas, and Morgan 2010). 제도적 토대의 규범적 압력으로서, 부모역할, 아동기, 자아형성, 그리고 심지어 학교교육 운영 등의 규범은 변화의 압력을 받고 있고, 교육이 더욱 더 제도화되어짐에 따라 긴장과 문화적 압력을 형성하고 있다LeTendre 2002; Schaub 2013.

교육혁명의 규범적 압력을 약화시키려는 대중적인 문화적 창안물이 생겨날 것이다. 예를 들면, 만약 교육심리학자 하워드 가드너Howard Gardner가 "다중지능이론"을 창안하지 않았다면, 다른 누군가가 창안했을 것이다1983. 그의 자극적인 가설은 인간역량의 다양한 영역은 지능과 같은 특성을 지니고 있고, 이런 역량들은 동일하게 개인의 전체적인 지능의 부분들이라는 것이다. 수리적, 논리적, 공간적, 언어적인 역량들과 같이 몇몇 역량이 교육에 의해 학문적 지능의 요소들로 지나치게 중시되어서, 내적 성찰력, 대인관계 능력, 음악적 역량과 같은 다른 역량들은 무시되었다. 가드너의 주장은 인간의 지능에 대한 경험적 근거를 지닌 새로운 이론으로서는 여전히 갈 길이 멀지만 많은 교육자들과 대중들에게 큰 인기를 끌고 있는 것은 학교교육에 있어서 학문적 지능의 지배력에 직접적으로 맞서고 있기 때문이다. 교육중심사회에서 지배적이고 유일한 구성개념인 지능, 그리고 교육혁명으로 인해 개인에게 있어 매우 축복받은 규범적 가치인 지능 측면이 뛰어나지 않은 사람들도 이제 똑똑하다고 여겨질 수 있으므로, 다중지능에 대한 믿음은 "체면유지" 기능을 제공한다. 따라서 역설적으로, 비록 다중지능의 이미지는 교육의 문화적 힘에 대한 반작용이지만, 개별적 지능을 인지적 역량이라는 점에서 동등화함으로써, 다중지능이론은 의도하지는 않았지만 인간의 능력에 대한 인식을 교육의 개념적 틀에 더 강하게 고착시켰다.

두 번째는, 모든 사회에서처럼, 교육중심사회도 사회적 계층구조를 생산하고 합법화시킨다. 그리고 계층구조와 함께 희소한 특권을 포함한 사회적 재화와 물질적 재화를 불균등하게 분배한다. 사실 여기서 중점적으로 논의되는 핵심 주제는 교육중심사회에서는 사회 계층화가 구시대의 형식에서 공교육의 제도적인 논리에 따른 형식으로 변환되어 왔다는 점이다. 더 나아가, 비록 실제로는 사회적으로 매우 공정하지 않은 수많은 결과를 초래하고 있지만, 후기산업사회 문화는 학문적 계층구조를 *사회적으로 공정한 성과*socially just merit라는 표현과 동일시하고 있다. 예를 들어, 교육중심사회는 금융, 법률, 보건 분야에서 모든 사람을 위한 기초 서비스보다는 최고급의 서비스 수요와 공급을 확대하고 있다. 이런 서비스를 제공하는 전문가들은 선진국에서 증가 추세에 있으며 가장 돈을 잘 버는 직업들이고, 그래서 노동시장의 상층부에서 불평등을 창출하고 있다. 게다가 학위의 차이가 모든 임금 간의 불평등을 가져오는 중심 요인이 되고 있다. 무한정의 수요를 창출하는 교육적 영향력은 증대하는 자본주의 소비주의 시스템을 재생산하고 있고, 물론 잘 알려져 있듯이 부정적인 사회적 영향을 끼치고 있다. 공교육을 확대하는 것은, 많은 사람을 절대빈곤에서 헤어나게 하고—대부분의 경제학자들이 상대적 불평등을 제거하는 것보다 오히려 사회에 더 이득이 된다고 밝힌 업적—있음에도 불구하고, 진전된 형태의 교육중심사회는 해로운 불평등을 창출하고 유지할 수도 있다. 예를 들어, 많은 사람들이 창의적 계급의 부상을 긍정적인 것으로 예측하지만, 이와 같은 명백한 교육중심사회의 결과물은 상당한 정도로 일부 사회적 집단에만 배타적으로 도래할 것이다 Florida 2001.

마지막으로, 대중 교육의 변환적 과정은 몇몇 사례에서 비도덕적인 목적을 위해서 활용된다는 점이 명백하다. 예를 들면, 학교교육 기법들은 의도적으로 정치적 억압을 추구하기 위한 것이라고 지적되어 왔다. 모든 정치적 흐름에서 독재 정권들은 공식 대중 교육을 자신들의 존재를 정당화하고 국가 사회에 관한 자신들의 비전을 받아들이도록 우민화하는 데 활용해왔다에, Jansen 1990; Arnove 1995; Peterson, Hayhoe, and Lu 2001; Walker and Archung 2003. 심지어 민주 국가들도 종종 대중 교육을 윤리, 언어, 종교, 그리고 다른 소수자들이 공공 시민정신을 지니도록 세뇌를 강요하는 데 활용하는데, 흔히 아동들에게 매우 나쁜 영향을 미친다Adams 1995. 이미 서술한 바와 같이 후기-근대 사회의 기반적 제도로서 교육혁명은 전통적인 사회와 전통사회의 다수의 독특한 인간생활 방식의 종식에 중심적인 역할을 수행했다.

이러한 부정적인 특성들은 명백하게 교육혁명의 대가이고 많은 학자들의 중심적 연구주제였지만, 적어도 기초적인 학문적 학습과정을 포함한다면, 교육의 전반적인 변환적 과정은 전체적인 부패에 대해서는 어느 정도 저항력을 유지해왔다. 앞에서 서술한 바와 같이, 비록 학교교육이 진리에 대한 전체주의적 왜곡을 포함한다 할지라도, 교육받은 정치 집단은 거의 교육받지 못한 인구에 비해 일방적으로 지배하기가 더 어렵다. 교육받은 소수자 집단의 구성원들은 대학 입학의 장애물을 극복하고 나면, 흔히 자신들의 독특한 문화를 보존하는 길을 선도하고 그리고 학문적 집적, 체계화, 찬양하기, 그리고 전통적 사회에 대한 지식의 전파에 대해서도 동일한 일이 일어난다.

압도적으로, 교육혁명의 주요 이데올로기는 전 세계적으로 사회적 계약이라는 용어가 예전에 비해 엄청나게 많은 시민의 사회적 권리를 교육적 역량에 포함하도록 바꾸어 놓았다. 마르크스주의자나 포스트모던 도덕주의자들과는 달리, 사람들은 대중 교육의 해방적 형식을 먼 장래의 일로 꿈꾸지 않아도 된다. 사실은 이미 일어나고 있으며, 이는 앞으로 엄청난 사회적 영향을 끼칠 것이다.

옮긴이 후기

　이 책을 번역하기로 마음먹은 것은 필자가 방문학자로 모교 펜스테이트 래클리 강의실을 다시 찾으면서부터였다. 자연스럽게 베이커 교수 강의실도 찾았고, 여느 교수보다도 한국 교육에 관심이 많은 베이커 교수와 잦은 만남을 가지면서 그의 저서, 「The Schooled Society」가 그 해2015년 전미교육학회AERA의 최우수학술도서로 선정된 사실을 알게 되었다. 펜스테이트의 변수용 교수의 적극적인 지원과 당시 베이커 교수 지도학생이던 전하람 박사, 학구파 관료인 교육부 최승복 국장, 베이커 문하생으로 막 유학 온 교육부 김혜림 과장의 동참도 책의 번역에 큰 힘이 되었다.

　베이커 교수는 교육혁명이 이루어져 왔고, 지금도 전개되고 있다고 지적하면서 앞으로 교육혁명으로 인해 다가올 사회적 격변을 신제도주의적 관점, 역사사회학적 관점, 그리고 실증주의적 관점에서 설명하고 있다. 너무나 조용한 혁명이었기에 교육혁명의 사회적 결과를 우리는 명확하게 인식하지 못했지만, 작금의 사회는 교육중심사회The schooled society로 변하고 있음을 증명하고 있다.

　베이커 교수의 뛰어난 통찰력과 자신의 통찰을 증명해내기 위한 자료 추적 및 분석 능력은 놀랍다. 특히, 기존에 우리가 은연중에 가져왔던 교육과 사회에 관한 상식적 관계에 대한 전복을 시도하는 과정에서 수많은 자료들과 문헌들을 일일이 고찰하면서 그 맥락을 일관된 이론체계로 설명해내고 있는 점이 그러하다. 이 책의 전반에 흐르는 핵심 주장 역시 그러한 노력에서 비롯되고 있다. 즉, 경제가 교육을 규정하는 것이 아니라 교육이 오히려 일차적 제도로서 사회, 즉 인간의 능력, 하는 일, 전문성, 그리고 지식을 새롭게 규정함을 보이고, 사회변화를 위한 근원적 힘으로서 교육의 잠재성을 드러내 보여준다.

　오늘날 한국 사회 역시 '교육중심사회'의 예외가 아니다. 대학에서 생산하는 지식과 기술, 그리고 대학이 육성한 고급 인력들이 직업 세계로 흘러들어가 직업 세계의 운영 패턴을 바꾸어 나간다. 일의 원칙과 우선 순위를 선정하고, 과업을 완성해 나가는 과정에서의 세밀한 절차와 조정을 이루어내기 위한 지식과 기술, 태도들은 온전히 교육의 역할로부터 비롯된 것이다. 예를 들어 수시로 일간지 하단을 장식하는 대학원 최고위과정의 광고를 보면 쉽게 파악할 수 있다. 그 전형적 패턴은 대학원과 최고위과정이 어떤 프로그램으로 구성되어 있고, 누가 교수진으로 참여하고, 어떤 내용의 강의를 하는지를 소개한다. 자연스럽게 최고위과정의 학생들은 교육이라는 시스템에 의해 조직을 이끌어갈 핵심 지식을 발견할 것이고, 그만큼 교육의 힘은 넓고 깊게 사회의 영역으로 침투해 들어간다.

교육혁명의 거대한 힘이 작용하는 메커니즘을 베이커 교수는 신제도주의neo-institutionalism 이론체계를 활용하여 설명한다. Berger와 Luckmann1966이 현실의 사회적 구성 과정에서 작용하는 지식의 힘을 조명한 이래 신제도주의는 그 논리적 탁월성, 명쾌한 현실 설명력에도 불구하고 경험적 증거의 부족이라는 비판에 시달려 왔다. 이제 이 책을 통해 적어도 교육 영역에서만큼은 그 '혐의'를 벗을 수 있게 된 것 같다. 왜냐하면 이토록 철저한 증명 작업과 논리적 설득력을 갖춘 저서는 없었기 때문이다.

신제도주의적 설명을 통해 교육기관이 만들어내는 원리와 가치체계는 그 사회적 구성 과정에서 막강한 힘을 발휘한다. 교육의 힘이 전 사회의 제도를 규정하는 정도일 줄은 교육 분야를 연구하는 필자에게도 생경스럽게 다가왔다. 이제 교육중심사회에서 세상은 대학과 대학에서 훈련 받은 지식근로자들이 발전시킨 것이다. 교육중심사회 관점을 통해 한국 교육과 관련하여 시사점을 얻을 수 있다. 작금의 학령인구 감소라는 위기 상황에서도 교육의 힘은 그 영향력이 줄어들지 않을 것이라는 점, 교육을 통해 사회를 규정해가는 메커니즘은 더욱 복잡하고 다양하게, 그리고 높은 수준으로 전개될 것이라는 점, 그리고 이를 담당하는 교육기관과 그 종사자들, 특히 지식생산자들의 역할이 더욱 늘어날 것임을 알 수 있다. 무엇보다 교육의 힘이 이렇게 크고 앞으로도 증가하는 상황은 그만큼 교육의 질, 교사 및 교수의 전문성, 그리고 이들이 만들어내는 지식의 수준이 높아야만 하는 것을 의미한다. 아마추어적 지식 생산자와 수입 지식 판매상이 설자리는 적어도 앞으로의 교육중심사회에서는 더욱 줄어들 것이다.

번역의 과정이 쉽지만은 않았다. 오히려 저자의 사상과 이를 뒷받침해내기 위한 명쾌한 논거들에 유혹되어 텍스트의 분량과 깊이를 너무 얕본 측면이 많았다. 차라리 이 책의 아이디어를 빌어 새롭게 창작하는 작업이 더 쉽지 않았을까 후회도 해보았다. 만용과 능력 부족에서 비롯된 오류들은 온전히 우리 번역진의 책임이다. 독자들의 기탄없는 비판을 기대하고, 가까운 시일 내에 수정의 기회가 주어지길 희망한다.

많은 분들의 도움을 받았다. 먼저 짧은 한국 방문길에도 번역진에게 다시 한번 교육중심사회의 영향력을 다양한 각도에서 조명해주신 베이커 교수께 감사를 드린다. 방문하는 곳마다 자신의 책이 한국어로 번역되는 것이 개인적으로도 무척 영광스러운 일임을 누차 강조하셨다. 적지 않은 시간을 인내해주신 박영스토리의 안상준 상무, 이선경 과장, 배근하 대리께 감사를 드린다. 특히 배대리의 민첩함과 세심한 노고가 없었다면 아직도 어느 컴퓨터 폴더에서 초고본은 잠자고 있었을 것이다. 마지막 검토 작업을 해준 전다은 조교에게도 고마움을 전한다.

2018년 8월
역자들을 대표하여 장덕호 識

참고문헌

본 QR코드를 스캔하시면,
'교육은 어떻게 사회를 지배하는가: 교육중심사회의 탄생과 미래'의
참고문헌을 참고하실 수 있습니다.

찾아보기

저자 소개

데이비드 베이커(David P. Baker)

미국 펜실베이니아 주립대 교육정책학과 교수이다. 미시건주 앨비온 대학에서 심리학(학사)을, 보스톤 대학에서 커뮤니케이션 연구(석사)를, 존스홉킨스 대학에서 사회학(박사)을 공부했다. 1980년대 초반 베를린 막스−플랑크연구소(Max−Planck Institute for Human Development and Education) 연구원과 1984년부터 1997년까지 워싱턴 D.C. 소재 The Catholic University of America 조교수, 부교수를 거쳐, 1997년부터 펜스테이트에서 교수로 재직 중이다. 주요 저서로는 동료인 LeTendre 교수와 함께 쓴 "National Differences, Global Similarities: World Culture and the Future of Schooling"(2005) (국내에 "세계문화와 학교교육의 미래"로 번역됨)가 있고, 논문으로는 "Minds, Politics, and Gods in the Schooled Society: Consequences of the Education Revolution"(2014), 부인이자 동료인 Mimi Schaub 교수와 함께 쓴 "Conservative ideologies and the world educational culture"(2013) 등 현재까지 약 150여 편의 저술들을 발표하였다.

역자 소개

장 덕 호

상명대학교 교육학과 교수로 미국 펜실베이니아 주립대에서 박사학위를 받았다. 교육부 공무원, 대통령실 행정관을 거쳐 대학에서 교육행정과 교육정책 관련 과목을 가르치고 있다. 저서로 <교육복지론>(공저)이 있고, 논문으로 "대학입학사 정관제 제도화 과정 분석 연구: 신제도주의 동형화 이론의 적용"(2009), "Framing "world class" differently: international and Korean participants' perceptions of the world class university project"(2011) 등이 있다. 주로 신제도주의 조직이론 을 기반으로 한 교육조직 연구 및 교육정책 분석에 관심을 두고 연구하고 있다.

김 혜 림

펜실베이니아 주립대에서 교육이론 및 정책을 공부 중으로, 그 전에는 대한민국 교육부와 유네스코 아태본부에서 근무하 였다. 교육정책 입안 과정과 정책 효과 연구에 주로 관심이 있으며, "The Growth of Higher Education and Science Production in South Korea since 1945", "Reformer's Dream or Nightmare? Cultural Contradiction and Symbiosis in the Schooled Society" 등의 집필에 참여하였다.

변 수 용

펜실베이니아 주립대 교육정책학과 부교수로, 미네소타 주립대에서 비교국제교육학으로 박사학위를 받았다. 주로 국제비 교연구, 교육불평등, 교육 정책 효과 분석에 관심을 가지고 연구하고 있다. 대표 논문으로 "Educational Inequality in South Korea: The Widening Socioeconomic Gap in Student Achievement"(2010), "Revisiting the Role of Cultural Capital in East Asian Educational Systems: The Case of South Korea"(2012), "The Academic Success of East Asian American Youth: The Role of Shadow Education"(2012), "Global Patterns of the Use of Shadow Education: Student, Family, and National Influences"(2018) 등이 있다.

전 하 람

고려대학교 사회통합교육연구소 연구교수로 펜실베이니아 주립대에서 교육정책 및 비교국제교육을 전공하고 박사학위를 받았다. 학부와 대학원에서 교육사회학을 강의하고 있으며 대표 논문으로는 "Non-linear education gradient across the nutrition transition: Mothers' overweight and the population education transition"(2015), "어머니의 취업여부와 직업지 위가 자녀의 학업성취에 미치는 영향"(2016), "The population education transition curve: Education gradients across population exposure to new health risks"(2017) 등이 있다.

최 승 복

교육부 고위공무원으로 23년째 교육정책 기획 및 행정 업무를 수행하고 있다. 플로리다주립대(FSU)에서 "차터스쿨이 공립 학교의 학업성취도 및 인종분리에 미치는 영향 분석"으로 공공정책학 박사학위를 받았다. 순천대학교 객원교수로 재직 (2015)했고, 숙명여대 및 광주교대 등에서 교육정책 등을 강의했다. 초·중등교육 및 고등교육, 평생교육 등 교육정책 전반 에 관심을 가지고 현장에서 공부하고 있다. 저서로는 <교육을 교육답게, 우리교육 다시 세우기>(2018)가 있다.

교육은 어떻게 사회를 지배하는가: 교육중심사회의 탄생과 미래

초판발행	2018년 8월 10일
중판발행	2019년 12월 15일

지은이	데이비드 베이커
옮긴이	장덕호 · 김혜림 · 변수용 · 전하람 · 최승복
펴낸이	안상준

편 집	배근하
기획/마케팅	이선경
표지디자인	조아라
제 작	우인도 · 고철민

펴낸곳	㈜ 피와이메이트
	서울특별시 금천구 가산디지털2로 53 한라시그마밸리 210호(가산동)
	등록 2014. 2. 12. 제2018-000080호
전 화	02)733-6771
f a x	02)736-4818
e-mail	pys@pybook.co.kr
homepage	www.pybook.co.kr
I S B N	979-11-88040-33-9 93370

* 잘못된 책은 바꿔드립니다. 본서의 무단복제행위를 금합니다.
* 역자와 협의하여 인지첩부를 생략합니다.

정 가   20,000원

박영스토리는 박영사와 함께하는 브랜드입니다.